Collana: **LITURGIA**

Imprimatur 11.10.2005

Arcivescovo di Ancona-Osimo
✠ S. E. Mons. Edoardo Menichelli

Anno 10 – n. 60 Novembre-Dicembre 2018
Registrazione presso il Tribunale di Ancona n. 16/2008 del 28 Luglio 2008
Iscrizione al ROC n. 15607
Direttore responsabile: **Giordano Maria Mascioni**
Commenti: **don Francesco Verzini**
Intenzioni di preghiera: **Sorelle Clarisse di Camerino**

In copertina: Vocazione dei santi Pietro e Andrea, Giorgio Vasari, Chiesa della Badia delle Sante Flora e Lucilla, Arezzo (riproduzione di Dawid K. 2015)
ISSN 9771974377009 80060 - ISBN 9788884045553
Per ordinare questo libro citare il codice 8858

SHALOM
editrice

Via Galvani, 1
60020 Camerata Picena (AN)

Tel. 071 74 50 440
dal lunedì al venerdì dalle 9.00 alle 19.00

Numero Verde **800 03 04 05** **solo per ordini**

Fax 071 74 50 140
in qualsiasi ora del giorno e della notte.

ordina@editriceshalom.it
www.editriceshalom.it

Indice

*«Vi chiedo di pregare per me,
perché ne ho bisogno!
Grazie tante!».*

Care lettrici, cari lettori,
già a partire dalla copertina, questo numero mostra di essere speciale: infatti festeggiamo i 10 anni del Messalino!
La gioia per questa ricorrenza ci fa dire grazie al Signore, per averci ispirato una tale pubblicazione, e a ciascuno di voi per avere scelto il Messalino. Perciò, vi abbiamo riservato una speciale promozione (vedi bandelle della copertina). Grazie, perché con voi al nostro fianco possiamo continuare a realizzare grandi cose!
Le novità di questo numero non si limitano alla copertina, ma continuano all'interno: troverete la grafica rinnovata, i profili dei santi più sostanziosi e densi di particolari, i commenti alle letture più corposi per dare più spazio alla comprensione delle Parola e la rubrica "Per saperne di più".
Alla novità si lega poi la "tradizione" che ormai da 10 anni vi accompagna. La liturgia, con i suoi tempi e le sue feste, ci introduce nel mese di novembre con la celebrazione di Tutti i santi, una solennità che ci fa guardare alla schiera dei nostri fratelli che vivono nella beatitudine. Non dimentichiamo che la santità è la misura della vita cristiana e che tutti noi, in quanto battezzati, siamo chiamati a essere santi, a conformarci a Cristo vivendo con amore la quotidianità. Il 2 novembre ci raccogliamo attorno ai nostri cari defunti per affidarli alla misericordia di Dio. Chiuderemo poi l'anno liturgico con la solennità di Gesù Cristo Re dell'Universo (25 novembre), ricordando che egli è il Signore della storia, l'inizio, la fine e il fine del tempo.

La prima domenica di Avvento (2 dicembre) dà inizio al nuovo anno liturgico (ciclo C). In questo tempo di attesa, di gioia, di conversione e di speranza, siamo chiamati ad andare incontro al Signore e ad accogliere il Figlio di Dio fatto uomo. Nel Tempo di Avvento non trascuriamo la rilevanza della figura di Maria che, grazie al suo "sì" umile e coraggioso, ha reso possibile l'incarnazione del Verbo. La solennità dell'Immacolata Concezione (8 dicembre) è parte integrante del mistero che l'Avvento celebra: Maria è il prototipo dell'umanità redenta e il modello da seguire per andare incontro al Salvatore che viene. E arriviamo così al Tempo di Natale: la gioia per la nascita del Dio-con-noi, ma anche l'adorazione, l'accoglienza, la disponibilità a donare la vita per lui sono gli atteggiamenti che ci accompagnano in questo tempo di speranza, durante il quale siamo invitati a vegliare e pregare.

La fine dell'anno è solitamente, per ognuno, il momento del resoconto e delle considerazioni importanti. Guardiamoci indietro, allora, e domandiamoci: Quante volte il Signore ha bussato alla nostra porta e non abbiamo aperto? Quante volte, chiusi nel nostro egoismo, non abbiamo ascoltato la sua voce? Siamo consapevoli che, nonostante tutto, egli continua a bussare?

Questi giorni di attesa e di preparazione al Natale ci aiutino a fargli posto nel nostro cuore.

Buon cammino di Avvento e buon Natale!

Introduzione

Necessità di vivere la Parola

Da questo sappiamo di averlo conosciuto: se osserviamo i suoi comandamenti. Chi dice: «Lo conosco», e non osserva i suoi comandamenti, è bugiardo e in lui non c'è la verità. Chi invece osserva la sua parola, in lui l'amore di Dio è veramente perfetto. Da questo conosciamo di essere in lui. Chi dice di rimanere in lui, deve anch'egli comportarsi come lui si è comportato (1Gv 2,3-6).

Nella Parola è Dio stesso a raggiungerti e a trasformarti. Affidati, allora, alla Parola. Fidati di essa, che è fedele in eterno, come il Dio che la dice e la abita. Perciò, se accogli con fede la Parola, non sarai mai solo: in vita, come in morte, entrerai attraverso di essa nel cuore di Dio: «Impara a conoscere il cuore di Dio nelle parole di Dio» (San Gregorio).

Ascoltare, leggere, meditare la Parola; gustarla, amarla, celebrarla; viverla e annunciarla in parole e opere: è questo l'itinerario che ti si apre dinanzi, se comprendi che nella parola di Dio sta la sorgente della vita. Dio in persona ti visita in essa: perciò la Parola ti coinvolge, ti rapisce il cuore e si offre alla tua fede come aiuto e difesa nella crescita spirituale.

È poi particolarmente bello e fecondo meditare la Parola secondo la distribuzione che ne fa ogni giorno la liturgia, lasciandosi guidare per mano da essa nella rigogliosa foresta dei testi biblici. Poggia anche tu il capo sul petto del Signore, come il discepolo amato nell'ultima Cena (Gv 13,25), ascolta le sue parole, lasciando che il suo cuore parli al tuo, e affidagli le tue intenzioni nella preghiera!

Maria è l'icona dell'ascolto fecondo della Parola: ella ti insegna ad accoglierla, a custodirla e a meditarla incessantemente. Chiedile di aiutarti a vivere come lei per accogliere in te il Verbo della vita e portarlo agli altri, nella trasparenza e nell'impegno di tutti i giorni. Prega con Maria, affidati alla sua intercessione (ad esempio con la preghiera del Rosario, così ricca di motivi biblici): ti aiuterà a custodire e vivere la Parola.

Come accostarsi alla Parola

Noi rendiamo continuamente grazie a Dio perché, ricevendo la parola di Dio che noi vi abbiamo fatto udire, l'avete accolta non come parola di uomini ma, qual è veramente, come parola di Dio, che opera in voi credenti (1Ts 2,13).

La Bibbia non è un libro qualunque, ma è Dio vivo che parla al mio cuore. Per questo è importante prepararsi bene all'incontro con lui, affinché le sue parole rimangano in me e io venga trasformato dal suo amore. Proponiamo tre atti che andrebbero ripetuti ogni volta che ci si accosta alla parola di Dio.

1. Faccio silenzio nel mio cuore e attorno a me.

«Togliti i sandali dai piedi, perché il luogo sul quale tu stai è suolo santo!» (Es 3,5).

Per entrare nella Parola, consegno al Signore, attraverso Maria, tutto me stesso, le mie preoccupazioni, le mie ansie…

2. Chiedo perdono al Signore.

Sì, le mie iniquità io le riconosco, il mio peccato mi sta sempre dinanzi (Sal 51,5).

Il mistero della parola di Dio è tanto grande e io sono piccolo. Non posso avvicinarmi a esso senza un sincero pentimento dei miei peccati.

3. Invoco lo Spirito Santo.

«Porrò il mio spirito dentro di voi e vi farò vivere secondo le mie leggi e vi farò osservare e mettere in pratica le mie norme» (Ez 36,27).

Solo lo Spirito può aprire la mia intelligenza alla Parola e muovere la mia volontà.

Ora che ti sei preparato

- Leggi con calma e attenzione la Parola.
- Non tralasciare di leggere i commenti: evidenziando il collegamento che c'è tra le letture di ogni giorno, ti aiuteranno a comprendere ciò che Dio vuole dirti oggi.
- Soffermati sulla frase della Parola che più ti ha colpito e falla diventare preghiera.
- Scegli un modo per viverla.

Pregare la Parola

Dio con la sua parola ci parla, interpella la nostra vita e attende da noi una risposta. Per aiutarti a trasformare in preghiera la Parola ascoltata, il Messalino ti presenta ogni giorno, dopo i commenti, tre intenzioni di preghiera. Sono preghiere "universali", con le quali il cuore si allarga ai bisogni del mondo, della Chiesa e di categorie particolari di persone. Possono essere utilizzate sia per la preghiera personale che per quella comunitaria.

Vivere la Parola

Siate di quelli che mettono in pratica la Parola, e non ascoltatori soltanto, illudendo voi stessi. Chi invece fissa lo sguardo sulla legge perfetta, la legge della libertà, e le resta fedele, non come un ascoltatore smemorato ma come uno che la mette in pratica, questi troverà la sua felicità nel praticarla (Gc 1,22.25).

Spiegazione dei simboli C M

Per aiutarti a mettere in pratica la Parola ascoltata, ogni giorno troverai due modi per viverla, contrassegnati dalle lettere **C** e **M**.

Dopo aver scelto, segna con un simbolo ☑ l'impegno che hai stabilito con il Signore.

C È un impegno per vivere la Parola guardando a Cristo Gesù.

M È un impegno per vivere la Parola insieme a Maria.

Indicazioni

Nell'anno liturgico 2018 il **Lezionario** segue:

- **Anno B** per le domeniche e le solennità.
- **Anno II** (o **Anno pari**) per il ciclo feriale.

Per le celebrazioni dei santi:
s = solennità; **f** = festa; **m** = memoria;
mf = memoria facoltativa; **comm** = commemorazione.

IL RITO DELLA SANTA MESSA

1. RITI D'INTRODUZIONE

Quando l'assemblea si è radunata, il sacerdote con i ministri si reca all'altare, mentre si esegue il CANTO D'INGRESSO. Giunto all'altare, il sacerdote fa la debita riverenza, bacia l'altare in segno di venerazione.

Il sacerdote dice:

Nel nome del Padre e del Figlio e dello Spirito Santo.

Il popolo risponde: **Amen.**

Segue il SALUTO, che il sacerdote rivolge al popolo allargando le braccia e dicendo:

La grazia del Signore nostro Gesù Cristo, l'amore di Dio Padre e la comunione dello Spirito Santo sia con tutti voi.

Il popolo risponde: **E con il tuo spirito.**

Il sacerdote può fare una brevissima presentazione della Messa del giorno e, nei giorni feriali, presentare il santo del giorno (vedi alla data corrispondente).

Segue l'ATTO PENITENZIALE. Il sacerdote invita i fedeli al pentimento con queste parole o con altre simili.

Fratelli,
per celebrare degnamente i santi misteri,
riconosciamo i nostri peccati.

Si fa una breve pausa di silenzio.
Poi tutti insieme fanno la confessione:

Confesso a Dio onnipotente e a voi, fratelli,
che ho molto peccato
in pensieri, parole, opere e omissioni,
e, battendosi il petto, dicono:
per mia colpa, mia colpa, mia grandissima colpa.
E supplico la beata sempre vergine Maria,
gli angeli, i santi e voi, fratelli,
di pregare per me il Signore Dio nostro.

Segue l'assoluzione del sacerdote:

Dio onnipotente abbia misericordia di noi, perdoni i nostri peccati e ci conduca alla vita eterna. **Amen.**

Seguono le INVOCAZIONI Signore, pietà, se non sono state già dette o cantate per l'atto:

℣ Signore, pietà.
℟ Signore, pietà.

Oppure: ℣ Kyrie, elèison.
℟ Kyrie, elèison.

℣ Cristo, pietà.
℟ Cristo, pietà.

℣ Christe, elèison.
℟ Christe, elèison.

℣ Signore, pietà.
℟ Signore, pietà.

℣ Kyrie, elèison.
℟ Kyrie, elèison.

Poi, quando è prescritto, si canta o si dice l'INNO:

Gloria a Dio nell'alto dei cieli
e pace in terra agli uomini di buona volontà.
Noi ti lodiamo, ti benediciamo, ti adoriamo,
ti glorifichiamo, ti rendiamo grazie
per la tua gloria immensa,
Signore Dio, Re del cielo,
Dio Padre onnipotente.

Signore, Figlio unigenito, Gesù Cristo,
Signore Dio, Agnello di Dio, Figlio del Padre,
tu che togli i peccati del mondo,
abbi pietà di noi;
tu che togli i peccati del mondo,
accogli la nostra supplica;
tu che siedi alla destra del Padre,
abbi pietà di noi.

Perché tu solo il Santo, tu solo il Signore,
tu solo l'Altissimo,
Gesù Cristo, con lo Spirito Santo
nella gloria di Dio Padre. Amen.

Terminato l'inno, il sacerdote, a mani giunte dice:

Preghiamo.

E tutti, insieme con il sacerdote, pregano in silenzio per qualche momento.
Quindi il sacerdote allarga le braccia e dice la COLLETTA.

Il popolo acclama: **Amen.**

LITURGIA DELLA PAROLA

Il lettore si porta all'ambone e legge la PRIMA LETTURA; tutti l'ascoltano seduti.
Per indicare la fine della lettura, il lettore aggiunge:

Parola di Dio.

Tutti acclamano: **Rendiamo grazie a Dio.**

Il salmista o cantore canta o legge il SALMO; il popolo partecipa con il ritornello.

Se c'è la SECONDA LETTURA, il lettore la legge all'ambone come sopra.
Per indicare la fine della lettura, il lettore aggiunge:

Parola di Dio.

Tutti acclamano: **Rendiamo grazie a Dio.**

Il lettore proclama il CANTO AL VANGELO.

Poi il sacerdote, si reca all'ambone e dice:

Il Signore sia con voi.

Il popolo risponde: **E con il tuo spirito.**

Il sacerdote:

✠ Dal Vangelo secondo N.

e intanto segna il libro e se stesso in fronte, sulla bocca e sul petto.

Il popolo acclama: **Gloria a te, o Signore.**

Terminata la lettura, il sacerdote dice:

Parola del Signore.

Tutti acclamano: **Lode a te o Cristo.**

Segue l'OMELIA; essa è prescritta in tutte le domeniche e feste di precetto, ed è raccomandata negli altri giorni. ***Dopo l'omelia è opportuno fare un breve silenzio.*** *Quindi, quando è prescritta, si fa la PROFESSIONE DI FEDE:*

Credo in un solo Dio, Padre onnipotente,
creatore del cielo e della terra,
di tutte le cose visibili e invisibili.

Credo in un solo Signore, Gesù Cristo,
unigenito Figlio di Dio,
nato dal Padre prima di tutti i secoli:
Dio da Dio, Luce da Luce,

Dio vero da Dio vero,
generato, non creato,
della stessa sostanza del Padre;
per mezzo di lui tutte le cose sono state create.
Per noi uomini e per la nostra salvezza
discese dal cielo,

Alle parole: e per opera dello Spirito Santo… si è fatto uomo, *tutti si inchinano*

e per opera dello Spirito Santo
si è incarnato nel seno della Vergine Maria
e si è fatto uomo.
Fu crocifisso per noi sotto Ponzio Pilato,
morì e fu sepolto.
Il terzo giorno è risuscitato,
secondo le Scritture,
è salito al cielo, siede alla destra del Padre.
E di nuovo verrà, nella gloria,
per giudicare i vivi e i morti,
e il suo regno non avrà fine.

Credo nello Spirito Santo,
che è Signore e dà la vita,
e procede dal Padre e dal Figlio.
Con il Padre e il Figlio è adorato e glorificato,
e ha parlato per mezzo dei profeti.

Credo la Chiesa, una, santa,

cattolica e apostolica.
Professo un solo battesimo
per il perdono dei peccati.
Aspetto la risurrezione dei morti
e la vita del mondo che verrà. Amen.

** A utilità dei fedeli, in luogo del simbolo niceno-costantinopolitano, la professione di fede si può fare, specialmente nel Tempo di Quaresima e nel Tempo di Pasqua, con il seguente simbolo detto «degli Apostoli».*

Io credo in Dio, Padre onnipotente,
creatore del cielo e della terra;
e in Gesù Cristo, suo unico Figlio, nostro Signore,
Alle parole: il quale fu concepito… Maria Vergine, *tutti si inchinano*
il quale fu concepito di Spirito Santo,
nacque da Maria Vergine,
patì sotto Ponzio Pilato,
fu crocifisso, morì e fu sepolto;
discese agli inferi;
il terzo giorno risuscitò da morte;
salì al cielo,
siede alla destra di Dio Padre onnipotente;
di là verrà a giudicare i vivi e i morti.

Credo nello Spirito Santo,
la santa Chiesa cattolica,

la comunione dei santi,
la remissione dei peccati,
la risurrezione della carne,
la vita eterna. Amen.

Segue la PREGHIERA UNIVERSALE o PREGHIERA DEI FEDELI.

LITURGIA EUCARISTICA

Terminata la Liturgia della Parola, i ministri preparano sull'altare il corporale, il purificatoio, il calice e il messale; intanto si esegue il CANTO DI OFFERTORIO.

È bene che i fedeli esprimano la loro partecipazione per mezzo dell'offerta, portando il pane e il vino per la celebrazione dell'Eucaristia, o altri doni per le necessità della Chiesa e dei poveri.

Il sacerdote, all'altare, prende la patena con il pane e tenendola leggermente sollevata sull'altare, dice sottovoce:

Benedetto sei tu, Signore, Dio dell'universo: dalla tua bontà abbiamo ricevuto questo pane, frutto della terra e del lavoro dell'uomo; lo presentiamo a te, perché diventi per noi cibo di vita eterna.

Quindi depone sul corporale la patena con il pane.
Se non si esegue il canto di offertorio, il sacerdote può dire questa formula ad alta voce; e al termine il popolo può acclamare:

Benedetto nei secoli il Signore.

Il diacono, o il sacerdote, versa nel calice il vino, con un po' d'acqua, dicendo sottovoce:

L'acqua unita al vino sia segno della nostra unione con la vita divina di colui che ha voluto assumere la nostra natura umana.

Il sacerdote prende il calice e tenendolo leggermente sollevato sull'altare, dice sottovoce:

Benedetto sei tu, Signore, Dio dell'universo: dalla tua bontà abbiamo ricevuto questo vino, frutto della vite e del lavoro dell'uomo; lo presentiamo a te, perché diventi per noi bevanda di salvezza.

Quindi depone il calice sul corporale.
Se non si esegue il canto di offertorio, il sacerdote può dire questa formula ad alta voce; e al termine il popolo può acclamare:

Benedetto nei secoli il Signore.

Il sacerdote, inchinandosi, dice sottovoce:

Umili e pentiti accoglici, o Signore: ti sia gradito il nostro sacrificio che oggi si compie dinanzi a te.

Il sacerdote, a lato dell'altare, si lava le mani dicendo sottovoce:

Lavami, Signore, da ogni colpa, purificami da ogni peccato.

Ritornato in mezzo all'altare, rivolto al popolo, allargando e ricongiungendo le mani, il sacerdote dice:

Pregate, fratelli, perché il mio e vostro sacrificio sia gradito a Dio, Padre onnipotente.

Il popolo risponde:

Il Signore riceva dalle tue mani questo sacrificio a lode e gloria del suo nome, per il bene nostro e di tutta la sua santa Chiesa.

Il sacerdote, con le braccia allargate, dice l'ORAZIONE SULLE OFFERTE.

Il popolo acclama: **Amen.**

PREGHIERA EUCARISTICA

Il sacerdote inizia la Preghiera eucaristica con il PREFAZIO. Allargando le braccia, dice:

Il Signore sia con voi.

Il popolo risponde: **E con il tuo spirito.**

Allargando le braccia, il sacerdote prosegue:

In alto i nostri cuori.

Il popolo risponde: **Sono rivolti al Signore.**

Con le braccia allargate, il sacerdote soggiunge:

Rendiamo grazie al Signore, nostro Dio.

Il popolo risponde: **È cosa buona e giusta.**

Alla fine congiunge le mani e conclude il prefazio cantando insieme con il popolo o dicendo ad alta voce:

Santo, Santo, Santo il Signore Dio dell'universo.
I cieli e la terra sono pieni della tua gloria.
Osanna nell'alto dei cieli.
Benedetto colui che viene nel nome del Signore.
Osanna nell'alto dei cieli.

Segue la PREGHIERA EUCARISTICA.

PREGHIERA EUCARISTICA I

La Preghiera eucaristica I si può usare sempre e con qualunque prefazio. Il suo uso è più indicato nei giorni ai quali è assegnato un «Communicantes» o un «Hanc igitur» proprio, come pure nelle feste degli apostoli e dei santi di cui si fa menzione nella Preghiera stessa.

Preghiera per la Chiesa

Padre clementissimo, noi ti supplichiamo e ti chiediamo per Gesù Cristo, tuo Figlio e nostro Signore, di accettare questi doni, di benedire ✠ queste offerte, questo santo e immacolato sacrificio. Noi te l'offriamo anzitutto per la tua Chiesa santa e cattolica, perché tu le dia pace e la protegga, la raccolga nell'unità e la governi su tutta la terra, con il tuo servo il nostro Papa N., il nostro Vescovo N. e con tutti quelli che custodiscono la fede cattolica, trasmessa dagli Apostoli.

Preghiera per i vivi

Ricòrdati, Signore, dei tuoi fedeli N. e N.. Ricòrdati di tutti i presenti dei quali conosci la fede e la devozione: per loro ti offriamo e anch'essi ti offrono questo sacrificio di lode, e innalzano la preghiera a te, Dio eterno, vivo e vero, per ottenere a sé e ai loro cari redenzione, sicurezza di vita e salute.

Ricordo dei santi

In comunione con tutta la Chiesa, ricordiamo e veneriamo anzitutto la gloriosa e sempre vergine Maria, Madre del nostro Dio e Signore Gesù Cristo,

DOMENICA

In comunione con tutta la Chiesa, mentre celebriamo il giorno nel quale il Cristo ha vinto la morte e ci ha resi partecipi della sua vita immortale, ricordiamo e veneriamo anzitutto la gloriosa e sempre vergine Maria, Madre del nostro Dio e Signore Gesù Cristo, san Giuseppe, suo sposo, i santi apostoli e martiri: Pietro e Paolo, Andrea, [Giacomo, Giovanni, Tommaso, Giacomo, Filippo, Bartolomeo, Matteo, Simone e Taddeo, Lino, Cleto, Clemente, Sisto, Cornelio e Cipriano, Lorenzo, Crisogono, Giovanni e Paolo, Cosma e Damiano] e tutti i santi; per i loro meriti e le loro preghiere donaci sempre aiuto e protezione.

Intenzione del sacrificio

Accetta con benevolenza, o Signore, l'offerta che ti presentiamo noi tuoi ministri e tutta la tua famiglia: disponi nella tua pace i nostri giorni, salvaci dalla dannazione eterna, e accoglici nel gregge degli eletti.

Invocazione dello Spirito Santo per la consacrazione

Santifica, o Dio, questa offerta con la potenza della tua benedizione, e degnati di accettarla a nostro favore, in sacrificio spirituale e perfetto, perché diventi per noi il corpo e il sangue del tuo amatissimo Figlio, il Signore nostro Gesù Cristo.

Racconto della Cena

La vigilia della sua passione, egli prese il pane nelle sue mani sante e venerabili, e alzando gli occhi al cielo a te Dio Padre suo onnipotente, rese grazie con la preghiera di benedizione, spezzò il pane, lo diede ai suoi discepoli, e disse:

«PRENDETE, E MANGIATENE TUTTI: QUESTO È IL MIO CORPO OFFERTO IN SACRIFICIO PER VOI».

Dopo la cena, allo stesso modo, prese questo glorioso calice nelle sue mani sante e venerabili, ti rese grazie con la preghiera di benedizione, lo diede ai suoi discepoli, e disse:

«PRENDETE, E BEVETENE TUTTI: QUESTO È IL CALICE DEL MIO SANGUE PER LA NUOVA ED ETERNA ALLEANZA, VERSATO PER VOI E PER TUTTI IN REMISSIONE DEI PECCATI. FATE QUESTO IN MEMORIA DI ME».

Acclamazione dell'assemblea

Mistero della fede.

Annunziamo la tua morte, Signore, proclamiamo la tua risurrezione, nell'attesa della tua venuta.

Offerta della Chiesa

In questo sacrificio, o Padre, noi tuoi ministri e il tuo popolo santo celebriamo il memoriale della beata passione, della risurrezione dai morti e della gloriosa ascensione al cielo del Cristo tuo Figlio e nostro Signore; e offriamo alla tua maestà divina, tra i doni che ci hai dato, la vittima pura, santa e immacolata, pane santo della vita eterna e calice dell'eterna salvezza.

Invocazione dello Spirito Santo per la Comunione

Volgi sulla nostra offerta il tuo sguardo sereno e benigno, come hai voluto accettare i doni di Abele, il giusto, il sacrificio di Abramo, nostro padre nella fede, e l'oblazione pura e santa di Melchisedech, tuo sommo sacerdote. Ti supplichiamo, Dio onnipotente: fa' che questa offerta, per le mani del tuo angelo santo, sia portata sull'altare del cielo davanti alla tua maestà divina, perché su tutti noi che partecipiamo di questo altare, comunicando al santo mistero del corpo e sangue del tuo Figlio, scenda la pienezza di ogni grazia e benedizione del cielo.

INTERCESSIONI

Per i defunti

Ricòrdati, o Signore, dei tuoi fedeli [N. e N.], che ci hanno preceduto con il segno della fede e dormono il sonno della pace. Dona loro, Signore, e a tutti quelli che riposano in Cristo, la beatitudine, la luce e la pace.

Per i ministri

Anche a noi, tuoi ministri, peccatori, ma fiduciosi nella tua infinita misericordia, concedi, o Signore, di aver parte nella comunità dei tuoi santi apostoli e martiri: Giovanni, Stefano, Mattia, Barnaba, [Ignazio, Alessandro, Marcellino e Pietro, Felicita,

Perpetua, Agata, Lucia, Agnese, Cecilia, Anastasia] e tutti i santi: ammettici a godere della loro sorte beata non per i nostri meriti, ma per la ricchezza del tuo perdono.

Dossologia

Per Cristo nostro Signore tu, o Dio, crei e santifichi sempre, fai vivere, benedici e doni al mondo ogni bene. Per Cristo, con Cristo e in Cristo, a te, Dio Padre onnipotente, nell'unità dello Spirito Santo, ogni onore e gloria per tutti i secoli dei secoli. **Amen.**

RITI DI COMUNIONE

Deposto il calice e la patena, il sacerdote, a mani giunte, dice:

Obbedienti alla parola del Salvatore e formati al suo divino insegnamento, osiamo dire:

Con le braccia allargate, dice insieme al popolo:

Padre nostro, che sei nei cieli, sia santificato il tuo nome, venga il tuo regno, sia fatta la tua volontà, come in cielo così in terra. Dacci oggi il nostro pane quotidiano, e rimetti a noi i nostri debiti come noi li rimettiamo ai nostri debitori, e non ci indurre in tentazione, ma liberaci dal male.

Solo il sacerdote, con le braccia allargate, continua:

Liberaci, o Signore, da tutti i mali, concedi la pace ai nostri giorni, e con l'aiuto della tua misericordia vivremo sempre liberi dal peccato e sicuri da ogni turbamento, nell'attesa che si compia la beata speranza e venga il nostro salvatore Gesù Cristo.

Congiunge la mani.
Il popolo conclude la preghiera con l'acclamazione:

Tuo è il regno, tua la potenza e la gloria nei secoli.

Il sacerdote, con le braccia allargate, dice ad alta voce:

Signore Gesù Cristo, che hai detto ai tuoi apostoli: «Vi lascio la pace, vi do la mia pace», non guardare ai nostri peccati, ma alla fede della tua Chiesa, e donale unità e pace secondo la tua volontà. Tu che vivi e regni nei secoli dei secoli.

Il popolo conclude la preghiera con l'acclamazione:
Amen.

Il sacerdote, allargando e ricongiungendo le mani, dice:

La pace del Signore sia sempre con voi.

Il popolo risponde: **E con il tuo spirito.**

Se si ritiene opportuno, il diacono, o il sacerdote aggiunge:

Scambiatevi un segno di pace.

E tutti si scambiano vicendevolmente un segno di pace secondo gli usi locali.
Conviene «che ciascuno dia la pace soltanto a coloro che gli stanno più vicino, in modo sobrio. Il sacerdote può dare la pace ai ministri, rimanendo tuttavia sempre nel presbiterio, per non disturbare la celebrazione» (Giovanni Paolo II, Redemptionis Sacramentum, *n. 72).*
Poi il sacerdote prende l'ostia e la spezza sopra la patena, e lascia cadere un frammento nel calice, dicendo sottovoce:

Il Corpo e il Sangue di Cristo, uniti in questo calice, siano per noi cibo di vita eterna.

Intanto l'assemblea canta o dice:

Agnello di Dio, che togli i peccati del mondo, abbi pietà di noi.

Agnello di Dio, che togli i peccati del mondo, abbi pietà di noi.

Agnello di Dio, che togli i peccati del mondo, dona a noi la pace.

Il sacerdote si comunica e dice sottovoce:

Signore Gesù Cristo, figlio di Dio vivo, che per volontà del Padre e con l'opera dello Spirito Santo morendo hai dato la vita al mondo, per il Santo mistero del tuo Corpo e del tuo Sangue liberami da ogni colpa e da ogni male, fa' che sia sempre fedele alla tua legge e non sia mai separato da te.

Oppure:

La comunione con il tuo Corpo e il tuo Sangue, Signore Gesù Cristo, non diventi per me giudizio di condanna, ma per tua misericordia sia rimedio e difesa dell'anima e del corpo.

Genuflette, prende l'ostia, e tenendola alquanto sollevata sulla patena, rivolto al popolo, dice ad alta voce:

Beati gli invitati alla Cena del Signore. Ecco l'Agnello di Dio, che toglie i peccati del mondo.

E continua, dicendo insieme con il popolo:

O Signore, non sono degno di partecipare alla tua mensa: ma di' soltanto una parola e io sarò salvato.

Il celebrante si comunica e dice sottovoce:

Il Corpo di Cristo mi custodisca per la vita eterna.
Il Sangue di Cristo mi custodisca per la vita eterna.

Prende poi la patena o la pisside, e si porta verso i comunicandi. Nel presentare a ognuno l'ostia, la tiene alquanto sollevata e dice:

Il Corpo di Cristo.

Il comunicando risponde: **Amen.**

E riceve la Comunione.

Mentre asterge la patena e il calice, il sacerdote dice sottovoce:

Il sacramento ricevuto con la bocca sia accolto con purezza nel nostro spirito, o Signore, e il dono a noi fatto nel tempo ci sia rimedio per la vita eterna.

Poi il sacerdote può tornare alla sede. Secondo i casi, si può osservare, per un tempo conveniente il «sacro silenzio», oppure si può cantare un salmo o un canto di lode e ringraziamento.

Il sacerdote, dalla sede o dall'altare, dice:

Preghiamo.

E tutti, insieme con il sacerdote, pregano in silenzio per qualche momento, se non l'hanno già fatto in precedenza. Poi, il sacerdote, con le braccia allargate, dice l'ORAZIONE DOPO LA COMUNIONE.

RITI DI CONCLUSIONE

A questo punto si danno, quando occorre, brevi comunicazioni o AVVISI AL POPOLO. Segue il CONGEDO. Il sacerdote rivolto verso il popolo, con le braccia allargate, dice:

Il Signore sia con voi.

Il popolo acclama: **E con il tuo spirito.**

Il sacerdote benedice il popolo:

Vi benedica Dio onnipotente,
Padre e Figlio ✠ e Spirito Santo.

Il popolo risponde: **Amen.**

In certi giorni e in circostanze particolari, questa formula di benedizione è preceduta da una formula di BENEDIZIONE PIÙ SOLENNE o dalla ORAZIONE SUL POPOLO.

Infine il diacono, o il sacerdote stesso, rivolto verso il popolo, a mani giunte, dice:

Nel nome del Signore, andate in pace.

Il popolo risponde: **Rendiamo grazie a Dio.**

Il sacerdote bacia l'altare in segno di venerazione come all'inizio; fa quindi con i ministri la debita riverenza e torna in sacrestia.

Quando la Messa è seguita immediatamente da un'altra azione liturgica, si tralasciano i riti di conclusione.

PREGHIERA PER LA FINE DELLA MESSA A SAN MICHELE ARCANGELO

Il mattino del 13 ottobre 1884 papa Leone XIII, dopo avere celebrato la santa Messa, sta assistendo a un'altra Messa di ringraziamento, come al solito. A un tratto le persone presenti lo vedono alzare energicamente il capo, poi fissare intensamente qualche cosa, al di sopra del capo del celebrante. Guarda fisso, senza battere le palpebre, con un senso di terrore e di meraviglia, il colorito del suo volto e i lineamenti cambiano. Qualcosa di strano, di grande, avviene in lui. Finalmente, come ritornando in sé, dà un leggero ma energico tocco di mano, si alza e si avvia verso il suo studio privato. I familiari lo seguono con premura e ansiosi gli chiedono sommessamente: «Santo Padre, non si sente bene? Ha bisogno di qualcosa?». Risponde: «Niente, niente». Dopo una mezz'ora fa chiamare il segretario della Congregazione dei Riti e, porgendogli un foglio, gli ordina di farlo stampare e di farlo avere a tutti gli Ordinari del mondo. Che cosa contiene? L'invocazione a san Michele arcangelo da recitarsi al termine della santa Messa, in difesa della Chiesa contro i nemici diabolici all'interno e all'esterno di essa.

Prima della riforma liturgica, il celebrante e i ministri la recitavano inginocchiati davanti all'altare a voce alta, insieme ai fedeli. Tale disposizione viene abolita nel 1964, ma Giovanni Paolo II, durante la recita del Regina coeli

del 24 aprile 1994, così si esprime: «Anche se oggi questa preghiera non viene più recitata al termine della celebrazione eucaristica, invito tutti a non dimenticarla, ma a recitarla per ottenere di essere aiutati nella battaglia contro le forze delle tenebre e contro lo spirito di questo mondo».
Già nel 1987 lo stesso Giovanni Paolo II, in visita al santuario di San Michele Arcangelo, sul monte Gargano, aveva detto: «Questa lotta contro il Demonio, che contraddistingue la figura dell'Arcangelo Michele, è attuale anche oggi, perché il Demonio è tuttora vivo e operante nel mondo. In questa lotta, l'Arcangelo Michele è a fianco della Chiesa per difenderla contro le nequizie del secolo, per aiutare i credenti a resistere al Demonio che "come leone ruggente va in giro cercando chi divorare"».
Riprendiamo a recitare con fiducia l'invocazione di Leone XIII a san Michele arcangelo al termine della santa Messa e chiediamogli di essere aiutati nella lotta al Maligno.

San Michele arcangelo, difendici nella lotta; sii tu il nostro aiuto contro la malvagità e le insidie del demonio.
Supplichevoli preghiamo che Dio lo domini e tu, capo della milizia celeste, con il potere che ti viene da Dio, incatena nell'Inferno Satana e gli altri spiriti maligni che si aggirano per il mondo per perdere le anime. Amen.

Calendario liturgico novembre 2018

●	**1**	**G**	**Tutti i santi**	**s**
●	2	V	Commemorazione di tutti i fedeli defunti	**propria**
●	3	S	S. Martino de Porres, religioso	**mf**
●	**4**	**D**	**XXXI domenica del Tempo Ordinario (B)**	**III Salt**
●	5	L	S. Donnino	
●	6	M	S. Leonardo	
●	7	M	S. Fiorenzo	
●	8	G	S. Goffredo	
●	9	V	Dedicazione della basilica Lateranense	**f**
●	10	S	S. Leone Magno, papa e dottore della Chiesa	**m**
●	**11**	**D**	**XXXII domenica del Tempo Ordinario (B)**	**IV Salt**
●	12	L	S. Giosafat, vescovo e martire	**m**
●	13	M	S. Eugenio	
●	14	M	S. Teódoto	
●	15	G	S. Alberto Magno, vescovo e dottore della Chiesa	**mf**
●	16	V	S. Margherita di Scozia; S. Geltrude, vergine	**mf**
●	17	S	S. Elisabetta di Ungheria, religiosa	**m**
●	**18**	**D**	**XXXIII domenica del Tempo Ordinario (B)**	**I Salt**
●	19	L	S. Metilde	
●	20	M	S. Ottavio	
●	21	M	Presentazione della beata Vergine Maria	**m**
●	22	G	S. Cecilia, vergine e martire	**m**
●	23	V	S. Clemente I, papa e mart.; S. Colombano, ab.	**mf**
●	24	S	SS. Andrea Dung-Lac, sac., e comp., martiri	**m**
●	**25**	**D**	**N. S. Gesù Cristo, Re dell'universo (B)**	**s**
●	26	L	B. Giacomo Alberione	**II Salt**
●	27	M	B.V. Maria della Medaglia Miracolosa	
●	28	M	S. Giacomo della Marca	
●	29	G	S. Saturnino	
●	30	V	S. Andrea apostolo	

Calendario liturgico dicembre 2018

1	S	S. Fiorenza	II Salt
2	**D**	**I domenica di Avvento (C)**	**I Salt**
3	L	S. Francesco Saverio, sacerdote	**m**
4	M	S. Giovanni Damasceno, sac. e dott. della Chiesa	**mf**
5	M	S. Crispina	
6	G	S. Nicola, vescovo	**mf**
7	V	S. Ambrogio, vescovo e dottore della Chiesa	**m**
8	**S**	**Immacolata Concezione B. Vergine Maria**	**s**
9	**D**	**II domenica di Avvento (C)**	**II Salt**
10	L	Nostra Signora di Loreto	
11	M	S. Damaso I, papa	**mf**
12	M	Beata Vergine Maria di Guadalupe	**mf**
13	G	S. Lucia, vergine e martire	**m**
14	V	S. Giovanni della Croce, sac. e dott. Chiesa	**m**
15	S	S. Virginia Centurione Bracelli	
16	**D**	**III domenica di Avvento (C)**	**III Salt**
17	L	S. Giuseppe Manyanet y Vives	
18	M	S. Graziano	
19	M	S. Anastasio I	
20	G	S. Domenico di Silos	
21	V	S. Pietro Canisio, sac. e dott. della Chiesa	**comm**
22	S	S. Francesca Saverio Cabrini	
23	**D**	**IV domenica di Avvento (C)**	**IV Salt**
24	L	S. Paola Elisabetta Cerioli	
25	**M**	**Natale del Signore**	**s**
26	M	S. Stefano, primo martire	**f**
27	G	S. Giovanni apostolo ed evangelista	**f**
28	V	SS. Innocenti martiri	**f**
29	S	S. Tommaso Becket, vescovo e martire	**comm**
30	**D**	**S. Famiglia di Gesù, Maria e Giuseppe (C)**	**f**
31	L	S. Silvestro I, papa	**comm**

Calendario devozionale novembre 2018

1	G	Indulgenza defunti; Ottavario dei defunti
2	V	Ottavario dei defunti
3	S	Ottavario dei defunti
4	D	Ottavario dei defunti
5	L	Ottavario dei defunti
6	M	Ottavario dei defunti
7	M	Ottavario dei defunti; Novena a san Giuseppe Moscati
8	G	Ottavario dei defunti; Novena a san Giuseppe Moscati
9	V	Novena a san Giuseppe Moscati
10	S	Novena a san Giuseppe Moscati
11	D	Novena a san Giuseppe Moscati
12	L	Novena a san Giuseppe Moscati
13	M	Novena a san Giuseppe Moscati
14	M	Novena a san Giuseppe Moscati
15	G	Novena a san Giuseppe Moscati
16	V	
17	S	
18	D	Novena alla Vergine della Medaglia Miracolosa
19	L	Novena alla Vergine della Medaglia Miracolosa
20	M	Novena alla Vergine della Medaglia Miracolosa
21	M	Novena alla Vergine della Medaglia Miracolosa
22	G	Novena alla Vergine della Medaglia Miracolosa
23	V	Novena alla Vergine della Medaglia Miracolosa
24	S	Novena alla Vergine della Medaglia Miracolosa
25	D	Novena alla Vergine della Medaglia Miracolosa
26	L	Novena alla Vergine della Medaglia Miracolosa
27	M	
28	M	
29	G	Novena all'Immacolata
30	V	Novena all'Immacolata

Intenzioni affidate dal Papa all'Apostolato della preghiera

Dio, nostro Padre, io ti offro tutta la mia giornata. Ti offro le mie preghiere, i pensieri, le parole, le azioni, le gioie e le sofferenze in unione con il cuore del tuo Figlio Gesù Cristo, che continua a offrirsi nell'Eucaristia per la salvezza del mondo.
Lo Spirito Santo che ha guidato Gesù sia la mia guida e la mia forza oggi, affinché io possa essere testimone del tuo amore.
Con Maria, la Madre del Signore e della Chiesa, prego specialmente per le intenzioni che il Santo Padre raccomanda alla preghiera di tutti i fedeli in questo mese.

Universale: Perché il linguaggio del cuore e del dialogo prevalgano sempre sul linguaggio delle armi.

NOVEMBRE

1 NOVEMBRE

GIOVEDÌ

Tutti i santi (s)
bianco **propria**

FACCIAMOCI SANTI: dopo essere stati insieme sulla terra, staremo sempre insieme in Paradiso.

La solennità di Tutti i santi è la nostra festa: non perché noi siamo bravi, ma perché la santità di Dio ha toccato la nostra vita. I santi non sono modellini perfetti, ma persone attraversate da Dio. Possiamo paragonarli alle vetrate delle chiese, che fanno entrare la luce in diverse tonalità di colore. I santi sono nostri fratelli e sorelle che hanno accolto la luce di Dio nel loro cuore e l'hanno trasmessa al mondo, ciascuno secondo la propria tonalità. Ma tutti sono stati trasparenti, hanno lottato per togliere le macchie e le oscurità del peccato, così da far passare la luce gentile di Dio.

Questo è lo scopo della vita, lo scopo della nostra vita: far passare la luce di Dio.

Il peccato ci ha divisi, ci ha opposti gli uni agli altri, ci ha separati, ci ha reso opachi, impenetrabili all'amore; la grazia invece ci dona questa nuova trasparenza, ci dona questa nuova possibilità di comunione di amore.

I santi contemplano il volto di Dio e gioiscono appieno di questa visione. Sono i fratelli maggiori che la Chiesa ci propone come modelli perché, peccatori come ognuno di noi, tutti han-

no accettato di lasciarsi incontrare da Gesù, attraverso i loro desideri, le loro debolezze, le loro sofferenze, e anche le loro tristezze.
Noi oggi contempliamo il mistero della comunione dei santi del cielo e della terra. Ciò significa che non siamo soli, ma siamo avvolti da una grande famiglia di testimoni. La gloriosa schiera dei santi intercede per noi presso il Signore e ci accompagna nel nostro cammino verso il Regno.
La santità non è una condizione di privilegio, in realtà diventare santo è il compito di ogni cristiano, anzi di ogni uomo!
Questo è il messaggio di san Josemaría Escivá de Balaguer, rivolto a tutti i battezzati che vivono nel mondo: «Chi ha detto che, per arrivare alla santità, sia necessario rifugiarsi in una cella o nella solitudine di una montagna? Allora sarebbero sante non le persone, ma piuttosto la cella o la montagna. Sembra che ci siamo dimenticati che il Signore ha detto espressamente a tutti e a ciascuno: "Siate santi, come è santo il mio Padre celeste"».
I santi non sono una esigua casta di eletti, ma una folla senza numero, verso la quale la liturgia ci esorta oggi a levare lo sguardo. In tale moltitudine non vi sono soltanto i santi ufficialmente riconosciuti, ma i battezzati di ogni epoca e nazione, che hanno cercato di compiere con amore e fedeltà la volontà divina. Della gran parte di essi non conosciamo i volti e nemmeno i nomi, ma con gli occhi della fede li vediamo risplendere, come astri pieni di gloria, nel firmamento di Dio.
I santi non sono superuomini e non lo saranno mai. Non sono nati perfetti, sono come noi, come ognuno di noi; persone che prima di raggiungere la gloria del cielo hanno vissuto una vita normale, con gioie e dolori, fatiche e speranze. La santità non è un lusso per pochi, ma è una vocazione per tutti. Tutti siamo

chiamati a camminare sulla via della santità e questa via ha un nome e un volto, quello di Gesù. Lui nel Vangelo ci mostra la strada: quella delle beatitudini.
Ecco allora le beatitudini che, attenzione, non richiedono gesti eclatanti, non sono per eroi, ma per chi vive le prove e le fatiche di ogni giorno, per noi. Così sono i santi: respirano come tutti l'aria inquinata dal male che c'è nel mondo, ma nel cammino non perdono mai di vista il tracciato di Gesù, quello indicato nelle beatitudini, che sono la mappa della vita cristiana. Oggi è la festa di quelli che hanno raggiunto la meta indicata da questa mappa: non solo i santi del calendario, ma tanti fratelli e sorelle "della porta accanto", che magari abbiamo incontrato e conosciuto.
Le beatitudini ci mostrano la fisionomia spirituale di Gesù e così esprimono il suo mistero, il mistero di morte e risurrezione, di passione e di gioia della risurrezione. Questo mistero, che è mistero della vera beatitudine, ci invita alla sequela di Gesù e così al cammino verso di essa. Nella misura in cui accogliamo la sua proposta e ci poniamo alla sua sequela – ognuno nel suo stato di vita – anche noi possiamo partecipare della sua beatitudine. Con lui l'impossibile diventa possibile e solo con il suo aiuto ci è dato di diventare perfetti come è perfetto il Padre celeste (Mt 5,48).
Visitando un vivaio botanico, si rimane stupefatti dinanzi alla varietà di piante e di fiori, e viene spontaneo pensare alla fantasia del Creatore che ha reso la terra un meraviglioso giardino. Analogo sentimento ci coglie quando consideriamo lo spettacolo della santità: il mondo ci appare come un "giardino", dove lo Spirito di Dio ha suscitato con mirabile fantasia una moltitudine di santi e sante, di ogni età e condizione sociale,

di ogni lingua, popolo e cultura. Ognuno è diverso dall'altro, con la singolarità della propria personalità umana e del proprio carisma spirituale.
Tutti però recano impresso il "sigillo" di Gesù, cioè l'impronta del suo amore, testimoniato attraverso la croce. Sono tutti nella gioia, in una festa senza fine, ma, come Gesù, questo traguardo l'hanno conquistato passando attraverso la fatica e la prova, affrontando ciascuno la propria parte di sacrificio per partecipare alla gloria della risurrezione.
Allora viene spontaneo domandarci: come possiamo divenire santi, amici di Dio? All'interrogativo si può rispondere anzitutto in negativo: per essere santi non occorre compiere azioni e opere straordinarie, né possedere carismi eccezionali. Viene poi la risposta in positivo: è necessario innanzitutto ascoltare Gesù e poi seguirlo senza perdersi d'animo di fronte alle difficoltà. «Se uno mi vuole servire, mi segua, e dove sono io, là sarà anche il mio servitore. Se uno serve me, il Padre lo onorerà» (Gv 12,26). Chi si fida di lui e lo ama con sincerità, come il chicco di grano sepolto nella terra, accetta di morire a se stesso. Egli infatti sa che chi cerca di avere la sua vita per se stesso la perde, e chi si dà, si perde, trova proprio così la vita (Gv 12,24-25).
L'esperienza della Chiesa dimostra che ogni forma di santità passa sempre per la via della croce, della rinuncia a se stesso. Le biografie dei santi descrivono uomini e donne che, docili ai disegni divini, hanno affrontato talvolta prove e sofferenze indescrivibili, persecuzioni e martirio. Hanno perseverato nel loro impegno, «sono quelli che vengono dalla grande tribolazione – si legge nell'Apocalisse – e che hanno lavato le loro vesti, rendendole candide nel sangue dell'Agnello» (7,14). I loro nomi sono scritti nel libro della vita (Ap 20,12); loro eterna dimora

è il Paradiso. L'esempio dei santi è per noi un incoraggiamento a seguire le stesse orme, a sperimentare la gioia di chi si fida di Dio, perché l'unica vera causa di tristezza e di infelicità per l'uomo è vivere lontano da lui.

CAMMINIAMO SULLE ORME DEI VERI SAGGI: i santi. Il resto è follia.

Nei santi – quelli che la Chiesa proclama tali, ma anche tutti i santi e le sante che solo Dio conosce, e che oggi pure celebriamo – in modo molto personale, si è reso presente Cristo, grazie al suo Spirito che opera mediante la Parola e i sacramenti. Nei santi vediamo la vittoria dell'amore sull'egoismo e sulla morte: vediamo che seguire Cristo porta alla vita, alla vita eterna, e dà senso al presente, a ogni attimo che passa, perché lo riempie d'amore, di speranza.

«Tanti nostri fratelli – commenta papa Francesco – hanno vissuto la loro vita cristiana nella pienezza della fede e dell'amore attraverso una esistenza semplice e nascosta. Sicuramente, tra questi, ci sono molti dei nostri parenti, amici e conoscenti. Questa santità, a volte, non si manifesta in grandi opere o in successi straordinari, ma nel saper vivere fedelmente e quotidianamente le esigenze del Battesimo. Una santità fatta di amore per Dio e per i fratelli. Amore fedele fino a dimenticarsi di se stesso e a darsi totalmente agli altri, come la vita di quelle madri e quei padri che si sacrificano per le loro famiglie sapendo rinunciare volentieri, benché non sia sempre facile, a tante cose, a tanti progetti o programmi personali» (cfr. *Omelia*, 1° novembre 2016).

La santità esige uno sforzo costante, ma è possibile a tutti perché, più che opera dell'uomo, è anzitutto dono di Dio. Nella nostra vita tutto è dono del suo amore: come restare indifferenti dinanzi a un così grande mistero? Come non rispondere all'amore del Padre celeste con una vita da figli riconoscenti? In Cristo ci ha fatto dono di tutto se stesso, e ci chiama a una relazione personale e profonda con lui. Quanto più imitiamo Gesù e gli restiamo uniti, tanto più entriamo nel mistero della santità divina. Scopriamo di essere amati da lui in modo infinito, e questo ci spinge, a nostra volta, ad amare i fratelli. Amare implica sempre un atto di rinuncia a se stessi, quel "perdere se stessi", che rende felici.

Ma «a che serve la nostra lode ai santi, a che il nostro tributo di gloria, a che questa stessa nostra solennità?». Con questa domanda comincia una famosa omelia di san Bernardo per il giorno di Tutti i santi. È una domanda che ci si potrebbe porre anche oggi. E attuale è anche la risposta che il Santo ci offre: «I nostri santi – egli dice – non hanno bisogno dei nostri onori e nulla viene a loro dal nostro culto. Per parte mia, devo confessare che, quando penso ai santi, mi sento ardere da grandi desideri».

Ecco dunque il significato dell'odierna solennità: guardando al luminoso esempio dei santi, risvegliare in noi il grande desiderio di essere come i santi: felici di vivere vicini a Dio, nella sua luce, nella grande famiglia degli amici di Dio. Essere santo significa: vivere nella vicinanza con Dio, vivere nella sua famiglia. E questa è la vocazione di noi tutti, con vigore ribadita dal Concilio Vaticano II, e oggi riproposta in modo solenne alla nostra attenzione.

La Madre di Dio, regina dei santi e porta del cielo, interceda per il nostro cammino di santità e per i nostri cari che ci hanno preceduto e sono già partiti per la patria celeste. *(Vedi pag. 677).*

ANTIFONA D'INGRESSO - Rallegriamoci tutti nel Signore in questa solennità di tutti i Santi: con noi gioiscono gli angeli e lodano il Figlio di Dio.

Si dice il Gloria (vedi pag. 17).

COLLETTA - **Preghiamo:** Dio onnipotente ed eterno, che doni alla tua Chiesa la gioia di celebrare in un'unica festa i meriti e la gloria di tutti i Santi, concedi al tuo popolo, per la comune intercessione di tanti nostri fratelli, l'abbondanza della tua misericordia. Per il nostro Signore... **Amen.**

(seduti)

PRIMA LETTURA — Ap 7,2-4.9-14

Dal libro dell'Apocalisse di san Giovanni apostolo

Io, Giovanni, vidi salire dall'oriente un altro angelo, con il sigillo del Dio vivente. E gridò a gran voce ai quattro angeli, ai quali era stato concesso di devastare la terra e il mare: «Non devastate la terra né il mare né le piante, finché non avremo impresso il sigillo sulla fronte dei servi del nostro Dio». E udii il numero di coloro che furono segnati con il sigillo: centoquarantaquattromila segnati, provenienti da ogni tribù dei figli d'Israele. Dopo queste cose vidi:

ecco, una moltitudine immensa, che nessuno poteva contare, di ogni nazione, tribù, popolo e lingua. Tutti stavano in piedi davanti al trono e davanti all'Agnello, avvolti in vesti candide, e tenevano rami di palma nelle loro mani. E gridavano a gran voce: «La salvezza appartiene al nostro Dio, seduto sul trono, e all'Agnello». E tutti gli angeli stavano attorno al trono e agli anziani e ai quattro esseri viventi, e si inchinarono con la faccia a terra davanti al trono e adorarono Dio dicendo: «Amen! Lode, gloria, sapienza, azione di grazie, onore, potenza e forza al nostro Dio nei secoli dei secoli. Amen». Uno degli anziani allora si rivolse a me e disse: «Questi, che sono vestiti di bianco, chi sono e da dove vengono?». Gli risposi: «Signore mio, tu lo sai». E lui: «Sono quelli che vengono dalla grande tribolazione e che hanno lavato le loro vesti, rendendole candide nel sangue dell'Agnello». - Parola di Dio.
℟. **Rendiamo grazie a Dio.**

SALMO RESPONSORIALE Dal Salmo 23 (24)

℟. **Ecco la generazione
che cerca il tuo volto, Signore.**

Del Signore è la terra e quanto contiene:

il mondo, con i suoi abitanti.
È lui che l'ha fondato sui mari
e sui fiumi l'ha stabilito. R.

Chi potrà salire il monte del Signore?
Chi potrà stare nel suo luogo santo?
Chi ha mani innocenti e cuore puro,
chi non si rivolge agli idoli. R.

Egli otterrà benedizione dal Signore,
giustizia da Dio sua salvezza.
Ecco la generazione che lo cerca,
che cerca il tuo volto, Dio di Giacobbe. R.

SECONDA LETTURA 1Gv 3,1-3

Dalla prima lettera di san Giovanni apostolo

Carissimi, vedete quale grande amore ci ha dato il Padre per essere chiamati figli di Dio, e lo siamo realmente! Per questo il mondo non ci conosce: perché non ha conosciuto lui. Carissimi, noi fin d'ora siamo figli di Dio, ma ciò che saremo non è stato ancora rivelato. Sappiamo però che quando egli si sarà manifestato, noi saremo simili a lui, perché lo vedremo così come egli è. Chiunque ha questa speranza in lui, purifica se stesso, come egli è puro. - Parola di Dio. R. **Rendiamo grazie a Dio.**

(in piedi)

CANTO AL VANGELO Mt 11,28

Alleluia, alleluia.
Venite a me,
voi tutti che siete stanchi e oppressi,
e io vi darò ristoro.
Alleluia.

VANGELO Mt 5,1-12a

Il Signore sia con voi.
℟. **E con il tuo spirito.**
✠ *Dal Vangelo secondo Matteo*
℟. **Gloria a te, o Signore.**

In quel tempo, vedendo le folle, Gesù salì sul monte: si pose a sedere e si avvicinarono a lui i suoi discepoli. Si mise a parlare e insegnava loro dicendo: «**Beati** i poveri in spirito, perché di essi è il regno dei cieli. Beati quelli che sono nel pianto, perché saranno consolati. Beati i miti, perché avranno in eredità la terra. Beati quelli che hanno fame e sete della giustizia, perché saranno saziati. Beati i misericordiosi, perché troveranno misericordia. Beati i puri di cuore, perché vedranno Dio. Beati gli operatori di pace, perché saranno chiamati figli di Dio.

Beati i perseguitati per la giustizia, perché di essi è il regno dei cieli. Beati voi quando vi insulteranno, vi perseguiteranno e, mentendo, diranno ogni sorta di male contro di voi per causa mia. **Rallegratevi ed esultate**, perché grande è la vostra ricompensa nei cieli». - Parola del Signore. ℟. **Lode a te o Cristo.**

Credo (vedi pagg. 19-22).

(in piedi)

SULLE OFFERTE - Ti siano graditi, Signore, i doni che ti offriamo in onore di tutti i Santi: essi che già godono della tua vita immortale ci proteggano nel cammino verso di te. Per Cristo nostro Signore. **Amen.**

PREFAZIO - *La gloria della Gerusalemme celeste.* È veramente cosa buona e giusta, nostro dovere e fonte di salvezza, rendere grazie sempre e in ogni luogo a te, Signore, Padre santo, Dio onnipotente ed eterno. Oggi ci dai la gioia di contemplare la città del cielo, la santa Gerusalemme che è nostra madre, dove l'assemblea festosa dei nostri fratelli glorifica in eterno il tuo nome. Verso la patria comune noi, pellegrini sulla terra, affrettiamo nella speranza il nostro cammino, lieti per la sorte gloriosa di questi membri eletti della Chiesa che ci hai dato come amici e modelli di vita. Per questo dono del tuo amore, uniti all'immensa schiera degli angeli e dei santi, cantiamo con gioiosa esultanza la tua lode: **Santo...**

COMUNIONE - Beati i puri di cuore, perché vedranno Dio. Beati gli operatori di pace, perché saranno chiamati figli di Dio. Beati i perseguitati a causa della giustizia, perché di essi è il regno dei cieli *(Mt 5,8-10).*

DOPO LA COMUNIONE - **Preghiamo:** O Padre, unica fonte di ogni santità, mirabile in tutti i tuoi Santi, fa' che raggiungiamo anche noi la pienezza del tuo amore, per passare da questa mensa eucaristica, che ci sostiene nel pellegrinaggio terreno, al festoso banchetto del cielo. Per Cristo nostro Signore. **Amen.**

Commenti

1ª LETTURA - Nelle visioni di Giovanni riportate nel libro dell'Apocalisse, vengono descritte la Santa Gerusalemme, la città nuova, e coloro che la abitano. Il brano di oggi parla di centoquarantaquattromila salvati, il numero è simbolico e ha la funzione di rappresentare una grande moltitudine e di separare il gruppo dal resto. Ma questo numero indica una realtà in qualche maniera chiusa, esclusiva? No. Come in altre occasioni nella Sacra Scrittura, un numero va letto anzitutto nella sua simbolicità e non in maniera letterale; in questo caso sta a indicare, come dice il brano stesso, una moltitudine difficile da contare, quindi la totalità del popolo di Dio, il quale si separa dal resto dell'umanità, ma non è chiuso in se stesso: ad esso infatti si possono aggiungere tutti coloro che desiderano far parte del popolo dei salvati, per abitare un giorno la Gerusalemme celeste e contemplare Dio.

2ª LETTURA - Per molti di noi, quando eravamo bambini, è stato scelto il Battesimo, che ci dona la possibilità di essere figli di Dio, come Giovanni ci ricorda nella sua lettera. La figliolanza è un dono, come lo è stato il Battesimo che ci ha reso tali, ma è anche un impegno che assumiamo. Il primo passo di questo impegno è proprio quello di riconoscersi figli: abbiamo un Padre che ci ha creati, non per capriccio, ma per essere amati. Questo dono ci deve spingere quotidianamente alla consapevolezza che senza il Padre non possiamo vivere, ma soprattutto che, come suoi eredi, ci ha dato la possibilità di diventare un giorno simili a lui per poterlo vedere come egli è.

VANGELO - Nel Vangelo odierno Gesù si dirige verso un monte e inizia una lunga predicazione che occupa diversi capitoli del racconto di Matteo. Il lungo discorso, chiamato comunemente della montagna, si apre con il Vangelo delle beatitudini, una sorta di carta d'identità del cristiano che lo identifica come seguace di Gesù. Il Signore oggi ci dona una scala e ci invita a salire, per poter seguire le sue orme e raggiungere la santità. Ciascuno di noi è chiamato ad approfittare di questo aiuto abbandonando la logica del mondo. La prima beatitudine è indicativa per tutto il resto del brano. Vengono qui menzionati i poveri in spirito, i quali, stando ai termini utilizzati, sono coloro che sanno di non possedere nulla e chiedono tutto per poter vivere. Il cristiano in questa logica, allora, è colui che per entrare nel Regno, è chiamato a riconoscersi povero, umile, a mettersi da parte, a non essere il protagonista, perché tutto, così come la salvezza, è frutto della bontà di Dio.

CHIEDETE E VI SARÀ DATO — Lc 11,9

1. Padre buono, fa' che vivendo nello spirito delle beatitudini, il popolo dei credenti giunga a cantare in eterno il cantico nuovo nell'assemblea dei tuoi eletti.

2. Padre misericordioso, abbi pietà delle moltitudini che ancora non conoscono il tuo nome, e rivela a ogni uomo la vocazione alla santità.

3. Padre fedele, fa' che la vita dei santi sia per noi un esempio luminoso, un aiuto nell'intercessione, un vincolo di amore fraterno nella comunione di grazia.

FATE QUELLO CHE VI DIRÀ Gv 2,5

C PER VIVERE DA DISCEPOLO DI GESÙ... Mi impegno ad arrivare in chiesa quindici minuti prima della Messa per meditare il Vangelo delle beatitudini e pregare tutti i santi, perché intercedano per me e per i miei cari la conversione che conduce alla santità.

M SULL'ESEMPIO DI MARIA... Vivo questo bellissimo giorno di festa con il sorriso sul volto e la gioia nel cuore per portare a coloro che incontro la bellezza di essere parte della schiera degli eletti, figli di Dio.

Giornata della santificazione universale
Indulgenza plenaria per i defunti
dal mezzogiorno del 1° novembre
a tutto il 2 novembre

Ottavario dei defunti

INDULGENZA DEI DEFUNTI

I peccati non solo distruggono o feriscono la comunione con Dio e ci escludono dalla vita eterna (colpa), ma compromettono anche l'equilibrio interiore della persona e il suo ordinato rapporto con le creature. Per un risanamento totale, oltre al pentimento e alla remissione della colpa mediante il sacramento della Confessione, occorre riparare il disordine provocato, per cui il peccato deve essere espiato (pena) o sulla terra con preghiere, penitenze e opere di pietà volontarie o in Purgatorio. L'indulgenza plenaria è uno dei mezzi per ottenere la remissione di tutta la pena.

Si concede l'indulgenza plenaria, applicabile soltanto alle anime dei defunti, al fedele che:

1. Nei singoli giorni dal 1° all'8 novembre devotamente visita il cimitero e prega, anche solo mentalmente, per i defunti.
2. Da mezzogiorno del 1° a tutto il 2 novembre visita una chiesa o un oratorio e vi recita un Padre nostro e un Credo:

Il fedele, per ottenere l'indulgenza plenaria, deve:

- escludere qualsiasi affetto al peccato anche veniale;
- compiere l'opera ai numeri 1 e 2;
- adempiere le seguenti tre condizioni:

a. Accostarsi al sacramento della Riconciliazione. Con una Confessione si possono acquistare più indulgenze plenarie.

b. Ricevere la Comunione eucaristica. Con una Comunione si può acquistare una sola indulgenza plenaria. È meglio ricevere la Comunione partecipando alla santa Messa.

c. Pregare secondo le intenzioni del Santo Padre, come testimonianza di comunione con tutta la Chiesa. Si adempie la condizione pregando un Padre nostro e un'Ave Maria, o altre preghiere a scelta del fedele. Con una sola preghiera secondo le intenzioni del Sommo Pontefice si può acquisire una sola indulgenza plenaria.

Queste tre condizioni possono essere adempiute anche molti giorni prima o dopo aver compiuto l'opera prescritta (nn. 1 e 2); tuttavia è conveniente che la Comunione e la preghiera secondo le intenzioni del Sommo Pontefice siano fatte nello stesso giorno in cui si compie l'opera.

2 NOVEMBRE

VENERDÌ

Commemorazione di tutti i fedeli defunti

viola **propria**

IL SALARIO DEL PECCATO È LA MORTE

Oggi vengono commemorati tutti coloro che sono morti nel segno della fede in Cristo. La *pietas* verso i morti risale agli albori dell'umanità. Fin dall'epoca delle catacombe l'arte funeraria nutriva la speranza dei fedeli. A Roma, con toccante semplicità, i cristiani rappresentavano sulla parete del loculo in cui era deposto un loro congiunto la figura di Lazzaro. Quasi a significare: come Gesù ha pianto per l'amico Lazzaro e lo ha fatto ritornare in vita, così farà anche per questo suo discepolo. La commemorazione liturgica di tutti i fedeli defunti prende forma nel IX secolo. La festività, però, è celebrata per la prima volta nel cristianesimo nel 998, per disposizione di sant'Odilone, abate del monastero di Cluny, e poi si diffonde a tutti i monasteri cluniacensi. La Chiesa romana accetta la festa in modo ufficiale nel 1311 e nel 1915 papa Benedetto XV permette ai sacerdoti di celebrare tre Messe di suffragio: la prima secondo l'intenzione del celebrante, la seconda secondo l'intenzione del Papa e la terza in suffragio di tutti i defunti.

La morte fa paura, l'uomo non riesce ad accettare che tutto quanto di bello vissuto, prodotto e visto nella propria vita, possa essere cancellato e per questo motivo è meglio non parlarne; ma nonostante sia spesso un tema quasi proibito nella nostra società, essa riguarda ciascuno di noi. Davanti a questo mistero, tutti cerchiamo qualcosa che ci inviti a sperare, un segnale che ci dia consolazione, che offra ancora un futuro. La strada della morte, in realtà, è una via della speranza.

La morte è il passaggio obbligato verso la vita piena. Un passaggio da affrontare senza evasioni, con realismo umano e cristiano. Ce ne dà esempio il cardinale Carlo Maria Martini, arcivescovo emerito di Milano, ammalato di Parkinson e morto nel 2012, che, «nel contesto di una morte imminente», sentendosi «già arrivato nell'ultima sala d'aspetto, o la penultima», confessa di essersi «più volte lamentato col Signore» per la necessità di dover morire. Martini non nasconde il suo travaglio interiore per arrivare ad accettare la morte: «Mi sono riappacificato col pensiero di dover morire quando ho compreso che senza la morte non arriveremmo mai a fare un atto di piena fiducia in Dio. Di fatto in ogni scelta impegnativa noi abbiamo sempre delle uscite di sicurezza. Invece la morte ci obbliga a fidarci totalmente di Dio». Davanti al mistero della morte, che richiede un affidamento totale, Martini conclude: «Desideriamo essere con Gesù e questo nostro desiderio lo esprimiamo ad occhi chiusi, alla cieca, mettendoci in tutto nelle sue mani».

Abbiamo timore davanti alla morte perché abbiamo paura del nulla, di questo partire verso qualcosa che non conosciamo. E allora c'è in noi un senso di rifiuto, perché non possiamo accettare che tutto ciò che di bello e di grande è stato realizzato, durante un'intera esistenza, venga improvvisamente cancellato. Nel corso della storia alcuni santi hanno ricevuto, per grazia divina, la possibilità di visitare, in spirito o con il corpo, l'Inferno, il Purgatorio e il Paradiso, e ci hanno lasciato splendide testimonianze. Tra queste spicca quella di santa Faustina Kowalska. Vi proponiamo alcuni brani tratti dal suo famoso *Diario*, come meditazione personale.

L'INFERNO ESISTE?

«Oggi, sotto la guida di un angelo, sono stata negli abissi dell'inferno. È un luogo di grandi tormenti per tutta la sua estensione spaventosamente grande. Queste le varie pene che ho viste: la prima pena, quella che costituisce l'inferno, è la perdita di Dio; la seconda, i continui rimorsi di coscienza; la terza, la consapevolezza che quella sorte non cambierà mai; la quarta pena è il fuoco che penetra l'anima, ma non l'annienta; è una pena terribile: è un fuoco puramente spirituale acceso dall'ira di Dio; la quinta pena è l'oscurità continua, un orribile soffocante fetore, e benché sia buio i demòni e le anime dannate si vedono fra di loro e vedono tutto il male degli altri ed il proprio; la sesta pena è la compagnia continua di satana; la settima pena è la tremenda disperazione, l'odio di Dio, le imprecazioni, le maledizioni, le bestemmie.

Queste sono pene che tutti i dannati soffrono insieme, ma questa non è la fine dei tormenti. Ci sono tormenti particolari, per le varie anime, che sono i tormenti dei sensi. Ogni anima con quello che ha peccato viene tormentata in maniera tremenda e indescrivibile. Ci sono delle orribili caverne, voragini di tormenti, dove ogni supplizio si differenzia dall'altro. Sarei morta alla vista di quelle orribili torture, se non mi avesse sostenuta l'onnipotenza di Dio.

Il peccatore sappia che col senso col quale pecca verrà torturato per tutta l'eternità. Scrivo questo per ordine di Dio, affinché nessun'anima si giustifichi dicendo che l'inferno non c'è, oppure che nessuno c'è mai stato e nessuno sa come sia. Io, Suor Faustina, per ordine di Dio sono stata negli abissi dell'inferno, allo scopo di raccontarlo alle anime e testimoniare che l'inferno c'è. [...] Quello che ho scritto è una debole ombra delle cose che ho visto. Una cosa ho notato e cioè che la maggior parte delle anime che ci sono, sono anime che non credevano che ci fosse l'inferno. Quando ritornai in me, non riuscivo a riprendermi per lo spavento, al pensiero che delle anime là soffrono così tremendamente, per questo prego con maggior fervore per la conversione dei peccatori, ed invoco incessantemente la Misericordia di Dio per loro. O mio Gesù, preferisco agonizzare fino alla fine del mondo nelle più grandi torture, piuttosto che offenderTi col più piccolo peccato» (*Diario*, 741).

IL PURGATORIO ESISTE?

«In quel tempo domandai al Signore Gesù: "Per chi ancora devo pregare?". Gesù mi rispose che la notte seguente m'avrebbe fatto conoscere per chi dovevo pregare.

Vidi l'Angelo Custode, che mi ordinò di seguirlo. In un momento mi trovai in un luogo nebbioso, invaso dal fuoco e, in esso, una folla enorme di anime sofferenti.

Queste anime pregano con grande fervore, ma senza efficacia per se stesse: soltanto noi le possiamo aiutare. Le fiamme che bruciavano loro, non mi toccavano.

Il mio Angelo Custode non mi abbandonò un solo istante. E chiesi a quelle anime quale fosse il loro maggior tormento. Ed unanimemente mi risposero che il loro maggior tormento è l'ardente desiderio di Dio. Scorsi la Madonna che visitava le anime del purgatorio. Le anime chiamano Maria "Stella del Mare". Ella reca loro refrigerio.

Avrei voluto parlare più a lungo con loro, ma il mio Angelo Custode mi fece cenno d'uscire. Ed uscimmo dalla porta di quella prigione di dolore. Udii nel mio intimo una voce che disse: "La Mia Misericordia non vuole questo, ma lo esige la giustizia". Da allora sono in rapporti più stretti con le anime sofferenti del purgatorio» (*Diario*, 20).

IL PARADISO ESISTE?

«Oggi in ispirito sono stata in paradiso e ho visto l'inconcepibile bellezza e felicità che ci attende dopo la morte. Ho visto come tutte le creature rendono incessantemente onore e gloria a Dio. Ho visto quanto è grande la felicità in Dio, che si riversa su tutte le creature, rendendole felici. Poi ogni gloria ed onore che ha reso felici le creature ritorna alla sorgente ed esse entrano nella profondità di Dio, contemplano la vita interiore di Dio, Padre, Figlio e Spirito Santo, che non riusciranno mai né a capire né a sviscerare. Questa sorgente di felicità è immutabile nella sua essenza, ma sempre nuova e scaturisce per la beatitudine di tutte le creature. Comprendo ora San Paolo che ha detto: "Occhio non vide, né orecchio udì, né mai entrò nel cuore d'uomo ciò che Dio prepara per coloro che Lo amano". E Dio mi fece conoscere la sola ed unica cosa che ai Suoi occhi ha un valore infinito e questa è l'amore di Dio, l'amore, l'amore ed ancora una volta l'amore. E nulla è paragonabile ad un solo atto di puro amor di Dio.
Oh, quali ineffabili favori concede Iddio ad un'anima che lo ama sinceramente! Oh, felici quelle anime che già qui su questa terra godono dei Suoi particolari favori! Ed esse sono le anime piccole ed umili.
Grande è la Maestà di Dio, che ho conosciuto più a fondo, che gli spiriti celesti adorano secondo il grado della loro grazia e la gerarchia in cui si dividono» (*Diario*, 777-779). *(Vedi pagg. 678-679).*

1ª MESSA

ANTIFONA D'INGRESSO - Gesù è morto ed è risorto; così anche quelli che sono morti in Gesù Dio li radunerà insieme con lui. E come tutti muoiono in Adamo, così tutti in Cristo riavranno la vita *(1Ts 4,14; 1Cor 15,22).*

COLLETTA - Ascolta, o Dio, la preghiera che la comunità dei credenti innalza a te nella fede del Signore risorto, e conferma in noi la beata speranza che insieme ai nostri fratelli defunti risorgeremo in Cristo a vita nuova. Per il nostro Signore…

PRIMA LETTURA Gb 19,1.23-27a

Dal libro di Giobbe

Rispondendo Giobbe prese a dire: «Oh, se le mie parole si scrivessero, se si fissassero in un libro, fossero impresse con stilo di ferro e con piombo, per sempre s'incidessero sulla roccia! Io so che il mio redentore è vivo e che, ultimo, si ergerà sulla polvere! Dopo che questa mia pelle sarà strappata via, senza la mia carne, vedrò Dio. Io lo vedrò, io stesso, i miei occhi lo contempleranno e non un altro».

Parola di Dio.

SALMO RESPONSORIALE Dal Salmo 26 (27)

℟. **Sono certo di contemplare**
la bontà del Signore nella terra dei viventi.

Oppure:

℟. **Il Signore è mia luce e mia salvezza.**

Il Signore è mia luce e mia salvezza:
di chi avrò timore?
Il Signore è difesa della mia vita:
di chi avrò paura? ℟.

Una cosa ho chiesto al Signore,
questa sola io cerco:
abitare nella casa del Signore
tutti i giorni della mia vita,
per contemplare la bellezza del Signore
e ammirare il suo santuario. ℟.

Ascolta, Signore, la mia voce.
Io grido: abbi pietà di me, rispondimi!
Il tuo volto, Signore, io cerco.
Non nascondermi il tuo volto. ℟.

Sono certo di contemplare la bontà del Signore
nella terra dei viventi.
Spera nel Signore, sii forte,
si rinsaldi il tuo cuore e spera nel Signore. ℟.

SECONDA LETTURA Rm 5,5-11

Dalla lettera di san Paolo apostolo ai Romani

Fratelli, la speranza non delude, perché l'amore di Dio è stato riversato nei nostri cuori per mezzo dello Spirito Santo che ci è stato dato. Infatti, quando eravamo ancora deboli, nel tempo stabilito Cristo morì per gli empi. Ora, a stento qualcuno è disposto a morire per un giusto; forse qualcuno oserebbe morire per una persona buona. Ma Dio dimostra il suo amore verso di noi nel fatto che, mentre eravamo ancora peccatori, Cristo è morto per noi. A maggior ragione ora, giustificàti nel suo sangue, saremo salvati dall'ira per mezzo di lui. Se infatti, quand'eravamo nemici, siamo stati riconciliati con Dio per mezzo della morte del Figlio suo, molto più, ora che siamo riconciliati, saremo salvati mediante la sua vita. Non solo, ma ci gloriamo pure in Dio, per mezzo del Signore nostro Gesù Cristo, grazie al quale ora abbiamo ricevuto la riconciliazione. **Parola di Dio.**

CANTO AL VANGELO Gv 6,40

Alleluia, alleluia.

Questa è la volontà del Padre mio:
che chiunque vede il Figlio e crede in lui
abbia la vita eterna;

e io lo risusciterò nell'ultimo giorno, dice il Signore. **Alleluia.**

VANGELO Gv 6,37-40

✠ *Dal Vangelo secondo Giovanni*

In quel tempo, Gesù disse alla folla: «Tutto ciò che il Padre mi dà, verrà a me: **colui che viene a me**, io non lo caccerò fuori, perché sono disceso dal cielo non per fare la mia volontà, ma la volontà di colui che mi ha mandato. E questa è la volontà di colui che mi ha mandato: che **io non perda nulla di quanto egli mi ha dato, ma che lo risusciti nell'ultimo giorno**. Questa infatti è la volontà del Padre mio: che chiunque vede il Figlio e crede in lui abbia la vita eterna; e io lo risusciterò nell'ultimo giorno». **Parola del Signore.**

SULLE OFFERTE - Accetta, o Padre, i doni che ti offriamo in questo sacramento di amore che tutti unisce in Cristo tuo Figlio, e accogli i nostri fratelli defunti nella gloria del tuo regno. Per Cristo nostro Signore.

COMUNIONE - Dice il Signore: «Io sono la risurrezione e la vita. Chi crede in me, anche se muore, vivrà; e chiunque vive e crede in me, non morrà in eterno» *(Gv 11,25-26)*.

Dopo la Comunione - Abbiamo celebrato, Signore, il mistero pasquale, invocando la tua misericordia per i nostri fratelli defunti; dona loro di partecipare alla pasqua eterna nella tua dimora di luce e di pace. Per Cristo nostro Signore.

2ª MESSA

Antifona d'ingresso - L'eterno riposo dona loro, Signore, e splenda ad essi la luce perpetua *(Cfr. 4Esd 2,34-35).*

Colletta - O Dio, gloria dei credenti e vita dei giusti, che ci hai salvati con la morte e risurrezione del tuo Figlio, sii misericordioso con i nostri fratelli defunti; quando erano in mezzo a noi essi hanno professato la fede nella risurrezione: tu dona loro la beatitudine senza fine. Per il nostro Signore…

PRIMA LETTURA — Is 25,6a.7-9

Dal libro del profeta Isaìa

In quel giorno, preparerà il Signore degli eserciti per tutti i popoli, su questo monte, un banchetto di grasse vivande. Egli strapperà su questo monte il velo che copriva la faccia di tutti i popoli e la coltre distesa su tutte le nazioni. Eliminerà la morte per sempre. Il Signore Dio asciugherà le lacrime su ogni volto, l'ignominia del suo popolo farà scomparire da tutta la terra, poiché il Signore ha parlato. E si dirà in quel giorno: «Ecco il nostro Dio; in lui abbiamo sperato perché ci salvasse. Questi è il Signore in cui abbiamo sperato; rallegriamoci, esultiamo per la sua salvezza». **Parola di Dio.**

SALMO RESPONSORIALE Dal Salmo 24 (25)

℟. **Chi spera in te, Signore, non resta deluso.**

Oppure:

℟. **A te, Signore, innalzo l'anima mia.**

Ricòrdati, Signore, della tua misericordia
e del tuo amore, che è da sempre.
Ricòrdati di me nella tua misericordia,
per la tua bontà, Signore. ℟.

Allarga il mio cuore angosciato,
liberami dagli affanni.
Vedi la mia povertà e la mia fatica
e perdona tutti i miei peccati. ℟.

Proteggimi, portami in salvo;
che io non resti deluso,

perché in te mi sono rifugiato.
Mi proteggano integrità e rettitudine,
perché in te ho sperato. ℟.

SECONDA LETTURA Rm 8,14-23

Dalla lettera di san Paolo apostolo ai Romani

Fratelli, tutti quelli che sono guidati dallo Spirito di Dio, questi sono figli di Dio. E voi non avete ricevuto uno spirito da schiavi per ricadere nella paura, ma avete ricevuto lo Spirito che rende figli adottivi, per mezzo del quale gridiamo: «Abbà! Padre!». Lo Spirito stesso, insieme al nostro spirito, attesta che siamo figli di Dio. E se siamo figli, siamo anche eredi: eredi di Dio, coeredi di Cristo, se davvero prendiamo parte alle sue sofferenze per partecipare anche alla sua gloria. Ritengo infatti che le sofferenze del tempo presente non siano paragonabili alla gloria futura che sarà rivelata in noi. L'ardente aspettativa della creazione, infatti, è protesa verso la rivelazione dei figli di Dio. La creazione infatti è stata sottoposta alla caducità – non per sua volontà, ma per volontà di colui che l'ha sottoposta – nella speranza che anche la stessa creazione sarà liberata dalla schiavitù della corruzione per entrare nella libertà della gloria dei figli di Dio. Sappiamo infatti che tutta insieme la creazione geme e soffre le doglie del parto fino ad oggi. Non solo, ma anche noi, che possediamo le primizie dello Spirito, gemiamo interiormente aspettando l'adozione a figli, la redenzione del nostro corpo. **Parola di Dio.**

CANTO AL VANGELO Mt 25,34

Alleluia, alleluia.
Venite, benedetti del Padre mio,
ricevete in eredità il regno preparato per voi
fin dalla creazione del mondo.
Alleluia.

VANGELO Mt 25,31-46

✠ *Dal Vangelo secondo Matteo*

In quel tempo, Gesù disse ai suoi discepoli: «Quando il Figlio dell'uomo verrà nella sua gloria, e tutti gli angeli con lui, siederà sul trono della sua gloria. Davanti a lui verranno radunati tutti i popoli. Egli separerà gli uni dagli altri, come il pastore separa le pecore dalle capre, e porrà le pecore alla sua destra e le capre alla sinistra. Allora il re dirà a quelli che saranno alla sua destra: "Venite, benedetti del Padre mio, ricevete in eredità il regno preparato per voi fin dalla creazione del mondo, perché ho avuto fame e mi avete dato da mangiare, ho avuto sete e mi avete dato da bere, ero straniero e mi avete accolto, nudo e mi avete vestito, malato e mi avete visitato, ero in carcere e siete venuti a trovarmi". Allora i giusti gli risponderanno: "Signore, quando ti abbiamo visto affamato e ti abbiamo dato da mangiare, o assetato e ti abbiamo dato da bere? Quando mai ti abbiamo visto straniero e ti abbiamo accolto, o nudo e ti abbiamo vestito? Quando mai ti abbiamo visto malato o in carcere e siamo venuti a visitarti?". E il re risponderà loro: "In verità io vi dico: tutto quello che avete fatto a uno solo di questi miei fratelli più piccoli, l'avete fatto a me". Poi dirà anche a quelli che saranno alla sinistra: "Via, lontano da me, maledetti, nel fuoco eterno, preparato per il diavolo e per i suoi angeli, perché ho avuto fame e non mi avete dato da mangiare, ho avuto sete e non mi avete dato da bere, ero straniero e non mi avete accolto, nudo e non mi avete vestito, malato e in carcere e non mi avete visitato". Anch'essi allora risponderanno: "Signore, quando ti abbiamo visto affamato o assetato o straniero o nudo o malato o in carcere, e non ti abbiamo servito?". Allora egli risponderà loro: "In verità io vi dico: tutto quello che non avete fatto a uno solo di questi più piccoli, non l'avete fatto a me". E se ne andranno: questi al supplizio eterno, i giusti invece alla vita eterna». **Parola del Signore.**

Sulle offerte - Dio onnipotente, che nell'acqua del Battesimo hai rigenerato i nostri fratelli defunti, per questo sacrificio di riconciliazione che la Chiesa ti offre, lava le loro colpe nel sangue del Cristo e ricevili fra le braccia della tua misericordia. Per Cristo nostro Signore.

Comunione - Splenda ad essi la luce perpetua, insieme ai tuoi santi, in eterno, Signore, perché tu sei buono. L'eterno riposo dona loro, Signore, e splenda ad essi la luce perpetua, insieme ai tuoi santi, in eterno, Signore, perché tu sei buono *(Cfr. 4Esd 2,35.34).*

Dopo la Comunione - O Padre, che in questo sacramento pasquale ci hai uniti al tuo Figlio, vincitore del peccato e della morte, fa' che i nostri fratelli defunti, liberi da ogni colpa, partecipino alla gloria del Signore risorto, che vive e regna nei secoli dei secoli.

3ª MESSA

Antifona d'ingresso - Dio, che ha risuscitato Cristo Gesù dai morti, darà la vita anche ai nostri corpi mortali per mezzo del suo Spirito, che abita in noi *(Cfr. Rm 8,11).*

COLLETTA - Dio onnipotente, il tuo unico Figlio, nel mistero della Pasqua, è passato da questo mondo alla gloria del tuo regno; concedi ai nostri fratelli defunti di condividere il suo trionfo sulla morte e di contemplare in eterno te, o Padre, che li hai creati e redenti. Per il nostro Signore…

PRIMA LETTURA Sap 3,1-9

Dal libro della Sapienza

Le anime dei giusti sono nelle mani di Dio, nessun tormento li toccherà. Agli occhi degli stolti parve che morissero, la loro fine fu ritenuta una sciagura, la loro partenza da noi una rovina, ma essi sono nella pace. Anche se agli occhi degli uomini subiscono castighi, la loro speranza resta piena d'immortalità. In cambio di una breve pena riceveranno grandi benefici, perché Dio li ha provati e li ha trovati degni di sé; li ha saggiati come oro nel crogiuolo e li ha graditi come l'offerta di un olocausto. Nel giorno del loro giudizio risplenderanno, come scintille nella stoppia correranno qua e là. Governeranno le nazioni, avranno potere sui popoli e il Signore regnerà per sempre su di loro. Coloro che confidano in lui comprenderanno la verità, i fedeli nell'amore rimarranno presso di lui, perché grazia e misericordia sono per i suoi eletti. **Parola di Dio.**

SALMO RESPONSORIALE Dai Salmi 41-42 (42-43)

℟. **L'anima mia ha sete del Dio vivente.**

Come la cerva anela
ai corsi d'acqua,
così l'anima mia anela
a te, o Dio. ℟.

L'anima mia ha sete di Dio,
del Dio vivente:
quando verrò e vedrò
il volto di Dio? ℟.

Avanzavo tra la folla,
la precedevo fino alla casa di Dio,
fra canti di gioia e di lode
di una moltitudine in festa. ℟.

Manda la tua luce e la tua verità:
siano esse a guidarmi,
mi conducano alla tua santa montagna,
alla tua dimora. ℟.

Verrò all'altare di Dio,
a Dio, mia gioiosa esultanza.
A te canterò sulla cetra,
Dio, Dio mio. ℟.

Perché ti rattristi, anima mia,
perché ti agiti in me?
Spera in Dio: ancora potrò lodarlo,
lui, salvezza del mio volto e mio Dio. R.

SECONDA LETTURA — Ap 21,1-5a.6b-7

Dal libro dell'Apocalisse di san Giovanni apostolo

Io, Giovanni, vidi un cielo nuovo e una terra nuova: il cielo e la terra di prima infatti erano scomparsi e il mare non c'era più. E vidi anche la città santa, la Gerusalemme nuova, scendere dal cielo, da Dio, pronta come una sposa adorna per il suo sposo. Udii allora una voce potente, che veniva dal trono e diceva: «Ecco la tenda di Dio con gli uomini! Egli abiterà con loro ed essi saranno suoi popoli ed egli sarà il Dio con loro, il loro Dio. E asciugherà ogni lacrima dai loro occhi e non vi sarà più la morte né lutto né lamento né affanno, perché le cose di prima sono passate». E Colui che sedeva sul trono disse: «Ecco, io faccio nuove tutte le cose. Io sono l'Alfa e l'Omèga, il Principio e la Fine. A colui che ha sete io darò gratuitamente da bere alla fonte dell'acqua della vita. Chi sarà vincitore erediterà questi beni; io sarò suo Dio ed egli sarà mio figlio». **Parola di Dio.**

CANTO AL VANGELO Mt 11,25

Alleluia, alleluia.
Ti rendo lode, Padre,
Signore del cielo e della terra,
perché ai piccoli hai rivelato i misteri del regno.
Alleluia.

VANGELO Mt 5,1-12a

✠ *Dal Vangelo secondo Matteo*

In quel tempo, vedendo le folle, Gesù salì sul monte: si pose a sedere e si avvicinarono a lui i suoi discepoli. Si mise a parlare e insegnava loro dicendo: «Beati i poveri in spirito, perché di essi è il regno dei cieli. Beati quelli che sono nel pianto, perché saranno consolati. Beati i miti, perché avranno in eredità la terra. Beati quelli che hanno fame e sete della giustizia, perché saranno saziati. Beati i misericordiosi, perché troveranno misericordia. Beati i puri di cuore, perché vedranno Dio. Beati gli operatori di pace, perché saranno chiamati figli di Dio. Beati i perseguitati per la giustizia, perché di essi è il regno dei cieli. Beati voi quando vi insulteranno, vi perseguiteranno e, mentendo, diranno, ogni sorta di male contro di voi per causa mia. Rallegratevi ed esultate, perché grande è la vostra ricompensa nei cieli». **Parola del Signore.**

SULLE OFFERTE - O Dio, Signore dei vivi e dei morti, pieno di misericordia verso le tue creature, concedi il perdono e la pace ai nostri fratelli defunti, perché, immersi nella tua beatitudine, ti lodino in eterno. Per Cristo nostro Signore.

COMUNIONE - Aspettiamo il nostro salvatore Gesù Cristo; egli trasfigurerà il nostro corpo mortale a immagine del suo corpo glorioso *(Cfr. Fil 3,20-21).*

DOPO LA COMUNIONE - Accogli nell'abbraccio della tua misericordia, o Padre, i nostri fratelli defunti, per i quali ti abbiamo offerto questo sacrificio; e poiché nel Battesimo li hai resi tuoi figli, dona loro nella tua casa la gioia senza fine. Per Cristo nostro Signore.

Commenti

1ª LETTURA - (SECONDA MESSA) Il profeta Isaìa, in questo breve brano, ci offre la descrizione del banchetto escatologico preparato da Dio per tutti i popoli. Nel giorno in cui commemoriamo i nostri fratelli defunti e in cui viene posto di fronte a noi il mistero della morte, la liturgia ci apre alla speranza. Infatti, commemorando coloro che ci hanno preceduto nel cammino terreno, non solo preghiamo per loro, non solo ricordiamo ciò che con loro abbiamo condiviso, non solo chiediamo la loro intercessione, ma affermiamo la nostra speranza in una vita nella quale Dio ha cancellato ogni limite, per essere tutto in tutti. Ciò che il profeta ci descrive con l'immagine di un banchetto di grasse vivande è quel Regno preparato per noi e per i nostri cari in cui non ci sarà più morte, pianto, ignominia. Proprio in questo giorno il nostro sguardo deve essere rivolto a quel Regno che nessuno potrà strapparci, se non noi stessi con le nostre azioni. Per questo la commemorazione di tutti i fedeli defunti è anzitutto la celebrazione di una speranza, che ci spinge a tenere lo sguardo fisso sull'obiettivo della vita eterna, ma ci ricorda anche che siamo ancora in cammino sulle vie di questo mondo e che dobbiamo accogliere l'invito al banchetto eucaristico, anticipazione della festa senza fine.

2ª LETTURA - (SECONDA MESSA) Con il Battesimo siamo diventati figli di Dio, infatti in questo sacramento, porta di tutti i sacramenti e della vita cristiana, lo Spirito a noi donato attraverso il lavacro dell'acqua ci ha resi figli. E i figli possono essere tali se hanno un padre, infatti l'apostolo Paolo ci ricorda che siamo figli di un unico Padre. Come nella vita terrena siamo eredi dei nostri genitori, così siamo eredi di Dio, il quale ci ha donato la gloria futura. Se l'uomo, insieme a tutto il creato, soffre la passione di Cristo, allora con lui gusterà anche la gloria nel regno di Dio. Da buon Padre, quale Dio realmente è, ci ha lasciato in eredità la sua casa. Attraverso il Battesimo siamo stati simbolicamente sepolti con Cristo, perché destinati un giorno a risorgere, come lui è risorto, e ad assaporare quell'eredità da sempre preparata per noi. La morte, la grande nemica dell'uomo, non ha più il suo potere su di noi, perché lo Spirito ci ha resi figli nel Figlio, abitanti del cielo, pellegrini sulla terra in cammino verso il Regno che il Signore ci ha regalato.

Vangelo - (Seconda Messa) Forse alcune volte ci siamo chiesti come sarà il giudizio di Dio, e credo che sia una domanda più che opportuna, sapendo che un giorno ci troveremo di fronte al nostro Creatore. In questo brano le parole di Gesù, riportate dall'evangelista Matteo, ci sono di grande aiuto, perché ci indicano il tema principale del giudizio, che è quello dell'amore. Dal brano infatti comprendiamo come nell'ultimo giorno saremo giudicati solo sull'amore. Un amore rivolto a due soggetti: il Signore e il prossimo; anzi, a un unico soggetto, Dio, che si è nascosto nell'altro. La domanda posta da coloro che si trovano giudicati, ci fa accorgere di come anche noi corriamo – nella vita di tutti i giorni – il rischio di scartare il fratello, senza pensare che, scartandolo, mettiamo da parte anche Dio. Gesù, interrogato da un dottore della legge sul comandamento più grande, ha risposto: «Amerai il Signore tuo Dio con tutto il cuore, con tutta la tua anima e con tutta la tua mente» (Mt 22,37), aggiungendo che c'è un secondo comandamento simile al primo: «Amerai il tuo prossimo come te stesso» (Mt 22,39). Il comandamento dell'amore, che qui nel giudizio finale fa da sottofondo, ci ricorda che non è possibile amare l'uno senza passare per l'altro, non c'è una scala di priorità, ma la modalità giusta è quella di amare l'uno e l'altro.

CHIEDETE E VI SARÀ DATO — Lc 11,9

1. Padre santo, fa' che il tuo popolo, radicato nella comunione di speranza e di carità, sappia celebrare con fede il ricordo di tutti coloro che ci hanno preceduto nella vita eterna.

2. Padre buono, accogli nella comunione dei santi i nostri fratelli defunti, che hanno creduto e sperato in te, liberali da ogni colpa, svela loro il mistero del tuo volto e rendili partecipi della tua vita.

3. Padre, principio e fine della nostra esistenza, insegnaci a usare saggiamente il tempo che ci dai, servendoti nei nostri fratelli e amandoti con tutte le nostre forze.

FATE QUELLO CHE VI DIRÀ Gv 2,5

C PER VIVERE DA DISCEPOLO DI GESÙ... Mi reco al cimitero e prego per i miei cari che hanno raggiunto la dimora celeste, con la certezza nel cuore che ci aspetta tutti lo splendore della risurrezione.

M SULL'ESEMPIO DI MARIA... Accompagno una persona anziana, che non riesce a muoversi autonomamente, al cimitero, affinché possa onorare la memoria dei suoi defunti.

Ottavario dei defunti

Santi del giorno:
San Vittorino • San Giusto • San Donnino • San Giorgio • San Malachia • Beata Margherita di Lorena • Beato Giovanni Bodey

3 NOVEMBRE

SABATO

30ª settimana del Tempo Ordinario

verde (bianco se si celebra la memoria)

2ª sett. salt.

S. Martino de Porres, religioso (mf)

SAN MARTINO DE PORRES: amava gli uomini più di se stesso.

Martino, nato a Lima il 9 dicembre 1579, è figlio di Anna Vasquez e di padre ignoto, anche se tutti in città sapevano chi era suo padre, Giovanni de Porres, nobile spagnolo, alto funzionario del re di Spagna. Giovanni si trovava a Panama quando si invaghì di Anna, una bellissima fanciulla nera, figlia di schiavi. La donna divenne la sua compagna e fu proclamata "liberta", ma sapeva bene che non avrebbe mai potuto sposarlo secondo la legge. Tuttavia pensava, in cuor suo, che il buon Dio non l'avrebbe castigata.

Nacquero due figli, Martino e Giovanna, ma in un primo momento non ebbero il cognome del padre, perché un figlio di colore gli avrebbe rovinato la carriera. Passarono sei anni e, forse per rimorso, forse perché già affermato politicamente, il padre decise di dare ai figli il suo cognome, ponendo però una dura condizione: entrambi i piccoli dovevano separarsi dalla madre per seguirlo in Ecuador, dove egli veniva trasferito, perché i suoi figli, anche se meticci, avevano diritto a un'educazione all'altezza del loro sangue nobile. La madre, invece, doveva restare a Lima. Per Anna fu un duro colpo, ma accettò per il bene dei figli. Martino e Giovanna in Ecuador ricevettero un'accurata forma-

zione scolastica e umanistica, ma quando Giovanni fu nominato governatore di Panama, affidò la figlia allo zio Don Diego de Miranda e Martino alla mamma.
Martino, intelligentissimo, si rendeva conto della situazione della madre e il loro rapporto fu sempre molto profondo. Anna, costretta a vivere sempre nel nascondimento a causa del colore della pelle, traeva dalla fede la forza per conservare intatta la sua dignità di donna e mise suo figlio a contatto con uomini illustri per santità e dottrina, come il vescovo della città e i frati. Il giovane amava la medicina tanto da riuscire a praticare con molta diligenza dei piccoli interventi chirurgici, come era in uso al suo tempo. Martino, pur potendo divenire ricco, non era avido di denaro e fin da piccolo, frequentando i palazzi dei nobili e le baracche dei poveri, aveva imparato a conoscere la distanza esistente tra gli uomini ricchi e gli spagnoli, indios, mulatti e neri. Inoltre, era affascinato dall'esempio di grandi uomini come i padri francescani, che avevano il coraggio di difendere i poveri di qualsiasi colore e di proclamare gli stessi diritti per tutti.
A 15 anni chiese di entrare tra i Domenicani del convento della Madonna del Rosario. Fu ammesso come oblato, ovvero come servo, perché era figlio illegittimo. In convento Martino usava la scopa (così da essere soprannominato frate Scopa) e il bisturi con grande successo. Nella sua cella a pianterreno, ben distinta dalle abitazioni dei frati, soccorreva poveri, ammalati, affamati ed ecclesiastici che, in cerca di consigli, elargivano delle ingenti somme di denaro per le sue opere di carità. Ma dove attingeva Martino le forze per una vita evangelica così attiva e profonda? Egli aveva compreso in maniera chiara che in ogni uomo, specie nel povero, c'è una particolare presenza di Dio. Se durante il giorno era in contemplazione davanti al Cristo presente nell'uomo, di

notte passava ore intere davanti al Signore presente nell'Eucaristia e spesso fu favorito di particolari grazie di luce, come quando fu invitato a porre le sue labbra sul costato aperto del Salvatore. Con questa luce che, partendo dal Crocifisso gli inondava l'anima, Martino valorizzava il dolore di ogni sofferente e con la sua arte medica e la sua parola sapiente ne guariva il corpo e l'anima.
Di fronte alle virtù di frate Martino, i padri domenicani ottennero la dispensa canonica, perché potesse fare la professione solenne nell'Ordine di san Domenico. La proposta lo sorprese: diventando domenicano con tanta solennità, non si sarebbe allontanato dagli ultimi? Quindi accettò per obbedienza, ma continuò a vivere come oblato, a servizio di tutti.
Quando Feliciano de Vega fu nominato arcivescovo, convinse i frati a lasciare che Martino partisse con lui per il Messico, anche per sottrarlo – diceva loro – al pericolo di insuperbirsi per la stima che godeva a Lima. Il tentativo però non ebbe esito, perché Martino fu colpito da una febbre tifoide e morì poco dopo, il 3 novembre 1639.
Martino, canonizzato nel 1962 da san Giovanni XXIII, è un santo molto importante per il popolo latinoamericano. Durante la sua vita, la fede era penetrata così profondamente nel suo stesso essere da dargli una grande libertà di spirito, insieme alla chiara coscienza che gli uomini, al di là del colore della pelle, davanti a Dio sono tutti uguali. Ancora oggi egli continua a dire al mondo che tutti gli uomini sono fratelli e che la varietà del colore della pelle non è stata creata da Dio per la discriminazione, ma – come la varietà dei fiori – per rendere più bella la convivenza umana.

ANTIFONA D'INGRESSO - Gioisca il cuore di chi cerca il Signore. Cercate il Signore e la sua potenza, cercate sempre il suo volto *(Sal 104,3-4).*

COLLETTA - Dio onnipotente ed eterno, accresci in noi la fede, la speranza e la carità, e perché possiamo ottenere ciò che prometti, fa' che amiamo ciò che comandi. Per il nostro Signore…

PRIMA LETTURA Fil 1,18b-26

Dalla lettera di san Paolo apostolo ai Filippési

Fratelli, purché in ogni maniera, per convenienza o per sincerità, **Cristo venga annunciato**, io me ne rallegro e continuerò a rallegrarmene. So infatti che questo servirà alla mia salvezza, grazie alla vostra preghiera e all'aiuto dello Spirito di Gesù Cristo, secondo la mia ardente attesa e la speranza che in nulla rimarrò deluso; anzi nella piena fiducia che, come sempre, anche ora Cristo sarà glorificato nel mio corpo, sia che io viva sia che io muoia. Per me infatti il vivere è Cristo e il morire ùn guadagno. Ma se il vivere nel corpo significa lavorare con frutto, non so davvero che cosa scegliere. Sono stretto infatti fra queste due cose: ho il desiderio di lasciare questa vita per essere con Cristo, il che sarebbe assai meglio; ma per voi è più necessario che io rimanga nel corpo. Persuaso di questo, so che rimarrò e continuerò a rimanere in mezzo a tutti voi per il progresso e la gioia della vostra fede, affinché il vostro vanto nei miei riguardi cresca sempre più in Cristo Gesù, con il mio ritorno fra voi. **Parola di Dio.**

SALMO RESPONSORIALE Dal Salmo 41 (42)

℟. **L'anima mia ha sete di Dio, del Dio vivente.**

Come la cerva anela
ai corsi d'acqua,
così l'anima mia anela
a te, o Dio. ℟.

L'anima mia ha sete di Dio,
del Dio vivente:
quando verrò e vedrò
il volto di Dio? ℟.

Avanzavo tra la folla,
la precedevo fino alla casa di Dio,
fra canti di gioia e di lode
di una moltitudine in festa. ℟.

CANTO AL VANGELO Mt 11,29ab

Alleluia, alleluia.
Prendete il mio giogo sopra di voi, dice il Signore, e imparate da me, che sono mite e umile di cuore.
Alleluia.

VANGELO Lc 14,1.7-11

✠ *Dal Vangelo secondo Luca*

Un sabato Gesù si recò a casa di uno dei capi dei farisei per pranzare ed essi stavano a osservarlo. Diceva agli invitati una parabola, notando come sceglievano i primi posti: «**Quando sei invitato** a nozze da qualcuno, non metterti al primo posto, perché non ci sia un altro invitato più degno di te, e colui che ha invitato te e lui venga a dirti: "Cédigli il posto!". Allora dovrai con vergogna occupare l'ultimo posto. Invece, quando sei invitato, va' a metterti all'ultimo posto, perché quando viene colui che ti ha invitato ti dica: "Amico, vieni più avanti!". Allora ne avrai onore davanti a tutti i commensali. Perché chiunque si esalta sarà umiliato, e chi si umilia sarà esaltato».
Parola del Signore.

SULLE OFFERTE - Guarda, Signore, i doni che ti presentiamo: quest'offerta, espressione del nostro servizio sacerdotale, salga fino a te e renda gloria al tuo nome. Per Cristo nostro Signore.

Comunione - Esulteremo per la tua salvezza e gioiremo nel nome del Signore, nostro Dio *(Sal 19,6)*. *Oppure:* Cristo ci ha amati: per noi ha sacrificato se stesso, offrendosi a Dio in sacrificio di soave profumo *(Ef 5,2)*.

Dopo la Comunione - Signore, questo sacramento della nostra fede compia in noi ciò che esprime e ci ottenga il possesso delle realtà eterne, che ora celebriamo nel mistero. Per Cristo nostro Signore.

Commenti

1ª lettura - Interesse dell'apostolo Paolo, come di ogni cristiano, è quello di portare l'annuncio di Cristo, che è ciò che produce la vera gioia. Certamente il nostro sguardo deve essere sempre rivolto alla realtà futura, cioè all'essere un giorno con Cristo, ma la vita presente va vissuta appieno; nell'attesa del giorno dell'incontro, dobbiamo sfruttare il tempo che ci è stato donato per essere testimoni delle meraviglie che il Signore ha compiuto, con l'intento di accrescere la fede dei nostri fratelli e delle nostre sorelle. Infatti, siamo invitati a fare della nostra vita come un segnale stradale che conduce coloro che camminano accanto a noi, verso il cielo, attraverso la testimonianza resa dalla predicazione e dalle opere. Come san Paolo, anche noi dobbiamo lasciarci coinvolgere esistenzialmente dall'annuncio del Vangelo, affinché tutte le dimensioni della nostra vita siano partecipi di questo annuncio. Non possiamo dare, a colui che tutto ci ha donato, solo una minima parte del nostro tempo e della nostra esistenza, ma ogni cosa che compiamo deve diventare annuncio che conduce me e gli altri verso il cielo.

VANGELO - Come spesso accade, Gesù approfitta di ogni occasione per insegnare: in questo Vangelo, stando a tavola, parla attraverso una parabola, che pone lo sguardo su un atteggiamento presuntuoso in cui tutti possiamo incorrere. Molti di noi vivono per la gloria, sia essa grande sia essa piccola. Una gloria che viene dall'uomo: il nostro interesse è infatti rivolto a ciò che gli altri pensano di noi, e poco a ciò che Dio pensa di noi. Ciò però può condurci a un protagonismo esasperato, perché più ci glorificano gli altri, più ci sforziamo di essere glorificati.

Eppure la parabola parla chiaro: coloro che cercano di sedersi al primo posto, rischiano di essere mandati all'ultimo, qualora arrivasse qualche invitato più degno dei primi. Con questo il Signore vuole indicarci la via giusta, che è quella dell'ultimo posto, dell'umiltà. Nostro interesse, infatti, dovrebbe essere quello di stare vicino a Dio, nella verità della nostra persona, non pensando a cosa gli altri dicono di noi, ma allo sguardo amorevole di colui che legge anzitutto il nostro cuore. L'umiltà ci fa essere come dei vasi vuoti, che agli occhi dei più sembreranno inutili, ma agli occhi di Dio hanno la possibilità di essere riempiti dal suo splendore, dalla sua bellezza.

CHIEDETE E VI SARÀ DATO Lc 11,9

1. Per la Chiesa, perché ogni battezzato riscopra la dignità di figlio di Dio e viva con coerenza e autenticità le esigenze del Vangelo, seguendo l'esempio di carità di san Martino.

2. Per i religiosi, e in particolare per quanti appartengono all'Ordine dei Domenicani, perché, nella fedeltà agli impegni della loro vocazione e nell'ascolto dello Spirito Santo, sappiano collaborare per edificare insieme il regno di Dio.

3. Per i nostri fratelli defunti, la cui memoria alimenta la nostra fede ancora in cammino, perché il nostro pensiero e il nostro amore porti loro la benedizione del Padre.

FATE QUELLO CHE VI DIRÀ

Gv 2,5

C PER VIVERE DA DISCEPOLO DI GESÙ... Invito a casa una persona, con cui ho bisogno di ristabilire un rapporto, con il desiderio di farle sentire la mia vicinanza e la mia accoglienza.

M SULL'ESEMPIO DI MARIA... Durante la giornata colgo le occasioni che mi si presentano per annunciare l'amore di Gesù Cristo, chiedendo alla Vergine di essere rispettoso e autentico.

Ottavario dei defunti

Altri santi del giorno:

San Pápulo • Santi Valentino e Ilario • Santa Silvia • San Berardo • San Pietro Francesco Néron • Beato Manuel Lozano Garrido

4 NOVEMBRE

DOMENICA

31ª domenica del Tempo Ordinario (B)

verde **3ª sett. salt.**

ANTIFONA D'INGRESSO - Non abbandonarmi, Signore, mio Dio, da me non stare lontano; vieni presto in mio aiuto, Signore, mia salvezza *(Sal 37,22-23).*

Si dice il Gloria (vedi pag. 17).

COLLETTA - **Preghiamo:** Dio onnipotente e misericordioso, tu solo puoi dare ai tuoi fedeli il dono di servirti in modo lodevole e degno; fa' che camminiamo senza ostacoli verso i beni da te promessi. Per il nostro Signore… **Amen.**

Oppure: O Dio, tu se l'unico Signore e non c'è altro Dio all'infuori di te; donaci la grazia dell'ascolto, perché i cuori, i sensi e le menti si aprano alla sola parola che salva, il Vangelo del tuo Figlio, nostro sommo ed eterno sacerdote. Egli è Dio… **Amen.**

(seduti)

PRIMA LETTURA Dt 6,2-6

Dal libro del Deuteronòmio

Mosè parlò al popolo dicendo: «Temi il Signore, tuo Dio, osservando per tutti i giorni della tua vita, tu, il tuo figlio e il figlio del tuo figlio, tutte le sue leggi e tutti i suoi comandi che io ti do e così si prolunghino i tuoi giorni. Ascolta, o Israele, e bada di metterli in pratica, perché tu sia felice e diventiate molto numerosi nella terra dove scorrono latte e miele, come il Signore, Dio dei tuoi padri, ti ha detto. Ascolta, Israele: il Signore è il nostro Dio, unico è il Signore. Tu amerai il Signore, tuo Dio, con tutto il cuore, con tutta l'anima e con tutte le forze. Questi precetti che oggi ti do, ti stiano fissi nel cuore». - Parola di Dio.
℟. **Rendiamo grazie a Dio.**

SALMO RESPONSORIALE Dal Salmo 17 (18)

℟. **Ti amo, Signore, mia forza.**

Ti amo, Signore, mia forza,
Signore, mia roccia,
mia fortezza, mio liberatore. ℟.

Mio Dio, mia rupe, in cui mi rifugio;
mio scudo, mia potente salvezza e mio baluardo.
Invoco il Signore, degno di lode,
e sarò salvato dai miei nemici. ℟.

Viva il Signore e benedetta la mia roccia,
sia esaltato il Dio della mia salvezza.
Egli concede al suo re grandi vittorie,
si mostra fedele al suo consacrato. ℟.

SECONDA LETTURA Eb 7,23-28

Dalla lettera agli Ebrei

Fratelli, [nella prima alleanza] in gran numero sono diventati sacerdoti, perché la morte impediva loro di durare a lungo. Cristo invece, poiché resta per sempre, possiede un sacerdozio che non tramonta. Perciò può salvare perfettamente quelli che per mezzo di lui si avvicinano a Dio: egli infatti è sempre vivo per intercedere a loro favore. Questo era il sommo sacerdote che ci occorreva: santo, innocente, senza macchia, separato dai peccatori ed elevato sopra i cieli. Egli non ha bisogno, come i sommi sacerdoti, di offrire sacrifici ogni giorno, prima per i propri peccati e poi per quelli del popolo: lo ha fatto una volta per tutte, offrendo se stesso. La Legge infatti costituisce sommi sacerdoti uomini soggetti a debolezza; ma la parola del giuramento, posteriore alla Legge, costituisce sacerdote il Figlio, reso perfetto per sempre. - Parola di Dio. ℟. **Rendiamo grazie a Dio.**

(in piedi)

CANTO AL VANGELO Gv 14,23

Alleluia, alleluia.
Se uno mi ama, osserverà la mia parola,
dice il Signore,
e il Padre mio lo amerà e noi verremo a lui.
Alleluia.

VANGELO Mc 12,28b-34

Il Signore sia con voi.
℟. **E con il tuo spirito.**
✠ *Dal Vangelo secondo Marco*
℟. **Gloria a te, o Signore.**

In quel tempo, si avvicinò a Gesù uno degli scribi e gli domandò: «Qual è il primo di tutti i comandamenti?». Gesù rispose: «Il primo è: "**Ascolta**, Israele! Il Signore nostro Dio è l'unico Signore; amerai il Signore tuo Dio con tutto il tuo cuore e con tutta la tua anima, con tutta la tua mente e con tutta la tua forza". Il secondo è questo: "Amerai il tuo prossimo come te stesso". Non c'è altro comandamento più grande di questi». Lo scriba gli disse: «Hai detto bene, Maestro, e secondo verità, che Egli è unico e non vi è altri all'infuori di lui; amarlo con tutto il cuore, con tutta l'intelligenza e con tutta la forza e amare il prossimo come se stesso vale più di tutti

gli olocausti e i sacrifici». Vedendo che egli aveva risposto saggiamente, Gesù gli disse: «Non sei lontano dal regno di Dio». E nessuno aveva più il coraggio di interrogarlo. - Parola del Signore.
℟. **Lode a te o Cristo.**

Credo (vedi pagg. 19-22).

(in piedi)

Sulle offerte - Questo sacrificio che la Chiesa ti offre, Signore, salga a te come offerta pura e santa, e ottenga a noi la pienezza della tua misericordia. Per Cristo nostro Signore.

Comunione - Tu mi indichi il sentiero della vita, Signore, gioia piena nella tua presenza *(Sal 15,11).*
Oppure: Dice il Signore: «Come il Padre che ha la vita ha mandato me e io vivo per il Padre, così anche colui che mangia di me vivrà per me» *(Gv 6,57).*
Oppure: Il Signore Dio nostro è l'unico: lo amerai con tutto il cuore *(Mc 12,29-30).*

Dopo la Comunione - **Preghiamo:** Continua in noi, o Dio, la tua opera di salvezza, perché i sacramenti che ci nutrono in questa vita ci preparino a ricevere i beni promessi. Per Cristo nostro Signore.
Amen.

Commenti

1ª LETTURA - Questo breve passo del Deuteronòmio si colloca dopo il discorso di Mosè con il quale egli si rivolge a Israele consegnandogli i comandamenti del Signore. In genere, la prima impressione che suscita il decalogo è quella di vedere i comandamenti come una serie di regole che ci vietano qualcosa, che ci limitano; in realtà, se leggiamo con attenzione, scopriamo che essi sono la strada da percorrere per raggiungere la terra promessa, dove scorrono latte e miele. La forma in negativo che viene riportata nei versetti precedenti a questo brano, può indurci a pensarli come una normativa stringente, ma se partiamo dal fatto che l'intento di Dio è l'amore, arriviamo a comprendere che l'anima della legge è l'amore. Per questo ciò che Dio ci sta donando è molto più di quello che noi erroneamente pensiamo ci stia togliendo; lui non toglie nulla, ma dà tutto. E per accettare questo tutto, abbiamo bisogno di una strada da percorrere; una via per giungere a quella felicità che qui viene promessa a coloro che mettono in pratica i suoi comandamenti.

2ª LETTURA - La lettera agli Ebrei ci dona una speranza! Se i sacerdoti di cui parla l'Antico Testamento, che offrivano sacrifici per i propri peccati e per quelli del popolo, sono morti, noi abbiamo un sommo ed eterno sacerdote che è Cristo, il quale continua a vivere nella sua Chiesa. Egli, infatti, a differenza dei primi, ha offerto se stesso come vittima sacrificale per donare la salvezza, non a un popolo ristretto, ma a tutta l'umanità. In forza di questo perenne sacrificio, fatto una volta per tutte, il dono della salvezza è giunto fino a noi, di generazione in generazione, perché anche noi potessimo avere la vita. Questa è la speranza: aver avuto un unico sacrificio, un unico sommo sacerdote, che ha donato la sua vita una volta per tutte per la nostra vita. Ora sta a noi accogliere il dono del Cristo sacrificato, perché la salvezza non è un automatismo, ma un dono che va accolto nella nostra vita. Infatti, intenzione del Figlio, morto sulla croce e risorto per ridare a noi la vita perduta, è quella di salvare ogni uomo e ogni donna, ma sta a noi, attraverso la nostra stessa vita, accogliere l'offerta che il Signore ha fatto di se stesso.

VANGELO - Interrogato da uno degli scribi su quale sia il comandamento più grande, Gesù ci mostra anzitutto quale sia l'obiettivo al quale confluiscono tutti i comandamenti e, allo stesso tempo, quale sia l'origine dalla quale scaturiscono: l'amore verso Dio e verso il prossimo. A prima vista, risultano essere due grandi comandamenti distinti. Visti così pongono il problema di quale scala di priorità ci sia tra i due che, da come sono presentanti, potrebbero risultare uno conseguente all'altro; con il primo più importante dell'altro. Invece essi non sono due, ma un unico grande comandamento: come ci dice l'apostolo Giovanni nella sua prima lettera, non possiamo amare Dio che non vediamo e non amare il fratello che vediamo (1Gv 4,20): l'amore verso l'uno è mediatore dell'amore verso l'altro. Questa logica risulta essere presente in altri passi scritturistici e non solo nella predicazione di Gesù. Infatti, è di somma importanza avere la consapevolezza che l'amore a cui siamo chiamati non rispetta la logica della sottrazione, e cioè per amare l'uno tolgo necessariamente qualcosa all'altro, ma quella dell'addizione, nell'amare uno, amo anche l'altro: nell'amare Dio, amo anche l'uomo, e nell'amare l'uomo, amo anche Dio.

CHIEDETE E VI SARÀ DATO Lc 11,9

1. Signore, nostro unico Dio, accompagna il tuo popolo santo, e in particolare la Chiesa ambrosiana che oggi ricorda il suo patrono san Carlo, affinché sia testimonianza

vivente del tuo amore fedele e, come Cristo, offra se stesso per l'edificazione del tuo Regno.

2. Signore, fonte di santità, dona ai credenti di saper unire la preghiera alla carità, la contemplazione di Cristo al servizio ai fratelli.

3. Signore, nostra forza, custodisci le parrocchie e i movimenti ecclesiali: fa' che siano luoghi di ascolto della tua Parola e comunità in cui trovare luce e forza nella fede e conforto nella fraterna carità.

FATE QUELLO CHE VI DIRÀ — Gv 2,5

C PER VIVERE DA DISCEPOLO DI GESÙ... Sarò più attento ad ascoltare che a parlare. Attento durante la Messa, in ascolto dei miei familiari e delle loro esigenze.

M SULL'ESEMPIO DI MARIA... Utilizzo il salmo della Messa per la preghiera prima del pasto, recitandolo insieme alla mia famiglia.

Ottavario dei defunti

Santi del giorno:
San Carlo Borromeo • Sant'Emerico o Enrico • Santa Modesta • Santi Vitale e Agricola • Beata Teresa Manganiello • Beata Elena Enselmini

SAN CARLO BORROMEO

«Ma quest'uomo è di ferro!».

I suoi genitori, Gilberto Borromeo e Margherita de' Medici, erano proprietari della rocca di Arona e delle terre attorno al Lago Maggiore. Erano molto benvoluti perché Gilberto trattava bene i suoi contadini e Margherita, anima profondamente religiosa, era tutta dedita alla famiglia e ai poveri. Ad Arona nacque prima Federico, che doveva continuare il nome del casato, Carlo nel 1538, destinato alla carriera ecclesiastica, e poi altre quattro figlie. Alla morte dei genitori, che avevano lasciato la famiglia in ristrettezze economiche, papa Pio IV, fratello di Margherita, nominò Federico capitano dello Stato Pontificio e Carlo, essendo già ecclesiastico, cardinale e segretario di Stato. Il giovane cardinale conduceva una vita moralmente ineccepibile e, nel suo servizio a fianco dello zio, perseguiva il bene della Chiesa. Quando Federico morì improvvisamente, Carlo divenne l'erede legittimo del casato, ma egli, cogliendo tutti di sorpresa, decise di non abbandonare lo stato ecclesiastico. Rinunciò, perciò, in forma radicale al mondo e si fece ordinare sacerdote. Dai Teatini apprese l'umiltà, tanto che tolse dallo stemma di famiglia i segni della forza e della potenza per farvi trionfare solo la scritta *humilitas*. Dai Gesuiti, invece, imparò l'obbedienza assoluta

alla Chiesa. Anche san Filippo Neri ebbe un influsso sulla sua personalità, invitandolo a mitigare con la carità pastorale il carattere troppo deciso e a volte quasi inflessibile.
Quando lo zio era ormai vecchio, Carlo avrebbe potuto farsi eleggere papa, ma non volle. Chiese soltanto ai suoi amici cardinali di scegliere un papa disposto ad attuare le riforme nella Chiesa, così fu scelto san Pio V.
Carlo si trasferì a Milano, dove la sua attività non ebbe sosta, al punto che san Filippo Neri esclamò: «Ma quest'uomo è di ferro!». Qui fu un pastore nel vero senso della parola, poiché visitava personalmente le parrocchie, venendo a contatto diretto con i preti e con il popolo.
Nel 1566, dalle parrocchie cittadine a quelle rurali, iniziò la visita pastorale. Come si svolgeva? Alcuni giorni prima, un suo delegato e un gruppo di sacerdoti giungevano nella parrocchia e iniziavano una missione predicando al popolo, invitandolo alla Confessione, preparando i ragazzi alla Cresima. In chiesa si esponeva il Santissimo Sacramento per le "Quarant'ore" e in tutta la comunità si viveva un clima di preghiera e di attesa. Quando arrivava Carlo, veniva accolto all'ingresso del paese con una processione, dopodiché egli celebrava la santa Messa, teneva la predica, amministrava la Cresima e distribuiva la Comunione. Nei giorni seguenti incontrava i rappresentanti della popolazione: i capifamiglia, i responsabili di associazioni religiose,

le autorità civili, con i quali esaminava la vita cristiana nella parrocchia nei suoi vari aspetti. Ogni parrocchiano poteva conferire direttamente con il vescovo e i parroci potevano ricevere da lui le direttive per la comunità.
L'opera di riforma del Borromeo incontrò forti opposizioni nell'Ordine degli Umiliati, sospettati di essere eretici: essi entrarono quindi in contrasto sempre più acceso con l'arcivescovo fino a che un membro dell'Ordine tentò di assassinarlo, mentre era in preghiera nella sua cappella privata. Il vescovo ne uscì illeso, aumentando l'ammirazione dei fedeli che videro nell'episodio un segno della protezione divina.
Nel 1576, a Milano scoppiò la peste, Borromeo si trovava in visita pastorale fuori città, ma si affrettò a rientrare e iniziò subito a organizzare i soccorsi, vendendo anche terreni del suo patrimonio familiare. In un momento così doloroso per i milanesi, egli fu l'unico punto di riferimento per i cittadini. Iniziò ad assistere i malati nel corpo e nello spirito e la sua dedizione era tale da suscitare la preoccupazione del Papa, che temeva per la sua salute.
Quando la peste fu superata, Milano ricominciò la sua vita normale, ma san Carlo, ormai sfinito dalle fatiche della sua attività pastorale, dei frequenti viaggi, delle continue penitenze, peggiorò rapidamente. La morte lo colse preparatissimo, il 3 novembre 1584. Il suo culto si diffuse rapidamente. Fu canonizzato nel 1610 da Paolo V.

5 NOVEMBRE

LUNEDÌ

31ª settimana del Tempo Ordinario

verde **3ª sett. salt.**

ANTIFONA D'INGRESSO - Non abbandonarmi, Signore, mio Dio, da me non stare lontano; vieni presto in mio aiuto, Signore, mia salvezza *(Sal 37,22-23).*

COLLETTA - Dio onnipotente e misericordioso, tu solo puoi dare ai tuoi fedeli il dono di servirti in modo lodevole e degno; fa' che camminiamo senza ostacoli verso i beni da te promessi. Per il nostro Signore…

PRIMA LETTURA — Fil 2,1-4

Dalla lettera di san Paolo apostolo ai Filippési

Fratelli, se c'è qualche consolazione in Cristo, se c'è qualche conforto, frutto della carità, se c'è qualche comunione di spirito, se ci sono sentimenti di amore e di compassione, rendete piena la mia gioia con un medesimo sentire e con la stessa carità, rimanendo unanimi e concordi. **Non fate nulla per rivalità** o vanagloria, ma ciascuno di voi, con tutta umiltà, consideri gli altri superiori a se stesso. Ciascuno non cerchi l'interesse proprio, ma anche quello degli altri. **Parola di Dio.**

SALMO RESPONSORIALE Dal Salmo 130 (131)

℟. **Custodiscimi presso di te, Signore, nella pace.**

Signore, non si esalta il mio cuore
né i miei occhi guardano in alto;
non vado cercando cose grandi
né meraviglie più alte di me. ℟.

Io invece resto quieto e sereno:
come un bimbo svezzato in braccio a sua madre,
come un bimbo svezzato è in me l'anima mia. ℟.

Israele attenda il Signore,
da ora e per sempre. ℟.

CANTO AL VANGELO Gv 8,31b-32

Alleluia, alleluia.
Se rimanete nella mia parola,
siete davvero miei discepoli, dice il Signore,
e conoscerete la verità.
Alleluia.

VANGELO Lc 14,12-14

✠ *Dal Vangelo secondo Luca*

In quel tempo, Gesù disse poi al capo dei farisei che l'aveva invitato: «Quando offri un pranzo o una cena, non invitare i tuoi amici né i tuoi fratelli né i tuoi parenti né i ricchi vicini, perché a loro volta non ti invitino anch'essi e tu abbia il contraccambio. Al contrario, quando offri un banchetto, **invita poveri, storpi, zoppi, ciechi**; e sarai beato perché non hanno da ricambiarti. Riceverai infatti la tua ricompensa alla risurrezione dei giusti». **Parola del Signore.**

SULLE OFFERTE - Questo sacrificio che la Chiesa ti offre, Signore, salga a te come offerta pura e santa, e ottenga a noi la pienezza della tua misericordia. Per Cristo nostro Signore.

COMUNIONE - Tu mi indichi il sentiero della vita, Signore, gioia piena nella tua presenza *(Sal 15,11)*.
Oppure: Dice il Signore: «Come il Padre che ha la vita ha mandato me e io vivo per il Padre, così anche colui che mangia di me vivrà per me» *(Gv 6,57)*.

DOPO LA COMUNIONE - Continua in noi, o Dio, la tua opera di salvezza, perché i sacramenti che ci nutrono in questa vita ci preparino a ricevere i beni promessi. Per Cristo nostro Signore.

Commenti

1ª LETTURA - L'apostolo Paolo si preoccupa che nella comunità di Filippi il Vangelo sia vissuto, per questo dà ai cristiani di questa Chiesa delle indicazioni per poterlo fare. Infatti, la gioia dell'Apostolo è data dal sapere che nei cristiani ci sono sentimenti di amore e compassione, dai quali scaturisce la comunione fraterna. Il cristiano è chiamato per vocazione a fare dei molti una cosa sola, cioè è chiamato alla comunione. Questa è possibile perché è una grazia che riceviamo da Dio, ma implica anche uno sforzo che si manifesta in atteggiamenti concreti e che Paolo elenca nelle ultime righe del brano. Infatti, la comunione fraterna alla quale Gesù ci chiama è data dalla pratica dell'amore, che ci chiede di vedere l'altro come un fratello e non come un rivale da sopraffare. Se ognuno di noi pensa alle proprie relazioni vedrà che, con frequenza, la logica della sopraffazione prevale sulla logica della comunione che lo Spirito Santo ci dona. La comunione si raggiunge dimenticando il proprio interesse per lasciare spazio agli altri.

Vangelo - Rispondendo al fariseo che era con lui, Gesù, con la metafora del banchetto, ribalta la logica umana che instauriamo spesso nei nostri rapporti con il prossimo. Tutti siamo cresciuti, e siamo stati educati, con una logica contrattuale, nella quale c'è uno scambio tra chi dà e chi riceve: chi riceve a sua volta dà in contraccambio. Ma questa non risulta essere la logica di Dio: infatti Gesù insiste più volte sulla necessità di amare anche colui che non ha niente con cui ricambiarci. Per questo l'esempio del banchetto ci spinge a rivedere le nostre relazioni per iniziare a viverle come sono nel pensiero di Gesù. Lui stesso ci ha mostrato un amore diverso, che lo ha spinto a donarsi completamente, pur nella consapevolezza che da molti non sarebbe stato ricambiato. Nella testimonianza di Cristo vediamo quindi la possibilità di amare l'altro con un amore oblativo, il quale esula dalla logica dello scambio, ma fa il primo passo, pur sapendo di non essere ricambiato. Questo è possibile se la nostra vita si configura a Cristo; se non solo pratichiamo il suo esempio, ma ci rivestiamo di lui per avere i suoi stessi sentimenti, per riuscire ad amare gli ultimi, che certamente non avranno nulla con cui ricambiarci.

CHIEDETE E VI SARÀ DATO Lc 11,9

1. Per la Chiesa, perché non manchino mai pastori pronti a donare la vita per il gregge, capaci di farsi accoglienti verso i vicini e i lontani, i ricchi e i poveri indistintamente.

2. Per quanti hanno responsabilità nella vita civile, perché promuovano il bene comune, la concordia e la pace.

3. Per i giovani, perché aprano le porte a Cristo e siano pronti a rispondere alla sua chiamata nel generoso dono di sé.

FATE QUELLO CHE VI DIRÀ Gv 2,5

C PER VIVERE DA DISCEPOLO DI GESÙ... Cerco di vincere la rivalità che mi abita e di essere, negli ambienti che frequento quotidianamente, collaborativo e generoso.

M SULL'ESEMPIO DI MARIA... Ho mai invitato un povero alla mia mensa? Chiedo alla Vergine di ispirarmi a compiere un gesto evangelico.

Ottavario dei defunti

Santi del giorno:

San Donnino • Santa Bertilla • San Geraldo • Santi Teotimo, Filóteo e Timoteo • Beato Gregorio Lakota • Beato Bernardo Lichtenberg • Venerabile Giorgio La Pira

6 NOVEMBRE

MARTEDÌ

31ª settimana del Tempo Ordinario

verde **3ª sett. salt.**

ANTIFONA D'INGRESSO - Non abbandonarmi, Signore, mio Dio, da me non stare lontano; vieni presto in mio aiuto, Signore, mia salvezza *(Sal 37,22-23).*

COLLETTA - Dio onnipotente e misericordioso, tu solo puoi dare ai tuoi fedeli il dono di servirti in modo lodevole e degno; fa' che camminiamo senza ostacoli verso i beni da te promessi. Per il nostro Signore...

PRIMA LETTURA Fil 2,5-11

Dalla lettera di san Paolo apostolo ai Filippési

Fratelli, abbiate in voi gli stessi sentimenti di Cristo Gesù: egli, pur essendo nella condizione di Dio, non ritenne un privilegio l'essere come Dio, ma svuotò se stesso assumendo una condizione di servo, diventando simile agli uomini. Dall'aspetto riconosciuto come uomo, umiliò se stesso facendosi obbediente fino alla morte e a una morte di croce. Per questo Dio lo esaltò e gli donò il nome che è al di sopra di ogni nome, perché nel nome di Gesù ogni ginocchio si pieghi nei cieli, sulla terra e sotto terra, e ogni lingua proclami: «Gesù Cristo è Signore!», a gloria di Dio Padre. **Parola di Dio.**

SALMO RESPONSORIALE

Dal Salmo 21 (22)

℟. **Da te, Signore, la mia lode**
nella grande assemblea.

Oppure:

℟. **Lode a te, Signore, nell'assemblea dei santi.**

Scioglierò i miei voti davanti ai suoi fedeli.
I poveri mangeranno e saranno saziati,
loderanno il Signore quanti lo cercano;
il vostro cuore viva per sempre! ℟.

Ricorderanno e torneranno al Signore
tutti i confini della terra;
davanti a te si prostreranno
tutte le famiglie dei popoli. ℟.

Perché del Signore è il regno:
è lui che domina sui popoli!
A lui solo si prostreranno
quanti dormono sotto terra. ℟.

Lo servirà la mia discendenza.
Si parlerà del Signore alla generazione che viene;
annunceranno la sua giustizia;
al popolo che nascerà diranno:
«Ecco l'opera del Signore!». ℟.

CANTO AL VANGELO Mt 11,28

Alleluia, alleluia.
Venite a me, voi tutti che siete stanchi e oppressi,
e io vi darò ristoro, dice il Signore.
Alleluia.

VANGELO Lc 14,15-24

✠ *Dal Vangelo secondo Luca*

In quel tempo, uno dei commensali, avendo udito questo, disse a Gesù: «Beato chi prenderà cibo nel regno di Dio!». Gli rispose: «Un uomo diede una grande cena e fece molti inviti. All'ora della cena, mandò il suo servo a dire agli invitati: **"Venite, è pronto"**. Ma tutti, uno dopo l'altro, cominciarono a scusarsi. Il primo gli disse: "Ho comprato un campo e devo andare a vederlo; ti prego di scusarmi". Un altro disse: "Ho comprato cinque paia di buoi e vado a provarli; ti prego di scusarmi". Un altro disse: "Mi sono appena sposato e perciò non posso venire". Al suo ritorno il servo riferì tutto questo al suo padrone. Allora il padrone di casa, adirato, disse al servo: "Esci subito per le piazze e per le vie della città e conduci qui i poveri, gli storpi, i ciechi e gli zoppi". Il servo disse: "Signore, è stato fatto come hai ordinato, ma c'è ancora posto". Il padrone allora disse al servo: "Esci per le strade e lungo le siepi e costringili ad entrare, perché la mia casa si riempia. Perché io vi dico: nessuno di quelli che erano stati invitati gusterà la mia cena"». **Parola del Signore.**

SULLE OFFERTE - Questo sacrificio che la Chiesa ti offre, Signore, salga a te come offerta pura e santa, e ottenga a noi la pienezza della tua misericordia. Per Cristo nostro Signore.

COMUNIONE - Tu mi indichi il sentiero della vita, Signore, gioia piena nella tua presenza *(Sal 15,11)*.
Oppure: Dice il Signore: «Come il Padre che ha la vita ha mandato me e io vivo per il Padre, così anche colui che mangia di me vivrà per me» *(Gv 6,57)*.

DOPO LA COMUNIONE - Continua in noi, o Dio, la tua opera di salvezza, perché i sacramenti che ci nutrono in questa vita ci preparino a ricevere i beni promessi. Per Cristo nostro Signore.

Commenti

1ª LETTURA - L'inno ai Filippési, utilizzato spesso nella liturgia delle ore, svela il mistero pasquale, con il quale Cristo, assumendo la nostra condizione umana, giunge in obbedienza verso quella morte che ci ha salvati. Il brano, ponendoci di fronte alla sintesi della vita di Gesù, la sua capacità di umiliarsi prendendo la nostra carne e facendone un sacrificio per la vita del mondo, ci invita a utilizzare l'inno come fosse una griglia con la quale giudicare la nostra vita per renderla una testimonianza viva, sull'esempio di Cristo. L'abbassarsi di Gesù, il farsi servo umile dell'uomo, il giungere sino al martirio della croce diventano per noi modello del nostro agire. Ai cristiani viene mostrato un esempio da incarnare nell'esistenza quotidiana. L'appellativo "cristiani" è rispettato se, come Gesù, e attraverso di lui, facciamo della nostra vita un continuo abbassamento verso l'altro, un continuo servizio verso i fratelli, un continuo voler bene fino a donare la vita ogni giorno.

VANGELO - La parabola degli invitati alla cena mostra un atteggiamento che talvolta assumiamo anche noi, quello di trovare delle giustificazioni di fronte all'invito di Dio. Un esempio tra tutti è la poca partecipazione alla vita della comunità o alla vita di preghiera, anche quella personale. Troviamo le giustificazioni più disparate per non prendere parte al banchetto, perché se tutto il resto non può aspettare, Dio lo può fare. Certamente il Signore attende pazientemente la nostra risposta al suo invito, ma noi dobbiamo accorgerci di cosa perdiamo, di che cosa facciamo a meno. Il rischio è di porre davanti al Signore altre priorità, perché a lui siamo abituati o sappiamo che comunque può aspettare. Il piacere, il possesso, la ricchezza rischiano di soffocare quella voce di Dio che ci chiama a instaurare una relazione con lui. Il brano ci pone nella verità, tanto da farci fare un sorta di esame di coscienza rispetto a tutte le volte in cui abbiamo rifiutato l'invito e alle giustificazioni che abbiamo utilizzato. Ma il solo che può giustificare, Dio, giustifica chi non trova nessuna scusa per rispondere al suo invito. Perché il Signore vuole che tutti abbiano una vita piena, un vita gioiosa, una vita felice, che può prendere origine solo dall'essere con lui, dall'avere con lui una relazione profonda.

CHIEDETE E VI SARÀ DATO — Lc 11,9

1. Signore, nostra potente salvezza, dona alla tua Chiesa

di fondare la vita e la fede sulla roccia del tuo amore, rivelato nella Parola e offerto nell'Eucaristia.

2. Signore, nostro Maestro, apri all'ascolto reciproco e al confronto rispettoso gli appartenenti alle diverse religioni per costruire uno spazio di fraternità e condivisione di valori.

3. Signore di infinito amore, che chiami ciechi e zoppi al tuo banchetto, donaci di sperimentare la tua presenza che salva, la tua misericordia che ci invita, la tua fedeltà che non ci abbandona mai.

FATE QUELLO CHE VI DIRÀ Gv 2,5

C PER VIVERE DA DISCEPOLO DI GESÙ... Mi ritaglio del tempo per preparare una piccola sorpresa ai miei cari, per dire loro il mio grazie per ciò che sono e fanno per me.

M SULL'ESEMPIO DI MARIA... Mi fermo cinque minuti in una chiesa, davanti alla quale sono di passaggio, e resto in compagnia del Figlio e della Madre per ricaricarmi alla sorgente della salvezza.

Ottavario dei defunti

Santi del giorno:
San Felice • San Paolo • San Melanio • San Leonardo • San Severo • Beato Emanuele della Sacra Famiglia Sanz Domínguez

7 NOVEMBRE

MERCOLEDÌ

31ª settimana del Tempo Ordinario
verde **3ª sett. salt.**

ANTIFONA D'INGRESSO - Non abbandonarmi, Signore, mio Dio, da me non stare lontano; vieni presto in mio aiuto, Signore, mia salvezza *(Sal 37,22-23).*

COLLETTA - Dio onnipotente e misericordioso, tu solo puoi dare ai tuoi fedeli il dono di servirti in modo lodevole e degno; fa' che camminiamo senza ostacoli verso i beni da te promessi. Per il nostro Signore…

PRIMA LETTURA Fil 2,12-18

Dalla lettera di san Paolo apostolo ai Filippési

Miei cari, voi che siete stati sempre obbedienti, non solo quando ero presente ma molto più ora che sono lontano, dedicatevi alla vostra salvezza con rispetto e timore. È Dio infatti che suscita in voi il volere e l'operare secondo il suo disegno d'amore. **Fate tutto senza mormorare** e senza esitare, per essere irreprensibili e puri, figli di Dio innocenti in mezzo a una generazione malvagia e perversa. In mezzo a loro voi risplendete come astri nel mondo, tenendo salda la parola di vita. Così nel giorno di Cristo io potrò vantarmi di non aver corso invano, né invano aver faticato. Ma, anche se io devo essere versato sul sacrificio e sull'offerta della vostra fede, sono contento e ne godo con tutti voi. Allo stesso modo anche voi godetene e rallegratevi con me. **Parola di Dio.**

SALMO RESPONSORIALE Dal Salmo 26 (27)

℟. **Il Signore è mia luce e mia salvezza.**

Il Signore è mia luce e mia salvezza:
di chi avrò timore?
Il Signore è difesa della mia vita:
di chi avrò paura? ℟.

Una cosa ho chiesto al Signore,
questa sola io cerco:
abitare nella casa del Signore
tutti i giorni della mia vita,
per contemplare la bellezza del Signore
e ammirare il suo santuario. ℟.

Sono certo di contemplare la bontà del Signore
nella terra dei viventi.
Spera nel Signore, sii forte,
si rinsaldi il tuo cuore e spera nel Signore. ℟.

CANTO AL VANGELO
1Pt 4,14

Alleluia, alleluia.
Beati voi, se venite insultati per il nome di Cristo, perché lo Spirito di Dio riposa su di voi.
Alleluia.

VANGELO
Lc 14,25-33

✠ *Dal Vangelo secondo Luca*

In quel tempo, una folla numerosa andava con Gesù. Egli si voltò e disse loro: «Se uno viene a me e non mi ama più di quanto ami suo padre, la madre, la moglie, i figli, i fratelli, le sorelle e perfino la propria vita, non può essere mio discepolo. Colui che non porta la propria croce e non viene dietro a me, non può essere mio discepolo. Chi di voi, volendo costruire una torre, non siede prima a calcolare la spesa e a vedere se ha i mezzi per portarla a termine? Per evitare che, se getta le fondamenta e non è in grado di finire il lavoro, tutti coloro che vedono comincino a deriderlo, dicendo: "Costui ha iniziato a costruire, ma non è stato capace di finire il lavoro". Oppure quale re, partendo in guerra contro un altro re, non siede prima a esaminare se può affrontare con diecimila uomini chi gli viene incontro con ventimila? Se no, mentre l'altro è ancora lontano, gli manda dei messaggeri per chiedere pace. Così **chiunque di voi non rinuncia a tutti i suoi averi**, non può essere mio discepolo». **Parola del Signore.**

SULLE OFFERTE - Questo sacrificio che la Chiesa ti offre, Signore, salga a te come offerta pura e santa, e ottenga a noi la pienezza della tua misericordia. Per Cristo nostro Signore.

COMUNIONE - Tu mi indichi il sentiero della vita, Signore, gioia piena nella tua presenza *(Sal 15,11)*.
Oppure: Dice il Signore: «Come il Padre che ha la vita ha mandato me e io vivo per il Padre, così anche colui che mangia di me vivrà per me» *(Gv 6,57)*.

DOPO LA COMUNIONE - Continua in noi, o Dio, la tua opera di salvezza, perché i sacramenti che ci nutrono in questa vita ci preparino a ricevere i beni promessi. Per Cristo nostro Signore.

Commenti

1ª LETTURA - La prima preoccupazione di san Paolo è quella che i cristiani di Filippi si dedichino alla propria salvezza. Questo perché, anche se la salvezza viene da Dio, la nostra vita è la continua risposta nella libertà a questa offerta. Prima che lui ci giudichi, non dovremmo giudicarci secondo le nostre azioni, i nostri sentimenti, il nostro agire. In questo modo il cammino terreno di ogni uomo diventa una continua accoglienza del dono di Dio, attuata operando secondo il suo meraviglioso dono d'amore. Tutto ciò non solo gioverà a noi, ma sarà anche testimonianza per gli altri. Il nostro agire secondo il Vangelo, infatti, non è solo a nostro beneficio, ma porta beneficio anche al prossimo. La comunità cristiana, e ogni suo membro, se farà suo il Vangelo, risplenderà come un astro in mezzo alle tenebre. Insieme con l'apostolo Paolo, per il quale è motivo di vanto, ci associamo al sacrificio a servizio del Vangelo di Gesù. Ciò non solo permetterà di essere salvati, ma di divenire strumento di salvezza, facendo risplendere il Vangelo in un mondo che forse lo ha dimenticato.

Vangelo - È naturale seguire un predicatore che non solo pronuncia belle parole, ma compie anche prodigi. Per questo Gesù, vedendo la grande folla che lo segue, coglie l'occasione per mettere in guardia chi lo ascolta. Mettersi alla sequela del Signore non è come seguire, affascinati, un uomo carismatico qualunque, ma comporta una decisione consapevole, che implica delle conseguenze. I discepoli sono chiamati a portare la propria croce quotidiana per servire il Signore. Con questa espressione non si indica solo la fatica di testimoniare il Vangelo in una società che fa fatica ad accoglierlo e neanche il vivere i tanti eventi, anche dolorosi, che ci accadono. La croce di Gesù è il segno di amore supremo: quel legno portato sulle spalle dell'Uomo sofferente verso il Gòlgota è lo strumento con il quale ci è stato rivelato tutto il bene che il Padre ha per i suoi figli. Il peso che Gesù pone sulle spalle di ogni discepolo che decide di seguirlo è, quindi, il peso dell'amore. Un amore esigente, che tutto chiede, che mette gli altri al primo posto e noi all'ultimo, che ci spinge a donarci nella vita quotidiana a coloro che camminano accanto a noi. Non siamo super eroi destinati a sopportare la sofferenza, ma uomini capaci di portare il dolce giogo del bene.

CHIEDETE E VI SARÀ DATO — Lc 11,9

1. O Dio, Padre di chi confida in te, suscita nella Chiesa il volere e l'operare mediante il tuo Spirito perché, ponendo te sopra ogni cosa, si spenda totalmente per il regno di Dio.

2. O Dio, nostra roccia e fortezza, illumina e orienta l'agire dei governanti di tutte le nazioni verso politiche che siano a servizio dell'uomo e della giustizia fra i popoli.

3. O Dio, ricco di misericordia, insegnaci a contare i nostri giorni e donaci la sapienza del cuore, che riconosce nel momento della morte non la fine, ma il principio della vita immortale.

FATE QUELLO CHE VI DIRÀ Gv 2,5

C PER VIVERE DA DISCEPOLO DI GESÙ... Penso a qualcosa che possiedo e che per me sta assumendo un'importanza esagerata: mi impegno a farne a meno per l'intera giornata.

M SULL'ESEMPIO DI MARIA... Mi dispongo ad affrontare ogni cosa senza mormorare e criticare.

Ottavario dei defunti
Inizio novena a san Giuseppe Moscati

Santi del giorno:

San Lazzaro • Sant'Atenodóro • Sant'Ercolano • San Vincenzo Grossi • Beato Antonio Baldinucci

8 NOVEMBRE

GIOVEDÌ

31ª settimana del Tempo Ordinario

verde **3ª sett. salt.**

ANTIFONA D'INGRESSO - Non abbandonarmi, Signore, mio Dio, da me non stare lontano; vieni presto in mio aiuto, Signore, mia salvezza *(Sal 37,22-23)*.

COLLETTA - Dio onnipotente e misericordioso, tu solo puoi dare ai tuoi fedeli il dono di servirti in modo lodevole e degno; fa' che camminiamo senza ostacoli verso i beni da te promessi. Per il nostro Signore…

PRIMA LETTURA Fil 3,3-8a

Dalla lettera di san Paolo apostolo ai Filippési

Fratelli, i veri circoncisi siamo noi, che celebriamo il culto mossi dallo Spirito di Dio e ci vantiamo in Cristo Gesù senza porre fiducia nella carne, sebbene anche in essa io possa confidare. Se qualcuno ritiene di poter avere fiducia nella carne, io più di lui: circonciso all'età di otto giorni, della stirpe d'Israele, della tribù di Beniamino, Ebreo figlio di Ebrei; quanto alla Legge, fariseo; quanto allo zelo, persecutore della Chiesa; quanto alla giustizia che deriva dall'osservanza della Legge, irreprensibile. Ma queste cose, che per me erano guadagni, io le ho considerate una perdita a motivo di Cristo. Anzi, ritengo che tutto sia una perdita a motivo della sublimità della conoscenza di Cristo Gesù, mio Signore. **Parola di Dio.**

SALMO RESPONSORIALE Dal Salmo 104 (105)

℟. **Gioisca il cuore di chi cerca il Signore.**

Cantate al Signore, a lui inneggiate,
meditate tutte le sue meraviglie.
Gloriatevi del suo santo nome:
gioisca il cuore di chi cerca il Signore. ℟.

Cercate il Signore e la sua potenza,
ricercate sempre il suo volto.
Ricordate le meraviglie che ha compiuto,
i suoi prodigi e i giudizi della sua bocca. ℟.

Voi, stirpe di Abramo, suo servo,
figli di Giacobbe, suo eletto.
È lui il Signore, nostro Dio:
su tutta la terra i suoi giudizi. ℟.

CANTO AL VANGELO Mt 11,28

Alleluia, alleluia.
Venite a me, voi tutti che siete stanchi e oppressi,
e io vi darò ristoro, dice il Signore.
Alleluia.

VANGELO Lc 15,1-10

✠ *Dal Vangelo secondo Luca*

In quel tempo, si avvicinavano a Gesù tutti i pubblicani e i peccatori per ascoltarlo. I farisei e gli scribi mormoravano dicendo: «Costui accoglie i peccatori e mangia con loro». Ed egli disse loro questa parabola: «Chi di voi, se ha cento pecore e ne perde una, non lascia le novantanove nel deserto e va in cerca di quella perduta, finché non la trova? Quando l'ha trovata, pieno di gioia se la carica sulle spalle, va a casa, chiama gli amici e i vicini e dice loro: "Rallegratevi con me, perché ho trovato la mia pecora, **quella che si era perduta**". Io vi dico: così vi sarà gioia nel cielo per un solo peccatore che si converte, più che per novantanove giusti i quali non hanno bisogno di conversione. Oppure, quale donna, se ha dieci monete e ne perde una, non accende la lampada e spazza la casa e cerca accuratamente finché non la trova? E dopo averla trovata, chiama le amiche e le vicine, e dice: "Rallegratevi con me, perché ho trovato la moneta che avevo perduto". Così, io vi dico, vi è gioia davanti agli angeli di Dio per un solo peccatore che si converte». **Parola del Signore.**

SULLE OFFERTE - Questo sacrificio che la Chiesa ti offre, Signore, salga a te come offerta pura e santa, e ottenga a noi la pienezza della tua misericordia. Per Cristo nostro Signore.

COMUNIONE - Tu mi indichi il sentiero della vita, Signore, gioia piena nella tua presenza *(Sal 15,11)*.
Oppure: Dice il Signore: «Come il Padre che ha la vita ha mandato me e io vivo per il Padre, così anche colui che mangia di me vivrà per me» *(Gv 6,57)*.

DOPO LA COMUNIONE - Continua in noi, o Dio, la tua opera di salvezza, perché i sacramenti che ci nutrono in questa vita ci preparino a ricevere i beni promessi. Per Cristo nostro Signore.

Commenti

1ª LETTURA - La fede, anzitutto, è un fatto di fiducia. Infatti, prima di parlare di una conoscenza di contenuti da dover ricordare, il fedele è colui che ripone la propria fiducia in una persona, Gesù Cristo. Quotidianamente cerchiamo di vivere con le nostre forze, di risolvere tutto da soli, pensando che tutto riesca meglio. Ma questa, più che vita, è sopravvivenza, soprattutto quando riponiamo la fiducia, come dice san Paolo, nella nostra carne, nelle nostre sole forze, e non in Dio. Di questo l'Apostolo ne è testimone: egli può vantarsi di appartenere al popolo d'Israele, di essere osservante della Legge ebraica, di essere pieno di zelo nel seguire la fede dei suoi padri, ma dopo essere stato afferrato da Cristo, non esita a dire che queste prerogative, che potevano costituire per lui un guadagno, hanno perso ogni attrattiva. Possiamo confrontarci anche noi con la testimonianza di Paolo, il quale dimostra che tutto ciò che ha compiuto con le sue forze, tutto ciò che si è guadagnato non è nulla rispetto a tutto ciò che gli è stato donato da Dio. Il primo frutto della fiducia data a Dio non è la rinuncia a qualcosa, ma l'avere tutto, e anche il centuplo.

Vangelo - Il sentimento dei farisei e degli scribi, al vedere con chi mangiava Gesù, è lo stesso sentimento del figlio maggiore nella parabola del padre misericordioso: perché sporcarsi con i peccatori?

All'accusa che alcuni gli pongono, Gesù risponde con una parabola, che dimostra tutto l'amore che Dio ha per ciascuno di noi, nonostante il nostro errore. Infatti ciò che può essere detestato è l'errore, ma non l'errante! Il pastore, secondo una logica diversa dalla nostra, va a cercare la pecora perduta, anche se ha un valore commerciale minore rispetto al resto dell'intero gregge. Perché? È forse un pazzo o uno che non sa fare i conti? Gesù, per spiegare il suo atteggiamento verso i peccatori, mostra che l'interesse di Dio è rivolto a ciascuno, tanto da spingerlo a cercare la pecora finché non l'ha trovata. Lo stesso fa la donna che cerca la moneta in casa, pur sapendo che in fin dei conti ancora ne ha nove. Nessuno è escluso dalla salvezza che Dio ha pensato da sempre, neppure il peggior peccatore, purché si sia disposti a ritornare a far parte del gregge. Quale gioia sapere che colui che ci ha creati ci cerca senza sosta per riaccoglierci ogni volta che ci perdiamo!

CHIEDETE E VI SARÀ DATO — Lc 11,9

1. Padre, splendore di misericordia, fa' che la tua Chiesa impari a rallegrarsi per la conversione dei peccatori e ad aprire le porte del suo cuore agli umili e ai piccoli.

2. Padre, fonte di ogni sapienza, fa' che quanti appartengono all'Ordine Serafico, illuminati dalla testimonianza del beato Giovanni Duns Scoto, imparino a cercare te sopra ogni cosa, per divenire l'impronta del Crocifisso risorto.

3. Padre, unica nostra ricchezza, fa' che seguiamo con serena fiducia il Cristo tuo Figlio, perché considerando ogni cosa una perdita a motivo del Vangelo, portiamo frutti di opere buone.

FATE QUELLO CHE VI DIRÀ Gv 2,5

C PER VIVERE DA DISCEPOLO DI GESÙ... Mi metto in contatto con una persona che vive la malattia o la solitudine... facendola sentire importante con la mia presenza.

M SULL'ESEMPIO DI MARIA... Non lascerò passare distrattamente i volti delle persone che incontrerò, nella consapevolezza che ognuno manifesta l'immagine e la somiglianza del volto di Dio.

Ottavario dei defunti

Santi del giorno:

San Chiaro • San Villeado • San Goffredo • Beato Giovanni Duns Scoto

9 NOVEMBRE

VENERDÌ

Dedicazione della basilica Lateranense (f)
bianco **propria**

IL TEMPIO DI MATTONI È SIMBOLO DELLA CHIESA VIVA

Le quattro basiliche principali di Roma sono: San Pietro, San Paolo fuori le Mura, Santa Maria Maggiore e San Giovanni in Laterano, della quale celebriamo la dedicazione.
Chiamata "madre e capo di tutte le chiese dell'Urbe e dell'Orbe", fu la prima a essere costruita dopo l'editto dell'imperatore Costantino con il quale, nel 313, concesse ai cristiani la libertà di culto e parità di diritti nei confronti di tutte le altre religioni. Lo stesso imperatore donò a papa Melchiade l'antico possedimento della famiglia dei Laterani e vi fece edificare la basilica, il battistero e il patriarchio, cioè la residenza del vescovo di Roma, dove i papi abitarono fino al periodo avignonese. La dedicazione della basilica fu celebrata da papa Silvestro verso il 324 e il tempio fu intitolato al Santissimo Salvatore; solo dopo il VI secolo vennero aggiunti i titoli dei Santi Giovanni Battista e Giovanni Evangelista, da cui la comune denominazione. La festa della Dedicazione interessò, dapprima, la sola città di Roma; poi, a partire dal 1565, si estese a tutte le Chiese di rito romano. In tal modo, onorando l'edificio sacro, si intende esprimere amore e venerazione per la Chiesa romana che, come afferma sant'Ignazio di

Antiochia, «presiede alla carità» dell'intera comunione cattolica.
La parola di Dio, in questo giorno, richiama una verità essenziale: il tempio di mattoni è segno della Chiesa viva e operante nella storia, cioè di quel "tempio spirituale", come dice l'apostolo Pietro, di cui Cristo stesso è «pietra viva, rifiutata dagli uomini ma scelta e preziosa davanti a Dio» (1Pt 2,4). La bellezza e l'armonia delle chiese, destinate a rendere lode a Dio, invitano tutti noi limitati e peccatori a convertirci per formare una costruzione bene ordinata, in stretta comunione con Gesù, che è il vero Santo dei santi. Ciò avviene in modo preminente nella liturgia eucaristica, in cui l'*ecclèsia*, cioè la comunità dei battezzati, si ritrova unita per ascoltare la parola di Dio e per nutrirsi del Corpo e Sangue di Cristo.
La festa odierna ci ricorda che Dio vuole edificare un tempio spirituale, una comunità che lo adori in spirito e verità. Da qui l'importanza degli edifici materiali, in cui le comunità si raccolgono per celebrare le lodi di Dio. Ogni comunità ha pertanto il dovere di custodire con cura i propri edifici sacri, che costituiscono un prezioso patrimonio religioso e storico. Invochiamo perciò l'intercessione di Maria santissima, affinché ci aiuti a diventare, come lei, "casa di Dio", tempio vivo del suo amore.
Con il termine "madre di tutte le chiese" ci si riferisce non tanto all'edificio sacro della basilica, quanto all'opera dello Spirito Santo che in questo edificio si manifesta, fruttificando mediante il ministero del Vescovo di Roma, in tutte le comunità che permangono nell'unità con la Chiesa cui egli presiede.
In forza del Battesimo, ogni cristiano fa parte dell'edificio di Dio, anzi diventa la Chiesa di Dio. L'edificio spirituale, la Chiesa, comunità degli uomini santificati dal sangue di Cristo e dallo Spirito del Signore risorto, chiede a ciascuno di noi di essere

coerente con il dono della fede e di compiere un cammino di testimonianza cristiana. E non è facile, lo sappiamo tutti, mantenere la coerenza fra la fede e la testimonianza; ma noi dobbiamo andare avanti ed essere, nella nostra vita, quotidianamente coerenti. «Questo è un cristiano!», si dovrebbe poter dire quando qualcuno ci incontra, non tanto per quello che diciamo, ma per quello che facciamo, per il modo in cui ci comportiamo. La festa di oggi ci invita a meditare sulla comunione di tutte le Chiese, ci stimola a impegnarci perché l'umanità possa superare le frontiere dell'inimicizia e dell'indifferenza, per costruire ponti di comprensione e di dialogo, per fare del mondo intero una famiglia di popoli riconciliati tra di loro, fraterni e solidali. Di questa nuova umanità la Chiesa stessa è segno e anticipazione, quando vive e diffonde con la sua testimonianza il Vangelo, messaggio di speranza e di riconciliazione per tutti gli uomini. Tutto questo ci fa comprendere perché le comunità cristiane riconoscono nel vescovo un dono grande, e sono chiamate ad alimentare una sincera e profonda comunione con lui, a partire dai presbiteri e dai diaconi. Non c'è una Chiesa sana se i fedeli, i diaconi e i presbiteri non sono uniti al vescovo. **La Chiesa non unita al vescovo è una Chiesa ammalata**. Gesù ha voluto questa unione di tutti i fedeli, clero e laici col vescovo. E tutti fanno riferimento al vescovo nella consapevolezza che è proprio in lui che si rende visibile il legame di ciascuna Chiesa con gli apostoli e con tutte le altre comunità, unite con i loro vescovi e il papa nell'unica Chiesa del Signore Gesù.

ANTIFONA D'INGRESSO - Vidi la città santa, la nuova Gerusalemme, scendere dal cielo, da Dio, preparata come una sposa adorna per il suo sposo (Ap 21,2).

Si dice il Gloria (vedi pag. 17).

COLLETTA - O Padre, che prepari il tempio della tua gloria, con pietre vive e scelte, effondi sulla Chiesa il tuo Santo Spirito, perché edifichi il popolo dei credenti che formerà la Gerusalemme del cielo. Per il nostro Signore...

Oppure: O Dio, che hai voluto chiamare tua Chiesa la moltitudine dei credenti, fa' che il popolo radunato nel tuo nome ti adori, ti ami, ti segua, e sotto la tua guida giunga ai beni da te promessi. Per il nostro Signore Gesù Cristo...

PRIMA LETTURA Ez 47,1-2.8-9.12

Dal libro del profeta Ezechièle

In quei giorni, [un uomo, il cui aspetto era come di bronzo,] mi condusse all'ingresso del tempio e vidi che sotto la soglia del tempio usciva acqua verso oriente, poiché la facciata del tempio era verso oriente. Quell'acqua scendeva sotto il lato destro del tempio, dalla parte meridionale dell'altare. Mi condusse fuori dalla porta settentrionale e mi fece girare all'esterno, fino alla porta esterna rivolta a oriente, e vidi che l'acqua scaturiva dal lato destro. Mi disse:

«Queste acque scorrono verso la regione orientale, scendono nell'Aràba ed entrano nel mare: sfociate nel mare, ne risanano le acque. Ogni essere vivente che si muove dovunque arriva il torrente, vivrà: il pesce vi sarà abbondantissimo, perché dove giungono quelle acque, risanano, e là dove giungerà il torrente tutto rivivrà. Lungo il torrente, su una riva e sull'altra, crescerà ogni sorta di alberi da frutto, le cui foglie non appassiranno: i loro frutti non cesseranno e ogni mese matureranno, perché le loro acque sgorgano dal santuario. I loro frutti serviranno come cibo e le foglie come medicina». **Parola di Dio.**

Oppure: 1Cor 3,9c-11.16-17

Dalla prima lettera di san Paolo apostolo ai Corìnzi

Fratelli, voi siete edificio di Dio. Secondo la grazia di Dio che mi è stata data, come un saggio architetto io ho posto il fondamento; un altro poi vi costruisce sopra. Ma ciascuno stia attento a come costruisce. Infatti nessuno può porre un fondamento diverso da quello che già vi si trova, che è Gesù Cristo. Non sapete che siete tempio di Dio e che lo Spirito di Dio abita in voi? Se uno distrugge il tempio di Dio, Dio distruggerà lui. Perché **santo è il tempio di Dio, che siete voi**. **Parola di Dio.**

SALMO RESPONSORIALE Dal Salmo 45 (46)

℞. **Un fiume rallegra la città di Dio.**

Dio è per noi rifugio e fortezza,
aiuto infallibile si è mostrato nelle angosce.
Perciò non temiamo se trema la terra,
se vacillano i monti nel fondo del mare. ℞.

Un fiume e i suoi canali rallegrano la città di Dio,
la più santa delle dimore dell'Altissimo.
Dio è in mezzo ad essa: non potrà vacillare.
Dio la soccorre allo spuntare dell'alba. ℞.

Il Signore degli eserciti è con noi,
nostro baluardo è il Dio di Giacobbe.
Venite, vedete le opere del Signore,
egli ha fatto cose tremende sulla terra. ℞.

CANTO AL VANGELO 2Cr 7,16

Alleluia, alleluia.
Io mi sono scelto e **ho consacrato questa casa**
perché il mio nome vi resti sempre.
Alleluia.

VANGELO Gv 2,13-22

✠ *Dal Vangelo secondo Giovanni*

Si avvicinava la Pasqua dei Giudei e Gesù salì a Gerusalemme. Trovò nel tempio gente che vendeva buoi, pecore e colombe e, là seduti, i cambiamonete. Allora fece una frusta di cordicelle e scacciò tutti fuori del tempio, con le pecore e i buoi; gettò a terra il denaro dei cambiamonete e ne rovesciò i banchi, e ai venditori di colombe disse: «Portate via di qui queste cose e non fate della casa del Padre mio un mercato!». I suoi discepoli si ricordarono che sta scritto: «Lo zelo per la tua casa mi divorerà». Allora i Giudei presero la parola e gli dissero: «Quale segno ci mostri per fare queste cose?». Rispose loro Gesù: «Distruggete questo tempio e in tre giorni lo farò risorgere». Gli dissero allora i Giudei: «Questo tempio è stato costruito in quarantasei anni e tu in tre giorni lo farai risorgere?». Ma egli parlava del tempio del suo corpo. Quando poi fu risuscitato dai morti, i suoi discepoli si ricordarono che aveva detto questo, e credettero alla Scrittura e alla parola detta da Gesù. **Parola del Signore.**

SULLE OFFERTE - Accogli, Signore, le offerte che ti presentiamo, e dona al tuo popolo in preghiera la grazia redentrice dei tuoi sacramenti e la gioia di veder esauditi i voti e le speranze. Per Cristo nostro Signore.

Prefazio - *La Chiesa sposa di Cristo e tempio dello Spirito.* È veramente cosa buona e giusta, nostro dovere e fonte di salvezza, rendere grazie sempre e in ogni luogo a te, Signore, Padre santo, Dio onnipotente ed eterno. Nel tuo amore per l'umanità hai voluto abitare là dove è raccolto il tuo popolo in preghiera per fare di noi il tempio dello Spirito Santo, in cui risplenda la santità dei tuoi figli. Questa Chiesa, misticamente adombrata nel segno del tempio, tu la santifichi sempre come sposa del Cristo, madre lieta di una moltitudine di figli, per collocarla accanto a te rivestita di gloria. E noi, uniti agli angeli e ai santi, innalziamo a te l'inno di benedizione e di lode: **Santo...**

Comunione - Come pietre vive vi edificate in tempio spirituale per un sacerdozio santo *(1Pt 2,5).*

Dopo la Comunione - O Dio, che hai fatto della tua Chiesa il segno visibile della Gerusalemme celeste, per la forza misteriosa dei tuoi sacramenti trasformaci in tempio vivo della tua grazia, perché possiamo entrare nella dimora della tua gloria. Per Cristo nostro Signore.

Commenti

1ª LETTURA - Un uomo conduce Ezechièle all'ingresso del tempio e il profeta vede dell'acqua scaturire da esso, un'acqua che sembra condividere la prerogativa creatrice di Dio. Tutto ciò che tocca riprende vita; tutto ciò che da essa viene raggiunto diventa fertile. Tutto, grazie a queste acque, sarà dato in abbondanza per l'uomo: i pesci, i frutti per cibo, le foglie per medicine. Lo stesso vale per la Chiesa: essa è chiamata a essere come il torrente di Ezechièle che genera vita; quando la comunità cristiana non è più feconda va incontro alla morte; quando una parrocchia non genera più alla fede, è un distributore di servizi religiosi. La visione di Ezechièle ci richiama alla nostra missione, che è quella di essere anzitutto pietre vive di un unico edificio; pietre che si impegnano a essere il letto del fiume nel quale scorre la grazia, che proviene da Dio e che vuole giungere a tutti gli uomini. O torniamo a essere fecondi nell'amore che tutto risana e tutto ricrea, o saremo destinati a morire.

Oppure - Con il Battesimo siamo stati inabitati dallo Spirito Santo, per questo siamo divenuti tempio vivo di Dio. Ora la nostra attenzione va posta nel custodire ciò che Dio ci ha dato. Infatti, egli non solo ci ha donato lo Spirito Santo, ma anche il nostro corpo per essere sua dimora. Per questo Paolo arriva a dire: «Se uno distrugge il tempio di Dio, Dio distruggerà lui». L'importanza del nostro corpo è mostrata dalle parole taglienti dell'Apostolo, che invita i cristiani a essere custodi del dono di Dio. Ci scandalizziamo quando sentiamo che una chiesa è stata profanata da atti vandalici, la stessa premura dovremmo averla per il tempio santo che Dio ha costituito in noi. Ogni azione che lede il nostro corpo, la nostra salute, la nostra carne, è profanazione del tempio. Per questo l'apostolo Paolo invita a fare attenzione al nostro corpo, perché in esso abita il Signore, che è geloso della sua casa.

Vangelo - L'episodio del tempio, che oggi meditiamo, è riportato da tutti i Vangeli, ma solo in Giovanni si trova agli inizi della vita pubblica di Gesù, quasi voglia dare le linee programmatiche del ministero del Messia. Il Signore entra nel tempio, nel luogo dell'incontro con Dio, ma nell'atrio si ritrova di fronte a un mercato: il luogo di culto è divenuto un luogo commerciale, occupato da cambiavalute, mercanti di bestiame e animali. Di fronte a questo scenario Gesù ha una reazione forte, tanto da fare una frusta di cordicelle per scacciare gli occupanti. Dietro al suo gesto possiamo vedere i numerosi richiami dei profeti a un culto interiore, che ha a che fare con il cuore e non con il sacrificio di animali. Ma questo gesto implica anche la sostituzione delle vittime sacrificali, perché la vera vittima, il vero e unico sacrificio che salva è quello di Cristo. Visto quanto sta accadendo, i Giudei domandano un segno per provare l'autorità con cui Gesù compie tutto questo. Nel rispondere, il Messia indica il suo corpo come il vero tempio, il nuovo e vero luogo sacro dove fare esperienza di Dio.

CHIEDETE E VI SARÀ DATO — Lc 11,9

1. Per i battezzati, perché il Signore che ha scelto di porre la sua dimora in mezzo a noi, purifichi i loro cuori e doni loro la grazia di incontrarlo nei sacramenti e nel servizio ai fratelli.

2. Per i responsabili della società civile, perché il Signore orienti il loro operato a favore delle famiglie, dei profughi e dei poveri, assicurando a tutti il diritto a un'abitazione dignitosa e accogliente.

3. Per noi, perché riconoscendo noi stessi e ogni fratello come tempio santo di Dio inabitato dallo Spirito, sappiamo fare della nostra vita un dono che non appassisce.

FATE QUELLO CHE VI DIRÀ Gv 2,5

C PER VIVERE DA DISCEPOLO DI GESÙ... Dispongo in un luogo visibile una Bibbia aperta, che mi ricordi che anche la mia dimora è abitata dalla presenza fedele di Dio.

M SULL'ESEMPIO DI MARIA... Faccio memoria del mio Battesimo e, insieme alla Vergine, innalzo un ringraziamento al Padre.

Santi del giorno:
Sant'Orsino • San Vito • Santa Elisabetta della Santissima Trinità Catez • Beata Maria del Monte Carmelo del Bambino Gesù González-Ramon García-Prieto

10 NOVEMBRE

SABATO

31ª settimana del Tempo Ordinario

bianco **3ª sett. salt.**

S. Leone Magno,
papa e dottore della Chiesa (m)

SAN LEONE MAGNO: «Anche quando devi correggere, salva sempre l'amore».

Leone nacque a Roma tra il 390 e il 400 da genitori originari della Toscana. La sua istruzione, d'ottimo livello e di tipo aristocratico, ebbe luogo nella stessa città, dove pure iniziò la carriera ecclesiastica, raggiungendo ben presto cariche di prestigio e responsabilità: verso il 430 divenne uno dei personaggi più influenti, consultati e ascoltati dal clero romano. Papa Celestino I gli affidò non solo l'amministrazione dei beni della Chiesa romana, ma anche importanti missioni presso le chiese sorelle.

Dopo la consacrazione episcopale, il suo primo dovere fu quello della predicazione ed egli approfittò di tutte le feste liturgiche per istruire il popolo. Scrisse le sue prediche in uno stile semplice, profondo per i contenuti e comprensibile nel linguaggio, ma soprattutto toccò sempre argomenti vitali e di attualità, incidendo sulla vita concreta di ognuno. Fu veramente un formatore di coscienze, ascoltato con piacere e seguito con impegno, anche perché quello che diceva lo si poteva vedere già incarnato nella sua vita. I suoi novantasei sermoni continuano a essere omelie ricche di contenuto dottrinale e le centosettantatré lettere ancora oggi rivelano il suo profondo equilibrio e senso di responsabilità.

I consigli fraterni che offrì furono lo specchio della sua vita: egli fu veramente il buon pastore che mai si accanì contro le pecore ribelli, ma sempre usò la carità più squisita per riportarle all'ovile. Il suo principio, infatti, fu: «Anche quando devi correggere, salva sempre l'amore».
Il ruolo di spicco che ricoprì indusse nel 440 Galla Placidia, che in quel momento reggeva l'Impero d'Occidente, a inviarlo in Gallia per sanare una difficile situazione. Ma nell'estate di quell'anno papa Sisto III morì e a succedergli fu eletto proprio Leone, che ricevette la notizia mentre stava appunto svolgendo la sua missione di pace in Gallia. Rientrato a Roma, il nuovo Papa si insediò sulla cattedra di Pietro il 29 settembre del 440. Fu il quarantacinquesimo vescovo di Roma. Iniziò così il suo pontificato, che durò oltre ventuno anni e che è stato senza dubbio uno dei più importanti nella storia della Chiesa.
Quelli in cui visse papa Leone furono tempi molto difficili: il ripetersi delle invasioni barbariche, il progressivo indebolirsi in Occidente dell'autorità imperiale e una lunga crisi sociale avevano imposto al Vescovo di Roma di assumere un ruolo rilevante anche nelle vicende civili e politiche. Ciò non mancò, ovviamente, di accrescere l'importanza e il prestigio della Sede romana.
A Mantova, nel 452, insieme a una delegazione romana, incontrò Attila, capo degli Unni, e lo dissuase dal proseguire la guerra d'invasione, con la quale aveva già devastato le regioni nordorientali dell'Italia. E così salvò il resto della Penisola. Questo importante avvenimento divenne presto memorabile e rimase come un segno emblematico dell'azione di pace svolta dal Pontefice, che ripeteva spesso: «La vera pace consiste nel non allontanarsi dalla volontà di Dio e nel compiacersi solo di ciò che Dio ama».
Non altrettanto positivo fu l'esito di un'altra sua iniziativa, segno

comunque di un coraggio che ancora stupisce: nella primavera del 455 Leone non riuscì, infatti, a impedire che i Vandali di Genserico, giunti alle porte di Roma, invadessero la città indifesa, che fu saccheggiata per due settimane. Tuttavia il gesto del Papa – che, inerme e circondato dal suo clero, andò incontro all'invasore per scongiurarlo di fermarsi – impedì che almeno Roma fosse incendiata e ottenne che dal terribile sacco fossero risparmiate le basiliche di San Pietro, di San Paolo e di San Giovanni, nelle quali si rifugiò parte della popolazione terrorizzata.
Leone Magno, costantemente sollecito verso i suoi fedeli e verso il popolo di Roma, ma anche verso la comunione tra le diverse Chiese e per le loro necessità, fu sostenitore e promotore instancabile del primato romano, proponendosi come autentico erede dell'apostolo Pietro.
Consapevole del momento storico in cui viveva e del passaggio che stava avvenendo – in un periodo di profonda crisi – dalla Roma pagana a quella cristiana, seppe essere vicino al popolo e ai fedeli con l'azione pastorale e la predicazione. Animò la carità in una Roma provata dalle carestie, dall'afflusso dei profughi, dalle ingiustizie e dalla povertà. Il suo motto era: «Chi nutre Cristo nel povero, colloca il proprio denaro in cielo».
Contrastò le superstizioni pagane e l'azione dei gruppi manichei. Legò la liturgia alla vita quotidiana dei cristiani: per esempio, unendo la pratica del digiuno alla carità e all'elemosina.
Alla sua morte, il 10 novembre del 461, fu sepolto presso la tomba di san Pietro. Le sue reliquie sono custodite anche oggi in uno degli altari della Basilica vaticana.
Nel 1754 Benedetto XIV lo proclamò dottore della Chiesa. Egli fu uno dei più grandi Pontefici della storia della Chiesa, che contribuì a rafforzare l'autorità e il prestigio della Santa Sede.

ANTIFONA D'INGRESSO - Il Signore ha stabilito con lui un'alleanza di pace; lo ha fatto principe del suo popolo e lo ha costituito suo sacerdote per sempre *(Cfr. Sir 45,24).*

COLLETTA - O Dio, che non permetti alle potenze del male di prevalere contro la tua Chiesa, fondata sulla roccia di Pietro, per l'intercessione del papa san Leone Magno fa' che resti salda nella tua verità e proceda sicura nella pace. Per il nostro Signore…

PRIMA LETTURA — Fil 4,10-19

Dalla lettera di san Paolo apostolo ai Filippési

Fratelli, ho provato grande gioia nel Signore perché finalmente avete fatto rifiorire la vostra premura nei miei riguardi: l'avevate anche prima, ma non ne avete avuto l'occasione. Non dico questo per bisogno, perché ho imparato a bastare a me stesso in ogni occasione. So vivere nella povertà come so vivere nell'abbondanza; sono allenato a tutto e per tutto, alla sazietà e alla fame, all'abbondanza e all'indigenza. Tutto posso in colui che mi dà la forza. **Avete fatto bene tuttavia a prendere parte alle mie tribolazioni.** Lo sapete anche voi, Filippési, che all'inizio della predicazione del Vangelo, quando partii dalla Macedònia, nessuna Chiesa mi aprì un conto di dare e avere, se non voi soli; e anche a Tessalònica mi avete inviato per due volte il necessario. Non è però il vostro dono che io cerco, ma il frutto che va in abbondanza sul vostro conto. Ho il necessario e anche il superfluo; sono ricolmo dei vostri doni ricevuti da Epafrodìto, che sono un piacevole profumo, un sacrificio gradito, che piace a Dio. Il mio Dio, a sua volta, colmerà ogni vostro bisogno secondo la sua ricchezza con magnificenza, in Cristo Gesù. **Parola di Dio.**

SALMO RESPONSORIALE Dal Salmo 111 (112)

℟. **Beato l'uomo che teme il Signore.**

Beato l'uomo che teme il Signore
e nei suoi precetti trova grande gioia.
Potente sulla terra sarà la sua stirpe,
la discendenza degli uomini retti sarà benedetta. ℟.

Felice l'uomo pietoso che dà in prestito,
amministra i suoi beni con giustizia.
Egli non vacillerà in eterno:
eterno sarà il ricordo del giusto. ℟.

Sicuro è il suo cuore, non teme.
Egli dona largamente ai poveri,
la sua giustizia rimane per sempre,
la sua fronte s'innalza nella gloria. ℟.

CANTO AL VANGELO 2Cor 8,9

Alleluia, alleluia.
Gesù Cristo da ricco che era,
si è fatto povero per voi,
perché voi diventaste ricchi
per mezzo della sua povertà.
Alleluia.

VANGELO Lc 16,9-15

✠ *Dal Vangelo secondo Luca*

In quel tempo, Gesù diceva ai discepoli: «Fatevi degli amici con la ricchezza disonesta, perché, quando questa verrà a mancare, essi vi accolgano nelle dimore eterne. **Chi è fedele in cose di poco conto, è fedele anche in cose importanti**; e chi è disonesto in cose di poco conto, è disonesto anche in cose importanti. Se dunque non siete stati fedeli nella ricchezza disonesta, chi vi affiderà quella vera? E se non siete stati fedeli nella ricchezza altrui, chi vi darà la vostra? Nessun servitore può servire due pa-

droni, perché o odierà l'uno e amerà l'altro, oppure si affezionerà all'uno e disprezzerà l'altro. Non potete servire Dio e la ricchezza». I farisei, che erano attaccati al denaro, ascoltavano tutte queste cose e si facevano beffe di lui. Egli disse loro: «Voi siete quelli che si ritengono giusti davanti agli uomini, ma Dio conosce i vostri cuori: ciò che fra gli uomini viene esaltato, davanti a Dio è cosa abominevole».
Parola del Signore.

Sulle offerte - Accogli, Signore, le offerte del nostro servizio sacerdotale e fa' risplendere sulla santa Chiesa la tua luce, perché in ogni parte della terra il gregge progredisca sulla via del bene e docili alla tua guida, i pastori siano graditi al tuo nome. Per Cristo nostro Signore.

Comunione - «Ecco, io sono con voi tutti i giorni, sino alla fine del mondo», dice il Signore *(Mt 28,20).*

Dopo la Comunione - Guarda con paterna bontà, Signore, la tua Chiesa, che hai nutrito alla mensa dei santi misteri, e guidala con mano potente, perché cresca nella perfetta libertà e custodisca l'integrità della fede. Per Cristo nostro Signore.

Commenti

1ª LETTURA - L'Apostolo, ringraziando per la generosità della Chiesa che è in Filippi, afferma che è abituato a vivere tutto: povertà, fame, nudità, indigenza, perché il suo tutto non è questo, ma ciò che viene da Dio. Ci ritornano alla mente le parole di una grande mistica, Teresa d'Avila, la quale invita a non essere turbati da nulla, perché «solo Dio basta!». Anche noi dunque siamo invitati a porre la nostra fiducia nella provvidenza, perché il Signore sa provvedere a ogni nostra necessità, prima ancora di qualsiasi richiesta. L'elogio ai Filippési, inoltre, ci dà l'esempio di come la comunità cristiana debba comportarsi verso coloro che sono nell'indigenza e nel bisogno. Siamo di fronte a dei cristiani che rinunciano ai propri beni per condividerli con gli altri. Ciò che essi fanno, per san Paolo, è ciò che noi dovremmo fare per ogni nostro fratello: renderlo partecipe della provvidenza di Dio, di cui noi abbiamo fatto esperienza. Le prime comunità cristiane, testimoniante dai libri neotestamentari, sottolineano più volte questo atteggiamento di comunione e condivisione. Per questo anche noi siamo invitati a non essere da meno, per contribuire all'edificazione della Chiesa.

Vangelo - Gesù, nel Vangelo odierno, ponendoci l'interrogativo circa il fine della nostra vita, ci pone di fronte a una scelta tra Dio e i beni, il denaro, le cose materiali; non perché queste cose debbano essere disprezzate, ma perché siano ridimensionate e comprese nella loro vera natura. Anzitutto, ciò che possediamo ci è stato elargito dalla provvidenza di Dio: dobbiamo, perciò, considerarci come affittuari di beni che non sono di nostra proprietà, ma che siamo chiamati a custodire. Inoltre, ciò che ci è stato donato non può risultare il fine della nostra vita, ma deve essere considerato uno dei mezzi. Giovanni Verga nella novella *La roba* racconta di un uomo, Mazzarò, totalmente attaccato ai suoi beni tanto da colpire anatre e tacchini, al grido: «È tutta roba mia», quando gli comunicano che è prossimo alla morte. Il rischio, che anche noi corriamo, è di attaccare il nostro cuore ai beni materiali, tanto da renderli un idolo, da farli diventare il fine ultimo della nostra esistenza. Ma tutto ciò che abbiamo, e che ci è stato dato in dono, non è il fine al quale siamo destinati, ma un mezzo per raggiungere il reale obiettivo della nostra esistenza: Dio e la vita eterna.

CHIEDETE E VI SARÀ DATO — Lc 11,9

1. Perché il Papa, sostenuto dalla preghiera di tutti i fe-

deli e dall'intercessione di san Leone Magno, viva in pienezza la sua missione di pastore vigile, attento e zelante della Chiesa universale.

2. Perché i seminaristi, guardando all'esempio di san Leone, crescano in verità, carità e fraternità, preparandosi a servire senza riserve la Chiesa.

3. Per noi, che condividiamo la mensa eucaristica che il Signore ogni giorno ci prepara, perché con gli occhi della fede vediamo nell'Eucaristia il Figlio di Dio e, credendo in lui, abbiamo la vita eterna.

FATE QUELLO CHE VI DIRÀ — Gv 2,5

C PER VIVERE DA DISCEPOLO DI GESÙ... Mi dedico a qualcosa che rimando da tempo per allenare la mia fedeltà nelle piccole cose.

M SULL'ESEMPIO DI MARIA... Recito il santo Rosario per una persona che mi è stata particolarmente vicina in un momento di difficoltà, affidandola al Signore.

Altri santi del giorno:
San Demetriano • Sant'Oreste • San Baudolino • Sant'Andrea Avellino • Beati Giovanni Prassek e due compagni

11 NOVEMBRE

DOMENICA

32ª domenica del Tempo Ordinario (B)

verde **4ª sett. salt.**

Antifona d'ingresso - La mia preghiera giunga fino a te; tendi, o Signore, l'orecchio alla mia preghiera *(Sal 87,3).*

Si dice il Gloria (vedi pag. 17).

Colletta - **Preghiamo:** Dio grande e misericordioso, allontana ogni ostacolo nel nostro cammino verso di te, perché, nella serenità del corpo e dello spirito, possiamo dedicarci liberamente al tuo servizio. Per il nostro Signore… **Amen.**

Oppure: O Dio, Padre degli orfani e delle vedove, rifugio agli stranieri, giustizia agli oppressi, sostieni la speranza del povero che confida nel tuo amore, perché mai venga a mancare la libertà e il pane che tu provvedi, e tutti impariamo a donare sull'esempio di colui che ha donato se stesso, Gesù Cristo nostro Signore. Egli è Dio… **Amen.**

(seduti)

PRIMA LETTURA

1Re 17,10-16

Dal primo libro dei Re

In quei giorni, il profeta Elia si alzò e andò a Sarèpta. Arrivato alla porta della città, ecco una vedova che raccoglieva legna. La chiamò e le disse: «Prendimi un po' d'acqua in un vaso, perché io possa bere». Mentre quella andava a prenderla, le gridò: «Per favore, prendimi anche un pezzo di pane». Quella rispose: «Per la vita del Signore, tuo Dio, non ho nulla di cotto, ma solo un pugno di farina nella giara e un po' d'olio nell'orcio; ora raccolgo due pezzi di legna, dopo andrò a prepararla per me e per mio figlio: la mangeremo e poi moriremo». Elia le disse: «Non temere; va' a fare come hai detto. Prima però prepara una piccola focaccia per me e portamela; quindi ne preparerai per te e per tuo figlio, poiché così dice il Signore, Dio d'Israele: "La farina della giara non si esaurirà e l'orcio dell'olio non diminuirà fino al giorno in cui il Signore manderà la pioggia sulla faccia della terra"». Quella andò e fece come aveva detto Elia; poi mangiarono lei, lui e la casa di lei per diversi giorni. La farina della giara non venne meno e l'orcio dell'olio non diminuì, secondo la parola che il Signore aveva pronunciato per mezzo di Elia. - Parola di Dio. ℟. **Rendiamo grazie a Dio.**

SALMO RESPONSORIALE Dal Salmo 145 (146)

℟. **Loda il Signore, anima mia.**

Il Signore rimane fedele per sempre
rende giustizia agli oppressi,
dà il pane agli affamati.
Il Signore libera i prigionieri. ℟.

Il Signore ridona la vista ai ciechi,
il Signore rialza chi è caduto,
il Signore ama i giusti,
il Signore protegge i forestieri. ℟.

Egli sostiene l'orfano e la vedova,
ma sconvolge le vie dei malvagi.
Il Signore regna per sempre,
il tuo Dio, o Sion, di generazione in generazione. ℟.

SECONDA LETTURA Eb 9,24-28

Dalla lettera agli Ebrei

Cristo non è entrato in un santuario fatto da mani d'uomo, figura di quello vero, ma nel cielo stesso, per comparire ora al cospetto di Dio in nostro favore.

E non deve offrire se stesso più volte, come il sommo sacerdote che entra nel santuario ogni anno con sangue altrui: in questo caso egli, fin dalla fondazione del mondo, avrebbe dovuto soffrire molte volte. Invece ora, una volta sola, nella pienezza dei tempi, egli è apparso per annullare il peccato mediante il sacrificio di se stesso. E come per gli uomini è stabilito che muoiano una sola volta, dopo di che viene il giudizio, così Cristo, dopo essersi offerto una sola volta per togliere il peccato di molti, apparirà una seconda volta, senza alcuna relazione con il peccato, a coloro che l'aspettano per la loro salvezza. - Parola di Dio. ℟. **Rendiamo grazie a Dio.**

(in piedi)

CANTO AL VANGELO

Mt 5,3

Alleluia, alleluia.
Beati i poveri in spirito,
perché di essi è il regno dei cieli.
Alleluia.

VANGELO

Mc 12,38-44

Il Signore sia con voi.
℟. **E con il tuo spirito.**
✠ *Dal Vangelo secondo Marco*
℟. **Gloria a te, o Signore.**

In quel tempo, Gesù [nel tempio] diceva alla folla nel suo insegnamento: «Guardatevi dagli scribi, che amano passeggiare in lunghe vesti, ricevere saluti nelle piazze, avere i primi seggi nelle sinagoghe e i primi posti nei banchetti. Divorano le case delle vedove e pregano a lungo per farsi vedere. Essi riceveranno una condanna più severa». Seduto di fronte al tesoro, osservava come la folla vi gettava monete. Tanti ricchi ne gettavano molte. Ma, venuta una vedova povera, vi gettò due monetine, che fanno un soldo. Allora, chiamati a sé i suoi discepoli, disse loro: «In verità io vi dico: questa vedova, così povera, ha gettato nel tesoro più di tutti gli altri. Tutti infatti hanno gettato parte del loro superfluo. Lei invece, nella sua miseria, vi ha gettato tutto quello che aveva, **tutto quanto aveva per vivere**». -
Parola del Signore. ℟. **Lode a te o Cristo.**

Forma breve: Mc 12,41-44

Il Signore sia con voi.

℟. **E con il tuo spirito.**

✠ *Dal Vangelo secondo Marco*

℟. **Gloria a te, o Signore.**

In quel tempo, Gesù, seduto di fronte al tesoro [nel tempio], osservava come la folla vi gettava monete. Tanti ricchi ne gettavano molte. Ma, venuta una vedova povera, vi gettò due monetine, che fanno un soldo. Allora, chiamati a sé i suoi discepoli, disse loro: «In verità io vi dico: questa vedova, così povera, ha gettato nel tesoro più di tutti gli altri. Tutti infatti hanno gettato parte del loro superfluo. Lei invece, nella sua miseria, vi ha gettato tutto quello che aveva, tutto quanto aveva per vivere». - Parola del Signore. ℟. **Lode a te o Cristo.**

Credo (vedi pagg. 19-22).

(in piedi)

SULLE OFFERTE - Volgi il tuo sguardo, o Padre, alle offerte della tua Chiesa, e fa' che partecipiamo con fede alla passione gloriosa del tuo Figlio, che ora celebriamo nel mistero. Per Cristo nostro Signore. **Amen.**

COMUNIONE - Il Signore è mio pastore, non manco di nulla; in pascoli di erbe fresche mi fa riposare, ad acque tranquille mi conduce *(Sal 22,1-2).*

Oppure: I discepoli riconobbero Gesù, il Signore, nello spezzare il pane *(Lc 24,35).*

Oppure: «La vedova ha offerto più di tutti gli altri, poiché ha dato tutto quello che aveva» *(Mc 12,44).*

Dopo la Comunione - **Preghiamo:** Ti ringraziamo dei tuoi doni, o Padre; la forza dello Spirito Santo, che ci hai comunicato in questi sacramenti, rimanga in noi e trasformi tutta la nostra vita. Per Cristo nostro Signore. **Amen.**

Commenti

1ª lettura - La storia dell'incontro tra il profeta Elia e la vedova di Sarèpta ha molto da dirci sul nostro essere cristiani. Infatti, spesso la nostra fede può avere delle battute di arresto perché sembra che il Signore ci chieda più di quanto possiamo dare. Tanti eventi o situazioni, nella vita, possono essere letti come richieste troppo onerose da parte di Dio. Proprio come la richiesta di Elia a una povera vedova, che non solo non ha il pane, ma ha poco più di qualche grammo di farina e qualche goccia di olio. Eppure in quella richiesta esigente si nasconde tutta la bontà di Dio. Infatti non solo la vedova ha potuto soddisfare il profeta, ma ha potuto mangiare per diversi giorni. Più volte, anche nei Vangeli, viene raccontata non l'esigenza della domanda, ma la sovrabbondanza della risposta che Dio dà all'uomo. Quando il Signore dona, dona il sovrappiù; non il necessario, ma il centuplo. Questo accade anche nella nostra vita, che a volte sembra travagliata: Dio desidera darci di più di quanto ci occorre, perché lui non toglie nulla, ma dà tutto.

2ª LETTURA - A differenza dei sacrifici antichi, il sacrificio di Cristo, come ripete la lettera agli Ebrei, è una volta per tutte. Il Verbo, parola definitiva del Padre, ha dato la vita una volta per tutte, per liberarci dal peccato e dalla morte. Questo mirabile evento lo ricordiamo nella celebrazione eucaristica, memoriale della passione, morte e risurrezione di Cristo. Quell'unico ed eterno sacrificio, si rende presente in ogni tempo attraverso la celebrazione e ci fa pregustare la salvezza. Ogni volta che celebriamo l'Eucaristia, l'evento passato si rende presente nel pane e nel vino, affinché anche noi, dopo duemila anni di storia, possiamo entrare nel mistero che ci ha salvati. Per questo il nostro partecipare alla Messa è di vitale importanza: lì troviamo tutto ciò che ci serve, perché c'è la sorgente della vita. Il sacrificio di Cristo, ogni volta che partecipiamo alla santa Messa, si ripresenta di fronte a noi, affinché anche le nostre vite siano trasformate e salvate da quel gesto che ha mostrato tutto l'amore che Dio ha per i suoi figli.

VANGELO - Con questo brano di Vangelo, il Signore ci mostra che non guarda le apparenze, ma legge i nostri cuori. L'ipocrisia è uno dei vizi dell'uomo: fare le cose per essere apprezzati, senza metterci il cuore, senza esserne convinti, solo per apparire e trovare gloria presso l'uomo. Il racconto della vedova ci dimostra che basta anche poco, ma donato con il cuore, per fare un vero atto di carità; evidenzia, inoltre, che talvolta siamo portati a donare il nostro superfluo, all'uomo e a Dio, e non tutta la nostra vita. Infatti la vedova non ha gettato due semplici monete, ma ciò che aveva per sopravvivere e quindi, simbolicamente, la sua stessa vita. L'amore esige una scelta radicale, che coinvolge tutta l'esistenza. Non si può amare a metà, o solo talvolta, o con il minimo delle forze. La vedova, con il gesto al tesoro del tempio, profeticamente ha anticipato l'insegnamento di Gesù: amare di un amore senza riserve, che non ha paura, e quindi non tiene nulla per sé, ma dà tutto.

CHIEDETE E VI SARÀ DATO — Lc 11,9

1. Padre, la vedova ha dato tutto quello che aveva per vivere: concedi alle comunità cristiane di fuggire l'ipocrisia e di offrire una limpida testimonianza di carità.

2. Padre, il profeta Elia affidò pienamente la sua vita nelle tue mani: illumina i pastori della Chiesa, affinché con cuore povero pongano la loro fiducia solo in te, che guidi la storia dell'umanità.

3. Padre, tu ami gli umili e soccorri i poveri: insegnaci a spendere senza riserve la nostra vita per te e per i fratelli e a fare della nostra esistenza quotidiana un dono libero e totale.

FATE QUELLO CHE VI DIRÀ Gv 2,5

C PER VIVERE DA DISCEPOLO DI GESÙ... Mi confronto con la mia famiglia e insieme decidiamo di fare una donazione, rimettendoci con fiducia nelle mani della provvidenza.

M SULL'ESEMPIO DI MARIA... Mi propongo di fare la spesa per un povero e di fargliela pervenire con discrezione.

Santi del giorno:
San Martino di Tours • *San Menna* • *San Verano* • *San Bartolomeo* • *Santa Marina di Omura* • *Beata Vincenza Maria (Luigia) Poloni*

SAN MARTINO DI TOURS

Assiduo nella preghiera, forte nella fede, saldo nella speranza, grande nella carità.

Martino nacque attorno al 316 nella provincia romana di Pannonia (oggi Ungheria); presto la famiglia si trasferì a Pavia, in quanto il padre, che apparteneva all'esercito, fu nominato tribuno. Entrambi i genitori erano pagani, invece Martino, in giovane età, iniziò a interessarsi al cristianesimo. Il padre si oppose con forza e, in base alla legge che obbligava i figli a seguire la professione del padre, spinse Martino a entrare nell'esercito. Il giovane combatté per tre anni nella guardia imperiale.

Si trovava presso Amiens, quando – cristianamente formato, ma non ancora battezzato – divise il proprio mantello con un mendicante. Sulpicio Severo, biografo del Santo, così narra l'episodio: «Poiché il povero pregava i passanti di aver pietà di lui, e tutti passavano oltre senza curarsi dello sventurato, Martino ricolmo di Dio comprese che, siccome gli altri rifiutavano un atto di carità, quel povero era riservato a lui. E così, brandita la spada che aveva alla cintura, divise il mantello a metà e ne donò al suo povero una parte, dell'altra si rivestì». La notte seguente, in sogno, il Santo «udì Gesù dire con chiara voce alla moltitudine di angeli che stavano intorno a lui: "Martino, che ancora non

è che un catecumeno, mi ha coperto con questa veste"».
Aveva circa 20 anni ed era ancora nell'esercito, quando un'invasione di barbari in Gallia cambiò la sua vita; la sua compagnia fu chiamata da Cesare Giuliano per ricevere il bottino di guerra, ma Martino rifiutò di accettarlo, dicendo a Giuliano: «Fino a oggi ti ho servito come soldato, ora lascia che io serva Cristo. Distribuisci il bottino agli altri, continueranno a combattere, ma io sono un soldato di Cristo e non mi è permesso farlo».
L'imperatore lo accusò di essere un codardo e si sentì rispondere che in nome di Cristo era pronto ad affrontare il nemico il giorno seguente da solo e disarmato; fu arrestato, ma presto rilasciato. A Poitiers, nel 360, sant'Ilario lo accolse tra i suoi discepoli e lo autorizzò a ritirarsi in un eremo. Qui trascorse quindici anni, approfondendo la Sacra Scrittura, facendo apostolato nelle campagne e seminando miracoli al suo passare. Nella solitudine, dove spesso si rifugiava, gli apparve la Madonna, ma dovette anche sostenere l'assalto del demonio, che cercò di scoraggiarlo perseguitandolo in ogni modo. Alcuni seguaci lo raggiunsero, formando così, sotto la sua direzione, la prima comunità monastica attestata in Francia, a cui Martino impose una regola di povertà, di mortificazione e di preghiera. Qui fiorì la sua eccezionale vita spirituale, nell'umile capanna in mezzo al bosco dove, respingendo le apparizioni diaboli-

che, conversava familiarmente con i santi e con gli angeli. La sua esistenza fu contrassegnata dalla ricerca della semplicità. Eletto vescovo di Tours nel 371, conservò l'umiltà e rimase il monaco che aveva voluto essere fin dall'adolescenza, rifiutando il lusso e l'apparato di un dignitario della Chiesa. Martino comprese che i più grandi disastri nella Chiesa erano causati dall'ignoranza e dall'immoralità dei chierici, perciò favorì le vocazioni e curò la formazione del clero. Si occupava dei prigionieri, dei condannati a morte, dei malati e dei morti, che guariva e resuscitava. Al suo intervento anche gli elementi naturali gli obbedivano. Condusse una vita di lode alla gloria di Dio e praticò le virtù cristiane, in particolare il perdono ricevuto e donato. Martino morì l'8 novembre 397 e l'11 fu sepolto. Di lui si può dire che fu: «Soldato per forza, vescovo per dovere, monaco per scelta». Il suo mantello continua a essere appoggiato sulle spalle del mondo, come conforto per tutti coloro che sono impegnati a rispondere alla grande sfida del nostro tempo, quella di costruire un mondo di pace e di giustizia, in cui ogni uomo possa vivere con dignità. San Martino ci incoraggia a tenere gli occhi aperti, a scendere dal cavallo delle nostre sicurezze, a dividere ciò che abbiamo con il povero e ad attendere che il calore della carità possa riscaldare il cuore di questo mondo, sempre più indifferente, sempre più cinico e sempre più banale.

12 NOVEMBRE

LUNEDÌ

32ª settimana del Tempo Ordinario

rosso **4ª sett. salt.**

S. Giosafat, vescovo e martire (m)

SAN GIOSAFAT:
il rapitore di anime.

Giosafat Kuncewicz nacque a Wlodimir, nella Volinia, nel 1580, da una nobile famiglia decaduta di tradizione ortodossa. Mentre fanciullo ascoltava la madre, che gli parlava della passione del Signore, una freccia partita dal fianco dell'immagine di Gesù crocifisso lo colpì al cuore e, acceso di amore divino, si dedicò alla preghiera e alle opere pie in modo da diventare esempio a tutti i suoi compagni, superiori in età. A 20 anni abbracciò la Regola del monastero basiliano della Trinità a Wilna e progredì meravigliosamente nella perfezione evangelica. In quelle regioni, camminava a piedi nudi nei giorni freddi dell'inverno rigidissimo, non si cibava mai di carne né beveva vino, se non quando era costretto dall'obbedienza. Portò a contatto con la pelle, fino alla morte, un ruvido cilicio e conservò il fiore della purezza che, adolescente, aveva consacrato alla Vergine Madre di Dio.
La fama delle sue virtù e della sua scienza fu presto tale che, nonostante la giovane età, nel 1613, fu messo a capo del monastero di Byten e quindi fatto abate di Wilna. Si racconta che, durante i suoi primi anni in monastero, Satana scaricava il suo furore spaventando i monaci, quando si destavano la notte per le sante ve-

glie notturne; il Santo volle mettere termine a questi rumori terribili e una notte, avendo preso tra le sue mani l'Eucaristia, inseguì il demonio e lo cacciò fuori dalla cinta del monastero. Il fragore fu terribile, ma alla fine Satana dovette dichiararsi vinto e lasciò da allora che i monaci celebrassero in pace i loro uffici notturni.
Suo malgrado e con gioia di tutti i cattolici, Giosafat fu proclamato arcivescovo di Polock nel 1617. La diocesi si trovava in Rutenia, regione che dalla Russia era passata in parte sotto il dominio del re di Polonia. La fede dei polacchi era quella cattolica romana; in Rutenia, invece, come nel resto della Russia, i fedeli aderivano alla Chiesa greco-ortodossa. Si tentò allora un'unione della Chiesa greca con quella latina. Di questa Chiesa, detta "uniate", Giosafat fu il grande difensore.
La nomina a vescovo non gli fece mutare la sua regola di vita e tutto il suo cuore fu rivolto al culto divino e alla salvezza delle pecore a lui affidate. Campione instancabile dell'unità cattolica e della verità, dedicò le sue energie alla conversione degli eretici e degli scismatici. Empi errori e calunnie impudenti erano diffuse contro il Sommo Pontefice e la pienezza dei suoi poteri, ed egli non mancò mai al dovere di difenderli, nei discorsi e negli scritti ricchi di pietà e di dottrina. Rivendicò i diritti vescovili e i beni della Chiesa, usurpati da laici, e il numero di eretici ricondotti da lui alla Madre comune è incredibile. Le rendite del suo vescovado furono impegnate nel restaurare il culto divino, lo splendore dei templi, gli asili delle vergini consacrate a Dio e mille opere pie. La sua carità verso i miserabili era così viva che un giorno, non avendo mezzi per soccorrere una povera vedova, impegnò il suo pallio episcopale. Visti gli enormi progressi della fede cattolica, uomini perversi cospirarono contro l'atleta di Cristo, invasero la sua casa, spezzando e ferendo quanto e

quanti incontravano ed egli spontaneamente intervenne con dolcezza dicendo: «Perché picchiate i miei, o figliuoli? Se avete qualche cosa contro di me, sono qui». Fu allora aggredito, ucciso, trafitto, finito con un colpo d'ascia e gettato nel fiume. Era il 12 novembre 1623 e Giosafat aveva 43 anni. Il suo corpo, avvolto da una luce miracolosa, fu ripescato dal fiume. Il suo sangue giovò subito anche ai suoi uccisori, perché, condannati a morte, tutti abiurarono lo scisma e detestarono il delitto commesso. La morte del grande vescovo fu seguita da miracoli strepitosi, che indussero papa Urbano VIII a dichiararlo beato. Nel 1867 fu canonizzato da Pio IX.
San Giosafat spese tutta la sua vita, fino alla morte, da martire, per questa unica intenzione: ricondurre all'ovile di Cristo tutte le anime, riconciliare con la Sede Romana del vicario di Cristo, principio dell'unità della Chiesa, le chiese scismatiche. Il suo apostolato fu così efficace che i suoi oppositori lo chiamarono "rapitore di anime", per il numero di persone che riconciliò con la Chiesa cattolica. Così disse pochi giorni prima di morire: «Signore, concedimi di poter versare il sangue per l'unità e per l'obbedienza della Sede Apostolica».
San Giosafat si rese conto che la Chiesa doveva essere universale: un solo ovile, un solo pastore, un solo vicario di Cristo, un solo detentore delle chiavi del regno dei cieli, un solo detentore del potere supremo spirituale e temporale. Per il Santo vescovo l'unità si fa attorno al papa o non si fa.
Preghiamo questo grande Santo, propugnatore dell'unità, con le parole di Pio IX: «Dio voglia che quel tuo sangue, o san Giosafat, che tu versasti per la Chiesa di Cristo, sia pegno di quell'unione con questa Santa Sede Apostolica, a cui tu sempre anelasti, e che giorno e notte implorasti con fervida preghiera

da Dio, somma bontà e potenza. E perché tanto si avveri alfine, vivamente desideriamo di averti intercessore assiduo presso Dio stesso e la corte del cielo».

ANTIFONA D'INGRESSO - Darò a voi dei pastori secondo il mio cuore, essi vi guideranno con sapienza e dottrina *(Ger 3,15)*.

COLLETTA - Suscita nella Chiesa, o Padre, il tuo Santo Spirito, che mosse il vescovo san Giòsafat a dare la vita per il suo popolo, perché, fortificati dallo stesso Spirito, non esitiamo a donare la nostra vita per i fratelli. Per il nostro Signore…

PRIMA LETTURA Tt 1,1-9

Dalla lettera di san Paolo apostolo a Tito

Paolo, servo di Dio e apostolo di Gesù Cristo per portare alla fede quelli che Dio ha scelto e per far conoscere la verità, che è conforme a un'autentica religiosità, nella speranza della vita eterna – promessa fin dai secoli eterni da Dio, il quale non mente, e manifestata al tempo stabilito nella sua parola mediante la predicazione, a me affidata per ordine di Dio, nostro salvatore –, a Tito, mio vero figlio nella medesima fede: grazia e pace da Dio Padre e da Cristo Gesù, nostro salvatore. Per questo ti ho lasciato a

Creta: perché **tu metta ordine in quello che rimane da fare** e stabilisca alcuni presbìteri in ogni città, secondo le istruzioni che ti ho dato. Ognuno di loro sia irreprensibile, marito di una sola donna e abbia figli credenti, non accusabili di vita dissoluta o indisciplinati. Il vescovo infatti, come amministratore di Dio, deve essere irreprensibile: non arrogante, non collerico, non dedito al vino, non violento, non avido di guadagni disonesti, ma ospitale, amante del bene, assennato, giusto, santo, padrone di sé, fedele alla Parola, degna di fede, che gli è stata insegnata, perché sia in grado di esortare con la sua sana dottrina e di confutare i suoi oppositori. **Parola di Dio.**

SALMO RESPONSORIALE
Dal Salmo 23 (24)

℟. **Ecco la generazione**
che cerca il tuo volto, Signore.

Del Signore è la terra e quanto contiene:
il mondo, con i suoi abitanti.
È lui che l'ha fondato sui mari
e sui fiumi l'ha stabilito. ℟.

Chi potrà salire il monte del Signore?
Chi potrà stare nel suo luogo santo?

Chi ha mani innocenti e cuore puro,
chi non si rivolge agli idoli. R.

Egli otterrà benedizione dal Signore,
giustizia da Dio sua salvezza.
Ecco la generazione che lo cerca,
che cerca il tuo volto, Dio di Giacobbe. R.

CANTO AL VANGELO Fil 2,15d.16a

Alleluia, alleluia.
Risplendete come astri nel mondo,
tenendo salda la parola di vita.
Alleluia.

VANGELO Lc 17,1-6

✠ *Dal Vangelo secondo Luca*

In quel tempo, Gesù disse ai suoi discepoli: «È inevitabile che vengano scandali, ma guai a colui a causa del quale vengono. È meglio per lui che gli venga messa al collo una macina da mulino e sia gettato nel mare, piuttosto che scandalizzare uno di questi piccoli. State attenti a voi stessi! Se il tuo fratello commetterà una colpa, rimproveralo; ma se si pentirà, perdonagli. E se commetterà una colpa sette volte al giorno contro di te e sette volte ritornerà a te dicendo: "Sono pentito", tu gli perdonerai». Gli apostoli dissero al Signore: «Accresci in noi la fede!». Il Signore rispose: «Se aveste fede quanto un granello di senape, potreste dire a questo gelso: "Sràdicati e vai a piantarti nel mare", ed esso vi obbedirebbe». **Parola del Signore.**

SULLE OFFERTE - Padre misericordioso, scenda sulle nostre offerte la tua benedizione, e ci confermi nella vera fede che san Giòsafat testimoniò con il sangue. Per Cristo nostro Signore.

COMUNIONE - Il Figlio dell'uomo è venuto per dare la sua vita in riscatto per tutti gli uomini *(Mc 10,45).*

DOPO LA COMUNIONE - Venga a noi, Signore, da questo sacro convito il tuo Spirito di fortezza e di pace, perché a imitazione di san Giòsafat doniamo volentieri la nostra vita per l'unità e la santità della Chiesa. Per Cristo nostro Signore.

Commenti

1ª LETTURA - Nelle parole di san Paolo, rivolte all'amico Tito, troviamo uno dei primi cenni all'organizzazione della comunità. Non solo, ciò che Paolo ha ricevuto deve essere trasmesso da Tito. Infatti, la testimonianza è come un filo rosso che attraversa i secoli. L'esperienza che l'Apostolo ha fatto, il suo incontro con il Risorto viene trasmesso nella storia. Il cristianesimo è questa continua trasmissione dell'esperienza che gli apostoli, i discepoli e i cristiani di tutti i tempi, noi compresi, hanno fatto del Risorto. Cosa possiamo testimoniare se non partiamo dall'esperienza che abbiamo fatto di Dio e che altri prima di noi hanno fatto e a loro volta ci hanno trasmesso? In questo orizzonte si inserisce l'organizzazione della comunità, la sua gerarchia, che ha il compito di custodire questa trasmissione e di guidare nella testimonianza cristiana. Per questo poi l'apostolo suggerisce, con un elenco preciso, le caratteristiche di coloro che saranno chiamati da Tito a guidare la comunità. Caratteristiche che possono essere assunte da ogni cristiano, affinché la testimonianza sia credibile.

VANGELO - «L'uomo contemporaneo ascolta più volentieri i testimoni che i maestri, o se ascolta i maestri lo fa perché sono dei testimoni», Paolo VI con queste parole esortava tutta la cristianità a essere credibile annunciatrice del Vangelo. Nell'inevitabilità degli scandali, ogni cristiano deve fare attenzione a non esserne protagonista, affinché i fratelli più piccoli, più poveri, più lontani non siano scandalizzati e smettano di sperare. I maestri sono abituati a parlare, a insegnare, ma la particolarità dell'insegnamento cristiano è che non si ferma alle parole. Lo stesso Gesù nel suo ministero pubblico non ha mai dimenticato il binomio indissolubile di parole e opere, non ha mai preteso solo di insegnare, ma ogni parola pronunciata è stata seguita dalle opere che la confermavano. Lo stesso vale per noi: la nostra testimonianza può essere presa per vera solo se è seguita dalle opere che la confermano. Per questo Paolo VI afferma che un maestro verrà ascoltato solo se è anche un testimone, solo se al suo insegnamento verbale fa seguito la testimonianza materiale.

CHIEDETE E VI SARÀ DATO — Lc 11,9

1. O Dio, che hai abbattuto il muro della divisione per fare dei due un popolo solo, fa' che il tuo Spirito susciti ancora pastori come san Giosafat, che si pongano a servizio dell'unico corpo di Cristo, percorrendo la via dell'ecumenismo.

2. O Dio, che in san Giosafat hai donato alla tua Chiesa un esempio luminoso di virtù e di santità e all'Ucraina un patrono sapiente, dona a tutte le nazioni segnate dalla guerra e dalla povertà di poter risorgere e ritornare a vivere nella pace.

3. O Dio, che a san Giosafat hai concesso di testimoniare la fede in Cristo nello spirito del perdono e del dialogo, concedi a noi di vivere forti nella confessione del tuo nome.

FATE QUELLO CHE VI DIRÀ Gv 2,5

C PER VIVERE DA DISCEPOLO DI GESÙ... Mi prendo un po' di tempo per esaminare il mio cuore e scoprire se sono in debito di perdono con qualcuno.

M SULL'ESEMPIO DI MARIA... Oggi non spreco il tempo e rispondo con responsabilità e ordine agli impegni che mi aspettano.

Altri santi del giorno:
San Nilo • San Macario • Sant'Esichio • Sant'Emiliano • San Diego • Beato Giuseppe Medes Ferrís

13 NOVEMBRE

MARTEDÌ

32ª settimana del Tempo Ordinario
verde **4ª sett. salt.**

ANTIFONA D'INGRESSO - La mia preghiera giunga fino a te; tendi, o Signore, l'orecchio alla mia preghiera *(Sal 87,3)*.

COLLETTA - Dio grande e misericordioso, allontana ogni ostacolo nel nostro cammino verso di te, perché, nella serenità del corpo e dello spirito, possiamo dedicarci liberamente al tuo servizio. Per il nostro Signore...

PRIMA LETTURA Tt 2,1-8.11-14

Dalla lettera di san Paolo apostolo a Tito

Carissimo, insegna quello che è conforme alla sana dottrina. Gli uomini anziani siano sobri, dignitosi, saggi, saldi nella fede, nella carità e nella pazienza. Anche le donne anziane abbiano un comportamento santo: non siano maldicenti né schiave del vino; sappiano piuttosto insegnare il bene, per formare le giovani all'amore del marito e dei figli, a essere prudenti, caste, dedite alla famiglia, buone, sottomesse ai propri mariti, perché la parola di Dio non venga screditata. **Esorta ancora i più giovani a essere prudenti**, offrendo te stesso come esempio di opere buone: integrità nella dottrina, dignità, linguaggio sano e irreprensibile, perché il nostro avversario resti svergognato, non avendo nulla di male da dire contro di noi. È apparsa infatti la grazia di Dio, che porta salvezza a tutti gli uomini e ci insegna a rinnegare l'empietà e i desideri mondani e a vivere in questo mondo con sobrietà, con giustizia e con pietà, nell'attesa della beata speranza e della manifestazione della gloria del nostro grande Dio e salvatore Gesù Cristo. Egli ha dato se stesso per noi, per riscattarci da ogni iniquità e formare per sé un popolo puro che gli appartenga, pieno di zelo per le opere buone. **Parola di Dio.**

SALMO RESPONSORIALE Dal Salmo 36 (37)

℟. **La salvezza dei giusti viene dal Signore.**

Confida nel Signore e fa' il bene:
abiterai la terra e vi pascolerai con sicurezza.

Cerca la gioia nel Signore:
esaudirà i desideri del tuo cuore.

℟. **La salvezza dei giusti viene dal Signore.**

Il Signore conosce i giorni degli uomini integri:
la loro eredità durerà per sempre.
Il Signore rende sicuri i passi dell'uomo
e si compiace della sua via. ℟.

Sta' lontano dal male e fa' il bene
e avrai sempre una casa.
I giusti avranno in eredità la terra
e vi abiteranno per sempre. ℟.

CANTO AL VANGELO Gv 14,23

Alleluia, alleluia.
Se uno mi ama, osserverà la mia parola,
dice il Signore,
e il Padre mio lo amerà e noi verremo a lui.
Alleluia.

VANGELO Lc 17,7-10

✠ *Dal Vangelo secondo Luca*

In quel tempo, Gesù disse: «Chi di voi, se ha un servo

ad arare o a pascolare il gregge, gli dirà, quando rientra dal campo: "Vieni subito e mettiti a tavola"? Non gli dirà piuttosto: "Prepara da mangiare, stringiti le vesti ai fianchi e servimi, finché avrò mangiato e bevuto, e dopo mangerai e berrai tu"? Avrà forse gratitudine verso quel servo, perché ha eseguito gli ordini ricevuti? Così anche voi, quando avrete fatto tutto quello che vi è stato ordinato, dite: "Siamo servi inutili. Abbiamo fatto quanto dovevamo fare"». **Parola del Signore.**

SULLE OFFERTE - Volgi il tuo sguardo, o Padre, alle offerte della tua Chiesa, e fa' che partecipiamo con fede alla passione gloriosa del tuo Figlio, che ora celebriamo nel mistero. Per Cristo nostro Signore.

COMUNIONE - Il Signore è mio pastore, non manco di nulla; in pascoli di erbe fresche mi fa riposare, ad acque tranquille mi conduce *(Sal 22,1-2)*.
Oppure: I discepoli riconobbero Gesù, il Signore, nello spezzare il pane *(Lc 24,35)*.

DOPO LA COMUNIONE - Ti ringraziamo dei tuoi doni, o Padre; la forza dello Spirito Santo, che ci hai comunicato in questi sacramenti, rimanga in noi e trasformi tutta la nostra vita. Per Cristo nostro Signore.

Commenti

1ª **LETTURA** - All'inizio di questo brano san Paolo fa un richiamo forte, indirizzato alla comunità di cui Tito è pastore: insegnare la sana dottrina. L'approfondimento, la riflessione e lo studio del Vangelo e della tradizione sono un richiamo per ogni fedele, affinché ciò che proclamiamo sia vero e non l'espressione di una propria idea. Lo stesso approfondimento del Vangelo non porta solo a essere buoni predicatori, fedeli a quanto ci è stato trasmesso, ma anche buoni cristiani. San Paolo elenca le caratteristiche che debbono avere gli anziani, le anziane e i giovani. Questo perché il Vangelo cambia la vita, lo stile e gli atteggiamenti verso ciò che ci circonda. Nell'antichità, all'inizio del cammino di preparazione al Battesimo degli adulti, si faceva una verifica sui mestieri, affinché quelli che avevano un lavoro non conforme al Vangelo lo lasciassero. Questo perché la predicazione e la testimonianza esistenziale del messaggio di Gesù ci impongono un cambiamento, talvolta anche radicale, della nostra vita.

VANGELO - Questo è un Vangelo che ci mette in crisi, perché per noi è difficile, una volta fatto qualcosa per amore di Gesù, anche un semplice servizio in parrocchia, dire a noi stessi: siamo servi inutili. Tutti abbiamo bisogno di conferme su ciò che facciamo e desideriamo che il nostro lavoro sia riconosciuto. Eppure la parte finale del brano è più che chiara. Dall'altra parte, però, è anche vero che se ci viene chiesto di portare a termine un servizio, in realtà inutili non siamo stati, dato che quel servizio l'abbiamo compiuto. L'inutilità non sta nella persona del servo, ma nel fatto che il servo agisce senza un utile, senza un guadagno, senza un salario. Il compiere un servizio nella Chiesa non è inutile, nel senso in cui noi intendiamo la parola inutile, anzi, il nostro servizio è preziosissimo, ma è inutile in quanto lo facciamo gratuitamente. E questa gratuità non è dovuta alla nostra bravura, ma al fatto che gratuitamente abbiamo ricevuto e gratuitamente ridiamo agli altri. Ecco dunque che il nostro essere cristiani ci impone una logica non contrattuale, nella quale si sperimenta la gratuità che, a nostra volta, abbiamo ricevuto.

CHIEDETE E VI SARÀ DATO — Lc 11,9

1. Perché la Chiesa sia sempre fedele al messaggio evangelico, e sappia rallegrarsi delle prove sofferte per Cristo, sapendo che la vita fiorisce dal servizio e dal dono di sé.

2. Perché i lavoratori, in particolare mercanti, tessitori e sarti, abbiano il gusto dell'impegno coscienzioso e, come il loro patrono sant'Omobono, sappiano rendere la loro vita una preghiera vissuta.

3. Perché noi tutti, stimolati dall'esempio del santo laico Omobono, sappiamo essere la mano e la tenerezza di Cristo, ovunque incontriamo un fratello da amare e una sofferenza da lenire.

FATE QUELLO CHE VI DIRÀ — Gv 2,5

C PER VIVERE DA DISCEPOLO DI GESÙ... Dedico del tempo a un giovane della mia famiglia, o vicino alla mia vita, per ascoltarlo e fargli sentire la mia presenza solida e rassicurante.

M SULL'ESEMPIO DI MARIA... Non cerco approvazione e consenso da chi mi sta intorno, perché il mio cuore può essere saziato solo dalla gioia che viene dal Signore.

Santi del giorno:

Sant'Omobono, Niceforo, Zebina, Germano e Mánatas • San Mitria • Beata Maria Teresa di Gesù (Maria Scrilli)

14 NOVEMBRE

MERCOLEDÌ

32ª settimana del Tempo Ordinario

verde **4ª sett. salt.**

ANTIFONA D'INGRESSO - La mia preghiera giunga fino a te; tendi, o Signore, l'orecchio alla mia preghiera *(Sal 87,3).*

COLLETTA - Dio grande e misericordioso, allontana ogni ostacolo nel nostro cammino verso di te, perché, nella serenità del corpo e dello spirito, possiamo dedicarci liberamente al tuo servizio. Per il nostro Signore…

PRIMA LETTURA Tt 3,1-7

Dalla lettera di san Paolo apostolo a Tito

Carissimo, ricorda [a tutti] di essere sottomessi alle autorità che governano, di obbedire, di essere pronti per ogni opera buona; di non parlare male di nessuno, di evitare le liti, di essere mansueti, **mostrando ogni mitezza verso tutti gli uomini**. Anche noi un

tempo eravamo insensati, disobbedienti, corrotti, schiavi di ogni sorta di passioni e di piaceri, vivendo nella malvagità e nell'invidia, odiosi e odiandoci a vicenda. Ma quando apparvero la bontà di Dio, salvatore nostro, e il suo amore per gli uomini, egli ci ha salvati, non per opere giuste da noi compiute, ma per la sua misericordia, con un'acqua che rigenera e rinnova nello Spirito Santo, che Dio ha effuso su di noi in abbondanza per mezzo di Gesù Cristo, salvatore nostro, affinché, giustificati per la sua grazia, diventassimo, nella speranza, eredi della vita eterna.
Parola di Dio.

SALMO RESPONSORIALE Dal Salmo 22 (23)

℟. **Il Signore è il mio pastore:**
non manco di nulla.

Il Signore è il mio pastore:
non manco di nulla.
Su pascoli erbosi mi fa riposare,
ad acque tranquille mi conduce. ℟.

Rinfranca l'anima mia,
mi guida per il giusto cammino
a motivo del suo nome. ℟.

Anche se vado per una valle oscura,
non temo alcun male, perché tu sei con me.
Il tuo bastone e il tuo vincastro
mi danno sicurezza. ℟.

Davanti a me tu prepari una mensa
sotto gli occhi dei miei nemici.
Ungi di olio il mio capo;
il mio calice trabocca. ℟.

Sì, bontà e fedeltà mi saranno compagne
tutti i giorni della mia vita,
abiterò ancora nella casa del Signore
per lunghi giorni. ℟.

CANTO AL VANGELO 1Ts 5,18

Alleluia, alleluia.
In ogni cosa rendete grazie:
questa infatti è volontà di Dio
in Cristo Gesù verso di voi.
Alleluia.

VANGELO Lc 17,11-19

✠ *Dal Vangelo secondo Luca*

Lungo il cammino verso Gerusalemme, Gesù attraversava la Samarìa e la Galilea. Entrando in un villaggio, gli vennero incontro dieci lebbrosi, che si fermarono a distanza e dissero ad alta voce: «Gesù, maestro, abbi pietà di noi!». Appena li vide, Gesù disse loro: «Andate a presentarvi ai sacerdoti». E mentre essi andavano, furono purificati. Uno di loro, vedendosi guarito, tornò indietro lodando Dio a gran voce, e si prostrò davanti a Gesù, ai suoi piedi, per ringraziarlo. Era un Samaritano. Ma Gesù osservò: «Non ne sono stati purificati dieci? **E gli altri nove dove sono?** Non si è trovato nessuno che tornasse indietro a rendere gloria a Dio, all'infuori di questo straniero?». E gli disse: «Àlzati e va'; la tua fede ti ha salvato!». **Parola del Signore.**

SULLE OFFERTE - Volgi il tuo sguardo, o Padre, alle offerte della tua Chiesa, e fa' che partecipiamo con fede alla passione gloriosa del tuo Figlio, che ora celebriamo nel mistero. Per Cristo nostro Signore.

COMUNIONE - Il Signore è mio pastore, non manco di nulla; in pascoli di erbe fresche mi fa riposare, ad acque tranquille mi conduce *(Sal 22,1-2)*.
Oppure: I discepoli riconobbero Gesù, il Signore, nello spezzare il pane *(Lc 24,35)*.

Dopo la Comunione - Ti ringraziamo dei tuoi doni, o Padre; la forza dello Spirito Santo, che ci hai comunicato in questi sacramenti, rimanga in noi e trasformi tutta la nostra vita. Per Cristo nostro Signore.

Commenti

1ª lettura - San Paolo, nella lettera all'amico Tito, continua a descrivere la condotta che la comunità cristiana deve tenere dopo aver conosciuto il messaggio da lui trasmesso. Certamente queste potrebbero sembrare delle imposizioni, talvolta difficili da attuare, perché richiedono uno sforzo o perché chiedono di cambiare lati del nostro carattere: questo è difficile, ma non impossibile. Continuando però nella lettura del brano, capiamo come più che essere imposizioni o doveri, queste indicazioni siano conseguenza naturale di un amore che ci ha convertito. Se pensiamo infatti, alla parabola del padre misericordioso, raccontata nel Vangelo di Luca, ciò che fa cambiare il figlio andato via di casa non è la correzione autoritaria ricevuta dal padre, ma il suo amore, la sua misericordia. Lo stesso vale per noi: solo quando sperimentiamo tutto l'amore che Dio ha per noi, al di là di ogni nostro difetto ed errore, la nostra vita può trasformarsi, può correggersi, perché per quell'amore ricevuto vale la pena cambiare.

VANGELO - I lebbrosi, all'epoca di Gesù, non erano altro che morti ambulanti, non solo a livello fisico, ma anche sociale. Infatti, essendo infetti, non potevano stare in comunità, ma dovevano allontanarsene. Proprio per la lontananza da dover tenere, i dieci lebbrosi di questo brano sono costretti a gridare a Gesù per farsi sentire; ma, questa volta, la lontananza è colmata da tutta la compassione che il Messia prova per loro. Essi non vengono guariti subito, ma riacquistano la salute durante il cammino verso Gerusalemme, lo stesso che sta per compiere il Signore. La nostra guarigione, e la nostra salvezza, può attuarsi se anche noi compiamo questo cammino verso Gerusalemme, seguendo i passi di colui che lo ha percorso prima di noi. Solo uno, nel racconto, ritorna indietro per lodare Dio, anche se tutti e dieci sono stati salvati. La nostra vita è una continua consapevolezza che a tutti gli uomini è stata donata la salvezza, ma per assaporarne i frutti, per accoglierla, c'è bisogno di seguire Gesù dopo averlo incontrato.

CHIEDETE E VI SARÀ DATO — Lc 11,9

1. O Padre, che guardi benigno le cose umili e semplici,

concedi alla Chiesa tua serva, di essere mansueta e docile all'azione dello Spirito Santo per aderire con tutte le forze al regno dei cieli.

2. O Padre, che nella gratuità di Cristo ci educhi alla gratitudine, fa' che i consacrati, liberi dagli egoismi e dagli affanni del mondo, diventino ricchi di te, unico bene, e sappiano vivere nel rendimento di grazie.

3. O Padre, che ami tutti i tuoi figli, concedici di camminare con cuore ardente sulla via dei tuoi comandamenti, per essere degni del premio riservato ai giusti.

FATE QUELLO CHE VI DIRÀ Gv 2,5

C PER VIVERE DA DISCEPOLO DI GESÙ... Presto particolare attenzione a tutto il bene che mi arriva, senza dare per scontato nulla, e ringrazio, ogni volta che posso, chi fa qualcosa per me.

M SULL'ESEMPIO DI MARIA... Chiedo alla Vergine di intercedere per me il dono della mitezza, che non fa distinzioni ma tratta tutti con amore e comprensione.

Santi del giorno:
San Teódoto • Sant'Ipazio • San Serapione • Santo Stefano Teodoro Cuénot • Beata Maria Luisa Merkert • Beato Giovanni Liccio

15 NOVEMBRE

GIOVEDÌ

32ª settimana del Tempo Ordinario

verde (bianco se si celebra la memoria)

4ª sett. salt.

S. Alberto Magno,
vescovo e dottore della Chiesa (mf)

SANT'ALBERTO MAGNO:
«Volere tutto ciò che Dio vuole».

«Tutti sono chiamati alla santità»: così Giovanni Paolo II scriveva ai giovani per invitarli alla XX Giornata mondiale della gioventù che si sarebbe tenuta a Colonia. Tra i santi che indicava loro come modelli, c'era anzitutto Alberto Magno, il quale ha appassionatamente cercato la verità. Non ha esitato a mettere le sue capacità intellettuali al servizio della fede, testimoniando così che fede e ragione sono legate e si richiamano a vicenda (cfr. *Messaggio*, 6 agosto 2004).

La vita di sant'Alberto è la dimostrazione di come si possa superare la contraddizione più radicale e dannosa che si è sviluppata nell'Europa cristiana fin dagli inizi del secondo millennio: quella che pretende di contrapporre la fede e la ragione, e che vuole trovare nella scienza il terreno di maggiore conflitto. È questo uno dei drammi più gravi del nostro tempo, quello che maggiormente esige una nuova evangelizzazione e nuovi evangelizzatori.

Alberto nacque a Lauingen, nella Baviera, sul finire del secolo XII, da una famiglia della piccola nobiltà militare, al servizio

dell'imperatore Federico II. Era un giovane robusto e di bell'aspetto, attento e intelligente. I genitori l'avrebbero voluto avviare alla carriera militare e politica ma egli, fin da fanciullo, mostrò particolare inclinazione allo studio. La sua passione giovanile era osservare e investigare i fenomeni naturali e interrogarsi sulle cause: che si trattasse delle venature del marmo, o dei cambiamenti climatici, o delle proprietà degli elementi chimici o di un terremoto, come quello che nel Natale del 1222 devastò l'intera Lombardia.
Sebbene gli studi fossero la sua passione, la mise da parte per seguire l'ideale di san Domenico. Vestì l'abito dei Predicatori, ma le difficoltà che incontrava nello studio della teologia gli sembravano un ostacolo insormontabile, e fu tentato di fuggire dalla casa del Signore. La Vergine santa gli apparì in sogno e lo rassicurò, promettendogli un'estrema limpidezza di cuore e di mente, che gli avrebbe concesso di affrontare con successo le più ardue questioni in ogni campo del sapere. Lo avvertì però che, sul finire della vita, tutto il suo sapere gli sarebbe stato tolto improvvisamente. Alberto le chiese allora «di concedergli principalmente una fede pura e integra», e su questo la santa Vergine lo rassicurò. Per tutta la vita, mantenne una devozione tenerissima alla Madre di Dio, ricorrendo a lei, con ingenua fiducia e con frutto, in ogni difficoltà. Fu proprio la persuasione che i doni che possedeva gli fossero stati concessi dalla Madonna, a tenerlo sempre modesto, umilissimo, anche quando le lodi più altisonanti lo sommersero da ogni lato.
Sotto la tutela di Maria, Alberto divenne sapiente in ogni ramo della cultura, tanto da essere acclamato dottore universale e meritare il titolo di "magno", quando era ancora in vita. Dotato di una facoltà di assimilazione sorprendente e di uno spiccato

ingegno, Alberto fu considerato dai contemporanei come un miracolo del sapere.
Lavorò per molti anni per aprire il pensiero europeo alla sperimentazione e spronando i cristiani a non avere paura delle scienze umane, perché esse sono portatrici del vero e non possono che aiutare nella comprensione delle verità della fede, anche se, naturalmente, egli non accettava a occhi chiusi tutto ciò che gli scienziati proponevano.
Quando venne nominato superiore provinciale della Germania, iniziò a viaggiare per città, villaggi, foreste e montagne, immergendosi quotidianamente in quella natura viva e palpitante che amava osservare con occhi di contemplativo e di scienziato. Per la sua capacità di mettere pace tra i contendenti, il Papa lo elesse vescovo di Ratisbona e Alberto, nonostante la sua riluttanza, dovette piegarsi al volere del Pontefice. Quando arrivò a Ratisbona, nell'umile abito domenicano e con un paio di scarponi, i nobili della città si sentirono quasi offesi e avanzarono le loro riserve. Cosa veniva a fare quest'uomo «dalle scarpe grosse» in una città che per tradizione aveva avuto sempre vescovi di alto lignaggio? Ben presto, però, dovettero ricredersi perché in due anni Alberto riuscì a riportare la pace, a sistemare parrocchie e conventi e a riorganizzare le opere di carità.
Anche da vescovo, Alberto non abbandonò i suoi libri: per lui lo studio della teologia e delle scienze naturali era una lunga e paziente ricerca del Signore. Inoltre, non concepiva lo studio di Dio senza la preghiera. Come maestro di vita spirituale, oltre che sulla preghiera, Alberto poneva l'accento sull'amore, che è il sigillo della perfezione evangelica. Era convinto che l'unica condizione per il raggiungimento della santità era l'adeguamento della propria volontà alla santa volontà del Padre: «Volere

tutto ciò che io voglio per la gloria di Dio, come Dio vuole per la sua gloria tutto ciò che egli vuole».

Anche se ottenne grandi titoli e riconoscimenti, attraverso l'unione con Dio e la preghiera costante, mantenne sempre uno spirito da bambino, tanto da commuoversi al solo parlare o scrivere della santa Vergine e trovava per lei le espressioni più dolci, ma aveva anche intuizioni geniali, come quella in cui dice che Dio non avrebbe potuto darci il grande comandamento dell'amore con la triste previsione che nessuno l'avrebbe mai osservato pienamente.

E venne finalmente quel giorno ultimo che Maria santissima gli aveva preannunciato: nel convento di Colonia, mentre teneva una lezione davanti a un numeroso e illustre uditorio, all'improvviso la sua memoria cominciò a vacillare, con grande stupore di tutti. Dopo una pausa di silenzio, si riprese dal turbamento e disse: «Miei cari, quando da giovane mi detti allo studio, scongiuravo spesso con lacrime e sospiri la dolce e compassionevole Vergine, anzi la importunavo a volermi dare la luce dell'eterna sapienza e a fortificare il mio cuore nella fede. Essa allora mi apparve e mi consolò con queste parole: "Persevera, figlio mio, nello studio, perché Dio salvaguarderà la tua scienza e la conserverà per il bene della Chiesa. Ma affinché tu non abbia mai a vacillare nella fede, tutta la tua arte di ragionare ti sarà tolta in fondo alla vita. Ritornerai come un bambino, per l'innocenza e il candore della tua fede; poi te ne andrai a Dio. E quando un giorno ti avverrà di perdere la memoria durante una pubblica lezione, questo sarà il segno che il tuo Giudice sta per visitarti". Miei cari, ecco: oggi si compie ciò che mi fu annunciato». Poi rinnovò la sua professione di fede, chiese perdono di tutte le eventuali inesattezze che avesse insegnato e, piangendo,

umilmente scese dalla cattedra. Morì a Colonia il 15 novembre 1280 e venne sepolto in una tomba che egli stesso s'era fatto costruire e davanti alla quale, negli ultimi tempi, passava molte ore, per prepararsi a morire bene.
La formidabile attività letteraria di sant'Alberto Magno è oggi ritenuta la più importante del Medioevo. Essa si estende a quasi tutte le scienze sacre e profane, e a quanto di meglio hanno prodotto le civiltà greca, latina e araba.

ANTIFONA D'INGRESSO - La mia preghiera giunga fino a te; tendi, o Signore, l'orecchio alla mia preghiera *(Sal 87,3)*.

COLLETTA - Dio grande e misericordioso, allontana ogni ostacolo nel nostro cammino verso di te, perché, nella serenità del corpo e dello spirito, possiamo dedicarci liberamente al tuo servizio. Per il nostro Signore...

PRIMA LETTURA Fm 7-20

Dalla lettera di san Paolo apostolo a Filèmone

Fratello, **la tua carità è stata per me motivo di grande gioia e consolazione**, perché per opera tua i santi sono stati profondamente confortati. Per questo, pur avendo in Cristo piena libertà di ordinarti ciò che è opportuno, in nome della carità piut-

tosto ti esorto, io, Paolo, così come sono, vecchio, e ora anche prigioniero di Cristo Gesù. Ti prego per Onèsimo, figlio mio, che ho generato nelle catene, lui, che un giorno ti fu inutile, ma che ora è utile a te e a me. Te lo rimando, lui che mi sta tanto a cuore. Avrei voluto tenerlo con me perché mi assistesse al posto tuo, ora che sono in catene per il Vangelo. Ma non ho voluto fare nulla senza il tuo parere, perché il bene che fai non sia forzato, ma volontario. Per questo forse è stato separato da te per un momento: perché tu lo riavessi per sempre; non più però come schiavo, ma molto più che schiavo, come fratello carissimo, in primo luogo per me, ma ancora più per te, sia come uomo sia come fratello nel Signore. Se dunque tu mi consideri amico, accoglilo come me stesso. E se in qualche cosa ti ha offeso o ti è debitore, metti tutto sul mio conto. Io, Paolo, lo scrivo di mio pugno: pagherò io. Per non dirti che anche tu mi sei debitore, e proprio di te stesso! Sì, fratello! Che io possa ottenere questo favore nel Signore; da' questo sollievo al mio cuore, in Cristo!
Parola di Dio.

SALMO RESPONSORIALE Dal Salmo 145 (146)

℟. **Beato chi ha per aiuto il Dio di Giacobbe.**

Oppure:

℟. **Per tutta la vita loderò il Signore.**

Il Signore rende giustizia agli oppressi,
dà il pane agli affamati.
Il Signore libera i prigionieri. ℟.

Il Signore ridona la vista ai ciechi,
il Signore rialza chi è caduto,
il Signore ama i giusti,
il Signore protegge i forestieri. ℟.

Egli sostiene l'orfano e la vedova,
ma sconvolge le vie dei malvagi.
Il Signore regna per sempre,
il tuo Dio, o Sion, di generazione in generazione. ℟.

CANTO AL VANGELO Gv 15,5

Alleluia, alleluia.
Io sono la vite, voi i tralci, dice il Signore;
chi rimane in me, e io in lui, porta molto frutto.
Alleluia.

VANGELO Lc 17,20-25

✠ *Dal Vangelo secondo Luca*

In quel tempo, i farisei domandarono a Gesù: «Quando verrà il regno di Dio?». Egli rispose loro: «Il regno di Dio non viene in modo da attirare l'attenzione, e nessuno dirà: "Eccolo qui", oppure: "Eccolo là". Perché, ecco, **il regno di Dio è in mezzo a voi**!». Disse poi ai discepoli: «Verranno giorni in cui desidererete vedere anche uno solo dei giorni del Figlio dell'uomo, ma non lo vedrete. Vi diranno: "Eccolo là", oppure: "Eccolo qui"; non andateci, non seguiteli. Perché come la folgore, guizzando, brilla da un capo all'altro del cielo, così sarà il Figlio dell'uomo nel suo giorno. Ma prima è necessario che egli soffra molto e venga rifiutato da questa generazione». **Parola del Signore.**

SULLE OFFERTE - Volgi il tuo sguardo, o Padre, alle offerte della tua Chiesa, e fa' che partecipiamo con fede alla passione gloriosa del tuo Figlio, che ora celebriamo nel mistero. Per Cristo nostro Signore.

COMUNIONE - Il Signore è mio pastore, non manco di nulla; in pascoli di erbe fresche mi fa riposare, ad acque tranquille mi conduce *(Sal 22,1-2)*.

Oppure: I discepoli riconobbero Gesù, il Signore, nello spezzare il pane *(Lc 24,35)*.

DOPO LA COMUNIONE - Ti ringraziamo dei tuoi doni, o Padre; la forza dello Spirito Santo, che ci hai comunicato in questi sacramenti, rimanga in noi e trasformi tutta la nostra vita. Per Cristo nostro Signore.

Commenti

1ª LETTURA - Questo messaggio accorato dell'apostolo Paolo ci fa gustare tutto il coraggio di predicare il Vangelo, nonostante le condizioni avverse. Più volte in questa lettera a Filèmone egli parla delle catene, della prigionia. Questo ci permette di vedere come l'urgenza di far conoscere il Vangelo al mondo, affinché esso sia salvo, vada al di là di ogni difficoltà e non si scoraggi di fronte a ciò che può accaderci. È la stessa logica che ha condotto i martiri, e che continua a guidarli in quei Paesi in cui i cristiani sono ancora perseguitati, ad affrontare la morte per dare testimonianza al Vangelo di Cristo. Ma le catene non sono solo quelle della prigionia fisica sperimentata da Paolo, come da molti altri santi dopo di lui, ma anche le catene "imposte" dal

Vangelo. Una volta conosciuto l'amore di Cristo per noi, come l'Apostolo lo ha sperimentato nella sua vita, siamo incatenati a quell'amore, perché ha la potenza di cambiare radicalmente la nostra vita, tanto da renderla testimonianza vivente e irreprensibile anche di fronte alle difficoltà e alla persecuzione.

Vangelo - Quando verrà il regno di Dio? Tutti, come i farisei, abbiamo bisogno della risposta a questa domanda. Questo perché il futuro incerto ci destabilizza, ci fa vivere con ansia il presente. Eppure la risposta di Gesù ci fa presagire che il Regno è già presente, in una certa misura; la difficoltà sta nel riconoscerlo. I farisei, come anche gli apostoli, hanno un'aspettativa rispetto al Regno, e ciò crea difficoltà nel riconoscerlo. Quando ci stiamo preparando a fare un'esperienza, in genere creiamo delle attese che spesso, se deluse, ci rendono perplessi riguardo a ciò che abbiamo sperimentato, non facendoci gustare l'esperienza fino in fondo. Lo stesso vale per il Regno: le tante aspettative che abbiamo costruito ci limitano nel saperlo riconoscere. Se il Regno è anzitutto la persona di Gesù, e su di lui abbiamo determinate attese, il rischio grande che corriamo è di non riconoscerlo presente e operante nella nostra vita, perché non rispetta i nostri canoni. Siamo chiamati allora a purificare il nostro pensiero per riconoscere Gesù come colui che, silenziosamente, arriva per mostrarci quell'amore che lo ha condotto sino al dono di sé sulla croce.

CHIEDETE E VI SARÀ DATO Lc 11,9

1. Perché sull'esempio di sant'Alberto, la Chiesa testimoni la gioia di vivere per Cristo e non cessi mai di annunciare con forza il Vangelo a tutti gli uomini.

2. Per i vescovi e i sacerdoti, perché siano nel mondo voce di chi non ha voce, rifugio per chi è indifeso, conforto per chi vive senza speranza.

3. Per tutti i cristiani, perché non si vergognino della fede ricevuta, ma testimonino con entusiasmo il Vangelo di Cristo nel lavoro, nella scuola e nella famiglia.

FATE QUELLO CHE VI DIRÀ Gv 2,5

C PER VIVERE DA DISCEPOLO DI GESÙ... Penso a qualcosa che posso fare, con gioia e generosità, soddisfando un bisogno di una persona che mi sta accanto.

M Sull'esempio di Maria... Prego la Vergine Madre affinché apra i miei occhi per vedere le meraviglie del regno di Dio tra le pieghe del mio quotidiano, che spesso vivo in maniera scontata e abitudinaria.

Altri santi del giorno:

San Felice • San Maclovio o Macúto • San Desiderio • San Fintano • San Leopoldo • Beata Maria della Passione (Elena) di Chappotin de Neuville

16 NOVEMBRE

VENERDÌ

32ª settimana del Tempo Ordinario

verde (bianco se si celebra una memoria)

4ª sett. salt.

S. Margherita di Scozia, (mf)
S. Geltrude, vergine (mf)

SANTA MARGHERITA DI SCOZIA: donna di governo e maestra di vita cristiana.

Quando si leggono storie di regine o principesse, elevate agli onori degli altari dalla pietà popolare, si rimane sempre un po' scettici nel timore che la fantasia della gente semplice abbia creato la santità di chi normalmente aveva solo la fortuna di essere nata in una corte. Di Margherita di Scozia, però, possiamo essere certi che raggiunse la santità: c'è la vita scritta da un contemporaneo con particolari storicamente sicuri e c'è la beatificazione di papa Innocenzo IV. Margherita nacque in Ungheria intorno al 1046 da Edoardo Aetheling e da Agata, sorella della regina di quel Paese. La famiglia viveva serena. Margherita aveva ricevuto nella sua fanciullezza una fine educazione; sapeva leggere e scrivere. Venne chiesta in sposa dal re Malcom III, soprannominato "il sanguinario" per il suo carattere crudele. Per il bene della famiglia Margherita accettò. Malcom, che non era poi così sanguinario come si pensava, si lasciò modellare l'animo dalla sua sposa chiedendo costantemente i suoi consigli. Sebbene parlasse tre lingue, non sapeva leggere né scrivere e baciava con devozione i libri che sua moglie usava per le preghiere o per istruirlo. Margherita promosse vari sinodi, in uno di essi fu chiesto il suo parere circa la Comunione ai peccatori pentiti. Nella severa mentalità del tempo, sembrava impossibile dare l'Eucaristia a uno che fosse caduto in un peccato gravissimo. La regina rispose saggiamente che tutti in fondo siamo peccatori, ma se uno si pente, confessa i suoi peccati e cambia vita, ha diritto a ricevere il Signore della misericordia. Margherita, con l'aiuto di suo marito, si prese cura dei poveri e fece costruire appositi ospizi per i perseguitati politici. Quando le sue risorse economiche scarseggiavano, vendeva gli oggetti preziosi, ma non lasciava senza soccorso i bisognosi. Sebbene fosse di molto superiore al marito, come istruzione ed educazione nobiliare, lo trattava sempre con il dovuto rispetto, inculcando lo stesso rispetto ai suoi otto figli. La fama di questa famiglia arrivò ovunque. Margherita accolse con animo sereno la brutta notizia che le giunse sul letto di morte: il marito e un figlio erano caduti combattendo in battaglia. Ella ringraziò Dio di quel dolore che le sarebbe servito a scontare, nelle ultime ore, i peccati di tutta la vita. Ciò non significava disamore e insensibilità verso il marito e il figlio morti: era certa di riunirsi a loro, dopo quel doloroso passo, oltre la porta della morte, nella luce della redenzione.

SANTA GELTRUDE: perdutamente innamorata di Cristo.

È inconcepibile oggi che una bimba di 5 anni entri in convento e vi rimanga per tutta la vita, come accadde a Geltrude, che venne affidata al monastero di Helfta in Sassonia. A quei tempi era un onore essere ammesse nei monasteri femminili, poiché erano gli unici luoghi dove le ragazze potevano ricevere un'istruzione di alto grado. In seguito si poteva scegliere se abbracciare la vita monastica o ritornare alla propria famiglia.

Geltrude nacque probabilmente il 6 gennaio 1256, in Turingia. Non si conoscono i genitori, ma si pensa che fossero benestanti.
Nel monastero di Helfta si trovò a suo agio sin da bambina e sotto la direzione di Mechtilde, maestra delle novizie, riuscì molto bene negli studi classici e nel canto. Di sua volontà decise di farsi monaca: capì che Dio la voleva tutta per sé nel monastero e senza alcun rimpianto disse il suo "sì"; ma anche da monaca continuò a coltivare le passioni della sua gioventù: lo studio e l'arte. Questo fino ai suoi 25 anni, poi – come lei stessa scrisse – tutto il sapere acquisito nel campo sacro e profano, che per anni l'aveva tanto dilettata, non diceva più nulla alla sua mente e, quel che più la spaventava, la stessa vita religiosa era diventata per lei di una monotonia esasperante. Geltrude assistette al crollo di tutti i suoi ideali ed entrò nel buio più profondo, ma il 27 gennaio 1281 Gesù le disse: «Ti voglio salvare e liberare. Vieni a me, ti voglio inebriare del fiume della mia delizia divina».
Era innamorata di Cristo e Cristo era innamorato di lei, tanto che la favorì di visioni e rivelazioni. La sua mente indomabile, che prima si deliziava unicamente dello studio, da quel momento si mise alla ricerca dello Sposo. Si rese conto, però, che anche lo studio delle scienze sacre e la stessa preghiera, senza la pratica quotidiana della carità, potevano solo alimentare la sua vanità e il suo orgoglio. Si prodigò allora nel servire il prossimo con ogni mezzo: era pronta anche ad abbandonare i momenti di estasi per aiutare una consorella o per andare al parlatorio a ricevere le persone che giungevano sempre più numerose a chiedere consigli e a farsi dirigere spiritualmente. Morì in concetto di santità a 46 anni nel monastero di Helfta.

ANTIFONA D'INGRESSO - La mia preghiera giunga fino a te; tendi, o Signore, l'orecchio alla mia preghiera *(Sal 87,3).*

COLLETTA - Dio grande e misericordioso, allontana ogni ostacolo nel nostro cammino verso di te, perché, nella serenità del corpo e dello spirito, possiamo dedicarci liberamente al tuo servizio. Per il nostro Signore...

PRIMA LETTURA 2Gv 1a.3-9

Dalla seconda lettera di san Giovanni apostolo

Io, il Presbìtero, alla Signora eletta da Dio e ai suoi figli, che amo nella verità: grazia, misericordia e pace saranno con noi da parte di Dio Padre e da parte di Gesù Cristo, Figlio del Padre, nella verità e nell'amore. Mi sono molto rallegrato di aver trovato alcuni tuoi figli che camminano nella verità, secondo il comandamento che abbiamo ricevuto dal Padre. E ora prego te, o Signora, non per darti un comandamento nuovo, ma quello che abbiamo avuto da principio: che ci amiamo gli uni gli altri. Questo è l'amore: **camminare secondo i suoi comandamenti**. Il comandamento che avete appreso da principio è questo: camminate nell'amore. Sono apparsi infatti nel mondo molti seduttori, che non riconoscono Gesù venuto nella carne. Ecco il seduttore e l'anticristo! Fate attenzione a voi stessi per non rovinare quello che abbiamo costruito e per ricevere una ricompensa piena. Chi va oltre e non rimane nella dottrina del Cristo, non possiede Dio. Chi invece rimane nella dottrina, possiede il Padre e il Figlio. **Parola di Dio.**

SALMO RESPONSORIALE Dal Salmo 118 (119)

℟. **Beato chi cammina nella legge del Signore.**

Beato chi è integro nella sua via
e cammina nella legge del Signore.
Beato chi custodisce i suoi insegnamenti
e lo cerca con tutto il cuore. ℟.

Con tutto il mio cuore ti cerco:
non lasciarmi deviare dai tuoi comandi.
Ripongo nel cuore la tua promessa
per non peccare contro di te. ℟.

Sii benevolo con il tuo servo e avrò vita,
osserverò la tua parola.
Aprimi gli occhi perché io consideri
le meraviglie della tua legge. ℟.

CANTO AL VANGELO Lc 21,28

Alleluia, alleluia.
Risollevatevi e alzate il capo,
perché la vostra liberazione è vicina.
Alleluia.

VANGELO Lc 17,26-37

✠ *Dal Vangelo secondo Luca*

In quel tempo, Gesù disse ai suoi discepoli: «Come avvenne nei giorni di Noè, così sarà nei giorni del Figlio dell'uomo: mangiavano, bevevano, prendevano moglie, prendevano marito, fino al giorno in cui Noè entrò nell'arca e venne il diluvio e li fece morire tutti. Come avvenne anche nei giorni di Lot: mangiavano, bevevano, compravano, vendevano, piantavano, costruivano; ma, nel giorno in cui Lot uscì da Sòdoma, piovve fuoco e zolfo dal cielo e li fece morire tutti. Così accadrà nel giorno in cui il Figlio dell'uomo si manifesterà. In quel giorno, chi si troverà sulla terrazza e avrà lasciato le sue cose in casa, non scenda a prenderle; così, chi si troverà nel campo, non torni indietro. Ricordatevi della moglie di Lot. Chi cercherà di salvare la propria vita, la perderà; ma chi la perderà, la manterrà viva. Io vi dico: in quella notte, due si troveranno nello stesso letto: l'uno verrà portato via e l'altro lasciato; due donne staranno a macinare nello stesso luogo: l'una verrà portata via e l'altra lasciata». Allora gli chiesero: «Dove, Signore?». Ed egli disse loro: «Dove sarà il cadavere, lì si raduneranno insieme anche gli avvoltoi». **Parola del Signore.**

SULLE OFFERTE - Volgi il tuo sguardo, o Padre, alle offerte della tua Chiesa, e fa' che partecipiamo con fede alla passione gloriosa del tuo Figlio, che ora celebriamo nel mistero. Per Cristo nostro Signore.

COMUNIONE - Il Signore è mio pastore, non manco di nulla; in pascoli di erbe fresche mi fa riposare, ad acque tranquille mi conduce *(Sal 22,1-2).*
Oppure: I discepoli riconobbero Gesù, il Signore, nello spezzare il pane *(Lc 24,35).*

DOPO LA COMUNIONE - Ti ringraziamo dei tuoi doni, o Padre; la forza dello Spirito Santo, che ci hai comunicato in questi sacramenti, rimanga in noi e trasformi tutta la nostra vita. Per Cristo nostro Signore.

Commenti

1ª LETTURA - San Giovanni apostolo richiama con

forza la comunità cristiana alla quale è inviata la sua lettera. In mezzo al pericolo di essere sedotti da altre dottrine o dal mondo, inteso come il maligno, i cristiani hanno il compito di rimanere saldi nella fede che è stata trasmessa loro attraverso la pratica del grande comandamento: amarsi gli uni gli altri. Per assurdo potremmo cancellare o dimenticare tutta la Sacra Scrittura, ma se mantenessimo il nostro sguardo verso il comandamento insegnatoci da Gesù, salveremmo la Scrittura stessa. Perché tutto ciò che il Signore ha compiuto, tutto ciò che i patriarchi hanno fatto, tutto ciò che i profeti hanno annunciato è stato una preparazione affinché al mondo fosse mostrata la via da seguire, quella dell'amore. È come nella vita di tutti giorni: quando imparo a fare qualcosa di pratico, se smetto per lungo tempo di farlo, il rischio che corro è quello di non saperlo più fare o almeno di non farlo bene come un tempo, e sono più propenso ad ascoltare i suggerimenti degli altri, anche se sbagliati. Lo stesso vale per il Vangelo: se non lo pratichiamo quotidianamente, potremmo incorrere nell'errore di non saperlo più praticare o di ascoltare alcuni seduttori, che dietro il buon viso celano il cattivo gioco.

Vangelo - Gesù richiama i giorni di Noè e di Lot per

esortare i suoi discepoli a essere attenti e a non farsi abbindolare da altri falsi profeti. Mentre il mondo era intento nelle sue faccende, Noè e Lot hanno costruito il loro luogo di salvezza, seguendo la parola del Signore. Ma quei giorni sono gli stessi della nostra esistenza e della nostra quotidianità, non sono solo tempi passati. E allora, come Noè e Lot, siamo chiamati a porre attenzione alla parola che salva. La macina e il letto, alla fine del brano, sono come un confine nel quale è rappresentata la quotidianità dell'uomo, e proprio in questa quotidianità siamo chiamati ad accogliere la parola di Dio. In base a questa accoglienza, prima ancora che arrivi il suo giudizio, ci sarà il nostro. La salvezza non è nella straordinarietà, ma nell'ordinarietà della vita. Il quando e il dove avverranno tutte queste cose non è nel futuro, ma nell'oggi di ogni credente, che può decidere di accogliere la Parola e fare della sua vita il luogo e il tempo della salvezza.

CHIEDETE E VI SARÀ DATO Lc 11,9

1. O Dio, che in santa Margherita e santa Geltrude ci offri uno splendido esempio, fa' che la tua Chiesa sia libera e capace di valorizzare e dare spazio al genio femminile, consapevole della ricchezza che nasce dalla complementarietà e dalla reciprocità.

2. O Dio, che hai voluto elevare alle altezze della santità donne grandi e forti, umili e semplici, fa' che ogni madre, ogni sposa e ogni donna possa essere oggi e sempre specchio di tenerezza e custode della vita, con quella capacità di cura che le è propria.

3. O Dio, che susciti in mezzo a noi i santi, perché siano segni rivelatori della tua bontà, donaci di credere al tuo amore e di essere sempre mossi dagli stessi sentimenti del Cristo tuo Figlio.

FATE QUELLO CHE VI DIRÀ — Gv 2,5

C PER VIVERE DA DISCEPOLO DI GESÙ... Al termine di questa giornata faccio un esame di coscienza e, alla fine, ringrazio il Signore con un Padre nostro per tutti i doni che mi elargisce quotidianamente.

M SULL'ESEMPIO DI MARIA... Anche quando le vicende di questo giorno vorranno inasprirmi e indurirmi, ripeterò la parola del salmo per lasciarmi convertire dall'amore incondizionato di Dio.

Altri santi del giorno:
San Giuseppe Moscati • Sant'Otmaro • Sant'Edmondo Rich • Santi Leucádio e Lusóre • Beato Edoardo Osbaldeston

17 NOVEMBRE

SABATO

32ª settimana del Tempo Ordinario

bianco **4ª sett. salt.**

S. Elisabetta di Ungheria, religiosa (m)

SANTA ELISABETTA DI UNGHERIA: straordinario prodigio di carità.

La vita di Elisabetta incanta come una fiaba meravigliosa. La piccola, figlia del re di Ungheria, a soli 4 anni, per motivi dinastici fu promessa sposa a Luigi, figlio del sovrano di Turingia. Il contratto di matrimonio prevedeva che la principessina all'età di 11 anni venisse trasferita nell'abitazione del re di Turingia per essere educata nella corte dove un giorno avrebbe regnato. Elisabetta crebbe riversando tutto il suo affetto su quel nuovo fratellino, che un giorno sarebbe divenuto il suo sposo. Si rifugiava sempre nella cappella di palazzo, ne baciava addirittura le pareti fingendo, per gioco, una qualche penitenza. Insomma, la casa di Dio era l'unico luogo che la bambina riconosceva e sentiva familiare in quell'esilio. Elisabetta e Luigi diventarono inseparabili e nella primavera del 1221, quando Elisabetta aveva compiuto 14 anni, si sposarono. Si amavano di un amore meraviglioso e si incoraggiavano reciprocamente e dolcemente al servizio di Dio. Elisabetta era molto umile, dimessa nel vestire, poco portata ai divertimenti e alle distrazioni mondane. Scandalizzando la corte, si presentò al rito nuziale senza i preziosi monili che ne qualificavano il rango. Alla suocera e alla cognata che le fecero

notare l'ineleganza, rispose: «Come potrei cingere una corona così preziosa davanti a un re coronato di spine?».
La principessa amava i poveri, per l'intima persuasione di essere anche lei povera davanti allo stesso Dio, e spendeva somme enormi dando a chiunque chiedesse. La povertà che Elisabetta amava non era diversa dalla santa castità che ella custodiva nel cuore, né dall'umile e infantile obbedienza con cui aderiva a ciò che il marito giustamente le chiedeva. Luigi amava infinitamente quella sua giovane sposa che, di notte, scivolava via silenziosa dal letto per passare lunghe ore in preghiera. Elisabetta aiutava i malati del villaggio e quotidianamente si recava a casa loro per assisterli. Raccontò un'ancella: «Un giorno la signora fece entrare di nascosto, nel cortile, un mendicante che aveva un'infezione. E lei con le sue mani lo medicò. Intanto sopraggiungemmo noi ancelle e la rimproverammo, ma lei sorrise».
Un giorno giunse a corte un cappellano e confessore, frate Rüdiger, un francescano che le aveva narrato del Poverello di Assisi. Elisabetta si lasciò incantare dal racconto e iniziò a coltivare nel cuore il sogno di indossare il saio francescano. Si narra che Francesco abbia inviato in dono, alla giovane principessa di Turingia, una sua vecchia tonaca, per ordine del Papa. Forse è solo una leggenda, ma alcuni testimoniano che Elisabetta se ne rivestiva quando voleva impetrare da Dio qualche straordinaria guarigione per qualcuno dei suoi poveri.
Quando Luigi partì per le Crociate, la reggenza del regno fu affidata alla moglie, che dovette subito affrontare la piaga di una spaventosa carestia. Fece costruire, vicino al castello, un ospedale, dove vi si riversarono ammalati, affamati e mendicanti. Vendette tutti gli oggetti preziosi appartenenti alla famiglia per aiutare la povera gente. A corte, intanto, giunse la notizia della

morte di Luigi e il cognato prese il potere. A Elisabetta fu dato un ultimatum: o si adeguava agli usi di corte e rinunciava alle sue imprese pazze, oppure nel castello non ci sarebbe più stato spazio per lei. La costrinsero ad andarsene e le proibirono di farsi ospitare in casa di amici, così dovette rifugiarsi con i suoi figli in una squallida osteria, dove le misero a disposizione una stalla. Visse da povera e da povera si ammalò, rinunciando anche a tornare in Ungheria, come avrebbero voluto i suoi genitori. Morì in Marburgo a 24 anni e fu canonizzata nel 1235.

ANTIFONA D'INGRESSO - «Venite, benedetti del Padre mio», dice il Signore; «ero malato e mi avete visitato. In verità vi dico: ogni volta che avete fatto queste cose a uno dei miei fratelli più piccoli, l'avete fatto a me» *(Mt 25,34.36.40)*.

COLLETTA - O Dio, che a sant'Elisabetta hai dato la grazia di riconoscere e onorare Cristo nei poveri, concedi anche a noi, per sua intercessione, di servire con instancabile carità coloro che si trovano nella sofferenza e nel bisogno. Per il nostro Signore...

PRIMA LETTURA — 3Gv 5-8

Dalla terza lettera di san Giovanni apostolo

Carissimo [Gaio], tu ti comporti fedelmente in tutto ciò che fai in favore dei fratelli, benché stranieri. Essi hanno dato testimonianza della tua carità da-

vanti alla Chiesa; tu farai bene a provvedere loro il necessario per il viaggio in modo degno di Dio. Per il suo nome, infatti, essi sono partiti senza accettare nulla dai pagani. Noi perciò dobbiamo accogliere tali persone per diventare collaboratori della verità.
Parola di Dio.

SALMO RESPONSORIALE Dal Salmo 111 (112)

℟. **Beato l'uomo che teme il Signore.**

Beato l'uomo che teme il Signore
e nei suoi precetti trova grande gioia.
Potente sulla terra sarà la sua stirpe,
la discendenza degli uomini retti sarà benedetta. ℟.

Prosperità e ricchezza nella sua casa,
la sua giustizia rimane per sempre.
Spunta nelle tenebre, luce per gli uomini retti:
misericordioso, pietoso e giusto. ℟.

Felice l'uomo pietoso che dà in prestito,
amministra i suoi beni con giustizia.
Egli non vacillerà in eterno:
eterno sarà il ricordo del giusto. ℟.

CANTO AL VANGELO

Cfr. 2Ts 2,14

Alleluia, alleluia.
Dio ci ha chiamati mediante il Vangelo,
per entrare in possesso della gloria
del Signore nostro Gesù Cristo.
Alleluia.

VANGELO

Lc 18,1-8

✠ *Dal Vangelo secondo Luca*

In quel tempo, Gesù diceva ai suoi discepoli una parabola sulla **necessità di pregare sempre, senza stancarsi mai**: «In una città viveva un giudice, che non temeva Dio né aveva riguardo per alcuno. In quella città c'era anche una vedova, che andava da lui e gli diceva: "Fammi giustizia contro il mio avversario". Per un po' di tempo egli non volle; ma poi disse tra sé: "Anche se non temo Dio e non ho riguardo per alcuno, dato che questa vedova mi dà tanto fastidio, le farò giustizia perché non venga continuamente a importunarmi"». E il Signore soggiunse: «Ascoltate ciò che dice il giudice disonesto. **E Dio non farà forse giustizia ai suoi eletti, che gridano giorno e notte verso di lui?** Li farà forse aspettare a lungo? Io vi dico che farà loro giustizia prontamente. Ma il Figlio dell'uomo,

quando verrà, troverà la fede sulla terra?».
Parola del Signore.

Sulle offerte - Accogli i nostri doni, o Padre, in questo memoriale dell'infinito amore del tuo Figlio, e per l'intercessione dei tuoi santi, confermaci nella generosa dedizione a te e ai fratelli. Per Cristo nostro Signore.

Comunione - «Non c'è amore più grande di questo: dare la vita per i propri amici», dice il Signore *(Gv 15,13)*.
Oppure: «Da questo tutti sapranno che siete miei discepoli, se vi amerete gli uni gli altri», dice il Signore *(Gv 13,35)*.

Dopo la Comunione - O Padre, che ci hai fatti tuoi commensali, donaci di imitare l'esempio di santa Elisabetta, che si consacrò a te con tutto il cuore e si prodigò instancabilmente per il bene del tuo popolo. Per Cristo nostro Signore.
Oppure: O Dio, che ci hai fatto gustare la dolcezza del pane della vita, concedi a noi tuoi fedeli, sull'esempio di santa Elisabetta, di progredire nella via della carità per possedere l'eredità eterna. Per Cristo nostro Signore.

Commenti

1ª LETTURA - In questo brevissimo brano della terza lettera di san Giovanni, anch'essa molto breve, solo quindici versetti, viene costituito un binomio tra amore e verità. L'essere credenti non riguarda solo la sfera cognitiva, legata al sapere, al conoscere, al possedere dei contenuti. Conoscere la verità è conoscere l'amore, e l'amore lo si conosce se lo si pratica. Conoscere la verità, che è Cristo, come egli stesso afferma nel Vangelo di Giovanni, può limitarsi a una conoscenza meramente intellettuale? Una persona la conosco se la vivo, non solo se ho qualche informazione su di lei. Ciò significa che camminare nella verità, che per noi è la persona di Gesù, è camminare nell'amore. E quando si parla di amore, si parla di azione, non di pensiero o di qualcosa di sentimentalistico. Dunque, essere collaboratori della verità, come coloro di cui parla la nostra lettera, è essere discepoli del Cristo, che è la via che ci permette di vivere il Vangelo della carità.

VANGELO - Più volte il Vangelo ci indica la strada della preghiera continua. Certamente questo può spaventarci, se consideriamo la preghiera come una delle tante attività da dover svolgere durante l'arco della giornata. Perché, se così fosse, significherebbe che dovrei sempre pregare a discapito delle altre azioni. Una delle collette che recitiamo nella celebrazione eucaristica così recita: «Ispira le nostre azioni, Signore, e accompagnale con il tuo aiuto, perché ogni nostra attività abbia sempre da te il suo inizio e in te il suo compimento». È sotto questa luce che possiamo leggere il "sempre" della preghiera. I nostri nonni e i nostri genitori ci hanno insegnato fin da bambini a pregare la mattina, quando ci si sveglia, e la sera prima di addormentarci. Questa è una buona pratica per rendere la quotidianità, ogni nostra azione, preghiera. L'invito che Gesù ci fa è quello di impostare la vita in maniera tale che la sua sorgente e il suo compimento, come recita la preghiera che abbiamo citato, siano in Dio: questo possiamo farlo se instauriamo una relazione di dialogo con lui.

CHIEDETE E VI SARÀ DATO — Lc 11,9

1. Tu sei nostra speranza e nostra fede: concedi alla Chiesa di diventare sempre più ricca di umanità, aperta all'accoglienza e alla condivisione.

2. Tu sei protettore, custode e difensore nostro: aiuta gli uomini politici a rispettare ogni persona e a dedicarsi con forza e rettitudine alla promozione della pace e della giustizia.

3. Tu sei pace e misericordia: rendi i nostri fratelli dell'Ordine Francescano Secolare capaci di seguire l'esempio di santa Elisabetta, generosi nel donare la vita per i fratelli più poveri e bisognosi, felici di percorrere la via della minorità evangelica.

FATE QUELLO CHE VI DIRÀ Gv 2,5

C PER VIVERE DA DISCEPOLO DI GESÙ... Inizio a vivere questa parola di Gesù raccogliendomi in preghiera al mattino, alla sera e prima di consumare i pasti.

M SULL'ESEMPIO DI MARIA... Recito il Rosario per un'intenzione che mi sta particolarmente a cuore.

Altri santi del giorno:

San Gregorio • Santi Alfeo e Zaccheo • San Florino • San Lazzaro • San Namazio • Beato Lupo Sebastiano Hunot

18 NOVEMBRE

DOMENICA

33ª domenica del Tempo Ordinario (B)
verde **1ª sett. salt.**

ANTIFONA D'INGRESSO - Dice il Signore: «Io ho progetti di pace e non di sventura; voi mi invocherete e io vi esaudirò, e vi farò tornare da tutti i luoghi dove vi ho dispersi» *(Ger 29,11.12.14).*

Si dice il Gloria (vedi pag. 17).

COLLETTA - **Preghiamo:** Il tuo aiuto, Signore, ci renda sempre lieti nel tuo servizio, perché solo nella dedizione a te, fonte di ogni bene, possiamo avere felicità piena e duratura. Per il nostro Signore... **Amen.**
Oppure: O Dio, che vegli sulle sorti del tuo popolo, accresci in noi la fede che quanti dormono nella polvere si risveglieranno; donaci il tuo Spirito, perché operosi nella carità attendiamo ogni giorno la manifestazione gloriosa del tuo Figlio, che verrà per riunire tutti gli eletti nel suo regno. Per il nostro Signore... **Amen.**

(seduti)

PRIMA LETTURA Dn 12,1-3

Dal libro del profeta Daniele

In quel tempo, sorgerà Michele, il gran principe, che vigila sui figli del tuo popolo. Sarà un tempo di angoscia, come non c'era stata mai dal sorgere delle nazioni fino a quel tempo; in quel tempo sarà salvato il tuo popolo, chiunque si troverà scritto nel libro. Molti di quelli che dormono nella regione della polvere si risveglieranno: gli uni alla vita eterna e gli altri alla vergogna e per l'infamia eterna. I saggi risplenderanno come lo splendore del firmamento; coloro che avranno indotto molti alla giustizia risplenderanno come le stelle per sempre. -
Parola di Dio. ℟. **Rendiamo grazie a Dio.**

SALMO RESPONSORIALE Dal Salmo 15 (16)

℟. **Proteggimi, o Dio: in te mi rifugio.**

Il Signore è mia parte di eredità e mio calice:
nelle tue mani è la mia vita.
Io pongo sempre davanti a me il Signore,
sta alla mia destra, non potrò vacillare. ℟.

Per questo gioisce il mio cuore
ed **esulta la mia anima**;

anche il mio corpo riposa al sicuro,
perché non abbandonerai la mia vita negli inferi,
né lascerai che il tuo fedele veda la fossa.

℟. **Proteggimi, o Dio: in te mi rifugio.**

Mi indicherai il sentiero della vita,
gioia piena alla tua presenza,
dolcezza senza fine alla tua destra. ℟.

SECONDA LETTURA Eb 10,11-14.18

Dalla lettera agli Ebrei

Ogni sacerdote si presenta giorno per giorno a celebrare il culto e a offrire molte volte gli stessi sacrifici, che non possono mai eliminare i peccati. Cristo, invece, avendo offerto un solo sacrificio per i peccati, si è assiso per sempre alla destra di Dio, aspettando ormai che i suoi nemici vengano posti a sgabello dei suoi piedi. Infatti, con un'unica offerta egli ha reso perfetti per sempre quelli che vengono santificati. Ora, dove c'è il perdono di queste cose, non c'è più offerta per il peccato. - Parola di Dio.
℟. **Rendiamo grazie a Dio.**

(in piedi)

CANTO AL VANGELO Lc 21,36

Alleluia, alleluia.

Vegliate in ogni momento pregando,
perché abbiate la forza di comparire
davanti al Figlio dell'uomo.
Alleluia.

VANGELO Mc 13,24-32

Il Signore sia con voi.
℟. **E con il tuo spirito.**
✠ *Dal Vangelo secondo Marco*
℟. **Gloria a te, o Signore.**

In quel tempo, Gesù disse ai suoi discepoli: «In quei giorni, dopo quella tribolazione, il sole si oscurerà, la luna non darà più la sua luce, le stelle cadranno dal cielo e le potenze che sono nei cieli saranno sconvolte. Allora vedranno il Figlio dell'uomo venire sulle nubi con grande potenza e gloria. Egli manderà gli angeli e radunerà i suoi eletti dai quattro venti, dall'estremità della terra fino all'estremità del cielo. Dalla pianta di fico imparate la parabola: quando ormai il suo ramo diventa tenero e spuntano le foglie, sapete che l'estate è vicina. Così anche voi: quando vedrete accadere queste cose, sappiate che egli è vicino, è alle porte. In verità io vi dico:

non passerà questa generazione prima che tutto questo avvenga. Il cielo e la terra passeranno, ma le mie parole non passeranno. Quanto però a quel giorno o a quell'ora, nessuno lo sa, né gli angeli nel cielo né il Figlio, eccetto il Padre». - Parola del Signore.
℟. **Lode a te o Cristo.**

Credo (vedi pagg. 19-22).

(in piedi)

SULLE OFFERTE - Quest'offerta che ti presentiamo, Dio onnipotente, ci ottenga la grazia di servirti fedelmente e ci prepari il frutto di un'eternità beata. Per Cristo nostro Signore. **Amen.**

COMUNIONE - Il mio bene è stare vicino a Dio, nel Signore Dio riporre la mia speranza *(Sal 72,28).*
Oppure: Dice il Signore: «In verità vi dico: tutto quello che domandate nella preghiera, abbiate fede di averlo ottenuto e vi sarà accordato» *(Mc 11,23.24).*
Oppure: «Il Figlio dell'uomo manderà i suoi angeli e riunirà gli eletti dall'estremità della terra» *(Mc 13,27).*

DOPO LA COMUNIONE - **Preghiamo:** O Padre, che ci hai nutriti con questo sacramento, ascolta la nostra umile preghiera: il memoriale, che Cristo tuo

Figlio ci ha comandato di celebrare, ci edifichi sempre nel vincolo del tuo amore. Per Cristo nostro Signore. **Amen.**

Commenti

1ª LETTURA - Gli ultimi tempi, descritti con tinte forti dal profeta Daniele nella prima lettura, ci invitano a essere desti in attesa che essi si compiano. Il linguaggio usato può creare ansia, ma è il mezzo per indicare al credente che la sua vita non può essere sprecata, ma deve essere indirizzata verso il bene, affinché il giorno in cui risorgeremo dalla polvere sia per entrare nella vita eterna. Il brano, nella sua conclusione, ci suggerisce anche il modo per poter realizzare questo: coloro che avranno condotto qualcuno alla giustizia, risplenderanno come le stelle nel cielo. La missione che ci è stata affidata è proprio quella di essere per gli altri segno della vicinanza di Dio, mano tesa che guida nel percorrere la strada giusta, bastone che aiuta a camminare nella via. Tante volte ci chiediamo che cosa bisogna fare per poter essere giudicati benevolmente da Dio, e la risposta sta in queste poche righe: essere per gli altri guide, attraverso la propria vita, che indicano la strada da seguire per entrare nel Regno.

2ª LETTURA - A differenza degli antichi sacrifici, Gesù, sacrificandosi una volta per tutte, ha aperto la possibilità a ogni uomo di essere santificato. Questo avviene se lo si accoglie con fede, affinché sia reso possibile l'incontro con Dio. Il sommo sacerdote che entrava nel tempio doveva essere puro, rasentare quasi la perfezione, per stare al cospetto del Santo. Con la sua offerta, Cristo ci ha resi potenzialmente perfetti, per poter stare anche noi al cospetto di Dio. Il dato di fatto è che il sacrificio per riscattarci è stato compiuto, ma sta a noi coglierne i frutti, dare la risposta, fare in modo che quell'evento in qualche maniera non sia stato vano per ciascuno di noi. Infatti la salvezza operata da Cristo non è un automatismo, ma chiama in causa la nostra libertà, attraverso le nostre opere. Ricordando sant'Agostino, potremmo dire che Dio ci ha creato senza il nostro permesso, ma non può salvarci senza il nostro consenso.

VANGELO - Le parole apocalittiche utilizzate da Gesù con i suoi discepoli fanno comprendere che le cose create, tra cui il mondo e l'uomo, hanno un limite, quello della caducità. Dunque, come ogni cosa creata, anche ciò che sta sulla terra e nel cielo, soffre di questo limite. Se però la finitezza e la caducità da un lato possono spaventarci, dall'altro ci spingono a prepararci per il momento in cui il Signore tornerà nella gloria. Il nostro essere cristiani talvolta è dato da inerzia, abitudine, tradizione, facciamo delle cose perdendo di vista l'obiettivo. Il ricordarci invece, di tanto in tanto, qual è la nostra meta, come sta facendo oggi il Signore, può aiutarci a vivere la nostra fede con convinzione, con tenacia, con passione. Tanto spesso la nostra vita di fede è un po' annacquata, edulcorata, per questo lo stile apocalittico utilizzato da Gesù può richiamarci a tenere alta l'attenzione e a fare in modo che ciò che professiamo con la bocca sia ciò che compiamo con la vita, così da poter giungere a quel giorno in cui il Signore verrà a giudicarci.

CHIEDETE E VI SARÀ DATO — Lc 11,9

1. Per la santa Chiesa, perché annunci con gioia la speranza di un futuro nuovo, di una terra rinnovata, in cui ogni lacrima verrà asciugata e nella quale Dio sarà tutto in tutti.

2. Per i cristiani perseguitati, perché rimangano saldi nella fede in Cristo, ancorati al Vangelo e forti nello Spirito, sostenuti dalla preghiera di tutta la Chiesa.

3. Per noi, perché impariamo a essere vigilanti nella preghiera, nell'ascolto della parola di Dio e nell'attesa che si compia la promessa del ritorno del Signore.

FATE QUELLO CHE VI DIRÀ Gv 2,5

C PER VIVERE DA DISCEPOLO DI GESÙ... Faccio l'esperienza della preghiera nella notte: metto la sveglia e, nel silenzio, rivolgo la mia intercessione per tutti coloro che negli ospedali non riescono a dormire.

M SULL'ESEMPIO DI MARIA... In questa domenica recito i vespri e durante il Magnificat ringrazio Dio per tutti i miracoli di amore che ha compiuto nella mia vita durante la settimana.

Inizio novena alla Vergine della Medaglia Miracolosa

Santi del giorno:

Dedicazione delle basiliche dei santi Pietro e Paolo • San Romano • Sant'Oddone • San Patroclo • Beata Carolina Kózka

MESSAGGIO DEL SANTO PADRE FRANCESCO PER LA 2ª GIORNATA MONDIALE DEI POVERI

1. «Questo povero grida e il Signore lo ascolta» (Sal 34,7). Le parole del Salmista diventano anche le nostre nel momento in cui siamo chiamati a incontrare le diverse condizioni di sofferenza ed emarginazione in cui vivono tanti fratelli e sorelle che siamo abituati a designare con il termine generico di "poveri". Chi scrive quelle parole non è estraneo a questa condizione, al contrario. Egli fa esperienza diretta della povertà e, tuttavia, la trasforma in un canto di lode e di ringraziamento al Signore. Questo Salmo permette oggi anche a noi, immersi in tante forme di povertà, di comprendere chi sono i veri poveri verso cui siamo chiamati a rivolgere lo sguardo per ascoltare il loro grido e riconoscere le loro necessità.

Ci viene detto, anzitutto, che il Signore ascolta i poveri

che gridano a Lui ed è buono con quelli che cercano rifugio in Lui con il cuore spezzato dalla tristezza, dalla solitudine e dall'esclusione. Ascolta quanti vengono calpestati nella loro dignità e, nonostante questo, hanno la forza di innalzare lo sguardo verso l'alto per ricevere luce e conforto. Ascolta coloro che vengono perseguitati in nome di una falsa giustizia, oppressi da politiche indegne di questo nome e intimoriti dalla violenza; eppure sanno di avere in Dio il loro Salvatore. Ciò che emerge da questa preghiera è anzitutto il sentimento di abbandono e fiducia in un Padre che ascolta e accoglie. Sulla lunghezza d'onda di queste parole possiamo comprendere più a fondo quanto Gesù ha proclamato con la beatitudine: «Beati i poveri in spirito, perché di essi è il regno dei cieli» (Mt 5,3).

In forza di questa esperienza unica e, per molti versi, immeritata e impossibile da esprimere appieno, si sente comunque il desiderio di comunicarla ad altri, prima di tutto a quanti sono, come il Salmista, poveri, rifiutati ed emarginati. Nessuno, infatti, può sentirsi escluso dall'amore del Padre, specialmente in un mondo che eleva spesso la ricchezza a primo obiettivo e rende chiusi in sé stessi.

2. Il Salmo caratterizza con tre verbi l'atteggiamento del povero e il suo rapporto con Dio. Anzitutto, "gridare". La

condizione di povertà non si esaurisce in una parola, ma diventa un grido che attraversa i cieli e raggiunge Dio. Che cosa esprime il grido del povero se non la sua sofferenza e solitudine, la sua delusione e speranza? Possiamo chiederci: come mai questo grido, che sale fino al cospetto di Dio, non riesce ad arrivare alle nostre orecchie e ci lascia indifferenti e impassibili? In una Giornata come questa, siamo chiamati a un serio esame di coscienza per capire se siamo davvero capaci di ascoltare i poveri.

È il silenzio dell'ascolto ciò di cui abbiamo bisogno per riconoscere la loro voce. Se parliamo troppo noi, non riusciremo ad ascoltare loro. Spesso, ho timore che tante iniziative pur meritevoli e necessarie, siano rivolte più a compiacere noi stessi che a recepire davvero il grido del povero. In tal caso, nel momento in cui i poveri fanno udire il loro grido, la reazione non è coerente, non è in grado di entrare in sintonia con la loro condizione. Si è talmente intrappolati in una cultura che obbliga a guardarsi allo specchio e ad accudire oltremisura sé stessi, da ritenere che un gesto di altruismo possa bastare a rendere soddisfatti, senza lasciarsi compromettere direttamente.

3. Un secondo verbo è "rispondere". Il Signore, dice il Salmista, non solo ascolta il grido del povero, ma risponde. La sua risposta, come viene attestato in tutta la

storia della salvezza, è una partecipazione piena d'amore alla condizione del povero. È stato così quando Abramo esprimeva a Dio il suo desiderio di avere una discendenza, nonostante lui e la moglie Sara, ormai anziani, non avessero figli (cfr. Gen 15,1-6). È accaduto quando Mosè, attraverso il fuoco di un roveto che bruciava intatto, ha ricevuto la rivelazione del nome divino e la missione di far uscire il popolo dall'Egitto (cfr. Es 3,1-15). E questa risposta si è confermata lungo tutto il cammino del popolo nel deserto: quando sentiva i morsi della fame e della sete (cfr. Es 16,1-16; 17,1-7), e quando cadeva nella miseria peggiore, cioè l'infedeltà all'alleanza e l'idolatria (cfr. Es 32,1-14).

La risposta di Dio al povero è sempre un intervento di salvezza per curare le ferite dell'anima e del corpo, per restituire giustizia e per aiutare a riprendere la vita con dignità. La risposta di Dio è anche un appello affinché chiunque crede in Lui possa fare altrettanto nei limiti dell'umano. La Giornata Mondiale dei Poveri intende essere una piccola risposta che dalla Chiesa intera, sparsa per tutto il mondo, si rivolge ai poveri di ogni tipo e di ogni terra perché non pensino che il loro grido sia caduto nel vuoto. Probabilmente, è come una goccia d'acqua nel deserto della povertà; e tuttavia può essere un segno di condivisione per quanti sono nel bisogno, per sentire la presenza attiva di un fratello e di una sorella. Non è un atto di delega ciò di cui i poveri hanno bisogno, ma il coinvolgimento personale di quanti ascoltano il loro grido. La sollecitudine dei credenti non può limitarsi a una forma di assistenza – pur necessaria e provvidenziale in un primo momento –, ma richiede quella «attenzione d'amore» (Esort. ap. *Evangelii gaudium*, 199) che onora l'altro in quanto persona e cerca il suo bene.

4. Un terzo verbo è "liberare". Il povero della Bibbia vive con la certezza che Dio interviene a suo favore per restituirgli dignità. La povertà non è cercata, ma creata dall'egoismo, dalla superbia, dall'avidità e dall'ingiustizia. Mali antichi quanto l'uomo, ma pur sempre peccati che coinvolgono tanti innocenti, portando a conseguenze sociali drammatiche. L'azione con la quale il Signore libera è un atto di salvezza per quanti hanno manifestato a Lui la propria tristezza e angoscia. La prigionia della povertà viene spezzata dalla potenza dell'intervento di Dio. Tanti Salmi narrano e celebrano questa storia della salvezza che trova riscontro nella vita personale del povero: «Egli non ha disprezzato né disdegnato l'afflizione del povero, il proprio volto non gli ha nascosto ma ha ascoltato il suo grido di aiuto» (Sal 22,25). Poter contemplare il volto di Dio è segno della sua amicizia, della sua vicinanza, della sua salvezza. «Hai guardato alla mia miseria, hai conosciu-

to le angosce della mia vita; [...] hai posto i miei piedi in un luogo spazioso» (Sal 31,8-9). Offrire al povero un "luogo spazioso" equivale a liberarlo dal "laccio del predatore" (cfr. Sal 91,3), a toglierlo dalla trappola tesa sul suo cammino, perché possa camminare spedito e guardare la vita con occhi sereni. La salvezza di Dio prende la forma di una mano tesa verso il povero, che offre accoglienza, protegge e permette di sentire l'amicizia di cui ha bisogno. È a partire da questa vicinanza concreta e tangibile che prende avvio un genuino percorso di liberazione: «Ogni cristiano e ogni comunità sono chiamati ad essere strumenti di Dio per la liberazione e la promozione dei poveri, in modo che essi possano integrarsi pienamente nella società; questo suppone che siamo docili e attenti ad ascoltare il grido del povero e soccorrerlo» (Esort. ap. *Evangelii gaudium*, 187).

5. È per me motivo di commozione sapere che tanti poveri si sono identificati con Bartimeo, del quale parla l'evangelista Marco (cfr. 10,46-52). Il cieco Bartimeo «sedeva lungo la strada a mendicare» (v. 46), e avendo sentito che passava Gesù «cominciò a gridare» e a invocare il «Figlio di Davide» perché avesse pietà di lui (v. 47). «Molti lo rimproveravano perché tacesse, ma egli gridava ancora più forte» (v. 48). Il Figlio di Dio ascoltò il suo grido: «"Che cosa vuoi che io faccia per te?". E il

cieco gli rispose:"Rabbunì, che io veda di nuovo!"» (v. 51). Questa pagina del Vangelo rende visibile quanto il Salmo annunciava come promessa. Bartimeo è un povero che si ritrova privo di capacità fondamentali, quali il vedere e il lavorare. Quanti percorsi anche oggi conducono a forme di precarietà! La mancanza di mezzi basilari di sussistenza, la marginalità quando non si è più nel pieno delle proprie forze lavorative, le diverse forme di schiavitù sociale, malgrado i progressi compiuti dall'umanità... Come Bartimeo, quanti poveri sono oggi al bordo della strada e cercano un senso alla loro condizione! Quanti si interrogano sul perché sono arrivati in fondo a questo abisso e su come ne possono uscire! Attendono che qualcuno si avvicini loro e dica: «Coraggio! Àlzati, ti chiama!» (v. 49). Purtroppo si verifica spesso che, al contrario, le voci che si sentono sono quelle del rimprovero e dell'invito a tacere e a subire. Sono voci stonate, spesso determinate da una fobia per i poveri, considerati non solo come persone indigenti, ma anche come gente portatrice di insicurezza, instabilità, disorientamento dalle abitudini quotidiane e, pertanto, da respingere e tenere lontani. Si tende a creare distanza tra sé e loro e non ci si rende conto che in questo modo ci si rende distanti dal Signore Gesù, che non li respinge ma li chiama a sé e li consola. Come risuonano appropriate in questo caso le parole del profeta sullo stile di vita del credente: «Sciogliere le catene inique, togliere i legami del giogo, rimandare liberi gli oppressi e spezzare ogni giogo [...] dividere il pane con l'affamato, [...] introdurre in casa i miseri, senza tetto, [...] vestire uno che vedi nudo» (Is 58,6-7). Questo modo di agire permette che il peccato sia perdonato (cfr. 1Pt 4,8), che la giustizia percorra la sua strada e che, quando saremo noi a gridare verso il Signore, allora Egli risponderà e dirà: eccomi! (cfr. Is 58,9).

6. I poveri sono i primi abilitati a riconoscere la presenza di Dio e a dare testimonianza della sua vicinanza nella loro vita. Dio rimane fedele alla sua promessa, e anche nel buio della notte non fa mancare il calore del suo amore e della sua consolazione. Tuttavia, per superare l'opprimente condizione di povertà, è necessario che essi percepiscano la presenza dei fratelli e delle sorelle che si preoccupano di loro e che, aprendo la porta del cuore e della vita, li fanno sentire amici e famigliari. Solo in questo modo possiamo scoprire «la forza salvifica delle loro esistenze» e «porle al centro della vita della Chiesa» (Esort. ap. *Evangelii gaudium*, 198).

In questa Giornata Mondiale siamo invitati a dare concretezza alle parole del Salmo: «I poveri mangeranno e saranno saziati» (Sal 22,27). Sappiamo che nel tempio di Gerusalemme, dopo il rito del sacrificio, avveniva il banchetto. In molte Diocesi, questa è stata un'esperienza che, lo scorso anno, ha arricchito la celebrazione della prima Giornata Mondiale dei Poveri. Molti hanno trovato il calore di una casa, la gioia di un pasto festivo e la solidarietà di quanti hanno voluto condividere la mensa in maniera semplice e fraterna. Vorrei che anche quest'anno, e in avvenire, questa Giornata fosse celebrata all'insegna della gioia per la ritrovata capacità di stare insieme. Pregare insieme in comunità e condividere il pasto nel giorno della domenica. Un'esperienza che ci riporta alla prima comunità cristiana, che l'evangelista Luca descrive in tutta la sua originalità e semplicità: «Erano perseveranti nell'insegnamento degli apostoli e nella comunione, nello spezzare il pane e nelle preghiere. [...] Tutti i credenti stavano insieme e avevano ogni cosa in comune; vendevano le loro proprietà e sostanze e le dividevano con tutti, secondo il bisogno di ciascuno» (At 2,42.44-45).

7. Sono innumerevoli le iniziative che ogni giorno la comunità cristiana intraprende per dare un segno di vicinanza e di sollievo alle tante forme di povertà che sono sotto i nostri occhi. Spesso la collaborazione con altre realtà, che sono mosse non dalla fede ma dalla solidarietà umana, riesce a portare un aiuto che da soli non potremmo realizzare. Riconoscere che, nell'immenso mondo della povertà, anche il nostro intervento è limitato, de-

bole e insufficiente conduce a tendere le mani verso altri, perché la collaborazione reciproca possa raggiungere l'obiettivo in maniera più efficace. Siamo mossi dalla fede e dall'imperativo della carità, ma sappiamo riconoscere altre forme di aiuto e solidarietà che si prefiggono in parte gli stessi obiettivi; purché non trascuriamo quello che ci è proprio, cioè condurre tutti a Dio e alla santità. Il dialogo tra le diverse esperienze e l'umiltà di prestare la nostra collaborazione, senza protagonismi di sorta, è una risposta adeguata e pienamente evangelica che possiamo realizzare.

Davanti ai poveri non si tratta di giocare per avere il primato di intervento, ma possiamo riconoscere umilmente che è lo Spirito a suscitare gesti che siano segno della risposta e della vicinanza di Dio. Quando troviamo il modo per avvicinarci ai poveri, sappiamo che il primato spetta a Lui, che ha aperto i nostri occhi e il nostro cuore alla conversione. Non è di protagonismo che i poveri hanno bisogno, ma di amore che sa nascondersi e dimenticare il bene fatto. I veri protagonisti sono il Signore e i poveri. Chi si pone al servizio è strumento nelle mani di Dio per far riconoscere la sua presenza e la sua salvezza. Lo ricorda San Paolo scrivendo ai cristiani di Corinto, che gareggiavano tra loro nei carismi ricercando i più prestigiosi: «Non può l'occhio dire alla mano: "Non ho bisogno di te";

oppure la testa ai piedi: "Non ho bisogno di voi"» (1Cor 12,21). L'Apostolo fa una considerazione importante osservando che le membra del corpo che sembrano più deboli sono le più necessarie (cfr. v. 22); e che quelle che «riteniamo meno onorevoli le circondiamo di maggiore rispetto, e quelle indecorose sono trattate con maggiore decenza, mentre quelle decenti non ne hanno bisogno» (vv. 23-24). Mentre dà un insegnamento fondamentale sui carismi, Paolo educa anche la comunità all'atteggiamento evangelico nei confronti dei suoi membri più deboli e bisognosi. Lungi dai discepoli di Cristo sentimenti di disprezzo e di pietismo verso di essi; piuttosto sono chiamati a rendere loro onore, a dare loro la precedenza, convinti che sono una presenza reale di Gesù in mezzo a noi. «Tutto quello che avete fatto a uno solo di questi miei fratelli più piccoli, l'avete fatto a me» (Mt 25,40).

8. Qui si comprende quanto sia distante il nostro modo di vivere da quello del mondo, che loda, insegue e imita coloro che hanno potere e ricchezza, mentre emargina i poveri e li considera uno scarto e una vergogna. Le parole dell'Apostolo sono un invito a dare pienezza evangelica alla solidarietà con le membra più deboli e meno dotate del corpo di Cristo: «Se un membro soffre, tutte le membra soffrono insieme; e se un membro è onorato, tutte le membra gioiscono con lui» (1Cor 12,26). Alla

stessa stregua, nella Lettera ai Romani ci esorta: «Rallegratevi con quelli che sono nella gioia; piangete con quelli che sono nel pianto. Abbiate i medesimi sentimenti gli uni verso gli altri; non nutrite desideri di grandezza; volgetevi piuttosto a ciò che è umile» (12,15-16). Questa è la vocazione del discepolo di Cristo; l'ideale a cui tendere con costanza è assimilare sempre più in noi i «sentimenti di Cristo Gesù» (Fil 2,5).

9. Una parola di speranza diventa l'epilogo naturale a cui la fede indirizza. Spesso sono proprio i poveri a mettere in crisi la nostra indifferenza, figlia di una visione della vita troppo immanente e legata al presente. Il grido del povero è anche un grido di speranza con cui manifesta la certezza di essere liberato. La speranza fondata sull'amore di Dio che non abbandona chi si affida a Lui (cfr. Rm 8,31-39). Scriveva santa Teresa d'Avila nel suo *Cammino di perfezione*: «La povertà è un bene che racchiude in sé tutti i beni del mondo; ci assicura un gran dominio, intendo dire che ci rende padroni di tutti i beni terreni, dal momento che ce li fa disprezzare» (2,5). È nella misura in cui siamo capaci di discernere il vero bene che diventiamo ricchi davanti a Dio e saggi davanti a noi stessi e agli altri. È proprio così: nella misura in cui si riesce a dare il giusto e vero senso alla ricchezza, si cresce in umanità e si diventa capaci di condivisione.

10. Invito i confratelli vescovi, i sacerdoti e in particolare i diaconi, a cui sono state imposte le mani per il servizio ai poveri (cfr. At 6,1-7), insieme alle persone consacrate e ai tanti laici e laiche che nelle parrocchie, nelle associazioni e nei movimenti rendono tangibile la risposta della Chiesa al grido dei poveri, a vivere questa Giornata Mondiale come un momento privilegiato di nuova evangelizzazione. I poveri ci evangelizzano, aiutandoci a scoprire ogni giorno la bellezza del Vangelo. Non lasciamo cadere nel vuoto questa opportunità di grazia. Sentiamoci tutti, in questo giorno, debitori nei loro confronti, perché tendendo reciprocamente le mani l'uno verso l'altro, si realizzi l'incontro salvifico che sostiene la fede, rende fattiva la carità e abilita la speranza a proseguire sicura nel cammino verso il Signore che viene.

Dal Vaticano, 13 giugno 2018
Memoria liturgica di sant'Antonio da Padova

19 NOVEMBRE

LUNEDÌ

33ª settimana del Tempo Ordinario

verde **1ª sett. salt.**

ANTIFONA D'INGRESSO - Dice il Signore: «Io ho progetti di pace e non di sventura; voi mi invocherete e io vi esaudirò, e vi farò tornare da tutti i luoghi dove vi ho dispersi» *(Ger 29,11.12.14).*

COLLETTA - Il tuo aiuto, Signore, ci renda sempre lieti nel tuo servizio, perché solo nella dedizione a te, fonte di ogni bene, possiamo avere felicità piena e duratura. Per il nostro Signore…

PRIMA LETTURA Ap 1,1-5a;2,1-5a

Dal libro dell'Apocalisse di san Giovanni apostolo

Rivelazione di Gesù Cristo, al quale Dio la consegnò per mostrare ai suoi servi le cose che dovranno accadere tra breve. Ed egli la manifestò, inviandola per mezzo del suo angelo al suo servo Giovanni, il quale attesta la parola di Dio e la testimonianza di Gesù Cristo, riferendo ciò che ha visto. Beato chi legge e beati coloro che ascoltano le parole di questa profezia e custodiscono le cose che vi sono scritte: il tempo infatti è vicino. Giovanni, alle sette Chiese che sono in Asia: grazia a voi e pace da Colui che è, che era e che viene, e dai sette spiriti che stanno davanti al suo trono, e da Gesù Cristo, il testimone fedele, il primogenito dei morti e il sovrano dei re della terra. [Io udii il Signore che mi diceva]: «All'angelo della Chiesa che è a Èfeso scrivi: "Così parla Colui che tiene le sette stelle nella sua destra e cammina in mezzo ai sette candelabri d'oro. Conosco le tue opere, la tua fatica e la tua perseveranza, per cui non puoi sopportare i cattivi. Hai messo alla prova quelli che si dicono apostoli e non lo sono, e li hai trovati bugiardi. Sei perseverante e hai molto sopportato per il mio nome, senza stancarti. Ho però da rimproverarti di avere abbandonato il tuo primo amore. Ricorda dunque da dove sei caduto, convèrtiti e **compi le opere di prima**"». **Parola di Dio.**

SALMO RESPONSORIALE

Dal Salmo 1

℟. **Al vincitore darò da mangiare dall'albero della vita.**

Oppure:

℟. **Il servo fedele riceverà la vita.**

Beato l'uomo che non entra nel consiglio dei malvagi,
non resta nella via dei peccatori
e non siede in compagnia degli arroganti,

ma nella legge del Signore trova la sua gioia,
la sua legge medita giorno e notte.

℟. **Al vincitore darò da mangiare**
dall'albero della vita.

Oppure:

℟. **Il servo fedele riceverà la vita.**

È come albero piantato lungo corsi d'acqua,
che dà frutto a suo tempo:
le sue foglie non appassiscono
e tutto quello che fa, riesce bene. ℟.

Non così, non così i malvagi,
ma come pula che il vento disperde.
Poiché il Signore veglia sul cammino dei giusti,
mentre la via dei malvagi va in rovina. ℟.

CANTO AL VANGELO — Gv 8,12

Alleluia, alleluia.
Io sono la luce del mondo, dice il Signore;
chi segue me avrà la luce della vita.
Alleluia.

VANGELO — Lc 18,35-43

✠ *Dal Vangelo secondo Luca*

Mentre Gesù si avvicinava a Gèrico, un cieco era seduto lungo la strada a mendicare. Sentendo passare la gente, domandò che cosa accadesse. Gli annunciarono: «Passa Gesù, il Nazareno!». Allora gridò dicendo: «Gesù, figlio di Davide, abbi pietà di me!». Quelli che camminavano avanti lo rimproveravano perché tacesse; ma egli gridava ancora più forte: «Figlio di Davide, abbi pietà di me!». Gesù allora si fermò e ordinò che lo conducessero da lui. Quando fu vicino, gli domandò: «Che cosa vuoi che io faccia per te?». Egli rispose: «Signore, che io veda di nuovo!». E Gesù gli disse: «Abbi di nuovo la vista! La tua fede ti ha salvato». Subito ci vide di nuovo e cominciò a seguirlo glorificando Dio. E tutto il popolo, vedendo, diede lode a Dio. **Parola del Signore.**

SULLE OFFERTE - Quest'offerta che ti presentiamo, Dio onnipotente, ci ottenga la grazia di servirti fedelmente e ci prepari il frutto di un'eternità beata. Per Cristo nostro Signore.

COMUNIONE - Il mio bene è stare vicino a Dio, nel Signore Dio riporre la mia speranza *(Sal 72,28)*.
Oppure: Dice il Signore: «In verità vi dico: tutto quello che domandate nella preghiera, abbiate fede di averlo ottenuto e vi sarà accordato» *(Mc 11,23.24)*.

DOPO LA COMUNIONE - O Padre, che ci hai nutriti con questo sacramento, ascolta la nostra umile preghiera: il memoriale, che Cristo tuo Figlio ci ha comandato di celebrare, ci edifichi sempre nel vincolo del tuo amore. Per Cristo nostro Signore.

Commenti

1ª LETTURA - Con l'avvicinarsi dell'Avvento, la liturgia della Parola ci prepara all'inizio del nuovo anno liturgico, con alcuni brani tratti dal libro dell'Apocalisse. Oggi ci viene proposta la prima di sette lettere indirizzate ad alcune Chiese dell'Asia Minore. Il testo è rivolto alla Chiesa di Èfeso e si apre con un elogio: il Signore loda la perseveranza dei cristiani che sono rimasti fedeli e hanno difeso la sana dottrina, nonostante la minoranza numerica rispetto ai pagani presenti nella città. All'elogio segue, però, un rimprovero: nonostante la resistenza con la quale gli Efesìni hanno sopportato le ingiurie, a causa della fede, mantenendo come lampada la dottrina cristiana, si sono dimenticati del primo amore, scrive l'apostolo Giovanni. Fulcro di ogni comunità cristiana infatti è l'amore, dal quale scaturisce anche la dottrina. Il rischio che si corre dimenticandosi di vivere nell'amore, è quello di rendere vana anche la predicazione, di rendere vana anche la verità delle cose. Una comunità che non ha come pilastro principale l'amore viscerale verso il suo Signore è destinata a perire.

VANGELO - Meditando il Vangelo proposto, viene spontaneo porre l'accento su ciò che accade al cieco o su come egli, con umiltà, chieda a Gesù la guarigione, che gli viene donata a causa della sua fede. Ma meno immediato è il porre l'attenzione su cosa fa la gente. Intanto, è da notare che essa annuncia al cieco che sta passando il Nazareno, diventando così segno di ogni cristiano, chiamato a indicare dove si trova il Signore. In modo analogo, agli inizi della vita pubblica di Gesù, Giovanni Battista indica chi è colui che deve venire. Lo stesso vale per noi credenti: una volta incontrato il Cristo, una volta fatta esperienza di lui, il nostro compito è quello di indicarlo ai tanti ciechi di questo mondo. Un non vedente non può percorre una strada, se non c'è una guida che gli indichi la direzione e gli ostacoli da superare. Per questo il cristiano non è solo colui che è stato guarito dalla sua cecità e ha visto il Signore, ma è anche colui che, dopo questa esperienza, si fa tramite, si fa strumento affinché anche gli altri lo possano vedere.

CHIEDETE E VI SARÀ DATO Lc 11,9

1. O Signore, Dio vivo e vero, guida il cammino della tua Chiesa e dona ai battezzati di seguire fedelmente le orme di Gesù Cristo, morto e risorto per ogni uomo.

2. O Signore, Dio di amore, dona ai consacrati la docilità del cuore per camminare lieti e confidenti sulla via di gioia che hai tracciato per ciascuno.

3. O Signore, Dio di bontà, fa' che il nutrimento della Parola e del Pane alimenti la nostra fede, sostenga la nostra speranza, rafforzi la nostra carità.

FATE QUELLO CHE VI DIRÀ Gv 2,5

C PER VIVERE DA DISCEPOLO DI GESÙ... Durante la giornata accendo una candela in casa per ricordarmi costantemente che Gesù, luce del mondo, risplende per me e per tutti gli uomini della terra.

M SULL'ESEMPIO DI MARIA... Riconsidero un proposito di bene che avevo fatto, che è caduto nel dimenticatoio; la Vergine mi accompagni nella fedeltà agli impegni presi.

Santi del giorno:

San Massimo • Sant'Abdia • Santi Severino, Esuperio e Feliciano • San Barlaam • Beato Giacomo Benfatti

20 NOVEMBRE

MARTEDÌ

33ª settimana del Tempo Ordinario

verde **1ª sett. salt.**

ANTIFONA D'INGRESSO - Dice il Signore: «Io ho progetti di pace e non di sventura; voi mi invocherete e io vi esaudirò, e vi farò tornare da tutti i luoghi dove vi ho dispersi» *(Ger 29,11.12.14).*

COLLETTA - Il tuo aiuto, Signore, ci renda sempre lieti nel tuo servizio, perché solo nella dedizione a te, fonte di ogni bene, possiamo avere felicità piena e duratura. Per il nostro Signore…

PRIMA LETTURA Ap 3,1-6.14-22

Dal libro dell'Apocalisse di san Giovanni apostolo

Io Giovanni, udii il Signore che mi diceva: «All'angelo della Chiesa che è a Sardi scrivi: "Così parla Colui che possiede i sette spiriti di Dio e le sette stelle. Conosco le tue opere; ti si crede vivo, e sei morto. Sii vigilante, rinvigorisci ciò che rimane e sta per morire, perché non ho trovato perfette le tue opere davanti al mio Dio. Ricorda dunque come hai ricevuto e ascoltato la Parola, custodiscila e **convèrtiti** perché, se non sarai vigilante, verrò come un ladro, senza che tu sappia a che ora io verrò da te. Tuttavia a Sardi vi sono alcuni che non hanno macchiato le loro vesti; essi cammineranno con me in vesti bianche, perché ne sono degni. Il vincitore sarà vestito di bianche vesti; non cancellerò il suo nome dal libro della vita, ma lo riconoscerò davanti al Padre mio e davanti ai suoi angeli. Chi ha orecchi, ascolti ciò che lo Spirito dice alle Chiese". All'angelo della Chiesa che è a Laodicèa scrivi: "Così parla l'Amen, il Testimone degno di fede e veritiero, il Principio della creazione di Dio. Conosco le tue opere: tu non sei né freddo né caldo. Magari tu fossi freddo o caldo! Ma poiché sei tiepido, non sei cioè né freddo né caldo, sto per vomitarti dalla mia bocca. Tu dici: Sono ricco, mi sono arricchito, non ho bisogno di nulla. Ma non sai di essere un infelice, un miserabile, un povero, cieco e nudo. Ti consiglio di comperare da me oro purificato dal fuoco per diventare ricco, e abiti bianchi per vestirti e perché non appaia la tua vergognosa nudità, e collirio per ungerti gli occhi e recuperare la vista. Io, tutti quelli che amo, li rimprovero e li educo. Sii dunque zelante e convèrtiti. Ecco: sto alla porta e busso. Se qualcuno ascolta

CANTO AL VANGELO 1Gv 4,10b

Alleluia, alleluia.
Dio ha amato noi e ha mandato il suo Figlio
come vittima di espiazione per i nostri peccati.
Alleluia.

VANGELO Lc 19,1-10

✠ *Dal Vangelo secondo Luca*

In quel tempo, Gesù entrò nella città di Gèrico e la stava attraversando, quand'ecco un uomo, di nome Zacchèo, capo dei pubblicani e ricco, cercava di vedere chi era Gesù, ma non gli riusciva a causa della folla, perché era piccolo di statura. Allora corse avanti e, per riuscire a vederlo, salì su un sicomòro, perché doveva passare di là. Quando giunse sul luogo, Gesù alzò lo sguardo e gli disse: «Zacchèo, scendi subito, perché oggi devo fermarmi a casa tua». Scese in fretta e lo accolse pieno di gioia. Vedendo ciò, tutti mormoravano: «È entrato in casa di un peccatore!». Ma Zacchèo, alzatosi, disse al Signore: «Ecco, Signore, io do la metà di ciò che possiedo ai poveri e, se ho rubato a qualcuno, restituisco quattro volte tanto». Gesù gli rispose: «Oggi per questa casa è venuta la salvezza, perché anch'egli è figlio di Abramo. Il Figlio dell'uomo infatti è la mia voce e mi apre la porta, io verrò da lui, cenerò con lui ed egli con me. Il vincitore lo farò sedere con me, sul mio trono, come anche io ho vinto e siedo con il Padre mio sul suo trono. Chi ha orecchi, ascolti ciò che lo Spirito dice alle Chiese"». **Parola di Dio.**

SALMO RESPONSORIALE

Dal Salmo 14 (15)

℟. **Il vincitore lo farò sedere con me,**
sul mio trono.

Oppure:

℟. **Ci accoglierai, Signore,**
nella gioia del tuo regno.

Colui che cammina senza colpa,
pratica la giustizia
e dice la verità che ha nel cuore,
non sparge calunnie con la sua lingua. ℟.

Non fa danno al suo prossimo
e non lancia insulti al suo vicino.
Ai suoi occhi è spregevole il malvagio,
ma onora chi teme il Signore. ℟.

Non presta il suo denaro a usura
e non accetta doni contro l'innocente.
Colui che agisce in questo modo
resterà saldo per sempre. ℟.

venuto a cercare e a salvare ciò che era perduto».
Parola del Signore.

SULLE OFFERTE - Quest'offerta che ti presentiamo, Dio onnipotente, ci ottenga la grazia di servirti fedelmente e ci prepari il frutto di un'eternità beata. Per Cristo nostro Signore.

COMUNIONE - Il mio bene è stare vicino a Dio, nel Signore Dio riporre la mia speranza *(Sal 72,28).*
Oppure: Dice il Signore: «In verità vi dico: tutto quello che domandate nella preghiera, abbiate fede di averlo ottenuto e vi sarà accordato» *(Mc 11,23.24).*

DOPO LA COMUNIONE - O Padre, che ci hai nutriti con questo sacramento, ascolta la nostra umile preghiera: il memoriale, che Cristo tuo Figlio ci ha comandato di celebrare, ci edifichi sempre nel vincolo del tuo amore. Per Cristo nostro Signore.

Commenti

1ª LETTURA - Il Signore rivolge parole dure alla Chiesa di Sardi e di Laodicèa. Alla prima recrimina l'essere Chiesa solo in apparenza, ma non di fatto.

Dal di fuori sembra essere una comunità viva, ma al suo interno ha un principio di morte. Segno questo di coloro che si fregiano del nome di cristiani sin dal Battesimo, ma che poi non lo confermano con le opere e la condotta di vita, dimostrando che la fede e il loro essere cristiani non vengono presi sul serio. In queste parole del Signore possiamo riconoscerci anche noi: abbiamo la presunzione di essere vivi interiormente, mentre di fatto le opere rivelano la morte spirituale? Se vogliamo camminare insieme alla schiera di chi indossa vesti bianche dobbiamo fuggire dalla morte della nostra fede, vivendo ciò che il Vangelo ci ha trasmesso ed evitando, così, di essere cristiani solo di facciata. Poco dissimile è il messaggio alla comunità di Laodicèa, alla quale si rimprovera la tiepidezza. Non c'è peggior errore di quello di essere credenti a metà. Di fronte alla logica del mondo, del peccato, di una società spesso perversa, non possiamo scendere a compromesso. O ci lasciamo trasformare radicalmente dal Vangelo o saremo tiepidi, cioè né freddi né caldi.

Vangelo - La scena ha due soggetti: il primo, Zacchèo, che a causa della sua statura è costretto a salire su un sicomòro per vedere Gesù; il secondo, il

Messia, che decide di fermarsi a casa del pubblicano. Il racconto è metafora di ogni nostro incontro con il Signore: la nostra preoccupazione è quella di riuscire a trovarlo, di riuscire a vederlo, ma è lui che posa il suo sguardo su di noi. La nostra vita, se lo vogliamo, ci offre la continua possibilità di lasciare entrare il Salvatore nella nostra casa; una volta che gli abbiamo aperto, infatti, lui ha tutta la volontà di entrare e trasformarci. Volontà che va oltre la nostra condizione. Zacchèo infatti è pubblicano, escluso dalla salvezza rispetto alla Legge; è ricco, escluso dalla salvezza rispetto al Vangelo; un peccatore incallito quindi, eppure Gesù si ferma proprio a tavola con lui. Al Signore basta un piccolo spiraglio per rendere possibile ciò che ai nostri occhi appare impossibile, e cioè il perdono dei nostri peccati, a causa della sua infinita misericordia. La missione che il Padre ha dato al Figlio è di salvare e ritrovare ciò che era perduto, come la pecora smarrita, come il figlio prodigo, come la peccatrice pentita. Lasciamo che il Signore entri nella nostra vita senza vergognarci di essere peccatori e malati, perché lui è venuto proprio per noi.

CHIEDETE E VI SARÀ DATO

Lc 11,9

1. Padre santo, suscita nella comunità ecclesiale dei testimoni autentici e fedeli e donaci pastori che guidino con amore e carità la tua Chiesa.

2. Padre buono, illumina le famiglie e fa' che realizzino al loro interno il modello dell'umanità riconciliata nell'amore e irradino intorno a loro il Vangelo della pace.

3. Padre, nostra speranza, sostieni noi tutti, in particolare chi è provato dal dolore, dona forza nella sofferenza, conforto nella solitudine.

FATE QUELLO CHE VI DIRÀ

Gv 2,5

C PER VIVERE DA DISCEPOLO DI GESÙ... Presterò molta attenzione alle parole che oggi escono dalla mia bocca, affinché non rechino danno a nessuno.

M SULL'ESEMPIO DI MARIA... Organizzo la mia giornata in modo da avere tempo per incontrare la misericordia del Padre nel sacramento della Riconciliazione.

Santi del giorno:

San Basilio • San Crispino • San Dasio • Sant'Ippolito • Sant'Edmondo • Beata Maria dei Miracoli Ortelles Gimeno

21 NOVEMBRE

MERCOLEDÌ

33ª settimana del Tempo Ordinario

bianco **1ª sett. salt.**

Presentazione della beata Vergine Maria (m)

IL SIGNORE LA RICOLMÒ DELLA SUA GRAZIA

La memoria liturgica odierna trova la radice e il fondamento nella tradizione del popolo d'Israele e nel fatto che, come tutti gli ebrei osservanti, anche Gioacchino e Anna portarono al tempio Maria bambina, per offrirla al Signore, facendo dono di due tortore o di due colombi.

Nel celebrare la presentazione di Maria, la Chiesa intende illuminare il silenzio che grava sul primo periodo della vita della Vergine e presentarlo come tempo della preparazione alla sua vocazione di Madre di Dio. Nel tempio ella visse, secondo la tradizione, dai 3 ai 14 anni. Gli anni dell'infanzia di Maria santissima furono silenziosi, come la sua umiltà.

L'episodio della presentazione di Maria al tempio è così narrato nel testo apocrifo del Protovangelo di Giacomo: «La bambina raggiunse i 3 anni, e Gioacchino disse: "Chiamate le figlie degli Ebrei che sono senza macchia, e prendano ciascuna una lampada, e queste restino accese perché la bambina non si volti indietro e il suo cuore non sia trattenuto fuori del tempio del Signore". E quelle così fecero, sino a quando salirono al tempio del Signore. E il sacerdote la accolse e, dopo averla baciata, la benedisse dicendo: "Il Signore ha glorificato il tuo nome in tutte le generazioni. In te, negli ultimi giorni, il Signore farà vedere la redenzione da lui concessa ai figli d'Israele". E fece sedere la bambina sul terzo gradino dell'altare, e il Signore la ricolmò della sua grazia, ed ella danzò, e tutta la casa di Israele la ebbe cara. E i suoi genitori discesero, colmi di ammirazione, lodando il Dio potente perché la bambina non aveva cercato di tornare indietro. E Maria stava nel tempio del Signore, nutrendosi come una colomba; e riceveva il cibo dalla mano di un angelo».

Il contenuto teologico della presentazione di Maria consiste nel far risaltare che tutta la sua bellezza e la sua grazia, di cui è ricolmata nell'anima e nel corpo, sono per il Signore.

Durante gli anni la Vergine maturava davanti a Dio e davanti agli uomini. Nessuno notò nulla di straordinario nel suo comportamento, anche se, indubbiamente, si faceva notare da quanti le stavano attorno, perché la santità attrae sempre; ancor più nel caso della Tutta Santa.

Era una ragazza sorridente, che lavorava, sempre unita a Dio; accanto a lei tutti si sentivano a loro agio. Ella, nei momenti dedicati alla preghiera, poiché conosceva bene la Sacra Scrittura, avrà ripassato ripetutamente le profezie che annunciavano l'avvento del Salvatore. Le avrà fatte proprie, oggetto della sua riflessione, argomento delle sue conversazioni. Questa ricchezza interiore sarebbe traboccata poi nel Magnificat, il meraviglioso inno che pronunciò dopo aver udito il saluto della cugina Elisabetta.

Tutto, nella Vergine Maria, era orientato verso la santissima umanità di Cristo, il vero Tempio di Dio. La memoria della sua presentazione è l'espressione dell'appartenenza esclusiva della Madonna a Dio, la completa dedicazione della sua anima e del suo corpo al mistero della salvezza.

ANTIFONA D'INGRESSO - Salve, Madre Santa: tu hai dato alla luce il Re, che governa il cielo e la terra per i secoli in eterno *(Sedulio).*

COLLETTA - Guarda, Signore, il tuo popolo riunito nel ricordo delle beata Vergine Maria; fa' che per sua intercessione partecipi alla pienezza della tua grazia. Per il nostro Signore…

PRIMA LETTURA Ap 4,1-11

Dal libro dell'Apocalisse di san Giovanni apostolo

Io, Giovanni, vidi: ecco, una porta era aperta nel cielo. La voce, che prima avevo udito parlarmi come una tromba, diceva: «Sali quassù, ti mostrerò le cose che devono accadere in seguito». Subito fui preso dallo Spirito. Ed ecco, c'era un trono nel cielo, e sul trono Uno stava seduto. Colui che stava seduto era simile nell'aspetto a diaspro e cornalina. Un arcobaleno simile nell'aspetto a smeraldo avvolgeva il trono. Attorno al trono c'erano ventiquattro seggi e sui seggi stavano seduti ventiquattro anziani avvolti in candide vesti con corone d'oro sul capo. Dal trono uscivano lampi, voci e tuoni; ardevano davanti al trono sette fiaccole accese, che sono i sette spiriti di Dio. Davanti al trono vi era come un mare trasparente simile a cristallo. In mezzo al trono e attorno al trono vi erano quattro esseri viventi, pieni d'occhi davanti e dietro. Il primo vivente era simile a un leone; il secondo vivente era simile a un vitello; il terzo vivente aveva l'aspetto come di uomo; il quarto vivente era simile a un'aquila che vola. I quattro esseri viventi hanno ciascuno sei ali, intorno e dentro sono costellati di occhi; giorno e notte non cessano di ripetere: «Santo, santo, santo il Signore Dio, l'Onnipotente, Colui che era, che è e che viene!». E ogni volta che questi esseri viventi rendono gloria, onore e grazie a Colui che è seduto sul trono e che vive nei secoli dei secoli, i ventiquattro anziani si prostrano davanti a Colui che siede sul trono e adorano Colui che vive nei secoli dei secoli e gettano le loro corone davanti al trono, dicendo: «Tu sei degno, o Signore e Dio nostro, di ricevere la gloria, l'onore e la potenza, perché tu hai creato tutte le cose, per la tua volontà esistevano e furono create». **Parola di Dio.**

SALMO RESPONSORIALE   Dal Salmo 150

℟. **Santo, santo, santo il Signore Dio, l'Onnipotente.**

Lodate Dio nel suo santuario,
lodatelo nel suo maestoso firmamento.

Lodatelo per le sue imprese,
lodatelo per la sua immensa grandezza. ℟.

Lodatelo con il suono del corno,
lodatelo con l'arpa e la cetra.
Lodatelo con tamburelli e danze,
lodatelo sulle corde e con i flauti. ℟.

Lodatelo con cimbali sonori,
lodatelo con cimbali squillanti.
Ogni vivente dia lode al Signore. ℟.

CANTO AL VANGELO Cfr. Gv 15,16

Alleluia, alleluia.
Io ho scelto voi, dice il Signore,
perché andiate e portiate frutto
e il vostro frutto rimanga.
Alleluia.

VANGELO Lc 19,11-28

✠ *Dal Vangelo secondo Luca*

In quel tempo, Gesù disse una parabola, perché era vicino a Gerusalemme ed essi pensavano che il regno di Dio dovesse manifestarsi da un momento all'altro. Disse dunque: «Un uomo di nobile famiglia partì per un paese lontano, per ricevere il titolo di re e poi ritornare. Chiamati dieci dei suoi servi, consegnò loro dieci monete d'oro, dicendo: "**Fatele fruttare fino al mio ritorno**". Ma i suoi cittadini lo odiavano e mandarono dietro di lui una delegazione a dire: "Non vogliamo che costui venga a regnare su di noi". Dopo aver ricevuto il titolo di re, egli ritornò e fece chiamare quei servi a cui aveva consegnato il denaro, per sapere quanto ciascuno avesse guadagnato. Si presentò il primo e disse: "Signore, la tua moneta d'oro ne ha fruttate dieci". Gli disse: "Bene, servo buono! Poiché ti sei mostrato fedele nel poco, ricevi il potere sopra dieci città". Poi si presentò il secondo e disse: "Signore, la tua moneta d'oro ne ha fruttate cinque". Anche a questo disse: "Tu pure sarai a capo di cinque città". Venne poi anche un altro e disse: "Signore, ecco la tua moneta d'oro, che ho tenuto nascosta in un fazzoletto; avevo paura di te, che sei un uomo severo: prendi quello che non hai messo in deposito e mieti quello che non hai seminato". Gli rispose: "Dalle tue stesse parole ti giudico, servo malvagio! Sapevi che sono un uomo severo, che prendo quello che non ho messo in deposito e mieto quello che non ho seminato: perché allora non hai consegnato il mio denaro a una banca? Al mio ritorno l'avrei riscosso con gli interessi". Disse poi ai presenti: "Toglietegli la moneta d'oro e datela a colui che ne ha dieci". Gli risposero: "Signore, ne ha già dieci!". "Io vi dico: A chi ha, sarà dato; invece a chi non ha, sarà tolto anche quello che ha. E quei miei nemici, che non volevano che io diventassi loro re, conduceteli qui e uccideteli davanti a me"». Dette queste cose, Gesù camminava davanti a tutti salendo verso Gerusalemme. **Parola del Signore.**

SULLE OFFERTE - Ci soccorra, o Padre, l'immenso amore del tuo unico Figlio, che nascendo dalla Vergine non diminuì, ma consacrò l'integrità della Madre, e liberandoci da ogni colpa ti renda gradito il nostro sacrificio. Egli vive e regna nei secoli dei secoli.

COMUNIONE - Beata la Vergine Maria, che ha portato in grembo il Figlio dell'eterno Padre *(Cfr. Lc 11,27).*

DOPO LA COMUNIONE - Signore, che ci hai nutriti dei tuoi sacramenti in questa celebrazione in onore della beata Vergine Maria, fa' che sul suo esempio collaboriamo fedelmente al mistero della redenzione. Per Cristo nostro Signore.

Commenti

1ª LETTURA - Nella visione di Giovanni troviamo quattro esseri viventi vicino al trono di Dio. Fin dal II secolo, con sant'Ireneo di Lione e poi con san Girolamo, la loro descrizione, con il primo simile al leone, il secondo simile al vitello, il terzo simile a un uomo e il quarto simile a un'aquila, richiama le caratteristiche principali attribuite ai quattro evangelisti: rispettivamente Marco, Luca, Matteo e Giovanni. I quattro esseri viventi, però, sono anzitutto simbolo della vigilanza. Questo tema verrà approfondito nel Tempo di Avvento, ma già da queste ultime settimane del Tempo Ordinario, ci viene data la possibilità di porre la nostra attenzione su questo atteggiamento tipico del credente: l'essere vigilante nell'attesa di Colui-che-viene. Quando si attende una persona, in genere non lo si fa dormendo, ma la si aspetta con trepidazione, sopratutto se non vediamo l'ora che arrivi. Può funzionare alla stessa maniera con il Signore. Tuttavia, a differenza dell'esempio, con Gesù non sappiamo il momento in cui egli tornerà. Saremo pronti a incontrarlo? Solo se vigileremo potremo avvertire il Signore, che bussa con discrezione, e saremo pronti ad aprirgli la porta.

Vangelo - Nel Vangelo di Luca altre volte, oltre al brano odierno, si parla della venuta del Regno, sottolineando la condizione presente. Questo dà la possibilità di vedere come la vita presente è il mezzo attraverso il quale possiamo raggiungere il Regno, che è la meta finale. Ecco allora che la parabola dei talenti (delle monete, nella nuova traduzione) che Gesù racconta ai suoi, ci indica la via da seguire, per dirigerci correttamente verso il Regno. Il far fruttificare ciò che è stato donato ad alcuni servi è l'ingrediente per poter vivere il presente. Tutta la nostra vita terrena è il tempo e il luogo della manifestazione del Regno, nel quale poi un giorno entreremo definitivamente, per questo non va disprezzata, perché è l'orizzonte nel quale possiamo far fruttificare i doni ricevuti, a servizio dei fratelli. La paura della fine ci spinge a tentare di trovare una risposta al "quando" essa arriverà. Invece, siamo chiamati a vivere il presente come l'opportunità che ci è donata per poter giungere alla meta finale del cammino. Sarebbe un errore non approfittarne come ha fatto l'ultimo servo che, per paura, non ha fatto fruttare la moneta che il padrone gli aveva dato. Dipende soltanto da noi far sì che i doni ricevuti si moltiplichino per la gloria di Dio, per la nostra santificazione e per il bene dei fratelli.

CHIEDETE E VI SARÀ DATO Lc 11,9

1. Padre, hai scelto Maria per abitare in mezzo al tuo popolo: concedi alla Chiesa, in cammino nel mondo, di manifestare la luce della tua santità a tutti gli uomini.

2. Padre, hai chiamato nazioni numerose a volgersi a te: possa la nostra società lasciarsi illuminare dalla vita contemplativa per ritrovare il vero senso dell'esistenza.

3. Padre, hai voluto che lungo i millenni tanti uomini e donne lasciassero tutto per cercare il tuo volto: dona alle contemplative, sparse nel mondo, di vivere la loro esistenza orante con fedeltà, a servizio del tuo Regno.

FATE QUELLO CHE VI DIRÀ Gv 2,5

C PER VIVERE DA DISCEPOLO DI GESÙ... Scrivo su un foglio tutti i talenti che Dio mi ha donato e rifletto su come li sto usando per il bene mio e del prossimo.

M SULL'ESEMPIO DI MARIA... Faccio del ritornello del salmo responsoriale la mia preghiera della giornata, ripetendolo ogni volta che mi rivolgo al Signore.

Santi del giorno:

San Rufo • San Mauro • Sant'Agapio • San Gelasio I • Beata Maria di Gesù Buon Pastore (Francesca) de Siedliska

22 NOVEMBRE

GIOVEDÌ

33ª settimana del Tempo Ordinario

rosso **1ª sett. salt.**

S. Cecilia, vergine e martire (m)

SANTA CECILIA: uno sguardo di amore puro.

Cecilia apparteneva alla nobile famiglia dei Cecilii che, con il suo prestigio e le sue ricchezze, fu di grande aiuto ai cristiani durante le persecuzioni. Nel II e III secolo, una bambina appena nata, per avere diritto a sopravvivere, doveva ricevere il consenso paterno. Poi rimaneva sotto il potere del padre fino al matrimonio, quando riceveva nel marito, assegnatole dalla famiglia, il suo padrone definitivo. Nella comunità cristiana, invece, una donna, anche se nata schiava, aveva il diritto di vivere e, una volta adulta, di sposarsi o di restare vergine, senza subire costrizioni. Questo favoriva lo sposalizio tra cristiani e incentivava anche la scelta della verginità per l'alta stima che essa godeva tra i convertiti al Vangelo. Agire così era facile per le persone comuni ma, quando si trattava di figlie di nobili, c'erano sempre pretendenti spesso prepotenti che cospiravano contro le esigenze di libertà della fede cristiana, che oltretutto era una religione proibita. Allora per le fanciulle doveva entrare in azione la forza straordinaria della fede, che non di rado portava al martirio.

Cecilia aveva scelto la verginità, ma la sua famiglia l'aveva promessa in sposa al giovane Valeriano. Prima delle nozze, la giovane rivelò allo sposo di essere cristiana, di avere consacrato a Dio la sua verginità e la sua volontà di mantenersi tale. Valeriano, nobile di sangue ma ancor più di cuore, rimase ammirato e perplesso, poi, fu battezzato in gran segreto da papa Urbano. Cecilia gli aveva promesso che dopo il Battesimo avrebbe potuto contemplare l'angelo che la proteggeva e che le stava sempre a fianco. Valeriano raggiunse Cecilia e la vide tutta assorta in preghiera, mentre un angelo, che vegliava su di lei, lo invitava ad avvicinarsi. Si convinse allora che la sua sposa apparteneva a un Altro.

Dopo Valeriano, si convertì anche il fratello Tiburzio e i tre divennero inseparabili.

Intanto iniziarono le persecuzioni anticristiane di Turcio Almacchio e i due fratelli andavano di notte a raccogliere i morti, dando loro una degna sepoltura. Scoperti, vennero condannati a morte. Cecilia ottenne i loro corpi e li seppellì. Alla donna fu intimato di presentarsi in tribunale e di sacrificare agli idoli pagani. Al suo rifiuto, Almacchio ordinò che fosse chiusa nel calidario, portato per l'occasione ad altissima temperatura. Dopo un giorno e una notte, le guardie aprirono per constatare la morte della ragazza ma, con sorpresa la trovarono fresca e gioiosa; si decise, quindi, di decapitarla: fu colpita tre volte, ma non morì subito e agonizzò tre giorni, durante i quali riuscì a donare tutti i suoi beni ai poveri e la sua casa alla Chiesa.

Quando la martire morì, papa Urbano e alcuni cristiani, di notte trasportarono il suo corpo nelle catacombe di San Callisto, dandole sepoltura in un posto d'onore vicino alle tombe dei papi.

Antifona d'ingresso - Questa è una vergine martire della fede, che sparse per Cristo il suo sangue; non temette le minacce dei giudici e raggiunse il regno dei cielo.

Colletta - Ascolta, Signore, la nostra preghiera e per intercessione di santa Cecilia, vergine e martire, rendici degni di cantare le tue lodi. Per il nostro Signore...

PRIMA LETTURA Ap 5,1-10

Dal libro dell'Apocalisse di san Giovanni apostolo

Io, Giovanni, vidi nella mano destra di Colui che sedeva sul trono, un libro scritto sul lato interno e su quello esterno, sigillato con sette sigilli. Vidi un angelo forte che proclamava a gran voce: «Chi è degno di aprire il libro e sciogliere i sigilli?». Ma nessuno né in cielo, né in terra, né sotto terra, era in grado di aprire il libro e di guardarlo. Io piangevo molto, perché non fu trovato nessuno degno di aprire il libro e di guardarlo. Uno degli anziani mi disse: «Non piangere; ha vinto il leone della tribù di Giuda, il Germoglio di Davide, e aprirà il libro e i suoi sette sigilli». Poi vidi, in mezzo al trono, circondato dai quattro esseri viventi e dagli anziani, un Agnello,

in piedi, come immolato; aveva sette corna e sette occhi, i quali sono i sette spiriti di Dio mandati su tutta la terra. Giunse e prese il libro dalla destra di Colui che sedeva sul trono. E quando l'ebbe preso, i quattro esseri viventi e i ventiquattro anziani si prostrarono davanti all'Agnello, avendo ciascuno una cetra e **coppe d'oro colme di profumi, che sono le preghiere dei santi**, e cantavano un canto nuovo: «Tu sei degno di prendere il libro e di aprirne i sigilli, perché sei stato immolato e hai riscattato per Dio, con il tuo sangue, uomini di ogni tribù, lingua, popolo e nazione, e hai fatto di loro, per il nostro Dio, un regno e sacerdoti, e regneranno sopra la terra».
Parola di Dio.

SALMO RESPONSORIALE — Dal Salmo 149

℟. **Hai fatto di noi, per il nostro Dio,**
un regno e sacerdoti.

Cantate al Signore un canto nuovo;
la sua lode nell'assemblea dei fedeli.
Gioisca Israele nel suo creatore,
esultino nel loro re i figli di Sion. ℟.

Lodino il suo nome con danze,

con tamburelli e cetre gli cantino inni.
Il Signore ama il suo popolo,
incorona i poveri di vittoria. R.

Esultino i fedeli nella gloria,
facciano festa sui loro giacigli.
Le lodi di Dio sulla loro bocca:
questo è un onore per tutti i suoi fedeli. R.

CANTO AL VANGELO

Cfr. Sal 94 (95),8ab

Alleluia, alleluia.
Oggi non indurite il vostro cuore,
ma ascoltate la voce del Signore.
Alleluia.

VANGELO

Lc 19,41-44

✠ *Dal Vangelo secondo Luca*

In quel tempo, **Gesù, quando fu vicino a Gerusalemme, alla vista della città pianse su di essa** dicendo: «Se avessi compreso anche tu, in questo giorno, quello che porta alla pace! Ma ora è stato nascosto ai tuoi occhi. Per te verranno giorni in cui i tuoi nemici ti circonderanno di trincee, ti assedieranno e ti stringeranno da ogni parte; distruggeranno te e i tuoi figli dentro di te e non lasceranno in te pietra su pietra, perché non hai riconosciuto il tempo in cui sei stata visitata». **Parola del Signore.**

SULLE OFFERTE - I doni che ti presentiamo nel glorioso ricordo della santa martire Cecilia ti siano graditi, Signore, come fu preziosa ai tuoi occhi l'offerta della sua vita. Per Cristo nostro Signore.

COMUNIONE - «Chi vuol venire dietro a me, rinneghi se stesso, prenda la sua croce e mi segua», dice il Signore *(Mt 16,24)*.

DOPO LA COMUNIONE - Signore, che hai glorificato santa Cecilia con la corona della verginità e del martirio, per la comunione a questo sacro convito donaci energia nuova, perché superiamo la forza del male e raggiungiamo la gloria del cielo. Per Cristo nostro Signore.

Commenti

1ª LETTURA - Continua la visione di Giovanni con l'immagine del libro dai sette sigilli. Anche se interpretazioni diverse sono state date a questo brano, esso può significare il piano di Dio nella storia, il suo progetto sull'uomo. Di fronte a questo libro sigillato, nel racconto dell'Apocalisse, si crea tensione, perché nessuno è degno di aprirlo, tanto che Giovanni piange molto. Ma poi in mezzo al trono appare l'Agnello, il Cristo, come indicato da Giovanni il Battista, il quale ha il potere di aprire il libro. La particolarità di questo Agnello è che sta sul trono in piedi, ma allo stesso tempo «come immolato»: questa immagine ci ricorda il Signore risorto che appare ai suoi con i segni della passione. Egli è degno di svelare il progetto di Dio sull'uomo a causa del suo sacrificio, perché attraverso il sangue versato sulla croce, ha riscattato gli uomini dal potere del peccato e della morte, rendendoli popolo di sacerdoti, cioè mediatori tra Dio e gli uomini, per l'instaurazione del suo Regno.

Vangelo - Ci troviamo di fronte a una delle immagini più intense di Gesù: un uomo affaticato dal cammino compiuto fino a quel momento che, davanti alla Città Santa, piange. In queste lacrime è racchiusa tutta la passione che Dio ha per noi. Se da un lato il pianto rivela il rifiuto da parte dell'uomo del suo messaggio d'amore – perché fin dalla creazione il Creatore ha donato la libertà alla sua creatura, libero quindi anche di rifiutare il suo appello alla conversione –, dall'altro fa trasparire tutta la fedeltà di Dio, nonostante l'infedeltà dell'uomo. Dopo una lunga e tormentata storia di salvezza, fatta di continui rifiuti, il Padre, nella sua infinita misericordia, attraverso la sua parola definitiva, che è il Verbo fatto carne, continua a credere nella risposta accogliente dell'uomo. Anche oggi siamo invitati a riconoscere e ad accogliere la visita del Messia che, come pastore buono, è disposto a correre fino alla perdita di fiato per poter recuperare anche l'ultima delle pecorelle smarrite. Le parole che Gesù pronuncia su Gerusalemme non sono una condanna o una ripicca rispetto al rifiuto, ma la descrizione, in caratteri forti, delle conseguenze causate dal nostro stesso rifiuto.

CHIEDETE E VI SARÀ DATO — Lc 11,9

1. Per la Chiesa, perché come sposa fedele, formata all'ascolto della Parola, sappia parlare al cuore degli uomini per testimoniare nella benevolenza e nell'amore la bellezza di un Dio che è Padre e mai padrone.

2. Per tutti i musicisti, per coloro che si dedicano alla musica sacra perché, per intercessione di santa Cecilia,

siano sempre cantori dello splendore di Dio, mettendo il loro talento a servizio del bene e facendo della loro vita una lode incessante a Colui che li ha creati.

3. Per tutti noi perché, in un costante atteggiamento di vigilanza, impariamo a rendere il nostro sguardo sempre più attento e capace di riconoscere il passaggio del Signore che viene per fare festa con noi.

FATE QUELLO CHE VI DIRÀ — Gv 2,5

C PER VIVERE DA DISCEPOLO DI GESÙ... Molte attuali fatiche mi hanno chiesto forza e determinazione; oggi lascio che le lacrime di Gesù entrino del mio cuore e mi donino il balsamo della tenerezza e della resa, anche con un pianto liberatorio.

M SULL'ESEMPIO DI MARIA... Recito le litanie dei santi, chiedendo loro di intercedere grazia e pace per tutti gli uomini di buona volontà.

Altri santi del giorno:
San Filemone di Colossi • Sant'Anania • San Benigno • San Pietro Esqueda Ramírez • Beata Anna Kolesárová

23 NOVEMBRE

VENERDÌ

33ª settimana del Tempo Ordinario
verde (rosso se si celebra la memoria del martire, bianco per l'altra) **1ª sett. salt.**

S. Clemente I, papa e martire (mf)
S. Colombano, abate (mf)

SAN CLEMENTE I: voce saggia, paterna e indulgente. Secondo Ireneo, Clemente (papa dall'88 al 97) sarebbe stato il terzo successore di Pietro sulla cattedra di Roma: Pietro, Lino, Anacleto e Clemente. Sempre Ireneo afferma che era stato a contatto con gli apostoli, in particolare con Pietro che gli fece conoscere il messaggio del Nuovo Testamento. E fu ancora Pietro che lo volle compagno nel ministero apostolico. Durante la persecuzione anticristiana, venne imprigionato e inviato ai lavori forzati nelle miniere infuocate del Chersoneso, tra migliaia di cristiani ridotti in un'atroce condizione di schiavitù. Durante la prigionia egli si distinse per la mitezza del carattere e la sopportazione cristiana. Si narra che, impietosito per l'arsura che attanagliava i suoi fratelli di prigionia, fece scaturire dalla terra una sorgente d'acqua ristoratrice. Ma gli aguzzini, insospettiti dall'inconsueto prodigio che aveva fatto convertire la folla, lo gettarono in una pozza d'acqua con una pietra al collo. È giunta fino a noi la sua lettera inviata alla comunità di Corinto, scossa da divisioni interne e dall'affermarsi di una fronda di cristiani che avevano espulso i presbiteri. Il Papa intervenne con decisione ricordando il valore della successione apostolica, attorno alla quale si costruisce l'unità della Chiesa di tutti i tempi.

SAN COLOMBANO: «Il monaco viva sotto l'autorità di un padre e insieme a molti fratelli».

Colombano, uno dei più grandi missionari, fu uomo d'insuperabile zelo, di austerità ispirata al desiderio di contemplazione, di attività insonne a favore della Chiesa. Fu uno dei padri dell'Europa cristiana, sulla scia di san Benedetto. Nato a Leinster in Irlanda nel 540, in gioventù fu attratto da alcune ragazze lascive, ma a 20 anni entrò nel monastero di Bangor e vi rimase fino a 50 anni, ricoprendo vari incarichi. Si preparò così all'evangelizzazione che iniziò con dodici compagni, partendo dall'Inghilterra e proseguendo verso la Bretagna e la Borgogna. La sua tattica consisteva nel fondare monasteri che fungessero da punti di riferimento. Grande oratore, affascinava i giovani che, attirati dalla santità e dalla sua povertà, si facevano suoi compagni. Ormai stremato dalle fatiche apostoliche e dalle lotte che a volte ingaggiava anche per l'irruenza del suo carattere autoritario, che lo rendeva amato e insieme temuto, morì il 23 novembre 615 a Bobbio.

ANTIFONA D'INGRESSO - Dice il Signore: «Io ho progetti di pace e non di sventura; voi mi invocherete e io vi esaudirò, e vi farò tornare da tutti i luoghi dove vi ho dispersi» *(Ger 29,11.12.14).*

COLLETTA - Il tuo aiuto, Signore, ci renda sempre lieti nel tuo servizio, perché solo nella dedizione a te, fonte di ogni bene, possiamo avere felicità piena e duratura. Per il nostro Signore…

PRIMA LETTURA Ap 10,8-11

Dal libro dell'Apocalisse di san Giovanni apostolo

Io, Giovanni, udii una voce dal cielo che diceva: «Va', prendi il libro aperto dalla mano dell'angelo che sta in piedi sul mare e sulla terra». Allora mi avvicinai all'angelo e lo pregai di darmi il piccolo libro. Ed egli mi disse: «Prendilo e divoralo; ti riempirà di amarezza le viscere, ma in bocca ti sarà dolce come il miele». Presi quel piccolo libro dalla mano dell'angelo e lo divorai; in bocca lo sentii dolce come il miele, ma come l'ebbi inghiottito ne sentii nelle viscere tutta l'amarezza. Allora mi fu detto: «Devi profetizzare ancora su molti popoli, nazioni, lingue e re». **Parola di Dio.**

SALMO RESPONSORIALE Dal Salmo 118 (119)

℟. **Quanto sono dolci al mio palato**
le tue promesse!

Oppure:

℟. **Nelle tue parole, Signore, è la mia gioia.**

Nella via dei tuoi insegnamenti è la mia gioia,
più che in tutte le ricchezze.
I tuoi insegnamenti sono la mia delizia:
sono essi i miei consiglieri. ℟.

Bene per me è la legge della tua bocca,
più di mille pezzi d'oro e d'argento.
Quanto sono dolci al mio palato le tue promesse,
più del miele per la mia bocca. ℟.

Mia eredità per sempre sono i tuoi insegnamenti,
perché sono essi la gioia del mio cuore.
Apro anelante la mia bocca,
perché ho sete dei tuoi comandi. ℟.

CANTO AL VANGELO — Gv 10,27

Alleluia, alleluia.
Le mie pecore ascoltano la mia voce,
dice il Signore,
e io le conosco ed esse mi seguono.
Alleluia.

VANGELO — Lc 19,45-48

✠ *Dal Vangelo secondo Luca*

In quel tempo, Gesù, entrato nel tempio, si mise a scacciare quelli che vendevano, dicendo loro: «Sta scritto: **"La mia casa sarà casa di preghiera"**. Voi invece ne avete fatto un covo di ladri». **Ogni giorno insegnava nel tempio.** I capi dei sacerdoti e gli scribi cercavano di farlo morire e così anche i capi del popolo; ma non sapevano che cosa fare, perché tutto il popolo pendeva dalle sue labbra nell'ascoltarlo. **Parola del Signore.**

SULLE OFFERTE - Quest'offerta che ti presentiamo, Dio onnipotente, ci ottenga la grazia di servirti fedelmente e ci prepari il frutto di un'eternità beata. Per Cristo nostro Signore.

COMUNIONE - Il mio bene è stare vicino a Dio, nel Signore Dio riporre la mia speranza *(Sal 72,28)*.
Oppure: Dice il Signore: «In verità vi dico: tutto quello che domandate nella preghiera, abbiate fede di averlo ottenuto e vi sarà accordato» *(Mc 11,23.24)*.

DOPO LA COMUNIONE - O Padre, che ci hai nutriti con questo sacramento, ascolta la nostra umile preghiera: il memoriale, che Cristo tuo Figlio ci ha comandato di celebrare, ci edifichi sempre nel vincolo del tuo amore. Per Cristo nostro Signore.

Commenti

1ª LETTURA - Dietro al piccolo libro, preso dall'apostolo Giovanni e poi divorato come suggerito dall'angelo, può essere nascosta la bellezza ma anche l'amarezza della parola di Dio. Infatti, essa è allo stesso tempo dolce e amara, persuasiva ma esigente. Se leggiamo il Vangelo, ma anche tutta la Sacra Scrittura, come se leggessimo un buon romanzo, certamente apparirà ai nostri occhi una bella storia d'amore fatta di fedeltà e infedeltà, in cui l'amato ha da sempre cercato e ricercato il suo amante. Può quindi affascinare anche per i grandi ideali che porta con sé. Molti, anche non credenti, lungo i secoli hanno visto nel Vangelo una fonte di ideali buoni sui quali fondare una cultura. Per i credenti non è solo questo, in quanto se da una parte c'è la bellezza del messaggio, dall'altra c'è la novità assoluta di Cristo che esige una risposta da parte dell'uomo, una risposta non sempre facile, perché esigente. L'ascolto della Parola richiede una risposta attiva che ha a che fare con la persona stessa di Gesù, Parola incarnata, modello e guida per ogni cristiano.

VANGELO - Tutti gli evangelisti riportano l'episodio di Gesù al tempio che si imbatte con i cambiavalute e i mercanti. Il Signore entra nello "Hierón", il luogo dell'incontro con Dio, trasformato da luogo di culto a luogo commerciale e, di fronte a questa scena, inizia a scacciare quel mercato; anche perché già precedentemente aveva messo in contrapposizione Dio e mammona: l'amore per l'uno implica il non amore per l'altro, e viceversa. Il gesto di Gesù ci ricorda che non si può fare del luogo di preghiera per eccellenza, il luogo della comunione con Dio, un mercato. Purtroppo anche le nostre chiese, spesso, rischiano di diventare tutto fuorché casa di preghiera. Sta a noi invece prendercene cura, come ha fatto Gesù, per far sì che il luogo sacro rimanga sacro e non diventi profano. L'atteggiamento che noi assumiamo al suo interno, il modo in cui lo custodiamo, le azioni che lì dentro compiamo, devono essere tutte indirizzate a ciò che il luogo rappresenta e alla funzione che esso ha: la relazione di ogni credente con il suo Signore.

CHIEDETE E VI SARÀ DATO — Lc 11,9

1. O Signore, che hai fatto della tua casa una casa di preghiera, illumina la Chiesa perché riscopra la centralità della dimensione orante e, nella preghiera e nella fraternità, sia per il mondo un riflesso luminoso della bellezza di Cristo.

2. O Signore, Dio di bellezza, concedi ai giovani chiamati al sacerdozio e alla vita consacrata di rispondere alla loro vocazione e di spendere la vita come dono d'amore ai fratelli.

3. O Signore, che in san Clemente hai offerto alla Chiesa un'immagine di Cristo buon pastore, apri il nostro cuore alla trasparenza del tuo amore, per essere nel mondo segni della tua misericordia.

FATE QUELLO CHE VI DIRÀ Gv 2,5

C PER VIVERE DA DISCEPOLO DI GESÙ... Come mi comporto quando sono in chiesa? Mi giro, parlo, arrivo in ritardo... Mi propongo di assumere un atteggiamento che favorisca la preghiera mia e di chi mi è accanto.

M SULL'ESEMPIO DI MARIA... Ogni giorno Gesù ha un insegnamento da donarmi: rileggo le letture della Messa e cerco la parola che il Signore oggi mi rivolge personalmente.

Altri santi del giorno:
Santa Felicita • San Sisinio • Santa Lucrezia • San Trudone • Beata Margherita di Savoia • Beata Enrica (Maria Angela) Alfieri

24 NOVEMBRE

SABATO

33ª settimana del Tempo Ordinario

rosso **1ª sett. salt.**

SS. Andrea Dung-Lac, sacerdote, e compagni, martiri (m)

SANTI ANDREA DUNG-LAC E COMPAGNI: modelli e testimoni dell'amore di Dio.

Con un'unica celebrazione si onorano centodiciassette martiri di varie regioni del Vietnam, tra i quali otto vescovi, moltissimi sacerdoti e un gran numero di fedeli laici di entrambi i sessi e di ogni condizione ed età, che preferirono tutti patire l'esilio, il carcere, le torture e l'estremo supplizio piuttosto che recare oltraggio alla croce e rinnegare la fede cristiana. La parola del Vangelo arrivò nel Tonchino, ad Annam e in Cocincina – ora Vietnam – a opera di intrepidi missionari, alla fine del XVI secolo. Ma il cristianesimo fu continuamente osteggiato dai regnanti locali tanto che, dal 1625 al 1886, salvo rari periodi di quiete, infuriò una violenta persecuzione con la quale gli imperatori e i mandarini misero in atto ogni genere di astuzie e di perfidie per stroncare la tenera piantagione della Chiesa.

Il martirio fecondò la semina apostolica in questo lembo dell'Oriente e il totale delle vittime, nel corso di tre secoli, ammonta a circa centotrentamila fedeli. La crudeltà dei carnefici non piegò l'invitta costanza dei confessori della fede: decapitati, crocifissi, strangolati, segati, squartati, sottoposti a inenarrabili torture nel carcere e nelle miniere, fecero rifulgere la gloria del Signore.

Di questa miriade di martiri centodiciassette sono stati proclamati santi da papa Giovanni Paolo II il 19 giugno 1988, così suddivisi: 8 vescovi, 50 sacerdoti, 59 laici; 96 sono vietnamiti, 11 spagnoli, 10 francesi; fra i laici vi sono 16 catechisti, una mamma, 4 medici, 6 militari, molti padri di famiglia. A rappresentarli tutti, il Messale Romano nomina Andrea Dung-Lac, prima catechista e poi sacerdote martirizzato nel 1839, che riscosse in Vietnam una particolare devozione.

Andrea nacque nella provincia di Bac-Ninch, da genitori pagani e così poveri che se ne disfecero volentieri quando era ancora piccolo, vendendolo a un catechista. Questi lo allevò e ne apprezzò l'intelligenza. Lo condusse alla missione di Vinh-Tri, dove fu battezzato, istruito e dopo otto anni promosso catechista. Trascorsi altri dieci anni con buona riuscita nella sua attività, intraprese gli studi teologici, coronati, il 15 marzo 1823, con l'ordinazione sacerdotale.

Fu parroco in varie parrocchie. Si trovava da ultimo in quella di Ké-Dam, quando i pagani distrussero la sua casa ed egli fu obbligato a ritirarsi a Ké-Sui, dove si recava presso i vari fedeli per l'amministrazione dei sacramenti. Là fu arrestato una prima volta e condotto alla prefettura di Ly-Nham, ma fu riscattato dalla generosità dei cristiani, che offrirono al mandarino tre verghe d'argento.

Da allora, per poter continuare il suo ministero, cambiò il nome di Dung in quello di Lac e passò a un'altra prefettura, spingendosi audacemente nelle pericolose province di Hanoi e di Nam-Dinh. Salito su una barca per attraversare il fiume, mentre stava per raggiungere l'altra riva, si trovò in difficoltà e tese la mano per essere aiutato a scendere a terra. Chi lo soccorse era il segretario del prefetto che lo riconobbe esclamando: «Ho preso un maestro di religione!».

Fu definitivamente arrestato e condotto nella prigione di Hanoi il 16 novembre 1839. Invitato ad apostatare e a calpestare la croce, restò fermo nella professione della fede e venne condannato alla decapitazione. Approvata dal re, la sentenza fu eseguita il 21 dicembre 1839.

ANTIFONA D'INGRESSO - Non ci sia per noi altra gloria che nella croce del Signore nostro Gesù Cristo. La parola della croce per noi che siamo stati salvati è potenza di Dio *(Cfr. Gal 6,14; 1Cor 1,1).*

COLLETTA - O Dio, origine e fonte di ogni paternità, che hai reso fedeli alla croce del tuo Figlio fino all'effusione del sangue, i santi Andrea Dung-Lac e compagni martiri, per la loro comune intercessione fa' che diventiamo missionari e testimoni del tuo amore fra gli uomini, per chiamarci ad essere tuoi figli. Per il nostro Signore...

PRIMA LETTURA Ap 11,4-12

Dal libro dell'Apocalisse di san Giovanni apostolo

A me Giovanni, fu detto: «[Ecco i miei due testimoni]». Questi sono i due olivi e i due candelabri che stanno davanti al Signore della terra. Se qualcuno pensasse di fare loro del male, uscirà dalla loro bocca un fuoco che divorerà i loro nemici. Così deve perire chiunque pensi di fare loro del male. Essi hanno il potere di chiudere il cielo, perché non cada pioggia nei giorni del loro ministero profetico. Essi hanno anche potere di cambiare l'acqua in sangue e di colpire la terra con ogni sorta di flagelli, tutte le volte che lo vorranno. E quando avranno compiuto la loro testimonianza, la bestia che sale dall'abisso farà guerra contro di loro, li vincerà e li ucciderà. I loro cadaveri rimarranno esposti sulla piazza della grande città, che simbolicamente si chiama Sòdoma ed Egitto, dove anche il loro Signore fu crocifisso. Uomini di ogni popolo, tribù, lingua e nazione vedono i loro cadaveri per tre giorni e mezzo e non permettono che i loro cadaveri vengano deposti in un sepolcro. Gli abitanti della terra fanno festa su di loro, si rallegrano e si scambiano doni, perché questi due profeti erano il tormento degli abitanti della terra. Ma dopo tre giorni e mezzo un soffio di vita che veniva da Dio entrò in essi e si alzarono in piedi, con grande terrore di quelli che stavano a guardarli. Allora udirono un grido possente dal cielo che diceva loro: «Salite quassù» e salirono al cielo in una nube, mentre i loro nemici li guardavano. **Parola di Dio.**

SALMO RESPONSORIALE Dal Salmo 143 (144)

℟. **Benedetto il Signore, mia roccia.**

Oppure:

℟. **Sei tu, Signore, mio rifugio e mia salvezza.**

Benedetto il Signore, mia roccia,
che addestra le mie mani alla guerra,
le mie dita alla battaglia. ℟.

Mio alleato e mia fortezza,
mio rifugio e mio liberatore,
mio scudo in cui confido,
colui che sottomette i popoli al mio giogo. ℟.

O Dio, ti canterò un canto nuovo,
inneggerò a te con l'arpa a dieci corde,
a te, che dai vittoria ai re,
che scampi Davide, tuo servo, dalla spada iniqua. ℟.

CANTO AL VANGELO Cfr. 2Tm 1,10

Alleluia, alleluia.

Il salvatore nostro Cristo Gesù ha vinto la morte
e ha fatto risplendere la vita per mezzo del Vangelo.
Alleluia.

VANGELO Lc 20,27-40

✠ *Dal Vangelo secondo Luca*

In quel tempo, si avvicinarono a Gesù alcuni sadducèi – i quali dicono che non c'è risurrezione – e gli posero questa domanda: «Maestro, Mosè ci ha prescritto: "Se muore il fratello di qualcuno che ha moglie, ma è senza figli, suo fratello prenda la moglie e dia una discendenza al proprio fratello". C'erano dunque sette fratelli: il primo, dopo aver preso moglie, morì senza figli. Allora la prese il secondo e poi il terzo e così tutti e sette morirono senza lasciare figli. Da ultimo morì anche la donna. La donna dunque, alla risurrezione, di chi sarà moglie? Poiché tutti e sette l'hanno avuta in moglie». Gesù rispose loro: «I figli di questo mondo prendono moglie e prendono marito; ma quelli che sono giudicati degni della vita futura e della risurrezione dai morti, non prendono né moglie né marito: infatti non possono più morire, perché sono uguali agli angeli e, poiché sono figli della risurrezione, sono figli di Dio. Che poi i morti risorgano, lo ha indicato anche Mosè a proposito del roveto, quando dice: "Il Signore è il Dio di Abramo, Dio di Isacco e Dio di Giacobbe". **Dio non è dei morti, ma dei viventi; perché tutti vivono per lui**». Dissero allora alcuni scribi: «Maestro, hai parlato bene». E non osavano più rivolgergli alcuna domanda. **Parola del Signore.**

SULLE OFFERTE - Accogli, o Padre, i doni che ti presentiamo nel ricordo della passione dei santi martiri vietnamiti; dona anche a noi fra le avversità del mondo la grazia di una fortezza intrepida e trasformaci in offerta a te gradita. Per Cristo nostro Signore.

COMUNIONE - Beati i perseguitati per causa della giustizia, perché di essi è il regno dei cieli *(Cfr. Mt 5,10)*.

DOPO LA COMUNIONE - Signore Dio nostro, che nella celebrazione dei santi martiri Andrea e compagni ci hai nutriti dell'unico pane eucaristico, concedi di perseverare unanimi nella tua carità per ottenere il premio eterno riservato a quanti soffrono per la fede. Per Cristo nostro Signore.

Commenti

1ª LETTURA - La citazione di questi due testimoni presenti nell'Apocalisse ha incuriosito molti che hanno cercato di dare loro un'identità. A noi, però, basta sapere che possono essere simbolo di ogni cristiano che annuncia il Vangelo e che spesso viene rifiutato. È una storia che si ripete, pensiamo ai profeti o allo stesso Gesù: tutta la vita spesa ad annunciare, nonostante le opposizioni e talvolta la persecuzione. I primi cristiani, questa dinamica di annuncio e rifiuto, l'hanno conosciuta bene pagandola con il sangue. Ogni battezzato, entrando a far parte del popolo sacerdotale, profetico e regale, è abilitato a portare l'annuncio e quindi può incorrere nella possibilità di non essere accolto. Certo, la cosa spaventa, sopratutto se il rischio è quello di essere derisi o di sperimentare l'emarginazione, se non addirittura in alcuni Paesi, ancora oggi, il martirio. Ma, in quanto cristiani, non possiamo venire meno alla nostra stessa natura: essere strumenti nelle mani di Dio, per continuare ad affermare con forza che la salvezza proviene solo da Cristo.

Vangelo - I sadducèi, uno dei diversi gruppi religiosi presenti in Israele al tempo di Gesù, pongono una domanda sulla legge del levirato, riportata nel libro del Deuteronòmio, che permetteva a ogni maschio di avere la discendenza. Cogliendo l'occasione, Gesù parla della realtà futura proprio a coloro che non credono alla risurrezione. Questo è il punto cruciale della nostra fede, ma anche il più dibattuto, perché si fa difficoltà a credere in ciò che non vediamo. Eppure la fiducia nelle parole di Gesù ci spinge a credere al di là delle prove empiriche. Infatti la morte, entrata nel mondo a causa del peccato, è solo un grande passaggio alla vita vera, all'incontro con il Signore, che nella fede abbiamo atteso con speranza. Lo stesso Mosè al roveto fa esperienza del Dio dei vivi, il Dio di Abramo, di Isacco e di Giacobbe, i quali pur essendo morti, sono destinati alla risurrezione.

CHIEDETE E VI SARÀ DATO — Lc 11,9

1. O Dio, fonte di ogni santità, che chiedi l'impegno dei tuoi figli e doni loro il frutto della tua gioia, per l'intercessione di sant'Andrea e di tutti i martiri, sostieni il cammino della Chiesa fino alla beatitudine eterna.

2. O Dio, il tuo Figlio verrà alla fine dei tempi per dare compimento alla storia della salvezza, fa' che tutti coloro che nella vita si sono prodigati per l'edificazione del tuo Regno siano accolti nella compagnia dei santi.

3. O Dio, che in Cristo tuo Figlio ci hai dato il maestro e il modello di ogni santità, rendici ferventi nella fede e instancabili nell'amore, per diventare luce del mondo e sale della terra.

FATE QUELLO CHE VI DIRÀ

Gv 2,5

C PER VIVERE DA DISCEPOLO DI GESÙ... Rivolgo una preghiera di suffragio per i defunti, nella certezza che la vita non finisce ma si trasforma per giungere alla risurrezione nel tempo stabilito.

M SULL'ESEMPIO DI MARIA... Chiedo a Maria la forza di sostenere con la mia presenza una persona cara che sta vivendo il grande dolore di un lutto, perché non cada nella disperazione.

Altri santi del giorno:
Santa Firmina • San Protasio • San Romano • Sant'Alberto di Louvain • Beate Niceta di Santa Prudenza Plaja Xifra e compagne

25 NOVEMBRE

DOMENICA

Nostro Signore Gesù Cristo
Re dell'universo (s) (B)
bianco **propria**

CRISTO RE: il potere dell'amore.

Oggi la Chiesa celebra Nostro Signore Gesù Cristo Re dell'universo. Questa solennità è posta al termine dell'anno liturgico e riassume il mistero di Gesù «primogenito dei morti e dominatore di tutti i potenti della terra» (Colletta).
Ma in che cosa consiste il "potere" regale di Gesù? Non è quello dei re e dei grandi di questo mondo; è il potere divino di dare la vita eterna, di liberare dal male, di sconfiggere il dominio della morte. È il potere dell'Amore, che sa ricavare il bene dal male, intenerire un cuore indurito, portare pace nel conflitto più aspro, accendere la speranza nel buio più fitto. Questo Regno della grazia non si impone mai, e rispetta sempre la nostra libertà.
A ogni coscienza, dunque, si rende necessaria una scelta: chi voglio seguire? Dio o il maligno? La verità o la menzogna? Scegliere Gesù non garantisce il successo secondo i criteri del mondo, ma assicura quella pace e quella gioia che solo lui può dare. Lo dimostra, in ogni epoca, l'esperienza di tanti uomini e donne che, in nome di Cristo, in nome della verità e della giustizia, hanno saputo opporsi alle lusinghe dei poteri terreni con le loro diverse maschere, sino a sigillare con il martirio questa loro fedeltà.
Egli ha sconfitto il dominio del principe di questo mondo e ha

instaurato definitivamente il regno di Dio. Regno che si manifesterà in pienezza alla fine dei tempi, dopo che tutti i nemici, e per ultimo la morte, saranno stati sottomessi. Allora il Figlio consegnerà il Regno al Padre e finalmente Dio sarà tutto in tutti. La via per giungere a questa meta è lunga e non ammette scorciatoie: occorre infatti che ogni persona, liberamente, accolga la verità dell'amore di Dio. Egli è amore e verità, e sia l'amore che la verità non si impongono mai: bussano alla porta del cuore e della mente e, dove possono entrare, apportano pace e gioia. Questo è il modo di regnare di Dio; questo il suo progetto di salvezza, un mistero nel senso biblico del termine, cioè un disegno che si rivela a poco a poco nella storia.
Alla regalità di Cristo è stata associata, in modo singolarissimo, la Vergine Maria. A lei, umile ragazza di Nàzaret, Dio chiese di diventare Madre del Messia, e Maria corrispose a questa chiamata con tutta se stessa, unendo il suo "sì" incondizionato a quello del Figlio Gesù e facendosi con lui obbediente fino al sacrificio. Per questo Dio l'ha esaltata al di sopra di ogni creatura e Cristo l'ha coronata Regina del cielo e della terra. Alla sua intercessione affidiamo la Chiesa e l'intera umanità, affinché l'amore di Dio possa regnare in tutti i cuori e si compia il suo disegno di giustizia e di pace. *(Vedi pagg. 679-681).*

ANTIFONA D'INGRESSO - L'Agnello immolato è degno di ricevere potenza e ricchezza e sapienza e forza e onore: a lui gloria e potenza nei secoli, in eterno *(Ap 5,12;1,6).*

Si dice il Gloria (vedi pag. 17).

COLLETTA - Preghiamo: Dio onnipotente ed eterno, che hai voluto rinnovare tutte le cose in Cristo tuo Figlio, Re dell'universo, fa' che ogni creatura, libera dalla schiavitù del peccato, ti serva e ti lodi senza fine. Per il nostro Signore… **Amen.**

Oppure: O Dio, fonte di ogni paternità, che hai mandato il tuo Figlio per farci partecipi del suo sacerdozio regale, illumina il nostro spirito, perché comprendiamo che servire è regnare, e con la vita donata ai fratelli confessiamo la nostra fedeltà al Cristo, primogenito dei morti e dominatore di tutti i potenti della terra. Egli è Dio… **Amen.**

(seduti)

PRIMA LETTURA — Dn 7,13-14

Dal libro del profeta Daniele

Guardando nelle visioni notturne, ecco venire con le nubi del cielo uno simile a un figlio d'uomo; giunse fino al vegliardo e fu presentato a lui. Gli furono dati potere, gloria e regno; tutti i popoli, nazioni e lingue lo servivano: il suo potere è un potere eterno, che non finirà mai, e il suo regno non sarà mai distrutto. - Parola di Dio. ℟. **Rendiamo grazie a Dio.**

SALMO RESPONSORIALE Dal Salmo 92 (93)

℟. **Il Signore regna, si riveste di splendore.**

Il Signore regna, si riveste di maestà:
si riveste il Signore, si cinge di forza. ℟.

È stabile il mondo, non potrà vacillare.
Stabile è il tuo trono da sempre,
dall'eternità tu sei. ℟.

Davvero degni di fede i tuoi insegnamenti!
La santità si addice alla tua casa
per la durata dei giorni, Signore. ℟.

SECONDA LETTURA Ap 1,5-8

Dal libro dell'Apocalisse di san Giovanni apostolo

Gesù Cristo è il testimone fedele, il primogenito dei morti e il sovrano dei re della terra. A Colui che ci ama e ci ha liberati dai nostri peccati con il suo sangue, che ha fatto di noi un regno, sacerdoti per il suo Dio e Padre, a lui la gloria e la potenza nei secoli dei secoli. Amen. Ecco, viene con le nubi e ogni occhio lo vedrà, anche quelli che lo trafissero, e per lui tutte le tribù della terra si batteranno il petto. Sì, Amen! Dice il Signore Dio: Io sono l'Alfa e l'Omèga, Co-

lui che è, che era e che viene, l'Onnipotente! -
Parola di Dio. R. **Rendiamo grazie a Dio.**

(in piedi)

CANTO AL VANGELO Mc 11,9.10

Alleluia, alleluia.
Benedetto colui che viene nel nome del Signore!
Benedetto il Regno che viene,
del nostro padre Davide!
Alleluia.

VANGELO Gv 18,33b-37

Il Signore sia con voi.
R. **E con il tuo spirito.**
✠ *Dal Vangelo secondo Giovanni*
R. **Gloria a te, o Signore.**

In quel tempo, Pilato disse a Gesù: «Sei tu il re dei Giudei?». Gesù rispose: «Dici questo da te, oppure altri ti hanno parlato di me?». Pilato disse: «Sono forse io Giudeo? La tua gente e i capi dei sacerdoti ti hanno consegnato a me. Che cosa hai fatto?». Rispose Gesù: «**Il mio regno non è di questo mondo**; se il mio regno fosse di questo mondo, i miei servitori avrebbero combattuto perché non fossi consegnato ai Giudei; ma il mio regno non è di quaggiù». Allora

Pilato gli disse: «Dunque tu sei re?». Rispose Gesù: «Tu lo dici: io sono re. Per questo io sono nato e per questo sono venuto nel mondo: per dare testimonianza alla verità. Chiunque è dalla verità, **ascolta la mia voce**». - Parola del Signore. R. **Lode a te o Cristo.**

Credo (vedi pagg. 19-22).

(in piedi)

SULLE OFFERTE - Accetta, o Padre, questo sacrificio di riconciliazione e per i meriti del Cristo tuo Figlio concedi a tutti i popoli il dono dell'unità e della pace. Egli vive e regna nei secoli dei secoli. **Amen.**

PREFAZIO - *Cristo sacerdote e re dell'universo.* È veramente cosa buona e giusta, nostro dovere e fonte di salvezza, rendere grazie sempre e in ogni luogo a te, Signore, Padre santo, Dio onnipotente ed eterno. Tu con olio di esultanza hai consacrato Sacerdote eterno e Re dell'universo il tuo unico Figlio, Gesù Cristo nostro Signore. Egli, sacrificando se stesso immacolata vittima di pace sull'altare della Croce, operò il mistero dell'umana redenzione; assoggettate al suo potere tutte le creature, offrì alla tua maestà infinita il regno eterno e universale: regno di verità e di vita, regno di santità e di grazia, regno di giustizia, di amore e di pace. E noi, uniti agli Angeli e agli Arcangeli, ai Troni e alle Dominazioni e alla moltitudine dei Cori celesti, cantiamo con voce incessante l'inno della tua gloria: **Santo…**

COMUNIONE - Re in eterno siede il Signore: benedirà il suo popolo nella pace *(Sal 28,10-11).*
Oppure: «Io sono re e sono venuto nel mondo per rendere testimonianza alla verità» *(Gv 18,37).*

DOPO LA COMUNIONE - **Preghiamo:** O Dio, nostro Padre, che ci hai nutriti con il pane della vita immortale, fa' che obbediamo con gioia a Cristo, Re dell'universo, per vivere senza fine con lui nel suo regno glorioso. Egli vive e regna nei secoli dei secoli. **Amen.**

Commenti

1ª LETTURA - La liturgia della Parola, che la solennità di Nostro Signore Gesù Cristo ci propone, sottolinea in tutte le letture la signoria di Gesù. Il profeta Daniele indica nel figlio d'uomo colui che verrà intronizzato e al quale sarà dato potere, gloria e regno. Chiaramente dietro a questa descrizione, come fa la stessa liturgia, si vede profeticamente il Cristo. Ma insieme a lui, e attraverso di lui, anche noi facciamo parte di questo regno: ne siamo eredi, ne siamo custodi, ne siamo costruttori. Non solo Gesù è stato intronizzato quale re, ma anche il suo popolo condivide la sua missione. La solennità, che oggi celebriamo, ci ricorda certamente il fatto che abbiamo un unico Signore, che ha potere sui cieli e sulla terra, ma anche che noi condividiamo con lui il progetto del Regno. Non siamo solo i destinatari della regalità di Cristo, ma anche i messaggeri; non siamo solo cittadini del Regno, ma anche suoi ambasciatori.

2ª LETTURA - Il libro dell'Apocalisse, nei suoi primi versetti, è chiaro nell'affermare chi è il testimone fedele, il Risorto, il sovrano, il principio e la fine, come se volesse fin da subito suscitare in noi un sentimento di adorazione verso Gesù Cristo. Questo è sottolineato, a sua volta, dal racconto sintetico di ciò che il Salvatore ha fatto. Infatti la nostra adorazione verso la persona di Gesù è conseguenza della consapevolezza che abbiamo di chi egli sia e di ciò che ha fatto per noi. Come dice l'apostolo Giovanni, egli ci ha amato e ha versato il suo sangue perché fossimo liberati dal peccato, facendo di noi un regno di sacerdoti. L'adorazione è un modo sublime di continuare a meditare e riflettere sul mistero della regalità del Figlio. La

Chiesa ci offre l'adorazione eucaristica per metterci di fronte al Re dei re e continuare a meditare l'evento che ci ha redenti. Il mistero di passione, morte e risurrezione che celebriamo nella Messa, possiamo continuare a contemplarlo nella semplicità di una sosta orante davanti a Gesù Eucaristia.

VANGELO - Il racconto dell'incontro tra Gesù e Pilato ci immerge nel Vangelo della passione. Mentre Gesù è tradito, arrestato, processato… ai nostri occhi appare tutta la sua regalità, il suo vero potere, il suo vero Regno. Alla domanda di Pilato, suggerita dalle parole che si dicevano sul Nazareno: «Sei tu il re dei Giudei?», Gesù non risponde con un "no", ma specifica che il suo Regno non è di questo mondo. Prova di questo è il fatto che nessuno dei suoi ipotetici servitori è andato a palazzo per combattere e liberarlo. Il prefazio di questa solennità descrive tutta la portata del regno di Dio: «Regno di verità e di vita, regno di santità e di grazia, regno di giustizia, di amore e di pace». Un regno diverso da quello che noi pensiamo o anche da quello che i contemporanei di Gesù pensavano. Se leggessimo tutto il Vangelo ci accorgeremmo che fin dagli inizi, fin dalla sua nascita, la sua sua logica è diversa rispetto a quella del mondo. E solo se anche in noi si instaura la logica della carità, della giustizia, della verità, della vicinanza, della tenerezza, possiamo dire di aver accolto il regno di Dio.

CHIEDETE E VI SARÀ DATO Lc 11,9

1. Signore, nostro Re, fa' che la Chiesa sia strumento visibile del tuo amore per ogni uomo.

2. Signore, nostra luce e verità, suscita nei governanti delle nazioni il desiderio di porsi al servizio del tuo Regno.

3. Signore, nostro unico bene, fa' che da questa liturgia attingiamo forza per seguirti sulla via del servizio, del dono totale e dell'amore fedele.

FATE QUELLO CHE VI DIRÀ Gv 2,5

C PER VIVERE DA DISCEPOLO DI GESÙ... Mi preparo alla Messa leggendo le letture del giorno, per partecipare più attivamente alla celebrazione.

M SULL'ESEMPIO DI MARIA... Affido all'intercessione di Maria la Chiesa e l'intera umanità, affinché l'amore di Dio possa regnare in tutti i cuori.

Santi del giorno:

Santa Caterina • San Mercurio • San Mosè • San Maurino • Beata Elisabetta Achler • Beata Beatrice d'Ornacieux

26 NOVEMBRE

LUNEDÌ

34ª settimana del Tempo Ordinario

verde **2ª sett. salt.**

ANTIFONA D'INGRESSO - Il Signore parla di pace al suo popolo, e ai suoi fedeli e a quanti ritornano a lui con tutto il cuore *(Sal 84,9)*.

COLLETTA - Ridesta, Signore, la volontà dei tuoi fedeli perché, collaborando con impegno alla tua opera di salvezza, ottengano in misura sempre più abbondante i doni della tua misericordia. Per il nostro Signore…

PRIMA LETTURA Ap 14,1-3.4b-5

Dal libro dell'Apocalisse di san Giovanni apostolo

Io, Giovanni, vidi: ecco l'Agnello in piedi sul monte Sion, e insieme a lui centoquarantaquattromila persone, che recavano scritto sulla fronte il suo nome e il nome del Padre suo. E udii una voce che veniva dal cielo, come un fragore di grandi acque e come un rimbombo di forte tuono. La voce che udii era come quella di suonatori di cetra che si accompagnano nel canto con le loro cetre. Essi cantano come un canto nuovo davanti al trono e davanti ai quattro esseri viventi e agli anziani. E nessuno poteva comprendere quel canto se non i centoquarantaquattromila, i redenti della terra. Essi sono coloro che seguono l'Agnello dovunque vada. Questi sono stati redenti tra gli uomini come primizie per Dio e per l'Agnello. **Non fu trovata menzogna sulla loro bocca**: sono senza macchia. **Parola di Dio.**

SALMO RESPONSORIALE Dal Salmo 23 (24)

℟. **Ecco la generazione**
che cerca il tuo volto, Signore.

Del Signore è la terra e quanto contiene:
il mondo, con i suoi abitanti.
È lui che l'ha fondato sui mari
e sui fiumi l'ha stabilito. ℟.

Chi potrà salire il monte del Signore?
Chi potrà stare nel suo luogo santo?
Chi ha mani innocenti e cuore puro,
chi non si rivolge agli idoli. ℟.

Egli otterrà benedizione dal Signore,
giustizia da Dio sua salvezza.
Ecco la generazione che lo cerca,
che cerca il tuo volto, Dio di Giacobbe. ℟.

CANTO AL VANGELO Mt 24,42a.44

Alleluia, alleluia.
Vegliate e tenetevi pronti,
perché, nell'ora che non immaginate,
viene il Figlio dell'uomo.
Alleluia.

VANGELO Lc 21,1-4

✠ *Dal Vangelo secondo Luca*

In quel tempo, Gesù, alzàti gli occhi, vide i ricchi che gettavano le loro offerte nel tesoro del tempio. Vide anche una vedova povera, che vi gettava due monetine, e disse: «In verità vi dico: questa vedova, così povera, ha gettato più di tutti. Tutti costoro, infatti, hanno gettato come offerta parte del loro superfluo. Ella invece, nella sua miseria, ha gettato tutto quello che aveva per vivere». **Parola del Signore.**

SULLE OFFERTE - Accogli, Signore, questi santi doni che ci hai comandato di offrire in tuo onore, perché, obbedienti alla tua parola, diventiamo anche noi un'offerta a te gradita. Per Cristo nostro Signore.

COMUNIONE - Popoli tutti, lodate il Signore, perché grande è il suo amore per noi *(Sal 116,1.2)*.
Oppure: «Ecco, io sono con voi tutti i giorni sino alla fine del mondo», dice il Signore *(Mt 28,20)*.

DOPO LA COMUNIONE - O Dio, che in questi santi misteri ci hai dato la gioia di unirci alla tua stessa vita, non permettere che ci separiamo mai da te, fonte di ogni bene. Per Cristo nostro Signore.

Commenti

1ª LETTURA - In questa visione dell'Agnello troviamo espresso un numero che non può essere inteso in modo letterale. Certamente alcuni numeri, nella Sacra Scrittura, possono essere letti come dati reali, ma è altrettanto vero che altri devono essere interpretati in maniera simbolica, in quanto rivelano un senso più ampio. Questo è il caso dei centoquarantaquattromila dell'Apocalisse. Infatti, leggere questo numero in senso letterale, significherebbe affermare che il Signore ha già scelto, in maniera irreversibile, chi sono i salvati. Ma più e più volte, gli scritti neotestamentari sottolineano come la salvezza travalichi i confini di Israele per raggiungere tutte le genti. Lo stesso Gesù, nell'ultima Cena, pur utilizzando il termine "molti" (Mc 14,24), vuole indicare la moltitudine infinita di coloro ai quali è destinato il dono del pane e del vino nel quale è significato il suo sacrificio. La salvezza, quindi, è donata a tutti, non ad alcuni, non a pochi, né tantomeno a un numero ristretto, anche se quantitativamente grande. La cosa certa è che spetta a noi decidere di entrare a far parte di quei centoquarantaquattromila, di quella moltitudine di salvati.

Vangelo - Quando ci troviamo a riflettere sulla figura della vedova povera, che dà tutto ciò che ha al tesoro del tempio, ci stupiamo del suo coraggio e della sua generosità. Bisogna fare, però, un passo oltre, e cioè comprendere da quale sorgente scaturiscono questo coraggio e questa generosità, che fanno sì che la donna si privi del necessario per vivere. Anche nelle nostre comunità parrocchiali, rimaniamo stupiti nel vedere che coloro che hanno meno sono proprio coloro che donano di più. Rispetto alla logica di ognuno di noi, o almeno di coloro che si lasciano influenzare da una società che non dona più nemmeno il superfluo, la vedova ha le carte in regola per essere colei che è stata toccata dalla fiducia nella provvidenza di Dio. Gesù, parlando con i suoi, un giorno affermò che colui che gratuitamente ha ricevuto, gratuitamente è invitato a dare. Per questo anche noi riusciremo ad avere il coraggio e la generosità di questa donna, di cui ci parla il Vangelo di oggi, se ci lasceremo toccare dall'amore gratuito del Signore. Solo quando ci abbandoneremo fiduciosi alla provvidenza di Dio saremo capaci, anche noi, di donare il tutto di noi stessi, senza trattenere nulla.

CHIEDETE E VI SARÀ DATO — Lc 11,9

1. Signore, nostra salvezza, rendi tutti i missionari autentici araldi del Vangelo, affinché la tua Parola sia accolta in ogni luogo e in tutta la terra si realizzi il progetto d'amore di Dio Padre.

2. Signore, nostra forza, guarda i sofferenti nel corpo e nello spirito e fa' che, sostenuti dalla tua grazia e dall'aiuto dei fratelli, possano perseverare nella fede, nella speranza e nella carità.

3. Signore, che regni innalzato sulla croce, concedi a noi, tuo popolo, lo Spirito della tua verità, affinché, rinati in te nel Battesimo, viviamo nella storia e camminiamo con i fratelli quali figli amati dal Padre.

FATE QUELLO CHE VI DIRÀ

Gv 2,5

C PER VIVERE DA DISCEPOLO DI GESÙ... Sarò più attento del solito nella raccolta differenziata e cercherò nuove modalità per ridurre il mio impatto ambientale: spengo le luci, vado a piedi quando posso, non uso stoviglie di plastica, non spreco l'acqua...

M SULL'ESEMPIO DI MARIA... Per intercessione della Madre del Signore, oggi nessuna falsità uscirà dalla mia bocca.

Santi del giorno:

Beata Gaetana Sterni • San Siricio • Sant'Alipio • San Corrado • San Bellino • San Silvestro Guzzolini • Beato Giacomo Alberione *(vedi pag. 682)*

27 NOVEMBRE

MARTEDÌ

34ª settimana del Tempo Ordinario

verde **2ª sett. salt.**

ANTIFONA D'INGRESSO - Il Signore parla di pace al suo popolo, e ai suoi fedeli e a quanti ritornano a lui con tutto il cuore *(Sal 84,9)*.

COLLETTA - Ridesta, Signore, la volontà dei tuoi fedeli perché, collaborando con impegno alla tua opera di salvezza, ottengano in misura sempre più abbondante i doni della tua misericordia. Per il nostro Signore…

PRIMA LETTURA Ap 14,14-19

Dal libro dell'Apocalisse di san Giovanni apostolo

Io, Giovanni, vidi: ecco una nube bianca, e sulla nube stava seduto uno simile a un Figlio d'uomo: aveva sul capo una corona d'oro e in mano una falce affilata. Un altro angelo uscì dal tempio, gridando a gran voce a colui che era seduto sulla nube: «Getta la tua falce e mieti; è giunta l'ora di mietere, perché la messe della terra è matura». Allora colui che era seduto sulla nube lanciò la sua falce sulla terra e la terra fu mietuta. Allora un altro angelo uscì dal tempio che è nel cielo, tenendo anch'egli una falce affilata. Un altro angelo, che ha potere sul fuoco, venne dall'altare e gridò a gran voce a quello che aveva la falce affilata: «Getta la tua falce affilata e vendemmia i grappoli della vigna della terra, perché le sue uve sono mature». L'angelo lanciò la sua falce sulla terra, vendemmiò la vigna della terra e rovesciò l'uva nel grande tino dell'ira di Dio. **Parola di Dio.**

SALMO RESPONSORIALE Dal Salmo 95 (96)

℟. **Vieni, Signore, a giudicare la terra.**

Dite tra le genti: «Il Signore regna!».
È stabile il mondo, non potrà vacillare!
Egli giudica i popoli con rettitudine. ℟.

Gioiscano i cieli, esulti la terra,
risuoni il mare e quanto racchiude;
sia in festa la campagna e quanto contiene,
acclamino tutti gli alberi della foresta. ℟.

Davanti al Signore che viene:
sì, egli viene a giudicare la terra;
giudicherà il mondo con giustizia
e nella sua fedeltà i popoli.

℟. **Vieni, Signore, a giudicare la terra.**

CANTO AL VANGELO Ap 2,10c

Alleluia, alleluia.
Sii fedele fino alla morte, dice il Signore,
e ti darò la corona della vita.
Alleluia.

VANGELO Lc 21,5-11

✠ *Dal Vangelo secondo Luca*

In quel tempo, mentre alcuni parlavano del tempio, che era ornato di belle pietre e di doni votivi, Gesù disse: «Verranno giorni nei quali, di quello che vedete, non sarà lasciata pietra su pietra che non sarà distrutta». Gli domandarono: «Maestro, quando dunque accadranno queste cose e quale sarà il segno, quando esse staranno per accadere?». Rispose: «Badate di non lasciarvi ingannare. Molti infatti verranno nel mio nome dicendo: "Sono io", e: "Il tempo è vicino". Non andate dietro a loro! Quando sentirete di guerre e di rivoluzioni, non vi terrorizzate, perché prima devono avvenire queste cose, ma non è subito la fine». Poi diceva loro: «Si solleverà nazione contro nazione e regno contro regno, e vi saranno in diversi luoghi terremoti, carestie e pestilenze; vi saranno anche fatti terrificanti e segni grandiosi dal cielo». **Parola del Signore.**

SULLE OFFERTE - Accogli, Signore, questi santi doni che ci hai comandato di offrire in tuo onore, perché, obbedienti alla tua parola, diventiamo anche noi un'offerta a te gradita. Per Cristo nostro Signore.

COMUNIONE - Popoli tutti, lodate il Signore, perché grande è il suo amore per noi *(Sal 116,1.2).*
Oppure: «Ecco, io sono con voi tutti i giorni sino alla fine del mondo», dice il Signore *(Mt 28,20).*

DOPO LA COMUNIONE - O Dio, che in questi santi misteri ci hai dato la gioia di unirci alla tua stessa vita, non permettere che ci separiamo mai da te, fonte di ogni bene. Per Cristo nostro Signore.

Commenti

1ª LETTURA - Agli inizi del Vangelo di Matteo, incontriamo Giovanni Battista, al quale accorrevano in molti perché era un grande predicatore. Tra le sue parole troviamo il discorso sul tempo della scure e del ventilabro, due strumenti agricoli che hanno a che fare con la lavorazione finale delle piante. Lo stesso accade oggi nel brano dell'Apocalisse, che cita ancora una volta strumenti agricoli. Queste immagini servono a sottolineare che il tempo dell'ultima lavorazione è vicino. L'incarnazione di Gesù e poi il mistero di passione, morte e risurrezione segnano l'inizio del tempo opportuno per la conversione. Per rimanere in ambito agricolo, la conversione possiamo vederla come quello sforzo che permette di far maturare e rendere buoni i frutti da raccogliere. Nella nostra vita tante persone hanno certamente seminato, e prima di farlo hanno preparato un buon terreno affinché il seme fosse accolto efficacemente, ora sta a noi lasciare che la pianta, ormai cresciuta, possa portare frutti buoni. E, come sottolinea con questa visione l'Apocalisse, il tempo per poterlo fare è questo, quello che stiamo vivendo.

Vangelo - Le crude parole di Gesù, nel Vangelo di oggi, colpiscono al cuore gli israeliti e gli uomini di ogni tempo. Potrebbero sembrare parole di maledizione, ma sappiamo che l'intento di Gesù non è quello di maledire, ma quello di parlare all'uomo per ridestare in lui l'attenzione. È vero, nel 70 d.C. il tempio fu distrutto, ma questa parola profetica del Messia ha l'intenzione di prepararci al fine, piuttosto che alla fine. Tutti ci preoccupiamo degli ultimi giorni, ma la preoccupazione può essere estesa, ancora prima, a questi giorni, quelli della quotidianità, che sono lo spazio per il cambiamento. Uno degli ostacoli che però si presenta è quello dei falsi profeti che, a forza di parole e di bei discorsi, possono indurci a seguirli, facendoci smarrire così la via maestra. Il male in superficie può essere ammaliante, accondiscendente, bello, ma, se seguito, può solo condurci in un abisso oscuro. Oggi, più che mai, siamo chiamati a ridirezionare il nostro sguardo su Gesù, il solo che può salvarci. Il comando è perentorio: «Non andate dietro a loro!», ma è ricco di tutto quell'amore che Gesù vuole vederci vivere in questo mondo, con la consapevolezza che non siamo di questo mondo, ma siamo cittadini di quel Regno le cui porte ci sono state aperte da Cristo.

CHIEDETE E VI SARÀ DATO Lc 11,9

1. Perché la Chiesa apra sempre più il suo cuore a Dio, che con bontà e pazienza attende la nostra risposta per fare di ogni tempo, un tempo di salvezza.

2. Perché i giovani rispondano liberamente e generosamente alla chiamata di Dio e vivano la loro esistenza come dedizione d'amore a lui e ai fratelli.

3. Perché noi tutti impariamo a fare della nostra esistenza un canto di lode, di gioia e di rendimento di grazie a Colui che è il Sommo Bene.

FATE QUELLO CHE VI DIRÀ Gv 2,5

C PER VIVERE DA DISCEPOLO DI GESÙ... Faccio una passeggiata nella natura e lodo il Signore per la sua creazione.

M SULL'ESEMPIO DI MARIA... Mi preparo a vivere l'Avvento seguendo l'esempio di Maria, ripetendo con le labbra e nel cuore: «Vieni, Signore!».

Santi del giorno:

Beata Vergine Maria della Medaglia Miracolosa • Santi Facondo e Primitivo • San Valeriano • San Massimo • Beati Tommaso Koteda Kiuni e dieci compagni

LA MEDAGLIA MIRACOLOSA

«Fai coniare una Medaglia su questo modello; tutte le persone che la porteranno, riceveranno grandi grazie, specialmente portandola al collo».

Caterina nacque in Francia il 2 maggio 1806. Il 30 gennaio 1830 entrò tra le Figlie della Carità nella casa di Châtillon e tre mesi più tardi iniziò il noviziato a Parigi, a Rue du Bac.

Qui le apparve la Vergine Maria. Così Caterina raccontò: «Il 27 novembre 1830, il sabato precedente alla prima domenica d'Avvento, alle 17:30, facendo la meditazione in profondo silenzio, mi parve di sentire dal lato destro della cappella un rumore come il fruscio di una veste di seta.

Avendo volto lo sguardo verso quel lato, vidi la santissima Vergine. Ed ecco formarsi intorno alla santissima Vergine un quadro un po' ovale, sul quale in alto vi erano queste parole scritte a lettere d'oro: "O Maria, concepita senza peccato, prega per noi che ricorriamo a te". Allora si fece sentire una voce che mi disse: "Fai coniare una Medaglia su questo modello; tutte le persone che la porteranno, riceveranno grandi grazie, specialmente portandola al collo; le grazie saranno abbondanti per le persone che la porteranno con fiducia". Dopo aver contemplato questo quadro, mi è sembrato che si girasse, e ho potuto vedere il rovescio della Medaglia. Tutto disparve come qualcosa che si estingue. Preoccupata di sapere che cosa bisognava mettere nel rovescio della Medaglia, dopo aver molto pregato, un giorno mi sembrò di capire che una voce mi diceva: "La 'M' e i due cuori dicono abbastanza"».

Contemporaneamente una voce interiore ingiunse a Caterina di far coniare una medaglia che riproducesse la visione, ma soltanto due anni più tardi furono coniati i primi millecinquecento esemplari. La medaglia fu presto detta "miracolosa" e fra i miracoli più belli da essa operati ci fu, nel 1842, la conversione immediata di Alfonso Ratisbonne.

Egli proveniva da una ricchissima famiglia di banchieri ebrei. Amava i divertimenti mondani e ne godeva abbondantemente. Era ebreo solo di nome; di fatto era un razionalista che derideva ogni convinzione religiosa e soprattutto aborriva la religione cattolica. Il suo amico Teodoro de Bussières gli offrì una Medaglia dell'Immacolata. Dopo un iniziale rifiuto, Alfonso accettò il dono lasciandosi mettere al collo la Medaglia. Qualche giorno più tardi, il 20 gennaio, passeggiava per Roma con l'amico de Bussières. Giunti alla chiesa di Sant'Andrea delle Fratte, Teodoro chiese ad Alfonso di attenderlo per qualche minuto: avrebbe fatto una brevissima commissione presso i Frati Minimi. Alfonso, attendendo il ritorno dell'amico, si mise a girare per la chiesa deserta. Ecco il suo racconto: «Mentre camminavo per la chiesa, d'improvviso vidi come un velo innanzi a me; mi sembrava la chiesa tutta oscura, eccettuata una cappella. Levai gli occhi verso la cappella raggiante di tanta luce e vidi, in piedi, viva, grande, maestosa, bellissima, misericordiosa, la santissima Vergine Maria simile, nell'atto e nella struttura, all'immagine che si vede sulla Medaglia Miracolosa dell'Immacolata. A tal vista caddi in ginocchio. Fissai le sue mani e vidi in esse l'espressione del perdono e della misericordia. Alla presenza della santissima Vergine, quantunque ella non mi dicesse parola, compresi l'orrore dello stato in cui mi trovavo, in una parola: capii tutto!».

Quando il de Bussières rientrò in chiesa, vide Alfonso inginocchiato davanti alla cappella e vide il suo volto inondato di lacrime. Egli prese poi la Medaglia Miracolosa che il de Bussières gli aveva dato e la coprì di baci e di lacrime esclamando: «Era lei, proprio lei!».

L'Immacolata lo aveva illuminato, trasformato, conquistato interamente. Il 31 gennaio 1842 il Ratisbonne ricevette il Battesimo, assumendo il nome di Alfonso Maria. Per ordine del Pontefice, fu istituito un processo canonico, conclusosi nel giugno dello stesso anno, con il riconoscimento del grande miracolo. Alfonso Ratisbonne si trasferì a Parigi, divenne sacerdote e fondò, in Palestina, un Istituto religioso, Religiose di Nostra Signora di Sion, che ha oggi come impegno fondante quello della promozione del dialogo interreligioso tra cattolici ed ebrei, ortodossi e musulmani. Alfonso morì in Palestina il 6 maggio 1884. *(Vedi pagg. 683-685).*

28 NOVEMBRE

MERCOLEDÌ

34ª settimana del Tempo Ordinario
verde **2ª sett. salt.**

ANTIFONA D'INGRESSO - Il Signore parla di pace al suo popolo, e ai suoi fedeli e a quanti ritornano a lui con tutto il cuore *(Sal 84,9).*

COLLETTA - Ridesta, Signore, la volontà dei tuoi fedeli perché, collaborando con impegno alla tua opera di salvezza, ottengano in misura sempre più abbondante i doni della tua misericordia. Per il nostro Signore…

PRIMA LETTURA Ap 15,1-4

Dal libro dell'Apocalisse di san Giovanni apostolo

Io, Giovanni, vidi nel cielo un altro segno, grande e meraviglioso: sette angeli che avevano sette flagelli; gli ultimi, poiché con essi è compiuta l'ira di Dio. Vidi pure come un mare di cristallo misto a fuoco; coloro che avevano vinto la bestia, la sua immagine e il numero del suo nome, stavano in piedi sul mare di cristallo. Hanno cetre divine e cantano il canto di Mosè, il servo di Dio, e il canto dell'Agnello: «Grandi e mirabili sono le tue opere, Signore Dio onnipotente; giuste e vere le tue vie, Re delle genti! O Signore, chi non temerà e non darà gloria al tuo nome? Poiché tu solo sei santo, e tutte le genti verranno e si prostreranno davanti a te, perché i tuoi giudizi furono manifestati». **Parola di Dio.**

SALMO RESPONSORIALE Dal Salmo 97 (98)

℟. **Grandi e mirabili sono le tue opere,**
Signore Dio onnipotente.

Oppure:

℟. **Mirabili sono le opere del Signore.**

Cantate al Signore un canto nuovo,
perché ha compiuto meraviglie.
Gli ha dato vittoria la sua destra
e il suo braccio santo. ℟.

Il Signore ha fatto conoscere la sua salvezza,
agli occhi delle genti ha rivelato la sua giustizia.
Egli si è ricordato del suo amore,
della sua fedeltà alla casa d'Israele. ℟.

Risuoni il mare e quanto racchiude,
il mondo e i suoi abitanti.
I fiumi battano le mani,
esultino insieme le montagne.

℟. **Grandi e mirabili sono le tue opere,**
Signore Dio onnipotente.

Oppure:

℟. **Mirabili sono le opere del Signore.**

Davanti al Signore
che viene a giudicare la terra:
giudicherà il mondo con giustizia
e i popoli con rettitudine. ℟.

CANTO AL VANGELO Ap 2,10c

Alleluia, alleluia.
Sii fedele fino alla morte, dice il Signore,
e ti darò la corona della vita.
Alleluia.

VANGELO Lc 21,12-19

✠ *Dal Vangelo secondo Luca*

In quel tempo, Gesù disse ai suoi discepoli: «Metteranno le mani su di voi e **vi perseguiteranno**, consegnandovi alle sinagoghe e alle prigioni, trascinandovi davanti a re e governatori, a causa del mio nome. Avrete allora occasione di dare testimonianza. Mettetevi dunque in mente di non preparare prima la vostra difesa; io vi darò parola e sapienza, cosicché tutti i vostri avversari non potranno resistere né controbattere. Sarete traditi perfino dai genitori, dai fratelli, dai parenti e dagli amici, e uccideranno alcuni di voi; sarete odiati da tutti a causa del mio nome. Ma nemmeno un capello del vostro capo andrà perduto. Con la vostra perseveranza salverete la vostra vita». **Parola del Signore.**

SULLE OFFERTE - Accogli, Signore, questi santi doni che ci hai comandato di offrire in tuo onore, perché, obbedienti alla tua parola, diventiamo anche noi un'offerta a te gradita. Per Cristo nostro Signore.

COMUNIONE - Popoli tutti, lodate il Signore, perché grande è il suo amore per noi *(Sal 116,1.2)*.
Oppure: «Ecco, io sono con voi tutti i giorni sino alla fine del mondo», dice il Signore *(Mt 28,20)*.

DOPO LA COMUNIONE - O Dio, che in questi santi misteri ci hai dato la gioia di unirci alla tua stessa vita, non permettere che ci separiamo mai da te, fonte di ogni bene. Per Cristo nostro Signore.

Commenti

1ª LETTURA - Le ultime righe di questo brano sono utilizzate nella liturgia delle ore, come cantico, perché è il canto del popolo che ha vinto la bestia. Come in ogni cantico, le prime righe si aprono con la lode a Dio per le sue grandi opere, la stessa di quando Israele, dopo secoli di schiavitù, fu liberato dal braccio potente di Dio. Lo stesso canto viene intonato dai giusti, liberati dal potere delle tenebre. È come uno squarcio che si apre nelle vicende umane e dal quale entra la potenza di Colui che solo è Santo, per offrire le sue vie. Anche le nostre storie, che spesso reputiamo difficili, non lasciano Dio indifferente, come non lo è stato nei confronti di Israele; nelle nostre difficoltà l'Onnipotente tende la sua mano per risollevarci. Sta a noi non rifiutare questa mano accogliente che ci salva. La seconda parte dell'inno, infatti, è un chiaro richiamo alla conversione di ogni uomo e di ogni donna, affinché ciascuno riconosca l'intervento provvidenziale di Dio.

VANGELO - Il futuro poco roseo al quale sembrano destinati i testimoni di Cristo, può far sì che ci chiediamo se ne valga realmente la pena. Persecuzioni, prigionia, tradimenti, abbandoni, morte, a causa del nome di Cristo, vale la pena affrontare tutto questo? Noi, poi, in tante occasioni non riusciamo a essere testimoni nemmeno nei luoghi di lavoro, di studio, di vita, perché veniamo presi per strani, a volte per bigotti, altre per creduloni. Eppure Gesù, con la sola forza delle sue parole, sembrerebbe affermare che vale davvero la pena di portare la testimonianza. Se consideriamo umanamente cosa descrive il Vangelo e cosa è successo alla stessa persona di Gesù – il rifiuto da parte del suo popolo, il rinnegamento e il tradimento da parte dei suoi amici, la passione senza giusta causa, la perdita della sua stessa vita – è chiaro che testimoniare ci crea difficoltà, ma ne vale davvero la pena. Questo non solo perché ci sarà lo Spirito Santo ad aiutarci con le parole e la sapienza, qualora dovessimo testimoniare, ma perché abbiamo la prova da Gesù: perdere la vita è la condizione per salvarla.

CHIEDETE E VI SARÀ DATO — Lc 11,9

1. Tu, che hai inviato gli apostoli in tutto il mondo per portare la tua parola di salvezza, fa' che il Vangelo sia an-

nunciato e vissuto con fede e perseveranza in ogni angolo della terra.

2. Tu, che hai illuminato san Giacomo della Marca, dona a coloro che operano nel mondo della finanza e dell'economia di essere attenti e vicini alle necessità dei fratelli più poveri.

3. Tu, che hai promesso il centuplo a coloro che, abbandonata ogni cosa, seguono Cristo, concedi a noi tutti di custodire il dono della vocazione nella fedeltà e nell'autenticità di vita.

FATE QUELLO CHE VI DIRÀ — Gv 2,5

C PER VIVERE DA DISCEPOLO DI GESÙ... Oggi testimonio senza timori e pudori la mia fede, nella certezza che, anche se dovessi incorrere in qualche piccola persecuzione, ho un Avvocato santo e potente al mio fianco.

M SULL'ESEMPIO DI MARIA... Come il Signore si ricorda di me, anch'io voglio ricordarmi di chi so vivere in solitudine, facendomi presente con una telefonata, un messaggio, una visita...

Santi del giorno:

Sant'Irenarco • Santo Stefano il Giovane • Santa Teodora • San Giacomo della Marca • Beato Giacomo Thomson

29 NOVEMBRE

GIOVEDÌ

34ª settimana del Tempo Ordinario
verde **2ª sett. salt.**

ANTIFONA D'INGRESSO - Il Signore parla di pace al suo popolo, e ai suoi fedeli e a quanti ritornano a lui con tutto il cuore *(Sal 84,9).*

COLLETTA - Ridesta, Signore, la volontà dei tuoi fedeli perché, collaborando con impegno alla tua opera di salvezza, ottengano in misura sempre più abbondante i doni della tua misericordia. Per il nostro Signore...

PRIMA LETTURA Ap 18,1-2.21-23;19,1-3.9a

Dal libro dell'Apocalisse di san Giovanni apostolo

Io, Giovanni, vidi un altro angelo discendere dal cielo con grande potere, e la terra fu illuminata dal suo splendore. Gridò a gran voce: «È caduta, è caduta Babilonia la grande, ed è diventata covo di demòni, rifugio di ogni spirito impuro, rifugio di ogni uccel-

lo impuro e rifugio di ogni bestia impura e orrenda». Un angelo possente prese allora una pietra, grande come una màcina, e la gettò nel mare esclamando: «Con questa violenza sarà distrutta Babilonia, la grande città, e nessuno più la troverà. Il suono dei musicisti, dei suonatori di cetra, di flauto e di tromba, non si udrà più in te; ogni artigiano di qualsiasi mestiere non si troverà più in te; il rumore della macina non si udrà più in te; la luce della lampada non brillerà più in te; la voce dello sposo e della sposa non si udrà più in te. Perché i tuoi mercanti erano i grandi della terra e tutte le nazioni dalle tue droghe furono sedotte». Dopo questo, udii come una voce potente di folla immensa nel cielo che diceva: «Alleluia! Salvezza, gloria e potenza sono del nostro Dio, perché veri e giusti sono i suoi giudizi. Egli ha condannato la grande prostituta che corrompeva la terra con la sua prostituzione, vendicando su di lei il sangue dei suoi servi!». E per la seconda volta dissero: «Alleluia! Il suo fumo sale nei secoli dei secoli!». Allora l'angelo mi disse: «Scrivi: **Beati gli invitati al banchetto di nozze dell'Agnello!**».
Parola di Dio.

SALMO RESPONSORIALE Dal Salmo 99 (100)

℟. **Beati gli invitati**
al banchetto di nozze dell'Agnello!

Acclamate il Signore, voi tutti della terra,
servite il Signore nella gioia,
presentatevi a lui con esultanza. ℟.

Riconoscete che solo il Signore è Dio:
egli ci ha fatti e noi siamo suoi,
suo popolo e gregge del suo pascolo. ℟.

Varcate le sue porte con inni di grazie,
i suoi atri con canti di lode,
lodatelo, benedite il suo nome. ℟.

Perché buono è il Signore,
il suo amore è per sempre,
la sua fedeltà di generazione in generazione. ℟.

CANTO AL VANGELO Lc 21,28

Alleluia, alleluia.
Risollevatevi e alzate il capo,
perché la vostra liberazione è vicina.
Alleluia.

VANGELO Lc 21,20-28

✠ *Dal Vangelo secondo Luca*

In quel tempo, Gesù disse ai suoi discepoli: «Quando vedrete Gerusalemme circondata da eserciti, allora sappiate che la sua devastazione è vicina. Allora coloro che si trovano nella Giudea fuggano verso i monti, coloro che sono dentro la città se ne allontanino, e quelli che stanno in campagna non tornino in città; quelli infatti saranno giorni di vendetta, affinché tutto ciò che è stato scritto si compia. In quei giorni guai alle donne che sono incinte e a quelle che allattano, perché vi sarà grande calamità nel paese e ira contro questo popolo. Cadranno a fil di spada e saranno condotti prigionieri in tutte le nazioni; Gerusalemme sarà calpestata dai pagani finché i tempi dei pagani non siano compiuti. Vi saranno segni nel sole, nella luna e nelle stelle, e sulla terra angoscia di popoli in ansia per il fragore del mare e dei flutti, mentre gli uomini moriranno per la paura e per l'attesa di ciò che dovrà accadere sulla terra. Le potenze dei cieli infatti saranno sconvolte. Allora vedranno il Figlio dell'uomo venire su una nube con grande potenza e gloria. Quando cominceranno ad accadere queste cose, risollevatevi e alzate il capo, perché la vostra liberazione è vicina». **Parola del Signore.**

SULLE OFFERTE - Accogli, Signore, questi santi doni che ci hai comandato di offrire in tuo onore, perché, obbedienti alla tua parola, diventiamo anche noi un'offerta a te gradita. Per Cristo nostro Signore.

COMUNIONE - Popoli tutti, lodate il Signore, perché grande è il suo amore per noi *(Sal 116,1.2)*.
Oppure: «Ecco, io sono con voi tutti i giorni sino alla fine del mondo», dice il Signore *(Mt 28,20)*.

DOPO LA COMUNIONE - O Dio, che in questi santi misteri ci hai dato la gioia di unirci alla tua stessa vita, non permettere che ci separiamo mai da te, fonte di ogni bene. Per Cristo nostro Signore.

Commenti

1ª LETTURA - La grande Babilonia, simbolo di perdizione e di idolatria, nel libro dell'Apocalisse è messa in contrapposizione alla santa Gerusalemme. La prima, infatti, rispetto alla seconda, ha vita breve. Giovanni narra la sua distruzione e il relativo giudizio su di essa e sul suo peccato, chiamandola prostituta, espressione che nel linguaggio profetico indica l'idolatria. Qui, come in altri brani della Sacra

Scrittura, sembrerebbe che i cristiani siano invitati a fuggire dalla realtà in cui vivono, sopratutto quando il mondo viene contrapposto al Regno; soprattutto se, come avviene nell'ultimo libro del Nuovo Testamento, indicando Babilonia si indica Roma e il suo impero. Il discorso, però, è molto più profondo: non siamo chiamati, infatti, a fuggire, ma a stare, e a stare remando controcorrente, se fosse necessario. Babilonia è accusata per i suoi innumerevoli peccati, ma il richiamo forte che è contenuto in questo brano vuole svegliare le nostre coscienze dal torpore dovuto ai tanti compromessi fatti con il mondo, per invitarci a riprendere il giusto cammino che ci conduce all'ingresso della Gerusalemme celeste.

Vangelo - Ci stiamo avvicinando agli ultimi momenti della vita di Gesù, nel Vangelo di Luca, e il Messia ha l'esigenza di consegnare ai suoi il discorso escatologico, quello che riguarda gli ultimi tempi. Vengono descritti segni grandiosi del cielo, fino alla venuta del Figlio dell'uomo nella gloria; questi segni ci conducono a porre il nostro sguardo sul Cristo, perché lui è la strada che ci conduce all'incontro con il Padre. La domanda che ci poniamo di fronte a questi sconvolgimenti cosmici è: «Quando tutto ciò avverrà?», come è normale che sia. Ancora più, però, dovrebbe interessarci il vivere nella consapevolezza che Gesù, venuto una prima volta con la sua incarnazione, verrà una seconda volta per portare a compimento il disegno di Dio. La consapevolezza del giudizio finale e del fatto che per noi è stato preparato un posto nel Regno può accompagnarci nel cammino quotidiano. Infatti, quando ci troviamo a percorrere una strada o un sentiero, sapere quale sia la meta da raggiungere ci permette di non perdere l'orientamento e di percorrere la strada fino alla fine. Nel nostro cammino vale lo stesso: avere la meta sempre di fronte agli occhi ci aiuta a evitare di perderci per i tanti bivi o incroci di questo mondo.

CHIEDETE E VI SARÀ DATO Lc 11,9

1. Perché la Chiesa, diffusa nel mondo, sia docile all'azione santificatrice dello Spirito e risplenda come esempio luminoso di virtù evangelica.

2. Perché i governanti si aprano alla luce dello Spirito Santo e lavorino per l'edificazione di una società intessuta di giustizia e di pace, di fraternità e di concordia.

3. Perché la potenza santificatrice della Parola e dell'Eucaristia ci aiuti a vivere con radicalità il Vangelo e ci doni di vivere nella vigilante attesa l'incontro con Cristo Signore.

FATE QUELLO CHE VI DIRÀ Gv 2,5

C Per vivere da discepolo di Gesù... Mi regalo la gioia di partecipare alla celebrazione eucaristica e di ricevere la Comunione.

M Sull'esempio di Maria... Nonostante stia vivendo un momento particolarmente faticoso, desidero affidarmi a questa parola del Signore e, per intercessione della Vergine, smetto di lamentarmi e riprendo il cammino con vigore.

Inizio novena all'Immacolata *(vedi pagg. 689-695)*

Santi del giorno:

San Saturnino di Cartagine • San Filomeno • Santa Illuminata • Beata Maria Maddalena dell'Incarnazione • Beato Bernardo Francesco de Hoyos

30 NOVEMBRE

VENERDÌ

Sant'Andrea apostolo (f)

rosso **propria**

SANT'ANDREA APOSTOLO: «Vide Simone e Andrea, che gettavano le reti».

Stupisce e incanta la spontaneità di Andrea, fratello di Simone. Nato a Betsàida, insieme al padre Giona e al fratello, si dedicava alla pesca nel lago di Tiberìade, in Galilea, e risiedeva a Cafàrnao. L'episodio più simpatico della sua vita ci viene raccontato nel Vangelo di Giovanni (1,36-40). Andrea era andato sulle rive del Giordano insieme a Giovanni, il futuro evangelista, per ascoltare il Battista. Questi, «fissando lo sguardo su Gesù che passava, disse: "Ecco l'agnello di Dio!". E i suoi due discepoli, sentendolo parlare così, seguirono Gesù. Gesù allora si voltò e, osservando che essi lo seguivano, disse loro: "Che cosa cercate?". Gli risposero: "Rabbì – che, tradotto, significa Maestro –, dove dimori?". Disse loro: "Venite e vedrete". Andarono dunque e videro dove egli dimorava e quel giorno rimasero con lui; erano circa le quattro del pomeriggio. Uno dei due che avevano udito le parole di Giovanni e lo avevano seguito, era Andrea, fratello di Simon Pietro».

San Giovanni Crisostomo fa questo commento: «Andrea, essendo rimasto vicino a Gesù e avendo imparato molte cose, non tenne nascosto in sé questo tesoro, ma si affrettò a corre-

re dal proprio fratello per condividerlo con lui». Ormai il destino dei due era segnato per sempre, perché il Maestro aveva posto i suoi occhi su di loro.
Questi, infatti, secondo il racconto di Marco, «passando lungo il mare di Galilea, vide Simone e Andrea, fratello di Simone, mentre gettavano le reti in mare; erano infatti pescatori. Gesù disse loro: "Venite dietro a me, vi farò diventare pescatori di uomini". E subito lasciarono le reti e lo seguirono» (Mc 1,16-18).
Andrea fu con Giovanni tra i più intimi di Gesù. A lui si rivolse Filippo perché dicesse a Gesù che i greci lo volevano vedere (Gv 12,20-23). Quando Gesù chiese di dar da mangiare alla folla che lo aveva ascoltato, Andrea presentò al Maestro un fanciullo con cinque pani e due pesci (Gv 6,8-9).
Sul monte degli Ulivi chiese a Gesù, insieme a Pietro, Giacomo e Giovanni, quando sarebbe avvenuta la distruzione del meraviglioso tempio che brillava davanti ai loro occhi (Mc 13,3-4).
Dopo la passione Andrea è con gli altri apostoli nel cenacolo in attesa dello Spirito Santo (At 1,13) e dopo la Pentecoste, secondo la tradizione, Andrea avrebbe incoraggiato l'apostolo san Giovanni a narrare i fatti e i detti di Gesù nel suo Vangelo.
Essendo in grado di parlare il greco, divenne, insieme a Filippo, l'Apostolo dell'incontro con i greci che volevano conoscere Gesù. La tradizione ci racconta che fu missionario non soltanto nell'Asia Minore e nei territori a sud del Mar Nero, cioè in questa stessa regione, ma anche in Grecia, dove patì il martirio.
Pertanto, l'apostolo Andrea rappresenta l'incontro fra la cristianità primitiva e la cultura greca. Questo incontro, particolarmente nell'Asia Minore, divenne possibile grazie specialmente ai grandi Padri della Cappadocia, che arricchirono la liturgia, la teologia e la spiritualità sia delle Chiese orientali sia di quelle occidentali.

Dobbiamo essere profondamente grati per l'eredità che è derivata dal fruttuoso incontro fra il messaggio cristiano e la cultura ellenica. Ciò ha avuto un impatto duraturo sulle Chiese dell'Oriente e dell'Occidente. I Padri greci ci hanno lasciato un prezioso tesoro dal quale la Chiesa continua ad attingere ricchezze antiche e nuove.
La tradizione ci racconta che Andrea seguì il destino del suo Signore e Maestro, finendo i propri giorni a Patrasso, in Grecia. Come Pietro, egli subì il martirio su una croce, quella diagonale che veneriamo oggi come la croce di sant'Andrea. Dal suo esempio apprendiamo che il cammino di ogni singolo cristiano, come quello della Chiesa tutta intera, porta a vita nuova, alla vita eterna, attraverso l'imitazione di Cristo e l'esperienza della croce.

ANTIFONA D'INGRESSO - Sulle sponde del mare di Galilea il Signore vide due fratelli, Pietro e Andrea, e li chiamò: «Venite dietro a me, vi farò pescatori di uomini» *(Cfr. Mt 4,18-19).*

Si dice il Gloria (vedi pag. 17).

COLLETTA - Dio onnipotente, esaudisci la nostra preghiera nella festa dell'apostolo sant'Andrea; egli che fu annunziatore del Vangelo e pastore della tua Chiesa, sia sempre nostro intercessore nel cielo. Per il nostro Signore...

PRIMA LETTURA Rm 10,9-18

Dalla lettera di san Paolo apostolo ai Romani

Fratello, se con la tua bocca proclamerai: «Gesù è il Signore!», e con il tuo cuore crederai che Dio lo ha risuscitato dai morti, sarai salvo. Con il cuore infatti si crede per ottenere la giustizia, e con la bocca si fa la professione di fede per avere la salvezza. Dice infatti la Scrittura: «Chiunque crede in lui non sarà deluso». Poiché non c'è distinzione fra Giudeo e Greco, dato che lui stesso è il Signore di tutti, ricco verso tutti quelli che lo invocano. Infatti: «Chiunque invocherà il nome del Signore sarà salvato». Ora, come invocheranno colui nel quale non hanno creduto? Come crederanno in colui del quale non hanno sentito parlare? Come ne sentiranno parlare senza qualcuno che lo annunci? E come lo annunceranno, se non sono stati inviati? Come sta scritto: «Quanto sono belli i piedi di coloro che recano un lieto annuncio di bene!». Ma non tutti hanno obbedito al Vangelo. Lo dice Isaìa: «Signore, chi ha creduto dopo averci ascoltato?». Dunque, la fede viene dall'ascolto e l'ascolto riguarda la parola di Cristo. Ora io dico: forse non hanno udito? Tutt'altro: «Per tutta la terra è corsa la loro voce, e fino agli estremi confini del mondo le loro parole». **Parola di Dio.**

SALMO RESPONSORIALE Dal Salmo 18 (19)

℟. **Per tutta la terra si diffonde il loro annuncio.**

I cieli narrano la gloria di Dio,
l'opera delle sue mani annuncia il firmamento.
Il giorno al giorno ne affida il racconto
e la notte alla notte ne trasmette notizia. ℟.

Senza linguaggio, senza parole,
senza che si oda la loro voce,
per tutta la terra si diffonde il loro annuncio
e ai confini del mondo il loro messaggio. ℟.

CANTO AL VANGELO Cfr. Mt 4,19

Alleluia, alleluia.
Venite dietro a me,
vi farò pescatori di uomini.
Alleluia.

VANGELO Mt 4,18-22

✠ *Dal Vangelo secondo Matteo*

In quel tempo, mentre camminava lungo il mare di Galilea, Gesù vide due fratelli, Simone, chiamato Pietro, e Andrea suo fratello, che gettavano le reti in mare; erano infatti pescatori. E disse loro: «Venite dietro a me, vi farò pescatori di uomini». Ed essi **subito lasciarono le reti e lo seguirono**. Andando oltre, vide altri due fratelli, Giacomo, figlio di Zebedèo, e Giovanni suo fratello, che nella barca, insieme a Zebedèo loro padre, riparavano le loro reti, e **li chiamò**. Ed essi subito lasciarono la barca e il loro padre e lo seguirono. **Parola del Signore.**

SULLE OFFERTE - Accogli, Signore, con i doni che ti presentiamo nella festa di sant'Andrea apostolo l'umile offerta di noi stessi e donaci in cambio la tua vita divina. Per Cristo nostro Signore.

COMUNIONE - Andrea disse a suo fratello Simone: «Abbiamo trovato il Messia, il Cristo». E lo condusse da Gesù *(Gv 1,41-42)*.

DOPO LA COMUNIONE - La partecipazione al tuo sacramento, Signore, ci fortifichi e ci dia la gioia di portare in noi, sull'esempio di sant'Andrea apostolo, i patimenti del Cristo, per partecipare alla gloria della risurrezione. Per Cristo nostro Signore.

Commenti

1ª LETTURA - Il messaggio di Cristo non fa distinzioni, è rivolto a tutti. L'apostolo Paolo afferma esplicitamente: non c'è differenza tra Giudeo e Greco, perché il Signore è di tutti. Il Vangelo, quindi, è per tutti noi che siamo disposti ad ascoltarlo e ad accoglierlo nella vita, nonostante la nostra condizione di peccatori. Proprio da questa accoglienza sgorga la testimonianza, perché l'annuncio non si può mai arrestare e noi ne siamo i messaggeri. In questo modo, Dio ha voluto rendere partecipi gli uomini nella trasmissione della fede. Un trasmissione che, come scrive san Paolo ai fedeli di Roma, è fatta con il cuore e con la bocca; infatti, la testimonianza cristiana coinvolge interamente la nostra esistenza. Una volta toccati nel profondo da Cristo, possiamo solo testimoniarlo con la vita. La parola, se non è seguita dalle opere, rimane vuota e non fruttifica. Di fronte alla parola del Vangelo ci spaventiamo perché è esigente, ma se il mistero di Cristo ci ha realmente toccati, ha sconvolto le nostre vite, allora non può che essere conseguenza naturale annunciare al mondo la nostra esperienza, attraverso il vivere quotidiano.

Vangelo - Nella festa di sant'Andrea apostolo, primo dei discepoli chiamati dal Maestro, la liturgia ci propone la vocazione dei primi quattro apostoli. Dei semplici pescatori nel mare di Galilea, sono chiamati a essere dapprima discepoli, seguendo le orme di Gesù, e poi annunciatori di quel messaggio che rende nuove tutte le cose. L'immagine utilizzata dal Maestro, che indica ciò che realmente va pescato, ci dice che i discepoli hanno il compito di radunare il popolo di Dio, di essere strumento affinché esso cresca di giorno in giorno. Da dodici discepoli, l'intero impero Romano ricevette l'annuncio della salvezza. Il Vangelo, però, sottolinea l'atteggiamento di Pietro e di Andrea dopo la chiamata: i due subito lasciarono le reti. Quando si riceve l'annuncio, quando si fa esperienza di Dio, c'è urgenza di riferirla, di annunciare a nostra volta. Nei Vangeli, più volte, capita di vedere che qualcuno di fretta porta la buona notizia; questo perché, come nella vita di tutti i giorni vogliamo subito raccontare a qualcuno una bella notizia, che ci dà gioia, lo stesso avviene, e con un'intensità anche maggiore, quando si tratta di trasmettere il Vangelo.

CHIEDETE E VI SARÀ DATO — Lc 11,9

1. Signore del mondo, suscita nella tua Chiesa uomini

e donne che, con coraggio e gioia, seguano il tuo invito e facciano conoscere Gesù Cristo come guida, amico, fratello fino ai confini del mondo.

2. Signore dei poveri, aiuta ogni uomo a essere segno di pace e a offrire un'attenzione particolare ai fratelli che soffrono la povertà e la solitudine.

3. Signore dell'universo, tu ci conosci e ci chiami per nome; per te siamo tutti importanti e siamo scritti nel tuo cuore di Padre; insegnaci a conoscerti e a seguirti con gioia come l'apostolo Andrea.

FATE QUELLO CHE VI DIRÀ Gv 2,5

C PER VIVERE DA DISCEPOLO DI GESÙ... Quando, durante la giornata, un collega, un familiare, un amico, un conoscente... mi chiederà aiuto, lo soccorrerò prontamente, mettendo al secondo posto le mie esigenze.

M SULL'ESEMPIO DI MARIA... Questa sera prego la Vergine Maria perché mi aiuti a capire a cosa sono chiamato quotidianamente.

Altri santi del giorno:
San Mirocléto • San Galgano Guidotti • San Cutberto Mayne • San Giuseppe Marchand • Beati Vincenzo Queralt Lloret e venti compagni

Calendario devozionale dicembre 2018

1	S	Novena all'Immacolata	
2	D		
3	L		Novena alla Madonna di Guadalupe
4	M		
5	M		
6	G		
7	V		
8	S		
9	D		
10	L		
11	M		
12	M		
13	G		
14	V		
15	S		
16	D	Novena di Natale	
17	L		
18	M		
19	M		
20	G		
21	V		Novena alla santa Famiglia
22	S		
23	D		
24	L		
25	M		
26	M		
27	G		
28	V		
29	S		
30	D		
31	L		

Intenzioni affidate dal Papa all'Apostolato della preghiera

Dio, nostro Padre, io ti offro tutta la mia giornata. Ti offro le mie preghiere, i pensieri, le parole, le azioni, le gioie e le sofferenze in unione con il cuore del tuo Figlio Gesù Cristo, che continua a offrirsi nell'Eucaristia per la salvezza del mondo.
Lo Spirito Santo che ha guidato Gesù sia la mia guida e la mia forza oggi, affinché io possa essere testimone del tuo amore.
Con Maria, la Madre del Signore e della Chiesa, prego specialmente per le intenzioni che il Santo Padre raccomanda alla preghiera di tutti i fedeli in questo mese.

Per l'evangelizzazione: Perché le persone impegnate nel servizio della trasmissione della fede trovino un linguaggio adatto all'oggi, nel dialogo con le culture.

DICEMBRE

1 DICEMBRE

SABATO

34ª settimana del Tempo Ordinario

verde — 2ª sett. salt.

ANTIFONA D'INGRESSO - Il Signore parla di pace al suo popolo, e ai suoi fedeli e a quanti ritornano a lui con tutto il cuore *(Sal 84,9).*

COLLETTA - Ridesta, Signore, la volontà dei tuoi fedeli perché, collaborando con impegno alla tua opera di salvezza, ottengano in misura sempre più abbondante i doni della tua misericordia. Per il nostro Signore…

PRIMA LETTURA — Ap 22,1-7

Dal libro dell'Apocalisse di san Giovanni apostolo

L'angelo del Signore mostrò a me, Giovanni, un fiume d'acqua viva, limpido come cristallo, che scaturiva dal trono di Dio e dell'Agnello. In mezzo alla piazza della città, e da una parte e dall'altra del fiume, si trova un albero di vita che dà frutti dodici volte all'anno, portando frutto ogni mese; le foglie dell'albero servono a guarire le nazioni. E non vi sarà più maledizione. Nella città vi sarà il trono di Dio e dell'Agnello: i suoi servi lo adoreranno; vedranno il suo volto e porteranno il suo nome sulla fronte. Non vi sarà più notte, e non avranno più bisogno di luce di lampada né di luce di sole, perché il Signore Dio li illuminerà. E regneranno nei secoli dei secoli. E mi disse: «Queste parole sono certe e vere. Il Signore, il Dio che ispira i profeti, **ha mandato il suo angelo** per mostrare ai suoi servi le cose che devono accadere tra breve. Ecco, io vengo presto. Beato chi custodisce le parole profetiche di questo libro». **Parola di Dio.**

SALMO RESPONSORIALE — Dal Salmo 94 (95)

℟. **Marána tha! Vieni, Signore Gesù!**

Oppure:

℟. **Vieni, Signore Gesù!**

Venite, cantiamo al Signore,
acclamiamo la roccia della nostra salvezza.
Accostiamoci a lui per rendergli grazie,
a lui acclamiamo con canti di gioia. ℟.

Perché grande Dio è il Signore,
grande re sopra tutti gli dèi.
Nella sua mano sono gli abissi della terra,
sono sue le vette dei monti.
Suo è il mare, è lui che l'ha fatto;
le sue mani hanno plasmato la terra. ℟.

Entrate: prostràti, adoriamo,
in ginocchio davanti al Signore che ci ha fatti.
È lui il nostro Dio
e noi il popolo del suo pascolo,
il gregge che egli conduce. ℟.

CANTO AL VANGELO Lc 21,36

Alleluia, alleluia.
Vegliate in ogni momento pregando,
perché abbiate la forza di comparire
davanti al Figlio dell'uomo.
Alleluia.

VANGELO Lc 21,34-36

✠ *Dal Vangelo secondo Luca*

In quel tempo, Gesù disse ai suoi discepoli: «**State attenti a voi stessi**, che i vostri cuori non si appesantiscano in dissipazioni, ubriachezze e affanni della vita e che quel giorno non vi piombi addosso all'improvviso; come un laccio infatti esso si abbatterà sopra tutti coloro che abitano sulla faccia di tutta la terra. Vegliate in ogni momento pregando, perché abbiate la forza di sfuggire a tutto ciò che sta per accadere e di comparire davanti al Figlio dell'uomo». **Parola del Signore.**

SULLE OFFERTE - Accogli, Signore, questi santi doni che ci hai comandato di offrire in tuo onore, perché, obbedienti alla tua parola, diventiamo anche noi un'offerta a te gradita. Per Cristo nostro Signore.

COMUNIONE - Popoli tutti, lodate il Signore, perché grande è il suo amore per noi *(Sal 116,1.2)*.
Oppure: «Ecco, io sono con voi tutti i giorni sino alla fine del mondo», dice il Signore *(Mt 28,20)*.

DOPO LA COMUNIONE - O Dio, che in questi santi misteri ci hai dato la gioia di unirci alla tua stessa vita, non permettere che ci separiamo mai da te, fonte di ogni bene. Per Cristo nostro Signore.

Commenti

1ª LETTURA - Il giorno del nostro Battesimo, tra i primi gesti che su di noi, ancora infanti, sono stati fatti, c'è stato il segno di croce sulla fronte, come segno di accoglienza nella comunità cristiana. Questo segno dà inizio al sacramento che ci rende figli di Dio, consacrati a lui, associati al mistero pasquale di Cristo. Per questo, nella visione trionfale dell'apostolo Giovanni, ci potremmo riconoscere nei servi che adorano il volto di Dio. La città della visione è lambita dall'acqua limpida di un fiume che, come nella visione del profeta Ezechièle, in cui l'acqua usciva dalla porta del tempio, benedice e vivifica la terra arida. Anche in quest'immagine si può vedere l'acqua battesimale che rende vivi coloro che sono morti a causa del peccato. Tutto ciò ci parla di una grande opportunità che il Signore ha voluto regalarci, infatti tutta la visione ci comunica vita: il fiume, i frutti abbondanti, l'albero della vita, il riferimento alla luce. L'invito che il Signore ci porge in questa visione è l'invito alla vita che, sin dal giorno del Battesimo, aspetta una nostra risposta quotidiana.

Vangelo - Tutti abbiamo dei limiti e sembra che la nostra vita sia immersa in essi; molto spesso ne facciamo dolorosa esperienza, e uno ci accomuna tutti, senza distinzioni: è il grande limite umano della morte. Essa certamente ci spaventa, ma ci fa anche riflettere non tanto sul domani, ma sull'oggi; su come viviamo, su cosa facciamo, su quali opere compiamo. In questo contesto si inserisce il messaggio chiaro di Gesù: dato che non conosciamo il momento dell'ultimo passo, ma sappiamo che c'è, non possiamo non preoccuparci dell'oggi. Una delle prime preoccupazioni è quella di scoprire verso che cosa è indirizzato il nostro cuore. Tante preoccupazioni possono appesantirci e tante situazioni, create da noi o conseguenza delle nostre azioni, possono imprigionare il nostro cuore e non lasciarlo libero di essere teso verso Dio. Vegliare pregando significa entrare continuamente in relazione con Dio, che può davvero riempire il nostro cuore; può davvero darci molto di più di quanto noi diamo a noi stessi; può davvero donarci la vita, quella che noi affannosamente vogliamo costruire, ma che spesso si sbriciola di fronte ai nostri occhi. Riflettiamo quindi su ciò che siamo chiamati a fare oggi in attesa del domani.

CHIEDETE E VI SARÀ DATO

Lc 11,9

1. Tu che sei venuto a curare le pecore più deboli della casa di Israele, manda anche oggi i tuoi missionari a infondere speranza ai popoli deboli e smarriti.

2. Tu che hai vissuto l'ingiustizia dei potenti, ispira i responsabili della società, perché si adoperino a favore dei poveri e dei migranti.

3. Tu che ti offri a noi nell'Eucaristia, illuminaci e fortificaci nell'adesione filiale al tuo volere e nella lode incessante del tuo santo nome.

FATE QUELLO CHE VI DIRÀ

Gv 2,5

C PER VIVERE DA DISCEPOLO DI GESÙ... Prego l'angelo custode, difensore e celeste protettore della mia vita, affinché io non sia sordo ai richiami e alle parole del Signore.

M SULL'ESEMPIO DI MARIA... Vivo qualche piccola o grande dipendenza (cibo, fumo, internet...)? Confidando nell'aiuto di Maria, rifletto su come e da chi posso farmi aiutare per assaporare una libertà più piena e autentica.

Santi del giorno:

Santa Fiorenza • Sant'Eligio • Sant'Agerico • San Naum • Beata Maria Rosa Pellesi

TEMPO DI AVVENTO

Inizio del nuovo anno liturgico (C)

Con l'Avvento la Chiesa inizia un nuovo anno liturgico. La successione degli anni liturgici segue un ciclo triennale, con la lettura in ciascun anno di un Vangelo diverso: nelle domeniche dell'anno A si legge il Vangelo di Matteo, nell'anno B il Vangelo di Marco, nell'anno C il Vangelo di Luca. Quest'anno, con la prima domenica di Avvento, ha inizio l'anno C, nel quale leggeremo il Vangelo di Luca. L'anno liturgico è l'anno del cristiano, l'anno durante il quale siamo invitati a prendere, ogni giorno di più, coscienza delle meraviglie che Dio opera tra noi, rendendo attuale, nell'oggi che ci appartiene, la storia della salvezza che Dio ha operato in Cristo, per mezzo dello Spirito Santo. L'anno liturgico si divide in:

Tempo di Avvento
Tempo di Quaresima

Tempo di Natale
Tempo di Pasqua

Tempo Ordinario

Tempo di Avvento: Vieni, Signore Gesù!

La parola avvento significa "venuta-attesa" e ha una doppia caratteristica: è tempo di preparazione alla solennità del Natale, in cui si ricorda la prima venuta del Figlio di Dio fra gli uomini; è tempo che spalanca il cuore all'attesa della seconda venuta di Gesù, quando ritornerà per giudicare i vivi e i morti. Il Tempo di Avvento dura quattro settimane (dalla domenica più vicina al 30 novembre ai primi Vespri di Natale). Quest'anno comincia dai primi Vespri di domenica 2 dicembre. I giorni dal 17 al 24 dicembre costituiscono una più diretta preparazione al Natale. Il colore liturgico di questo Tempo è il viola: indica la speranza e l'attesa di incontrare Gesù, l'umiltà e la prontezza di accoglierlo nella nostra vita. Nelle domeniche non si dice il Gloria, ma si fa la professione di fede con il Credo.

La corona dell'Avvento

È simbolo dell'Avvento e sintetizza il cammino d'attesa del Salvatore. È costituita da un grande anello fatto di rami d'abete o di pino. Può essere collocata sia in chiesa che nella propria abitazione. Attorno alla corona sono fissate quattro candele che simboleggiano le quattro settimane dell'Avvento. L'accensione della prima candela, poi della seconda, della terza, della quarta a seconda della settimana, può avvenire all'inizio della celebrazione eucaristica, dopo l'omelia o in un altro momento, purché si armonizzi con tutta la celebrazione. Anche la famiglia, riunita in preghiera, può compiere lo stesso gesto. È bene accompagnare l'accensione delle candele con una preghiera.

Valori da vivere

Vigilanza, conversione,
gioia, disponibilità, accoglienza.

2 DICEMBRE

DOMENICA

1ª domenica di Avvento (C)

viola **1ª sett. salt.**

ACCENDIAMO LA PRIMA CANDELA DELLA CORONA DELL'AVVENTO

Dopo il saluto iniziale, il sacerdote recita l'orazione e poi accende la prima candela, di colore viola, chiamata "del profeta", perché invita alla speranza.

Accendiamo, Signore, questa luce, come chi accende la sua lampada per uscire, nella notte, incontro all'amico che viene. In questa prima settimana di Avvento vogliamo alzarci per aspettarti preparati, per riceverti con gioia. Molte ombre ci avvolgono. Molte lusinghe ci addormentano. Vogliamo rimanere svegli e vigilanti, perché tu ci porti la luce più chiara, la pace più profonda, la gioia più vera. Vieni, Signore Gesù!

ANTIFONA D'INGRESSO - A te, Signore, elèvo l'anima mia, Dio mio, in te confido: che io non sia confuso. Non trionfino su di me i miei nemici. Chiunque spera in te non resti deluso *(Sal 24,1-3)*.

Non si dice il Gloria.

COLLETTA - **Preghiamo:** O Dio, nostro Padre, suscita in noi la volontà di andare incontro con le buone opere al tuo Cristo che viene, perché egli ci chiami accanto a sé nella gloria a possedere il regno dei cieli. Per il nostro Signore... **Amen.**

Oppure: Padre santo, che mantieni nei secoli le tue promesse, rialza il capo dell'umanità oppressa da tanti mali e apri i nostri cuori alla speranza, perché sappiamo attendere senza turbamento il ritorno glorioso del Cristo, giudice e salvatore. Egli è Dio... **Amen.**

(seduti)

PRIMA LETTURA Ger 33,14-16

Dal libro del profeta Geremìa

Ecco, verranno giorni – oràcolo del Signore – nei quali io realizzerò le promesse di bene che ho fatto alla casa d'Israele e alla casa di Giuda. **In quei giorni e in quel tempo farò germogliare per Davide un germoglio giusto**, che eserciterà il giudizio e la giustizia sulla terra. In quei giorni Giuda sarà salvato e Gerusalemme vivrà tranquilla, e sarà chiamata: Signore-nostra-giustizia. - Parola di Dio.

R. **Rendiamo grazie a Dio.**

SALMO RESPONSORIALE Dal Salmo 24 (25)

℟. **A te, Signore, innalzo l'anima mia,**
in te confido.

Fammi conoscere, Signore, le tue vie,
insegnami i tuoi sentieri.
Guidami nella tua fedeltà e istruiscimi,
perché sei tu il Dio della mia salvezza. ℟.

Buono e retto è il Signore,
indica ai peccatori la via giusta;
guida i poveri secondo giustizia,
insegna ai poveri la sua via. ℟.

Tutti i sentieri del Signore sono amore e fedeltà
per chi custodisce la sua alleanza e i suoi precetti.
Il Signore si confida con chi lo teme:
gli fa conoscere la sua alleanza. ℟.

SECONDA LETTURA 1Ts 3,12 – 4,2

Dalla prima lettera di san Paolo apostolo ai Tessalonicési

Fratelli, **il Signore vi faccia crescere e sovrabbondare nell'amore fra voi e verso tutti**, come sovrabbonda il nostro per voi, per rendere saldi i vostri cuori e irreprensibili nella santità, davanti a Dio e Padre nostro, alla venuta del Signore nostro Gesù con tutti i suoi santi. Per il resto, fratelli, vi preghiamo e supplichiamo nel Signore Gesù affinché, come avete imparato da noi il modo di comportarvi e di piacere a Dio – e così già vi comportate –, possiate progredire ancora di più. Voi conoscete quali regole di vita vi abbiamo dato da parte del Signore Gesù. - Parola di Dio. ℟. **Rendiamo grazie a Dio.**

(in piedi)

CANTO AL VANGELO

Sal 84,8

Alleluia, alleluia.
Mostraci, Signore, la tua misericordia
e donaci la tua salvezza.
Alleluia.

VANGELO

Lc 21,25-28.34-36

Il Signore sia con voi.
℟. **E con il tuo spirito.**
✠ *Dal Vangelo secondo Luca*
℟. **Gloria a te, o Signore.**

In quel tempo, Gesù disse ai suoi discepoli: «Vi saranno segni nel sole, nella luna e nelle stelle, e sulla terra angoscia di popoli in ansia per il fragore del mare e dei flutti, mentre gli uomini moriranno per la paura e per l'attesa di ciò che dovrà accadere sulla terra. Le potenze dei cieli infatti saranno sconvolte. Allora vedranno il Figlio dell'uomo venire su una

nube con grande potenza e gloria. Quando cominceranno ad accadere queste cose, risollevatevi e alzate il capo, perché la vostra liberazione è vicina. State attenti a voi stessi, che i vostri cuori non si appesantiscano in dissipazioni, ubriachezze e affanni della vita e che quel giorno non vi piombi addosso all'improvviso; come un laccio infatti esso si abbatterà sopra tutti coloro che abitano sulla faccia di tutta la terra. Vegliate in ogni momento pregando, perché abbiate la forza di sfuggire a tutto ciò che sta per accadere, e di comparire davanti al Figlio dell'uomo». -
Parola del Signore. ℟. **Lode a te o Cristo.**

Credo (vedi pagg. 19-22).

(in piedi)

SULLE OFFERTE - Accogli, Signore, il pane e il vino, dono della tua benevolenza, e fa' che l'umile espressione della nostra fede sia per noi pegno di salvezza eterna. Per Cristo nostro Signore. **Amen.**

COMUNIONE - Il Signore elargirà il suo bene e la nostra terra produrrà il suo frutto *(Sal 84,13).*
Oppure: «Vegliate e pregate in ogni momento, per esser degni di comparire davanti al Figlio dell'uomo» *(Cfr. Lc 21,36).*

Dopo la Comunione - **Preghiamo:** La partecipazione a questo sacramento, che a noi pellegrini sulla terra rivela il senso cristiano della vita, ci sostenga, Signore, nel nostro cammino e ci guidi ai beni eterni. Per Cristo nostro Signore. **Amen.**

Commenti

1ª lettura - Inizia oggi il Tempo forte dell'Avvento, caratterizzato dall'attesa e dalla vigilanza, che pone la nostra attenzione sul realizzarsi delle profezie messianiche. La prima domenica ci presenta il «germoglio giusto» che nascerà dalla casa di Davide e che porterà giustizia su tutta la terra. Entrare nell'Avvento è come avere di fronte a sé una strada nella quale sono disseminate tante indicazioni per raggiungere la meta. Le profezie ci aiutano proprio a porre l'attenzione, giorno dopo giorno, verso la meta del nostro cammino: l'incontro con Colui che deve venire. Quando attendiamo qualcosa di importante o stiamo aspettando una persona importante, mettiamo in atto una serie di preparativi, affinché quell'incontro sia speciale, sia veramente vissuto. Geremìa, come accade in tutte le profezie messianiche, ci spinge a fare della nostra attesa un cammino attento a riconoscere, anche nella nostra vita, l'arrivo e la presenza del «germoglio giusto».

2ª LETTURA - L'Avvento non è solo una preparazione alle feste natalizie, ma è anche l'attesa della seconda venuta del Signore. Infatti, se Gesù venne una prima volta tra noi attraverso l'incarnazione, verrà una seconda volta nella gloria per portare a definitivo compimento il disegno di salvezza del Padre. San Paolo parla chiaro: per incontrare il Signore abbiamo bisogno di avere cuori capaci di amare, irreprensibili, che ci spingono a compiere il bene. Infatti, come la venuta del Signore è certa, anche la nostra risposta deve essere certa. Per questo l'Apostolo invita i cristiani di Tessalonica a progredire nel cammino della fede, per piacere a Dio. Il progredire, però, non deve verificarsi solo nella dimensione temporale, nel passare dei giorni, ma nel nostro essere fedeli discepoli del Cristo. Infatti, l'attesa dell'Avvento non ci parla solo dell'attendere passivamente qualcuno che deve arrivare, non è un'attesa oziosa, ma attiva; è dentro lo spazio dell'attesa che si rende possibile il nostro incontro quotidiano con il Signore. Uno spazio che deve essere reso libero per lasciare entrare il Bambino di Betlemme, che desidera rinnovare la nostra vita.

Vangelo - Come ho già sottolineato, l'Avvento è preparazione al Natale, ma anche vigilante attesa della seconda venuta del Signore, come ci rivela il I prefazio dell'Avvento: «Al suo primo avvento nell'umiltà della nostra natura umana egli portò a compimento la promessa antica, e ci aprì la via dell'eterna salvezza. Verrà di nuovo nello splendore della gloria, e ci chiamerà a possedere il regno promesso che ora osiamo sperare vigilanti nell'attesa». Per questo la prima domenica di questo tempo forte si apre con il discorso escatologico di Gesù, nel quale non ci viene rivelato tanto il modo in cui la seconda venuta avverrà, ma il fine dell'uomo: partecipare alla gloria di Dio, vederlo faccia faccia e lodarlo in eterno. I segni cosmici descritti possono portarci a immaginare come accadrà e a chiederci se lo vedremo, ma ancor più la nostra attenzione deve essere concentrata su ciò che avverrà. Per questo l'Avvento ci aiuta nel condurci, passo dopo passo, all'incontro con il Salvatore.

CHIEDETE E VI SARÀ DATO — Lc 11,9

1. Per la Chiesa pellegrina nel mondo, perché condivida con gli uomini del nostro tempo la speranza che illumina il suo cammino e risvegli in loro l'attesa della salvezza.

2. Per i nostri fratelli defunti, perché il Dio della pace faccia loro gustare la bellezza del suo volto e doni a quanti li hanno amati il conforto della fede nella risurrezione.

3. Per tutti noi, perché nella realtà quotidiana viviamo l'incontro con il Signore che un giorno verrà come Salvatore e giudice della storia.

FATE QUELLO CHE VI DIRÀ Gv 2,5

C PER VIVERE DA DISCEPOLO DI GESÙ... Preparo la corona dell'Avvento e accendo la prima candela per custodire nella mia casa un segno concreto dell'attesa che germogli la radice di Iesse.

M SULL'ESEMPIO DI MARIA... Con lo stesso amore di Maria, do il "buongiorno" domenicale alle persone che mi sono care e vicine con un caloroso abbraccio.

Santi del giorno:

Sant'Abacuc • Santa Viviana • San Silverio • San Pimenio • Beata Mariangela Astorch • Beato Giovanni Ruysbroeck

3 DICEMBRE

LUNEDÌ

1ª settimana di Avvento

bianco **1ª sett. salt.**

S. Francesco Saverio, sacerdote (m)

SAN FRANCESCO SAVERIO:
il missionario più ardito di tutti i tempi.
Nacque nel 1506 in Spagna, nella Navarra, da una nobile famiglia, in cui regnava una profonda pietà. Studente a Parigi, conobbe sant'Ignazio di Loyola e fece parte del nucleo di fondazione della Compagnia di Gesù. Inviato missionario nelle colonie portoghesi dell'India, partì sprovvisto di tutto, fuorché del breviario, del rosario e di un ardente desiderio di lavorare per la salvezza delle anime. Percorse l'India, il Giappone e tantissime isole ancora allo stato selvaggio. Mentre si accingeva a diffondere il messaggio di Cristo nel continente cinese, il 3 dicembre 1552, stremato dalla malattia e dalle fatiche, si spense in una capanna. Fu sepolto dal servo nella parte settentrionale dell'isola; due anni dopo il suo corpo fu trasportato, integro e intatto, prima a Malacca e poi a Goa, dove si venera nella chiesa del Buon Gesù. Fu il missionario più ardito di tutti i tempi, l'apostolo che aprì nuove vie all'evangelizzazione, divenendo modello e ispiratore dei missionari dell'epoca moderna. È patrono dell'Oriente dal 1748; dell'Opera della Propagazione della Fede dal 1904; di tutte le missioni, con santa Teresa di Gesù Bambino, dal 1927.

ANTIFONA D'INGRESSO - Narrate tra i popoli la gloria del Signore, a tutte le nazioni dite i suoi prodigi; grande è il Signore e degno di ogni lode *(Sal 95,3-4)*.

COLLETTA - O Dio, che hai chiamato molti popoli dell'Oriente alla luce del Vangelo, con la predicazione apostolica di san Francesco Saverio, fa' che ogni comunità cristiana arda dello stesso fervore missionario, perché su tutta la terra la santa Chiesa si allieti di nuovi figli. Per il nostro Signore...

PRIMA LETTURA Is 2,1-5

Dal libro del profeta Isaìa

Messaggio che Isaìa, figlio di Amoz, ricevette in visione su Giuda e su Gerusalemme. Alla fine dei giorni, il monte del tempio del Signore sarà saldo sulla cima dei monti e s'innalzerà sopra i colli e ad esso affluiranno tutte le genti. Verranno molti popoli e diranno: «Venite, saliamo sul monte del Signore, al tempio del Dio di Giacobbe, perché ci insegni le sue vie e possiamo camminare per i suoi sentieri». Poiché da Sion uscirà la legge e da Gerusalemme la parola del Signore. Egli sarà giudice fra le genti e arbitro fra molti popoli. Spezzeranno le loro spade e ne faranno aratri, delle loro lance faranno falci; **una**

nazione non alzerà più la spada contro un'altra nazione, non impareranno più l'arte della guerra. Casa di Giacobbe, venite, **camminiamo nella luce del Signore**. **Parola di Dio.**

SALMO RESPONSORIALE Dal Salmo 121 (122)

℟. **Andiamo con gioia incontro al Signore.**

Quale gioia, quando mi dissero:
«Andremo alla casa del Signore!».
Già sono fermi i nostri piedi
alle tue porte, Gerusalemme! ℟.

Gerusalemme è costruita
come città unita e compatta.
È là che salgono le tribù,
le tribù del Signore. ℟.

Chiedete pace per Gerusalemme:
vivano sicuri quelli che ti amano;
sia pace nelle tue mura,
sicurezza nei tuoi palazzi. ℟.

Per i miei fratelli e i miei amici
io dirò: «Su di te sia pace!».
Per la casa del Signore nostro Dio,
chiederò per te il bene. ℟.

CANTO AL VANGELO Cfr. Sal 79 (80),4

Alleluia, alleluia.
Signore, nostro Dio, vieni a liberarci:
fa' splendere il tuo volto e noi saremo salvi.
Alleluia.

VANGELO Mt 8,5-11

✠ *Dal Vangelo secondo Matteo*

In quel tempo, entrato Gesù in Cafàrnao, gli venne incontro un centurione che lo scongiurava e diceva: «Signore, il mio servo è in casa, a letto, paralizzato e soffre terribilmente». Gli disse: «Verrò e lo guarirò». Ma il centurione rispose: «Signore, io non sono degno che tu entri sotto il mio tetto, ma di' soltanto una parola e il mio servo sarà guarito. Pur essendo anch'io un subalterno, ho dei soldati sotto di me e dico a uno: "Va'!", ed egli va; e a un altro: "Vieni!", ed egli viene; e al mio servo: "Fa' questo!", ed egli lo fa». Ascoltandolo, Gesù si meravigliò e disse a quelli che lo seguivano: «In verità io vi dico, in Israele non ho trovato nessuno con una fede così grande! Ora io vi dico che molti verranno dall'oriente e dall'occidente e siederanno a mensa con Abramo, Isacco e Giacobbe nel regno dei cieli».
Parola del Signore.

Sulle offerte - Accogli i doni che ti offriamo, o Signore, nel ricordo di san Francesco Saverio, che peregrinò alle lontane terre dell'Oriente sospinto dal desiderio di salvare l'umanità; concedi anche a noi di essere annunziatori e testimoni della fede, per venire incontro a te con una moltitudine di fratelli. Per Cristo nostro Signore.

Comunione - «Andate in tutto il mondo e predicate il Vangelo: io sono con voi tutti i giorni, sino alla fine dei tempi», dice il Signore *(Cfr. Mc 16,15; Mt 28,20).*

Dopo la Comunione - L'Eucaristia che abbiamo celebrato, Signore, ci comunichi la carità apostolica di san Francesco Saverio, perché ognuno di noi viva in modo autentico la sua vocazione cristiana, e ottenga il premio promesso ai buoni operai del Vangelo. Per Cristo nostro Signore.

Commenti

1ª lettura - Siamo all'inizio del libro del profeta Isaìa, nel quale sono riportati gli oracoli su Giuda e Gerusalemme. Viene più che naturale intravedere la figura del Messia nascosta nella profezia di Isaìa; andando avanti saranno molte le profezie che ci verrano donate per indicare la venuta di Cristo. Sarà proprio lui il «giudice fra le genti» e l'«arbitro fra molti popoli». Infatti, tutta la predicazione di Gesù ci svela il senso del suo ministero: far scoprire al mondo un modo diverso di amare, un modo tutto nuovo di amare. Se l'arrivo del Messia è un dato di fatto, anche la nostra risposta deve essere altrettanto concreta. L'amore di Gesù non è rivolto solo a noi, ma deve arrivare, attraverso di noi, anche ai nostri fratelli e sorelle. Per questo la predicazione di Gesù ci rivela il senso del mistero e anche il senso del vivere cristiano. Nel brano che abbiamo letto sono i popoli che si radunano sul monte del Signore a invitare altre persone a compiere lo stesso cammino; in questo allora consiste la nostra missione: indicare anche agli altri, attraverso il linguaggio dell'amore, la via per giungere a Cristo.

Vangelo - Le parole del centurione, che chiede a Gesù la guarigione del servo paralizzato, non ci sono nuove: le recitiamo ogni volta che partecipiamo alla celebrazione eucaristica. Poco prima di ricevere la Comunione, il sacerdote eleva il Corpo di Gesù, nella specie del pane, indicandolo come l'Agnello di Dio, venuto a cancellare i peccati del mondo, ripetendo le parole del Battista, e tutti rispondono utilizzando la frase del centurione del nostro brano evangelico. La frase di quest'uomo, bisognoso di aiuto, sottolinea tutta la nostra piccolezza di fronte al mistero di Dio: tra la nostra condizione e la sua c'è uno spazio incolmabile, ma proprio la misericordia di Dio, attraverso la persona di Gesù, ha colmato questa distanza di tutto il suo amore. Infatti, pur essendo il centurione un pagano, il Signore non ha visto in questo alcuna difficoltà ma, anzi, si è mostrato compassionevole verso la condizione dell'uomo. Anche noi possiamo sperimentare la nostra indegnità di fronte a Dio, colmata però dal suo amore. Nella celebrazione eucaristica ci viene data proprio la possibilità di vedere l'incolmabile distanza tra noi e Dio, colmata dai suoi passi verso di noi, attraverso il dono del suo Corpo e del suo Sangue.

CHIEDETE E VI SARÀ DATO Lc 11,9

1. O Dio, che sei la fonte di ogni santità e chiedi l'impegno dei tuoi figli perché la parola di vita raggiunga i confini del mondo, sostieni la tua Chiesa missionaria perché sperimenti la beatitudine della tua grazia.

2. O Dio, che in san Francesco Saverio ci hai dato un missionario pieno di zelo, concedi alla Compagnia di

Gesù, per sua intercessione, di penetrare le insondabili ricchezze di Cristo e di continuare ad annunciare il Vangelo in Asia e in ogni angolo della terra.

3. O Dio, che vieni incontro al nostro desiderio di salvezza, suscita in noi, in questo Tempo di Avvento, il desiderio ardente di corrispondere al tuo progetto di amore, nell'attesa vigilante e nell'operosità orante.

FATE QUELLO CHE VI DIRÀ Gv 2,5

C PER VIVERE DA DISCEPOLO DI GESÙ... La pace globale inizia dalla pace familiare; se sto vivendo qualche conflitto irrisolto con mia moglie, mio marito, mio figlio, mia sorella, mia zia, mio suocero... faccio un primo passo di chiarimento e di riconciliazione.

M SULL'ESEMPIO DI MARIA... Durante la mia preghiera quotidiana, chiedo alla Madre di intercedere per me un parlare misurato e un pensare retto, evitando di denigrare, criticare e giudicare per camminare sulla via della pace.

Inizio novena alla Madonna di Guadalupe

Altri santi del giorno:

San Sofonia • San Cassiano • San Birino • San Lucio • Beato Giovanni Nepomuceno De Tschiderer

4 DICEMBRE

MARTEDÌ

1ª settimana di Avvento

viola (bianco se si celebra la memoria)

1ª sett. salt.

S. Giovanni Damasceno, sacerdote e dottore della Chiesa (mf)

SAN GIOVANNI DAMASCENO: il difensore del culto delle immagini sacre.

Giovanni nacque a Damasco in una ricca famiglia cristiana; ancora giovane assunse la carica di responsabile economico del califfato. Ben presto, però, insoddisfatto della vita di corte, lasciò tutto, donò i suoi beni ai poveri ed entrò nel monastero di San Saba, vicino a Gerusalemme. Qui ricevette l'ordinazione sacerdotale e continuò la sua missione di insegnare, predicare e scrivere, soprattutto trattando la teologia dell'incarnazione e della trasfigurazione. Sottolineò il fatto che, assumendo la condizione umana, Cristo porta all'uomo la salvezza, chiamandolo a condividere la sua vita divina. La dottrina mariana del Damasceno può considerarsi una sintesi esauriente e poderosa di tutto l'insegnamento impartito dagli autori cristiani antecedenti. Il Concilio di Nicea riprese il suo pensiero per la difesa del culto legittimo delle immagini sacre, che egli considerava segno del realismo dell'incarnazione del Figlio di Dio nel seno della Vergine Maria. Fu tra i primi a distinguere fra adorazione e venerazione: la prima è un atto di culto che si rivolge soltanto a Dio, la seconda è rivolta agli angeli, ai santi e alle loro immagini, a causa della loro partecipazione alla santità di Dio. Fu portavoce della tradizione della "dormitio Virginis" e della sua assunzione. Papa Leone XIII lo proclamò dottore della Chiesa.

ANTIFONA D'INGRESSO - Il Signore verrà, e tutti i santi con lui: in quel giorno splenderà una grande luce *(Cfr. Zc 14,5.7)*.

COLLETTA - Accogli, o Padre, le preghiere della tua Chiesa e soccorrici nelle fatiche e nelle prove della vita; la venuta del Cristo tuo Figlio ci liberi dal male antico che è in noi e ci conforti con la sua presenza. Per il nostro Signore...

PRIMA LETTURA Is 11,1-10

Dal libro del profeta Isaìa

In quel giorno, un germoglio spunterà dal tronco di Iesse, un virgulto germoglierà dalle sue radici. Su di lui si poserà lo spirito del Signore, spirito di sapienza e d'intelligenza, spirito di consiglio e di fortezza, spirito di conoscenza e di timore del Signore. Si compiacerà del timore del Signore. Non giudicherà secondo le apparenze e non prenderà decisioni per sentito dire; ma giudicherà con giustizia i miseri e prenderà decisioni eque per gli umili della terra. Percuoterà il violento con la verga della sua bocca, con il soffio delle sue labbra ucciderà l'empio. La giustizia sarà fascia dei suoi lombi e la fedeltà cintura dei suoi fianchi. Il lupo dimorerà insieme con l'agnello; il leopardo si sdraierà accanto al capretto; il vitello e il leoncello pascoleranno insieme e un piccolo fanciullo li guiderà. La mucca e l'orsa pascoleranno insieme; i loro piccoli si sdraieranno insieme. Il leone si ciberà di paglia, come il bue. Il lattante si trastullerà sulla buca della vipera; il bambino metterà la mano nel covo del serpente velenoso. Non agiranno più iniquamente né saccheggeranno in tutto il mio santo monte, perché la conoscenza del Signore riempirà la terra come le acque ricoprono il mare. In quel giorno avverrà che la radice di Iesse sarà un vessillo per i popoli. Le nazioni la cercheranno con ansia. La sua dimora sarà gloriosa. **Parola di Dio.**

SALMO RESPONSORIALE Dal Salmo 71 (72)

℟. **Nei suoi giorni fioriranno giustizia e pace.**

Oppure:

℟. **Vieni, Signore, re di giustizia e di pace.**

O Dio, affida al re il tuo diritto,
al figlio di re la tua giustizia;
egli giudichi il tuo popolo secondo giustizia
e i tuoi poveri secondo il diritto. ℟.

Nei suoi giorni fiorisca il giusto
e abbondi la pace,
finché non si spenga la luna.
E dòmini da mare a mare,
dal fiume sino ai confini della terra. ℟.

Perché egli libererà il misero che invoca
e il povero che non trova aiuto.
Abbia pietà del debole e del misero
e salvi la vita dei miseri. ℟.

Il suo nome duri in eterno,
davanti al sole germogli il suo nome.
In lui siano benedette tutte le stirpi della terra
e tutte le genti lo dicano beato. ℟.

CANTO AL VANGELO

Alleluia, alleluia.
Ecco, viene il Signore nostro Dio con potenza grande,
illuminerà gli occhi dei suoi servi.
Alleluia.

VANGELO

Lc 10,21-24

✠ *Dal Vangelo secondo Luca*

In quella stessa ora Gesù esultò di gioia nello Spirito Santo e disse: «Ti rendo lode, o Padre, Signore del cielo e della terra, perché hai nascosto queste cose ai sapienti e ai dotti e le hai rivelate ai piccoli. Sì, o Padre, perché così hai deciso nella tua benevolenza. **Tutto è stato dato a me dal Padre mio** e nessuno sa chi è il Figlio se non il Padre, né chi è il Padre se non il Figlio e colui al quale il Figlio vorrà rivelarlo». E, rivolto ai discepoli, in disparte, disse: «Beati gli occhi che vedono ciò che voi vedete. Io vi dico che molti profeti e re hanno voluto vedere ciò che voi guardate, ma non lo videro, e ascoltare ciò che voi ascoltate, ma non lo ascoltarono». **Parola del Signore.**

SULLE OFFERTE - Ti siano gradite, Signore, le nostre umili offerte e preghiere; all'estrema povertà dei nostri meriti supplisca l'aiuto della tua misericordia. Per Cristo nostro Signore.

Oppure: Guarda con bontà, Signore, la nostra offerta, perché il mistero che celebriamo ci liberi da ogni colpa e ci renda santi per il tuo servizio. Per Cristo nostro Signore.

COMUNIONE - Il Signore, giusto giudice, darà la corona di giustizia a coloro che attendono con amore la sua venuta *(Cfr. 2Tm 4,8)*.

Oppure: «Io ti rendo lode, o Padre, che hai nascosto i misteri del regno ai sapienti e li hai rivelati ai piccoli» *(Cfr. Lc 10,21)*.

Dopo la Comunione - O Dio, che in questo sacramento ci hai nutriti con il pane della vita, insegnaci a valutare con sapienza i beni della terra, nella continua ricerca dei beni del cielo. Per Cristo nostro Signore.

Oppure: O Dio, che ci hai nutriti con il pane della vita eterna, confermaci nel tuo amore, perché possiamo camminare verso di te nella vita nuova. Per Cristo nostro Signore.

Commenti

1ª lettura - La profezia, riportata nel capitolo undici del profeta Isaìa, mostra degli opposti che convivono in pace. Talvolta anche noi sperimentiamo la difficoltà di costruire relazioni, di volere bene a qualcuno, di amare il nostro opposto, come Gesù più volte invita a fare, ma la parola di Dio ci dice che questo non è impossibile. Infatti, nel disegno di Dio, è stata pensata la nascita del virgulto di Iesse, grazie al quale la pace e l'accoglienza dell'opposto diventano possibili. Spesso sogniamo un mondo nel quale ci sia la pace, ma poi dimentichiamo che siamo noi a doverla realizzare per primi, attraverso le nostre azioni concrete, attraverso il nostro essere costruttori quotidiani di pace. La pace va cercata nelle relazioni, perché diventi testimonianza anche per gli altri. Essa, infatti, non è solo un ideale di cui parlare, spesso abusandone, ma una realtà che, attraverso azioni concrete, contagia il mondo intorno a noi.

Vangelo - La preghiera di Gesù, riportata dal Vangelo, è rivolta al Padre, che viene lodato per avere rivelato ai piccoli il mistero del suo Regno. Il ricordarci che abbiamo un Padre nei cieli non è solo una speranza e una garanzia per il nostro destino, ma uno stimolo a riconoscere negli altri dei fratelli da amare. Poi, vengono citati i piccoli, quali destinatari del Vangelo. E anche il piccolo ci può insegnare qualcosa su noi stessi. Sì, perché questa è la scelta scandalosa di Dio: ha voluto divenire uomo, ha scelto di essere piccolo, si è mostrato povero, «mite e umile di cuore», si è messo all'ultimo posto, perché ogni uomo si possa trovare davanti a Dio a suo agio. I piccoli del Vangelo sono quelli che riconoscono che da soli non possono fare nulla, che dipendono in tutto da un altro, che hanno bisogno dell'attenzione di qualcuno, che sanno di non avere meriti e che tutto ricevono in dono. I piccoli hanno poche certezze e tanto desiderio di crescere, di conoscere la via, la verità, la vita stessa. E io sono "piccolo" o sono "grande"? Mi riconosco come un figlio bisognoso del Padre?

CHIEDETE E VI SARÀ DATO Lc 11,9

1. Padre, tu ci chiami a vincere l'egoismo e ogni paura: fa' che la Chiesa, per intercessione di san Giovanni Damasceno, si apra alla condivisione generosa con chi vive il dramma della disoccupazione e della povertà.

2. Padre, tu non guardi al valore del dono, ma scruti il cuore di chi lo offre: fa' che quanti vivono nella ricchezza si aprano alla solidarietà e alla condivisione dei loro beni.

3. Padre, tu ci inviti a rialzare la testa e a rimanere desti e pronti: fa' che il tuo Spirito Santo ci accompagni lungo i sentieri di ogni giorno e che la tua parola di salvezza ci illumini.

FATE QUELLO CHE VI DIRÀ Gv 2,5

C PER VIVERE DA DISCEPOLO DI GESÙ... Compro dei fiori, facendo una sorpresa ai miei cari, e li metto in bella mostra in casa, per ricordarmi di coltivare sempre relazioni di giustizia e di pace con tutti.

M SULL'ESEMPIO DI MARIA... Insieme alla Vergine Madre ringrazio il Padre per ogni cosa, ripetendo: «Tutto è stato dato a me dal Padre mio, grazie!».

Altri santi del giorno:

Santa Barbara • Sant'Eracla • San Melezio • San Felice • Beato Adolfo Kolping • Beato Pietro Pettinario

5 DICEMBRE

MERCOLEDÌ

1ª settimana di Avvento
viola **1ª sett. salt.**

ANTIFONA D'INGRESSO - Il Signore viene, non tarderà: svelerà i segreti delle tenebre, si farà conoscere a tutti i popoli *(Cfr. Ab 2,3; I Cor 4,5).*

COLLETTA - Dio grande e misericordioso, prepara con la tua potenza il nostro cuore a incontrare il Cristo che viene, perché ci trovi degni di partecipare al banchetto della vita e ci serva egli stesso nel suo avvento glorioso. Per il nostro Signore…

PRIMA LETTURA Is 25,6-10a
Dal libro del profeta Isaìa
In quel giorno, **preparerà il Signore** degli eserciti per tutti i popoli, su questo monte, **un banchetto** di grasse vivande, un banchetto di vini eccellenti, di cibi succulenti, di vini raffinati. Egli strapperà su questo monte il velo che copriva la faccia di tutti

i popoli e la coltre distesa su tutte le nazioni. Eliminerà la morte per sempre. Il Signore Dio asciugherà le lacrime su ogni volto, l'ignominia del suo popolo farà scomparire da tutta la terra, poiché il Signore ha parlato. E si dirà in quel giorno: «Ecco il nostro Dio; in lui abbiamo sperato perché ci salvasse. Questi è il Signore in cui abbiamo sperato; rallegriamoci, esultiamo per la sua salvezza, poiché la mano del Signore si poserà su questo monte». **Parola di Dio.**

SALMO RESPONSORIALE — Salmo 22 (23)

℟. **Abiterò nella casa del Signore**
tutti i giorni della mia vita.

Il Signore è il mio pastore:
non manco di nulla.
Su pascoli erbosi mi fa riposare,
ad acque tranquille mi conduce.
Rinfranca l'anima mia. ℟.

Mi guida per il giusto cammino
a motivo del suo nome.
Anche se vado per una valle oscura,
non temo alcun male, perché tu sei con me.

Il tuo bastone e il tuo vincastro
mi danno sicurezza.

℟. **Abiterò nella casa del Signore**
tutti i giorni della mia vita.

Davanti a me tu prepari una mensa
sotto gli occhi dei miei nemici.
Ungi di olio il mio capo;
il mio calice trabocca. ℟.

Sì, bontà e fedeltà mi saranno compagne
tutti i giorni della mia vita,
abiterò ancora nella casa del Signore
per lunghi giorni. ℟.

CANTO AL VANGELO

Alleluia, alleluia.
Ecco, viene il Signore a salvare il suo popolo:
beati coloro che sono preparati all'incontro.
Alleluia.

VANGELO

Mt 15,29-37

✠ *Dal Vangelo secondo Matteo*

In quel tempo, Gesù giunse presso il mare di Galilea e, salito sul monte, lì si fermò. Attorno a lui si radunò molta folla, recando con sé zoppi, storpi, ciechi, sordi e molti altri malati; li deposero ai suoi piedi, ed egli li guarì, tanto che la folla era piena di stupore nel vedere i muti che parlavano, gli storpi guariti, gli zoppi che camminavano e i ciechi che vedevano. E lodava il Dio d'Israele. Allora Gesù chiamò a sé i suoi discepoli e disse: «Sento compassione per la folla. Ormai da tre giorni stanno con me e non hanno da mangiare. Non voglio rimandarli digiuni, perché non vengano meno lungo il cammino». E i discepoli gli dissero: «Come possiamo trovare in un deserto tanti pani da sfamare una folla così grande?». Gesù domandò loro: «Quanti pani avete?». Dissero: «Sette, e pochi pesciolini». Dopo aver ordinato alla folla di sedersi per terra, prese i sette pani e i pesci, rese grazie, li spezzò e li dava ai discepoli, e i discepoli alla folla. Tutti mangiarono a sazietà. Portarono via i pezzi avanzati: sette sporte piene. **Parola del Signore.**

SULLE OFFERTE - Sempre si rinnovi, Signore, l'offerta di questo sacrificio, che attua il santo mistero da te istituito e con la sua divina potenza renda efficace in noi l'opera della salvezza. Per Cristo nostro Signore.

Oppure: L'offerta che ti presentiamo, Signore, dia gloria al tuo nome e ottenga a noi il perdono e la pace. Per Cristo nostro Signore.

COMUNIONE - Il Signore nostro Dio verrà con potenza e riempirà di luce i suoi fedeli *(Is 40,10; Cfr. 34,5)*.
Oppure: «Sento compassione di questa folla: non voglio rimandarli digiuni, perché non svengano lungo la strada» *(Mt 15,32)*.

DOPO LA COMUNIONE - O Dio, nostro Padre, la forza di questo sacramento ci liberi dal peccato e ci prepari alle feste del Natale. Per Cristo nostro Signore.
Oppure: O Padre, che ci hai nutriti con il corpo e sangue del tuo Figlio, fa' che rimaniamo nel tuo amore, viviamo della tua vita e camminiamo verso la tua pace. Per Cristo nostro Signore.

Commenti

1ª LETTURA - La descrizione del banchetto di grasse vivande, di vini eccellenti e di pietanze succulente prepara alla lettura di un brevissimo periodo al centro del brano: la morte sarà eliminata per sempre e verrà asciugata ogni lacrima dal nostro volto. La bellezza e l'abbondanza del banchetto prefigurano una vita dove la morte non fa più paura e dove la sofferenza sarà consolata. Parlare dei due grandi limiti umani, la morte e la sofferenza, riferiti all'arrivo del Signore, porta a comprendere come egli non rimanga indifferente di fronte alle fatiche umane, di fronte alla storia di ciascuno di noi. Anzi, il suo camminare costantemente con il suo popolo, tanto da prendere su di sé la carne umana, ci conferma che il Signore desidera esserci prossimo. È fuori dubbio che l'esperienza di sofferenza e di morte, che facciamo nella nostra vita, ci induce a pensare il contrario, tanto da chiederci il perché di ciò che ci accade e dove il Signore sia andato a finire. Ma è altrettanto vero che la nostra fede ci spinge anzitutto a fidarci di un Dio che ha dato tutto se stesso per sconfiggere la morte e partecipare alla nostra sofferenza.

VANGELO - «Sento compassione per la folla», queste parole, quasi una cerniera che tiene insieme due pezzi, sono poste tra le guarigioni degli zoppi, degli storpi, dei ciechi, dei sordi e di ogni malato, e la moltiplicazione dei pani e dei pesci, dando così senso a ciò che il Maestro ha compiuto e compirà.

Tutti i prodigi scaturiscono dal suo cuore compassionevole, che porta su di sé il dolore di ogni uomo per prendersene carico e non lasciarlo solo. Tanta era la gente ma poco era il cibo per poterla sfamare; eppure Gesù di fronte a questa che per noi, come per i discepoli, potrebbe essere una difficoltà insormontabile, compie alcuni gesti che oltre a far mangiare tutti, dimostrano come Dio possa tutto e doni in sovrabbondanza. Non è la prima né l'ultima volta che incontriamo nei Vangeli questa logica: di fronte all'assenza di qualcosa, il Signore non dà il minimo indispensabile, ma dà il di più. Nel segno della moltiplicazione dei pani possiamo scoprire tutta la provvidenza di Dio, che risponde a ogni necessità, donando ciò che serve e molto di più, affinché l'uomo possa riconoscere in lui la sorgente e la risposta a ogni bisogno.

CHIEDETE E VI SARÀ DATO Lc 11,9

1. Per la nostra madre Chiesa, perché testimoni sempre, dinanzi a tutti gli uomini, la speranza piena di immortalità che sgorga da Cristo morto e risorto.

2. Per coloro che sono segnati dalla sofferenza e vivono senza speranza, perché nell'esperienza della preghiera e della fraternità possano ritrovare la fiducia e il desiderio di impegnarsi per un domani migliore.

3. Per noi, perché il Signore, nostro principio e nostro fine, consoli le fatiche del nostro pellegrinaggio terreno con la serena certezza di essere sempre in comunione di spirito con i nostri cari fratelli defunti, nell'attesa di incontrarci tutti in cielo.

FATE QUELLO CHE VI DIRÀ Gv 2,5

C PER VIVERE DA DISCEPOLO DI GESÙ... Mi preparo all'incontro natalizio con il Signore programmando, per la prossima domenica, la visita in un luogo di fede vicino a casa mia.

M SULL'ESEMPIO DI MARIA... Con la stessa premura di Maria, penso a una persona per la quale potrei preparare una pietanza per il pranzo di Natale. Sicuramente vicino a me c'è qualcuno che aspetta di essere soccorso con un gesto d'amore.

Santi del giorno:
Santa Crispina di Tagora • San Saba • San Lucido • San Gerardo • Beato Bartolomeo Fanti • Beato Filippo Rinaldi

6 DICEMBRE

GIOVEDÌ

1ª settimana di Avvento

viola (bianco se si celebra la memoria)

1ª sett. salt.

S. Nicola, vescovo (mf)

SAN NICOLA: un ponte verso l'Oriente.

Originario dell'Asia Minore, nacque intorno al 260 da una famiglia nobile. Cresciuto in un ambiente di fede cristiana, perse prematuramente i genitori. In seguito si trasferì a Mira, nella Turchia meridionale. Alla morte del vescovo, Nicola venne acclamato dal popolo come nuovo vescovo. Si rivelò un pastore zelante, capace di comunicare incessantemente la luce della parola di Dio e di aiutare i più bisognosi. Un esempio: venuto a sapere di un concittadino che intendeva far prostituire le sue figlie per rimediare alla povertà, Nicola di nascosto gli gettò in casa tre sacchetti di monete d'oro, che avrebbero costituito la dote delle figlie consentendo loro di sposarsi. Durante la persecuzione di Diocleziano patì il carcere e altre sofferenze. Nel 325, partecipò al Concilio di Nicea, difendendo la fede cattolica. Morì a Mira il 6 dicembre, presumibilmente dell'anno 343. Nel 1087 sessantadue marinai, che facevano scalo a Mira nei loro commerci con l'Oriente, si impossessarono delle sue reliquie e le trasportarono a Bari, dove giunsero il 9 maggio, con indescrivibile esultanza della popolazione. I marinai consegnarono il corpo al benedettino Elia, il quale edificò sul posto la Basilica del Santo che, ancora oggi, è meta di pellegrinaggio per i fedeli cattolici e ortodossi, provenienti soprattutto dai Paesi slavi.

Antifona d'ingresso - Tu sei vicino, o Signore; tutte le tue vie sono verità. Fin da principio ho conosciuto dalla tua testimonianza che tu sei in eterno *(Cfr. Sal 118,151-152).*

Colletta - Ridesta la tua potenza, Signore, e con grande forza soccorri i tuo fedeli; la tua grazia vinca le resistenze del peccato e affretti il momento della salvezza. Per il nostro Signore...

PRIMA LETTURA Is 26,1-6

Dal libro del profeta Isaìa

In quel giorno si canterà questo canto nella terra di Giuda: «Abbiamo una città forte; mura e bastioni egli ha posto a salvezza. Aprite le porte: entri una nazione giusta, che si mantiene fedele. La sua volontà è salda; tu le assicurerai la pace, pace perché in te confida. Confidate nel Signore sempre, perché il Signore è una roccia eterna, perché egli ha abbattuto coloro che abitavano in alto, ha rovesciato la città eccelsa, l'ha rovesciata fino a terra, l'ha rasa al suolo. I piedi la calpestano: sono i piedi degli oppressi, **i passi dei poveri**». **Parola di Dio.**

SALMO RESPONSORIALE Dal Salmo 117 (118)

℟. **Benedetto colui che viene nel nome del Signore.**

Rendete grazie al Signore perché è buono,
perché il suo amore è per sempre.
È meglio rifugiarsi nel Signore
che confidare nell'uomo.
È meglio rifugiarsi nel Signore
che confidare nei potenti. ℟.

Apritemi le porte della giustizia:
vi entrerò per ringraziare il Signore.
È questa la porta del Signore:
per essa entrano i giusti.
Ti rendo grazie, perché mi hai risposto,
perché sei stato la mia salvezza. ℟.

Ti preghiamo, Signore: dona la salvezza!
Ti preghiamo, Signore: dona la vittoria!
Benedetto colui che viene nel nome del Signore.
Vi benediciamo dalla casa del Signore.
Il Signore è Dio, egli ci illumina. ℟.

CANTO AL VANGELO Is 55,6

Alleluia, alleluia.
Cercate il Signore, mentre si fa trovare,
invocatelo, mentre è vicino.
Alleluia.

VANGELO Mt 7,21.24-27

✠ *Dal Vangelo secondo Matteo*

In quel tempo, Gesù disse ai suoi discepoli: «Non chiunque mi dice: "Signore, Signore", entrerà nel regno dei cieli, ma colui che fa la volontà del Padre mio che è nei cieli. Perciò chiunque ascolta queste mie parole e le mette in pratica, sarà simile a un uomo saggio, che ha costruito la sua casa sulla roccia. Cadde la pioggia, strariparono i fiumi, soffiarono i venti e si abbatterono su quella casa, ma **essa non cadde**, perché era fondata sulla roccia. Chiunque ascolta queste mie parole e non le mette in pratica, sarà simile a un uomo stolto, che ha costruito la sua casa sulla sabbia. Cadde la pioggia, strariparono i fiumi, soffiarono i venti e si abbatterono su quella casa, ed essa cadde e la sua rovina fu grande». **Parola del Signore.**

SULLE OFFERTE - Accogli, Signore, il pane e il vino, dono della tua benevolenza, e fa' che l'umile espressione della nostra fede sia per noi pegno di salvezza eterna. Per Cristo nostro Signore.

Oppure: Accetta, Signore, i doni che ti presentiamo, e sia fonte di redenzione e di pace questo sacrificio che cancella i peccati del mondo. Per Cristo nostro Signore.

Comunione - Viviamo in questo mondo con giustizia e pietà, nell'attesa che si compia la beata speranza e venga nella gloria il nostro Dio *(Tt 2,12-13).*

Oppure: «Non chiunque mi dice: Signore, Signore, entrerà nel regno dei cieli, ma chi fa la volontà del Padre mio» *(Mt 7,21).*

Dopo la Comunione - La partecipazione a questo sacramento che a noi pellegrini sulla terra rivela il senso cristiano della vita, ci sostenga, Signore, nel nostro cammino e ci guidi ai beni eterni. Per Cristo nostro Signore.

Oppure: O Padre, la forza del tuo Spirito, operante in questi santi misteri, sia per noi sostegno nella vita presente e pegno sicuro della felicità eterna. Per Cristo nostro Signore.

Commenti

1ª LETTURA - In questo canto di vittoria nella terra di Giuda vengono messe in contrapposizione due città. Alla prima, la cui fortificazione è eretta da Dio stesso (un richiamo forse alla santa Gerusalemme), si contrappone la città eccelsa. La prima è sicura, la seconda cade. Simbolicamente potremmo ritrovare dietro a queste due città tutte quelle situazioni nelle quali dobbiamo scegliere se costruire sulla roccia sicura che è Dio, o solo sulle nostre forze, pur sapendo che prima o poi la nostra città "eccelsa" cadrà. La descrizione di come sarà calpestata la seconda città ci suggerisce in che modo, invece, è possibile costruire la città di Dio, come è possibile entrarvi, come è possibile dimorare in essa. Infatti, coloro che la calpesteranno sono i piedi degli oppressi, i passi dei poveri. Costruire sulla roccia significa allora costruire sull'amore, che è sempre apertura al prossimo, soprattutto all'ultimo, nel quale Dio ha preso dimora. Il Bambino di Betlemme, che stiamo attendendo, ci ricorda proprio questo: il Signore lo si trova negli ultimi.

VANGELO - Il Vangelo di oggi, conclusione del lungo discorso della montagna, riportato dall'evangelista

Matteo, riprende ciò che già ci è stato detto, in qualche maniera, nella prima lettura: se vogliamo che la nostra vita non sia distrutta dalla brama di possesso, dall'egoismo e dall'odio, è necessario che abbia delle solide fondamenta. L'unico fondamento stabile e indistruttibile, che non può essere toccato nemmeno dalle tante tempeste alle quali siamo sottoposti, è il Signore stesso. Proprio all'inizio di questo brano ci viene provvidenzialmente suggerito il modo di fondare la nostra vita nel Signore. Gesù parla chiaro: «Non chiunque mi dice: "Signore, Signore", entrerà nel regno dei cieli, ma colui che fa la volontà del Padre mio che è nei cieli». Capita anche a noi, talvolta, di essere cristiani di nome, ma poco di fatto. Ci fregiamo fin dal Battesimo di questo appellativo, ma poi nella vita esso non si concretizza, perché ci accontentiamo di essere cristiani "part-time" o per tradizione. La fede, invece, deve coinvolgere tutta la nostra vita, non solo una parte di essa; e questo lo si vede se ciò che professiamo, o se ciò che diciamo di essere, prende forma e consistenza nelle opere.

CHIEDETE E VI SARÀ DATO — Lc 11,9

1. Per i cristiani d'Oriente e d'Occidente, perché valorizzando il comune patrimonio di fede e di amore ritro-

vino, per intercessione di san Nicola, nuova energia per il cammino ecumenico.

2. Per i giovani che ricercano il senso della vita, perché guidati dalla luce dello Spirito Santo possano incontrare Cristo, ascoltare la sua voce e costruire la loro casa sulla roccia del Vangelo.

3. Per noi perché nelle prove, nelle fatiche e nelle tribolazioni rimanga viva la speranza che un giorno tutto questo avrà fine e potremo gustare la pace raggiungendo il Signore nella sua casa.

FATE QUELLO CHE VI DIRÀ Gv 2,5

C PER VIVERE DA DISCEPOLO DI GESÙ... Faccio memoria di un evento difficile e destabilizzante in cui, nonostante le "scosse", la mia casa interiore non è caduta: ne faccio oggetto di lode e ringraziamento nella preghiera.

M SULL'ESEMPIO DI MARIA... Se a volte mi capita di evitare i poveri che incontro, oggi avrò la stessa attenzione della Vergine Maria e, oltre a dare un'offerta, donerò anche un sorriso e una stretta di mano.

Altri santi del giorno:
Santa Asella • Sant'Obizio • Beata Luisa Maria Frías Cañizares • Beato Giovanni Scheffler

7 DICEMBRE

VENERDÌ

1ª settimana di Avvento

bianco **1ª sett. salt.**

S. Ambrogio,
vescovo e dottore della Chiesa (m)

SANT'AMBROGIO:
esaltatore della castità, della carità e della giustizia.

Nacque a Treviri, nella Gallia, verso il 339 e fu il personaggio più significativo della Chiesa del IV secolo. Di famiglia romana cristiana, governatore imperiale, Ambrogio venne proclamato vescovo di Milano nel 374. Si trovava a Milano, infatti, quando morì il vescovo Assenzio. Poiché solo con le parole riuscì a tranquillizzare la folla e a evitare disordini – spesso presenti durante le elezioni ecclesiastiche –, fu acclamato vescovo dalla folla stessa.

Quando venne eletto era solo catecumeno: pur proclamando la propria indegnità, professandosi peccatore e tentando anche di fuggire, non riuscì a sottrarsi alla carica episcopale. Si narra che tra i vari espedienti che utilizzò per non farsi eleggere vescovo, adottò anche quello di invitare a casa sua delle prostitute, in modo che il popolo, scandalizzandosi, rinunciasse a eleggerlo; tuttavia, neppure in questo modo raggiunse il suo intento. In pochi giorni ricevette il Battesimo e subito dopo la consacrazione e divenne guida autorevole dell'episcopato dell'Italia del nord. Aveva uno spiccato senso del dovere e una personalità forte, decisa e combattiva, ma riusciva anche a essere dolce, tenero e misericordioso. Il suo spirito pratico gli permise di risolvere situazioni difficili. Fu autore di molte opere a carattere esegetico, dogmatico e teologico. Era solito lavorare nel suo studio con le porte aperte: tutti potevano vederlo mentre scriveva e leggeva e potevano anche parlargli. Avversario di eretici (tra cui gli ariani e i manichei), pagani e dissidenti, difese il primato della Chiesa di Roma. Entrò più volte in contrasto col potere dell'imperatore, che a suo avviso doveva essere considerato dentro la Chiesa, non al di sopra di essa. Moralista, esaltatore della castità, della carità e della giustizia; regolarizzatore della liturgia, anche nel canto, fu autore di inni che gli valsero la gloria letteraria, da lui meritata anche come oratore efficacissimo. Fu una figura fondamentale nella conversione di sant'Agostino che, ascoltando i suoi sermoni, si convertì alla vera fede. Ambrogio morì a Milano all'alba del Sabato Santo del 397, di ritorno da un viaggio a Pavia. È annoverato, insieme ad Agostino, Girolamo e Gregorio, fra i massimi dottori della Chiesa latina.

ANTIFONA D'INGRESSO - I saggi rifulgeranno come lo splendore del firmamento; coloro che insegneranno a molti la giustizia brilleranno come stelle per sempre *(Dn 12,3)*.

COLLETTA - O Dio, che nel vescovo sant'Ambrogio ci hai dato un insigne maestro della fede cattolica e un esempio di apostolica fortezza, suscita nella Chiesa uomini secondo il tuo cuore, che la guidino con coraggio e sapienza. Per il nostro Signore…

PRIMA LETTURA Is 29,17-24

Dal libro del profeta Isaìa

Così dice il Signore Dio: «Certo, ancora un po' e il Libano si cambierà in un frutteto e il frutteto sarà considerato una selva. Udranno in quel giorno i sordi le parole del libro; liberati dall'oscurità e dalle tenebre, gli occhi dei ciechi vedranno. Gli umili si rallegreranno di nuovo nel Signore, i più poveri gioiranno nel Santo d'Israele. Perché il tiranno non sarà più, sparirà l'arrogante, saranno eliminati quanti tramano iniquità, quanti con la parola rendono colpevoli gli altri, quanti alla porta tendono tranelli al giudice e rovinano il giusto per un nulla. Pertanto, dice alla casa di Giacobbe il Signore, che riscattò Abramo: "D'ora in poi Giacobbe non dovrà più arrossire, il suo viso non impallidirà più, poiché vedendo i suoi figli l'opera delle mie mani tra loro, santificheranno il mio nome, santificheranno il Santo di Giacobbe e temeranno il Dio d'Israele. Gli spiriti traviati apprenderanno la sapienza, quelli che mormorano impareranno la lezione"». **Parola di Dio.**

SALMO RESPONSORIALE Dal Salmo 26 (27)

℞. **Il Signore è mia luce e mia salvezza.**

Il Signore è mia luce e mia salvezza:

di chi avrò timore?
Il Signore è difesa della mia vita:
di chi avrò paura? ℟.

Una cosa ho chiesto al Signore,
questa sola io cerco:
abitare nella casa del Signore
tutti i giorni della mia vita,
per contemplare la bellezza del Signore
e ammirare il suo santuario. ℟.

Sono certo di contemplare la bontà del Signore
nella terra dei viventi.
Spera nel Signore, sii forte,
si rinsaldi il tuo cuore e spera nel Signore. ℟.

CANTO AL VANGELO

Alleluia, alleluia.
Il Signore viene, andiamogli incontro:
egli è la luce del mondo.
Alleluia.

VANGELO

Mt 9,27-31

✠ *Dal Vangelo secondo Matteo*

In quel tempo, mentre Gesù si allontanava, due ciechi lo seguirono gridando: «Figlio di Davide, abbi

pietà di noi!». Entrato in casa, i ciechi gli si avvicinarono e Gesù disse loro: «Credete che io possa fare questo?». Gli risposero: «Sì, o Signore!». Allora toccò loro gli occhi e disse: «Avvenga per voi secondo la vostra fede». E si aprirono loro gli occhi. Quindi Gesù li ammonì dicendo: «Badate che nessuno lo sappia!». Ma essi, appena usciti, ne diffusero la notizia in tutta quella regione.
Parola del Signore.

SULLE OFFERTE - Venga su di noi, o Padre, il tuo Santo Spirito, nella celebrazione dei divini misteri, e ci riempia di quella luce evangelica che fece di sant'Ambrogio un ardente apostolo della fede. Per Cristo nostro Signore.

COMUNIONE - Il buon pastore dona la vita per il suo gregge *(Cfr. Gv 10,11)*.

DOPO LA COMUNIONE - O Dio, che ci hai rinnovati con la potenza misteriosa di questo sacramento, fa' che alla scuola di sant'Ambrogio vescovo camminiamo da forti sulla via della salvezza, per giungere alla gioia del convito eterno. Per Cristo nostro Signore.

Commenti

1ª LETTURA - L'oracolo si apre con l'immagine del Libano che si trasforma in un frutteto; in questo modo la parola di Dio ci suggerisce subito che è possibile una trasformazione, o meglio ancora una trasfigurazione. Infatti, il testo continua con la guarigione dei sordi e e dei ciechi, e con la letizia degli umili e dei poveri. Ciò che, quindi, viene descritto nel brano non è solo una trasformazione a livello naturale, ma una vera e propria trasfigurazione spirituale. Scomparirà il tiranno e l'arrogante verrà eliminato, affinché prosperino la giustizia e la pace, tanto da portare gli ultimi a esultare per la grande opera di Dio. Nel finale del brano si sottolinea ancora che più che essere un cambiamento che parte dall'esterno, come se il Signore arrivasse a fare "piazza pulita", siamo di fronte a un cambiamento che parte dall'animo di ogni uomo, perché gli spiriti traviati apprenderanno la sapienza e quelli che mormorano impareranno la lezione. L'arrivo del Messia non costituisce un giudizio irreversibile, ma un invito alla conversione, a cambiare rotta, per intraprendere la via di Dio.

VANGELO - Ci troviamo di fronte a una delle tante

guarigioni operate da Gesù. Due ciechi si avvicinano riconoscendolo come Messia, attestando così la loro fede nel Figlio di Davide. Proprio questa fede darà loro la possibilità di essere guariti, come affermano le parole del Maestro. Tante volte anche noi, come i ciechi del brano, ci ritroviamo a chiedere la guarigione dalle nostre miserie, ma tanto spesso invochiamo il Signore come se fosse solo un semplice guaritore. I due protagonisti della pericope ci insegnano invece che Gesù non è anzitutto un guaritore, ma è il Signore, colui che tutto può, colui che è venuto nel mondo per liberare l'umanità dalle sue schiavitù. Proprio il fatto di essere in grado di riconoscerlo per ciò che Gesù è realmente, permette ai ciechi, come a noi, di essere guariti. Il Messia non è un guaritore come tanti altri, non è un mago, uno dei tanti ciarlatani che anche oggi purtroppo promettono ciò che non possono dare, ma è il Figlio di Davide, l'unico che può liberare e salvare il suo popolo, l'unico che può guarire con dolce unguento le nostre ferite, l'unico che può guarire me e te dalle nostre infermità.

CHIEDETE E VI SARÀ DATO — Lc 11,9

1. Perché la fortezza che animò sant'Ambrogio nell'af-

fermare la libertà della Chiesa dal potere politico, senza cedere a compromessi, sia imitata anche oggi dai responsabili della Chiesa.

2. Perché l'attuazione della riforma liturgica che ha in sant'Ambrogio un modello, generi cristiani preparati, radicati e formati alla scuola della Parola e dei sacramenti.

3. Perché, seguendo l'indicazione di sant'Ambrogio: «Quello che concedi al povero non è un bene di tua proprietà ma è un bene che gli restituisci», impariamo ad amare, col cuore e con le opere, ogni fratello sofferente.

FATE QUELLO CHE VI DIRÀ Gv 2,5

C PER VIVERE DA DISCEPOLO DI GESÙ... Scrivo su un foglio: «Vieni Signore Gesù» e lo posiziono in un posto visibile della casa, così che mi possa ricordare della sua venuta.

M SULL'ESEMPIO DI MARIA... Durante la mia preghiera chiedo a Maria di aiutarmi a riconoscere ciò che ancora in me deve essere illuminato dalla luce della Parola.

Altri santi del giorno:

San Sabino • Sant'Atenodoro • Sant'Urbano • San Giovanni Silenziario o l'Esicasta • Beate Aurelia (Clementina Arambarri Fuente) e tre compagne

8 DICEMBRE

SABATO

Immacolata Concezione della beata Vergine Maria (s)

bianco **propria**

MARIA È PIENA DELLA PRESENZA DI DIO

Fin dai primi secoli del cristianesimo, il sentire dei fedeli aveva intuito che il peccato era incompatibile con Colei che aveva concepito il Figlio di Dio. I Padri della Chiesa d'Oriente, nell'esaltare la Madre di Dio, avevano avuto espressioni che la ponevano al di sopra del peccato originale. In Occidente, però, tale posizione trovò una forte resistenza, non per avversione alla Madonna, che restava la più sublime delle creature, ma per mantenere salda la dottrina della redenzione universale, operata soltanto in virtù del sacrificio di Gesù. Per cui anche la santità straordinaria di Maria non poteva essere pensata al di fuori di Cristo. Il francescano Giovanni Duns Scoto riuscì a superare questo scoglio dottrinale con una sottile ma convincente distinzione. Anche Maria è stata redenta da Cristo, ma in modo unico e specialissimo: è stata liberata dal peccato in modo "preventivo", cioè è stata preservata dall'esperienza stessa del peccato. Maria è la prima redenta, redenta in modo sublime e singolare. Dal 1476, la festa della Concezione di Maria venne introdotta nel calendario romano. Nel 1830, la Vergine apparve a santa Caterina Labouré, la quale diffuse la Medaglia Miracolosa con l'immagine dell'Immacolata. Questa medaglia suscitò un'intensa devozione e molti vescovi chiesero a Roma la definizione di quel dogma che ormai era nel cuore di quasi tutti i cristiani. Così, l'8 dicembre 1854, Pio IX proclamò Maria esente dal peccato originale, cioè immacolata. Quattro mesi dopo, le apparizioni di Lourdes ne furono una prodigiosa conferma.

ANTIFONA D'INGRESSO - Esulto e gioisco nel Signore, l'anima mia si allieta nel mio Dio, perché mi ha rivestito delle vesti di salvezza, mi ha avvolto con il manto della giustizia, come una sposa adornata di gioielli *(Is 61,10)*.

Si dice il Gloria (vedi pag. 17).

COLLETTA - **Preghiamo:** O Padre, che nell'Immacolata Concezione della Vergine hai preparato una degna dimora per il tuo Figlio, e in previsione della morte di lui l'hai preservata da ogni macchia di peccato, concedi anche a noi, per sua intercessione, di venire incontro a te in santità e purezza di spirito. Per il nostro Signore... **Amen.**

(seduti)

PRIMA LETTURA — Gen 3,9-15.20

Dal libro della Gènesi

[Dopo che l'uomo ebbe mangiato del frutto dell'albero,] il Signore Dio lo chiamò e gli disse: «Dove sei?». Rispose: «Ho udito la tua voce nel giardino: ho avuto paura, perché sono nudo, e mi sono nascosto». Riprese: «Chi ti ha fatto sapere che sei nudo? Hai forse mangiato dell'albero di cui ti avevo comandato di non mangiare?». Rispose l'uomo: «La donna che tu mi hai posto accanto mi ha dato dell'albero e io ne ho mangiato». Il Signore Dio disse alla donna: «Che hai fatto?». Rispose la donna: «Il serpente mi ha ingannata e io ho mangiato». Allora il Signore Dio disse al serpente: «Poiché hai fatto questo, maledetto tu fra tutto il bestiame e fra tutti gli animali selvatici! Sul tuo ventre camminerai e polvere mangerai per tutti i giorni della tua vita. Io porrò inimicizia fra te e la donna, fra la tua stirpe e la sua stirpe: questa ti schiaccerà la testa e tu le insidierai il calcagno». L'uomo chiamò sua moglie Eva, perché ella fu la madre di tutti i viventi. - Parola di Dio. ℟. **Rendiamo grazie a Dio.**

SALMO RESPONSORIALE Dal Salmo 97 (98)

℟. **Cantate al Signore un canto nuovo,
perché ha compiuto meraviglie.**

Cantate al Signore un canto nuovo,
perché ha compiuto meraviglie.

Gli ha dato vittoria la sua destra
e il suo braccio santo. R.

Il Signore ha fatto conoscere la sua salvezza,
agli occhi delle genti ha rivelato la sua giustizia.
Egli si è ricordato del suo amore,
della sua fedeltà alla casa d'Israele. R.

Tutti i confini della terra hanno veduto
la vittoria del nostro Dio.
Acclami il Signore tutta la terra,
gridate, esultate, cantate inni! R.

SECONDA LETTURA Ef 1,3-6.11-12

Dalla lettera di san Paolo apostolo agli Efesìni

Benedetto Dio, Padre del Signore nostro Gesù Cristo, che **ci ha benedetti** con ogni benedizione spirituale nei cieli in Cristo. In lui ci ha scelti prima della creazione del mondo per essere santi e immacolati di fronte a lui nella carità, predestinandoci a essere per lui figli adottivi mediante Gesù Cristo, secondo il disegno d'amore della sua volontà, a lode dello splendore della sua grazia, di cui ci ha gratificati nel Figlio amato. In lui siamo stati fatti anche eredi, predestinati – secondo il progetto di colui che tutto opera secondo la sua volontà – a essere lode della sua gloria, noi, che già prima abbiamo sperato nel Cristo. - Parola di Dio. ℟. **Rendiamo grazie a Dio.**

(in piedi)

CANTO AL VANGELO Cfr. Lc 1,28.42

Alleluia, alleluia.
Rallégrati, piena di grazia,
il Signore è con te,
benedetta tu fra le donne.
Alleluia.

VANGELO Lc 1,26-38

Il Signore sia con voi.
℟. **E con il tuo spirito.**
✠ *Dal Vangelo secondo Luca*
℟. **Gloria a te, o Signore.**

In quel tempo, l'angelo Gabriele fu mandato da Dio in una città della Galilea, chiamata Nàzaret, a una vergine, promessa sposa di un uomo della casa di Davide, di nome Giuseppe. La vergine si chiamava Maria. Entrando da lei, disse: «Rallégrati, piena di grazia: il Signore è con te». A queste parole ella fu molto turbata e si domandava che senso avesse un saluto come questo. L'angelo le disse: «Non te-

mere, Maria, perché hai trovato grazia presso Dio. Ed ecco, concepirai un figlio, lo darai alla luce e lo chiamerai Gesù. Sarà grande e verrà chiamato Figlio dell'Altissimo; il Signore Dio gli darà il trono di Davide suo padre e regnerà per sempre sulla casa di Giacobbe e il suo regno non avrà fine». Allora Maria disse all'angelo: «Come avverrà questo, poiché non conosco uomo?». Le rispose l'angelo: «Lo Spirito Santo scenderà su di te e la potenza dell'Altissimo ti coprirà con la sua ombra. Perciò colui che nascerà sarà santo e sarà chiamato Figlio di Dio. Ed ecco, Elisabetta, tua parente, nella sua vecchiaia ha concepito anch'essa un figlio e questo è il sesto mese per lei, che era detta sterile: nulla è impossibile a Dio». Allora Maria disse: «Ecco la serva del Signore: avvenga per me secondo la tua parola». E l'angelo si allontanò da lei. - Parola del Signore.
℟. **Lode a te o Cristo.**

Credo (vedi pagg. 19-22).

(in piedi)

SULLE OFFERTE - Accetta, Signore, il sacrificio di salvezza, che ti offriamo nella festa dell'Immacolata Concezione della beata Vergine Maria, e come noi la riconosciamo preservata per tua grazia da ogni macchia di peccato, così, per sua intercessione, fa' che siamo liberati da ogni colpa. Per Cristo nostro Signore. **Amen.**

Prefazio - *Maria felice inizio della Chiesa.* È veramente cosa buona e giusta, nostro dovere e fonte di salvezza, rendere grazie sempre e in ogni luogo a te, Signore, Padre santo, Dio onnipotente ed eterno. Tu hai preservato la Vergine Maria da ogni macchia di peccato originale, perché, piena di grazia, diventasse degna Madre del tuo Figlio. In lei hai segnato l'inizio della Chiesa, sposa di Cristo senza macchia e senza ruga, splendente di bellezza. Da lei, vergine purissima, doveva nascere il Figlio, agnello innocente che toglie le nostre colpe; e tu sopra ogni altra creatura la predestinavi per il tuo popolo avvocata di grazia e modello di santità. E noi, uniti ai cori degli angeli, proclamiamo esultanti la tua lode: **Santo...**

Comunione - Grandi cose di te si cantano, o Maria, perché da te è nato il sole di giustizia, Cristo, nostro Dio.

Dopo la Comunione - **Preghiamo:** Il sacramento che abbiamo ricevuto, Signore Dio nostro, guarisca in noi le ferite di quella colpa da cui, per singolare privilegio, hai preservato la beata Vergine Maria, nella sua Immacolata Concezione. Per Cristo nostro Signore. **Amen.**

Commenti

1ª LETTURA - Nel catechismo di san Pio X alla domanda: «Dio sa tutto?», si rispondeva: «Dio sa tutto, anche i nostri pensieri: egli è l'onnisciente». E allora perché dopo la caduta originaria di Adamo ed Eva, il Creatore ha avuto bisogno di chiedere all'uomo dove fosse? Se lui sa tutte le cose, avrà saputo anche che Adamo, spinto dalla paura, si nascose dietro agli alberi del giardino. Questo ci spinge a interpretare la domanda in maniera diversa e a non intenderla come una semplice richiesta di un'indicazione spaziale. Per comprendere meglio potremmo tradurre la domanda con espressioni del tipo: «Dove sei andato a finire?»; «Dove ti sei andato a cacciare?». Questa domanda può avere quindi un senso esistenziale. Infatti, da buon pastore, Dio è in continua ricerca della pecora perduta, affinché prima che si compia il giudizio finale, essa possa riprendere la via giusta che conduce a lui. Il «dove sei?» di Dio non è curiosità, non è accusa, ma è possibilità di un nuovo inizio, possibilità di riprendere nuovamente il cammino.

2ª LETTURA - La solennità dell'Immacolata Concezione della Beata Vergine Maria ci fa ascoltare, nella celebrazione eucaristica, queste poche righe della lettera agli Efesìni, che mettono in risalto il fatto che l'esperienza vissuta da Maria può essere esperienza di tutti i cristiani. Scelti prima della creazione del mondo, per essere santi e immacolati figli di Dio, come Maria, siamo chiamati quotidianamente alla santità affinché tutta la nostra vita diventi lode a Dio. Come afferma san Paolo, tutto ciò scaturisce dalla volontà amorosa di Dio, perché egli ci ha creati non per vederci errare per strade senza uscita, ma per conoscerlo, amarlo e servirlo. Per aiutarci ha donato a tutti, e a ciascuno di noi, un grande esempio: Maria, la giovane ragazza di Nàzaret, che ha accolto questa volontà di Dio facendosi strumento del suo amore. In lei possiamo specchiarci continuamente per vedere quanto nella nostra vita riusciamo ad accogliere, come ha fatto lei, il progetto di Dio.

VANGELO - Ciò che oggi celebriamo è sottolineato

dal brano del Vangelo di Luca che ci viene proposto: l'annunciazione. In una città della Galilea la potenza di Dio prende forma nel ventre di una giovane donna, non senza il suo consenso e non senza aver chiesto permesso alla sua libertà. La storia di Maria è la storia di tutta la Chiesa, la storia di ogni uomo. Pensato fin dalla notte dei tempi, l'uomo è stato introdotto alla vita, perché in essa fossero rese visibili le mirabili opere di Dio. Ogni vita è un eterno magnificat nel quale si canta l'opera che il Signore ha compiuto. Questo è il desiderio di Dio, al quale l'uomo è invitato a corrispondere, come è accaduto a Maria, invitata da Dio a essere strumento dell'incarnazione. Il suo "sì" è il "sì" di ogni uomo e di ogni donna accogliente, che si rende strumento nelle mani del Signore, affinché il Vangelo prenda vita nella nostra carne. Dio, che ha disposto tutto questo, attende pazientemente il nostro "fiat" perché altri uomini possano conoscerlo e amarlo.

CHIEDETE E VI SARÀ DATO — Lc 11,9

1. Padre, tu ci hai dato in Maria l'immagine della Chiesa: custodisci la Chiesa di Cristo, affinché a imitazione dell'Immacolata vergine e madre, come sposa santa e immacolata, vada incontro al Signore che viene.

2. Padre, tu ci hai rivelato che nulla è impossibile a te: per intercessione della Vergine immacolata, illumina i popoli oppressi dalla guerra e dalla miseria, affinché scorgano i segni e la forza del tuo Spirito, perché si possa costruire un futuro di pace per tutta l'umanità.

3. Padre, tu ci indichi Maria come modello di adesione al tuo volere: accompagna tutti noi, riuniti a questa mensa di gioia e di festa, affinché siamo capaci di essere tuoi servi, lieti e generosi nell'obbedire alla tua Parola.

FATE QUELLO CHE VI DIRÀ Gv 2,5

C PER VIVERE DA DISCEPOLO DI GESÙ... Unisco al "buongiorno" ai miei cari un segno di benedizione sulla fronte, tracciando un piccolo segno di croce, perché vivano in letizia e sotto lo sguardo amorevole del Padre questo giorno di festa.

M SULL'ESEMPIO DI MARIA... Recito un'Ave Maria prima di ogni azione importante della giornata, per ringraziare la Vergine per la sua presenza fedele nella mia vita.

Santi del giorno:

San Macario • Sant'Eutichiano • San Teobaldo di Marly • ***Santa Narcisa di Gesù Martillo Morán*** *• Beato Giuseppe Maria Zabal Blasco*

SANTA NARCISA DI GESÙ MARTILLO MORÁN

Narcisa nacque nel 1832 in Ecuador da una famiglia benestante di contadini. Rimasta orfana, si trasferì a Guayaquil, presso dei parenti, dove, per non pesare troppo sulla famiglia di cui era ospite, si dedicò al suo lavoro di sarta. Cambiò spesso abitazione: le sue dimore predilette erano le soffitte e i ripostigli, in cui poteva trovare il silenzio e la solitudine necessari per la preghiera e per le penitenze corporali che si infliggeva. Si consacrò a Dio e dedicò il tempo libero alle opere di carità, gestendo un orfanotrofio. Spesso cadeva in estasi ed era necessario scuoterla perché tornasse in sé. Nel 1868, Narcisa si trasferì a Lima, in un monastero di terziarie domenicane. L'anno successivo cominciò a essere affetta da febbri ricorrenti. La mattina dell'8 dicembre ricevette la Comunione e la sera disse alle terziarie che sarebbe partita per un lungo viaggio. Le consorelle pensavano si trattasse di uno scherzo. A mezzanotte una suora notò che la sua cella era illuminata e che da essa proveniva un intenso profumo. Quando aprirono la porta, trovarono Narcisa morta, nella stessa posizione di Gesù morto in croce: la testa inclinata a destra e il piede destro posto sopra il sinistro. Fu canonizzata nel 2008.

9 DICEMBRE

DOMENICA

2ª domenica di Avvento (C)

viola **2ª sett. salt.**

ACCENDIAMO LA SECONDA CANDELA DELLA CORONA DELL'AVVENTO

Dopo il saluto iniziale, il sacerdote recita l'orazione e poi accende la seconda candela, di colore viola, chiamata "di Betlemme", perché simboleggia la chiamata universale alla salvezza.

I profeti tenevano accesa la speranza di Israele. Noi, come simbolo, accediamo questa seconda candela. Il vecchio tronco sta germogliando, fiorisce il deserto... L'umanità intera trasale perché Dio é nato nella nostra carne. Fa' che ognuno di noi, Signore, ti apra la sua vita perché germogli, perché fiorisca, perché nasca e si mantenga accesa nel nostro cuore la speranza. Vieni, o Salvatore!

ANTIFONA D'INGRESSO - Popolo di Sion, il Signore verrà a salvare i popoli e farà sentire la sua voce potente per la gioia del vostro cuore *(Cfr. Is 30,19.30).*

Non si dice il Gloria.

COLLETTA - **Preghiamo:** Dio grande e misericordioso, fa' che il nostro impegno nel mondo non ci ostacoli nel cammino verso il tuo Figlio, ma la sapienza che viene dal cielo ci guidi alla comunione con il Cristo, nostro Salvatore. Egli è Dio… **Amen.**

Oppure: O Dio grande nell'amore, che chiami gli umili alla luce gloriosa del tuo regno, raddrizza nei nostri cuori i tuoi sentieri, spiana le alture della superbia, e preparaci a celebrare con fede ardente la venuta del nostro salvatore, Gesù Cristo tuo Figlio. Egli è Dio… **Amen.**

(seduti)

PRIMA LETTURA — Bar 5,1-9

Dal libro del profeta Baruc

Deponi, o Gerusalemme, la veste del lutto e dell'afflizione, rivèstiti dello splendore della gloria che ti viene da Dio per sempre. Avvolgiti nel manto della giustizia di Dio, metti sul tuo capo il diadema di gloria dell'Eterno, perché Dio mostrerà il tuo splendore a ogni creatura sotto il cielo. Sarai chiamata da Dio per sempre: «Pace di giustizia» e «Gloria di pietà». Sorgi, o Gerusalemme, sta' in piedi sull'altura e guarda verso oriente; vedi i tuoi figli riuniti, dal tramonto del sole fino al suo sorgere, alla parola del Santo, esultanti per il ricordo di Dio. Si sono allontanati da te a piedi, incalzati dai nemici; ora Dio te li riconduce in trionfo come sopra un trono regale. Poiché Dio ha deciso di spianare ogni alta montagna e le rupi perenni, di colmare le valli livellando il terreno, perché Israele proceda sicuro sotto la gloria di Dio. Anche le selve e ogni albero odoroso hanno fatto ombra a Israele per comando di Dio. Perché Dio ricondurrà Israele con gioia alla luce della sua gloria, con la misericordia e la giustizia che vengono da lui. - Parola di Dio. ℟. **Rendiamo grazie a Dio.**

SALMO RESPONSORIALE Salmo 125 (126)

℟. **Grandi cose ha fatto il Signore per noi.**

Quando il Signore ristabilì la sorte di Sion,
ci sembrava di sognare.
Allora la nostra bocca si riempì di sorriso,
la nostra lingua di gioia. ℟.

Allora si diceva tra le genti:
«Il Signore ha fatto grandi cose per loro».
Grandi cose ha fatto il Signore per noi:
eravamo pieni di gioia. ℟.

Ristabilisci, Signore, la nostra sorte,
come i torrenti del Negheb.
Chi semina nelle lacrime
mieterà nella gioia.

℟. **Grandi cose ha fatto il Signore per noi.**

Nell'andare, se ne va piangendo,
portando la semente da gettare,
ma nel tornare, viene con gioia,
portando i suoi covoni. ℟.

SECONDA LETTURA Fil 1,4-6.8-11

Dalla lettera di san Paolo apostolo ai Filippési

Fratelli, sempre, quando prego per tutti voi, lo faccio con gioia a motivo della vostra cooperazione per il Vangelo, dal primo giorno fino al presente. Sono persuaso che colui il quale ha iniziato in voi quest'opera buona, la porterà a compimento fino al giorno di Cristo Gesù. Infatti Dio mi è testimone del vivo desiderio che nutro per tutti voi nell'amore di Cristo Gesù. E perciò prego che la vostra carità cresca sempre più in conoscenza e in pieno discernimento, perché possiate distinguere ciò che è meglio ed essere integri e irreprensibili per il giorno di Cristo, ricolmi di quel frutto di giustizia che si ottiene per mezzo di Gesù Cristo, a gloria e lode di Dio. - Parola di Dio. ℟. **Rendiamo grazie a Dio.**

(in piedi)

CANTO AL VANGELO Lc 3,4.6

Alleluia, alleluia.
Preparate la via del Signore,
raddrizzate i suoi sentieri!
Ogni uomo vedrà la salvezza di Dio!
Alleluia.

VANGELO Lc 3,1-6

Il Signore sia con voi.
℟. **E con il tuo spirito.**
✠ *Dal Vangelo secondo Luca*
℟. **Gloria a te, o Signore.**

Nell'anno quindicesimo dell'impero di Tiberio Cesare, mentre Ponzio Pilato era governatore della Giudea, Erode tetràrca della Galilea, e Filippo, suo fratello, tetràrca dell'Iturèa e della Traconìtide, e Lisània tetràrca dell'Abilène, sotto i sommi sacerdoti Anna e Càifa, la parola di Dio venne su Giovanni, figlio di Zaccarìa, nel deserto. Egli percorse tutta la regione del Giordano, predicando un battesimo di conversione per il perdono dei peccati, com'è scritto nel libro degli oracoli del profeta Isaìa: «Voce di uno che grida nel deserto: Preparate la via del Signore, raddrizzate i suoi sentieri! **Ogni burrone sarà riempito, ogni monte e ogni colle sarà abbassato**; le vie tortuose diverranno diritte e quelle impervie, spianate. Ogni uomo vedrà la salvezza di Dio!». - Parola del Signore. ℟. **Lode a te o Cristo.**

Credo (vedi pagg. 19-22).

(in piedi)

SULLE OFFERTE - Ti siano gradite, Signore, le nostre umili offerte e preghiere; all'estrema povertà dei nostri meriti supplisca l'aiuto della tua misericordia. Per Cristo nostro Signore. **Amen.**

COMUNIONE - Gerusalemme, sorgi e sta' in alto: e contempla la gioia che a te viene dal tuo Dio *(Bar 5,5; 4,36).*
Oppure: Voce che grida nel deserto: Preparate la via del Signore, raddrizzate i suoi sentieri! *(Cfr. Mt 3,3; Mc 1,3; Lc 3,4).*

DOPO LA COMUNIONE - **Preghiamo:** O Dio, che in questo sacramento ci hai nutriti con il pane della vita, insegnaci a valutare con sapienza i beni della terra, nella continua ricerca dei beni del cielo. Per Cristo nostro Signore. **Amen.**

Commenti

1ª **LETTURA** - Baruc invita gli Israeliti a deporre la veste del lutto e dell'afflizione a causa dell'esilio, perché Gerusalemme risplende nel mondo per l'intervento di Dio. Anche noi, a volte, ci troviamo a portare la veste del lutto e dell'afflizione; ci sono situazioni che ci addolorano, che ci fanno soffrire, ma la voce del profeta, come ha fatto con il popolo d'Israele, vuole risollevarci, vuole indirizzare il nostro sguardo sulla grandezza dell'intervento di Dio, che è possibile oggi come allora. L'immagine utilizzata, dello spianare le montagne e le rupi, del colmare le valli perché il popolo possa procedere sicuro, è affascinante perché esprime tutta la volontà dell'Onnipotente di risollevare le nostre sorti. Il richiamo di Baruc ci offre la possibilità di alzare lo sguardo verso Dio, distogliendolo dal nostro ombelico, per affidarci fiduciosamente a lui; lui che è disposto a intervenire nelle nostre storie per renderle qualcosa di meraviglioso, come ha già fatto con i nostri padri nella terra d'Israele.

2ª **LETTURA** - L'apostolo Paolo, all'inizio della lettera indirizzata alla comunità cristiana di Filippi, sottolinea anzitutto la disponibilità degli uomini e delle donne di questa antica città della Macedonia a farsi strumenti per la trasmissione del Vangelo. La gioia che scaturisce dal cuore dell'Apostolo è la gioia di coloro che vedono i primi frutti del seme della Parola gettato sul terreno buono. Oltre che per l'azione di cooperazione ricordata nei primi versetti, san Paolo prega per la carità di questa comunità: infatti cooperare per il Vangelo significa anzitutto parlare il linguaggio della carità. Il rischio per ogni cristiano è quello di parlare di Dio senza però praticare le sue opere. L'insegnamento di Gesù in tutta la sua vita pubblica, così come l'insegnamento e l'esempio di tanti uomini e donne – come i santi, che ci hanno preceduto nel cammino della fede – è quello di avere affermato con la loro stessa vita che il Vangelo non è una bella chiacchiera, ma una continua apertura verso il fratello e verso la sorella. Tutto questo, come suggerisce l'Apostolo, per arrivare irreprensibili al giorno del Signore, giorno in cui saremo giudicati certamente sull'amore.

VANGELO - Il contesto storico, che ci fornisce san Luca nei Vangeli dell'infanzia, può essere interpretato come un puro dato storico, per difendere la storicità della vita di Gesù e per inserirlo in un preciso contesto storico e geografico. Ancor più, però, la lista di nomi dei vari imperatori e governanti può mettere in evidenza come Dio entri nella storia dell'umanità, nella storia di ogni uomo. Questa è una sottolineatura interessante, perché può capitare di pensare a Dio come a qualcuno al di fuori della storia, e invece lui stesso ha deciso di "immischiarsi" nella vita degli uomini. In questo contesto si inserisce la figura di Giovanni Battista, nel quale la parola di Dio discese, perché ultimo grande profeta prima della venuta del Messia. L'opera di quest'uomo, temuto anche dal potere civile, ha preparato la strada all'arrivo del Cristo. Attraverso la predicazione e il battesimo di penitenza, egli ha richiamato il popolo d'Israele alla conversione, affinché fosse pronto ad accogliere colui che attendeva. Anche noi siamo chiamati a essere per i nostri fratelli dei precursori, affinché possano incontrare il figlio di Dio che è entrato nella storia dell'umanità, perché nulla dell'umanità gli è indifferente.

CHIEDETE E VI SARÀ DATO — Lc 11,9

1. Per la Chiesa e i suoi pastori, perché – come Giovanni il precursore – proclamino con coraggio, gioia e fedeltà il Vangelo.

2. Per i consacrati, perché testimonino con la loro vita casta, povera e obbediente che Dio può liberare il cuore della persona umana e renderla segno del suo stesso amore.

3. Per noi, perché impariamo ad attendere la venuta del Signore in perenne atteggiamento di speranza e di stupore, con la certezza che ogni uomo vedrà la salvezza di Dio.

FATE QUELLO CHE VI DIRÀ Gv 2,5

C PER VIVERE DA DISCEPOLO DI GESÙ... Accendo la seconda candela della corona di Avvento per avere la luce necessaria per preparare la via al Signore che viene.

M SULL'ESEMPIO DI MARIA... Con chi ho scavato un burrone di indifferenza? Con chi ho innalzato un colle di alterigia? Chiedo alla Vergine di intercedere per me la forza per fare passi di accoglienza e vicinanza verso le persone che ho allontanato.

Santi del giorno:
San Juan Diego Cuauhtlatoatzin *• Santa Leucadia • San Siro • Santa Gorgonia • Beato Bernardo Maria di Gesù (Cesare) Silvestrelli*

SAN JUAN DIEGO CUAUHTLATOATZIN

Nel dicembre 1531 la Madonna apparve sul colle Tepeyac, presso Città del Messico, a un indio, Juan Diego (1474-1548). Egli, prima di convertirsi al cattolicesimo, portava un nome azteco, Cuauhtlatoatzin, che sta a significare "colui che parla come un'aquila". Era un uomo del popolo, piccolo coltivatore in un modesto villaggio. Fu tra i primi a ricevere il Battesimo, nel 1524, all'età di 50 anni. Gli fu imposto il nuovo nome cristiano di Juan Diego; con lui venne battezzata anche la moglie, che prese il nome di Maria Lucia. Rimasto vedovo, dopo solo quattro anni di matrimonio, orientò tutta la sua vita a Dio. Si distinse per la sollecitudine nel frequentare le catechesi e i sacramenti, senza badare ai sacrifici che questo richiedeva: si metteva in cammino fin dalle prime ore del giorno per raggiungere il luogo dove i frati francescani predicavano. Dopo le apparizioni della Madonna, visse santamente per diciassette anni in una casetta che il vescovo gli aveva fatto costruire a fianco della cappella eretta in onore della Vergine di Guadalupe, offrendo preghiere e penitenze. Oggi sono milioni i pellegrini che ogni anno si recano all'attuale Basilica di Nostra Signora di Guadalupe, che i fedeli chiamano "Virgen morenita". Giovanni Paolo II lo ha canonizzato nel 2002.

10 DICEMBRE

LUNEDÌ

2ª settimana di Avvento

viola **2ª sett. salt.**

ANTIFONA D'INGRESSO - Ascoltate, o popoli, la voce del Signore; proclamate la sua parola sino ai confini della terra: verrà il nostro Salvatore, non abbiate timore *(Cfr. Ger 31,10; Is 35,4).*

COLLETTA - Salga a te, o Padre, la preghiera del tuo popolo, perché nell'attesa fervida e operosa si prepari a celebrare con vera fede il grande mistero dell'incarnazione del tuo unico Figlio. Egli è Dio…

PRIMA LETTURA Is 35,1-10

Dal libro del profeta Isaìa

Si rallegrino il deserto e la terra arida, esulti e fiorisca la steppa. Come fiore di narciso **fiorisca**; sì, canti con gioia e con giubilo. Le è data la gloria del Libano, lo splendore del Carmelo e di Saron. Essi vedranno la gloria del Signore, la magnificenza del nostro Dio. Irrobustite le mani fiacche, rendete salde le ginocchia vacillanti. Dite agli smarriti di cuore: «Coraggio, non temete! Ecco il vostro Dio, giunge la vendetta, la ricompensa divina. Egli viene a salvarvi». Allora si apriranno gli occhi dei ciechi e si schiuderanno gli orecchi dei sordi. Allora lo zoppo salterà come un cervo, griderà di gioia la lingua del muto, perché scaturiranno acque nel deserto, scorreranno torrenti nella steppa. La terra bruciata diventerà una palude, il suolo riarso sorgenti d'acqua. I luoghi dove si sdraiavano gli sciacalli diventeranno canneti e giuncaie. Ci sarà un sentiero e una strada e la chiameranno via santa; nessun impuro la percorrerà. Sarà una via che il suo popolo potrà percorrere e gli ignoranti non si smarriranno. Non ci sarà più il leone, nessuna bestia feroce la percorrerà o vi sosterà. Vi cammineranno i redenti. Su di essa ritorneranno i riscattati dal Signore e verranno in Sion con giubilo; felicità perenne splenderà sul loro capo; gioia e felicità li seguiranno e fuggiranno tristezza e pianto. **Parola di Dio.**

SALMO RESPONSORIALE Dal Salmo 84 (85)

℟. **Ecco il nostro Dio, egli viene a salvarci.**

Ascolterò che cosa dice Dio, il Signore:
egli annuncia la pace.
Sì, la sua salvezza è vicina a chi lo teme,

perché la sua gloria abiti la nostra terra.

℟. **Ecco il nostro Dio, egli viene a salvarci.**

Amore e verità s'incontreranno,
giustizia e pace si baceranno.
Verità germoglierà dalla terra
e giustizia si affaccerà dal cielo. ℟.

Certo, il Signore donerà il suo bene
e la nostra terra darà il suo frutto;
giustizia camminerà davanti a lui:
i suoi passi tracceranno il cammino. ℟.

CANTO AL VANGELO

Alleluia, alleluia.
Ecco verrà il Signore,
strapperà via il giogo della nostra schiavitù.
Alleluia.

VANGELO Lc 5,17-26

✠ *Dal Vangelo secondo Luca*

Un giorno Gesù stava insegnando. Sedevano là anche dei farisei e maestri della Legge, venuti da ogni villaggio della Galilea e della Giudea, e da Gerusalemme. E la potenza del Signore gli faceva operare guarigioni. Ed ecco, alcuni uomini, portando su un letto un uomo che era paralizzato, cercavano di farlo entrare e di metterlo davanti a lui. Non trovando da quale parte farlo entrare a causa della folla, salirono sul tetto e, attraverso le tegole, lo calarono con il lettuccio **davanti a Gesù** nel mezzo della stanza. Vedendo la loro fede, disse: «Uomo, ti sono perdonati i tuoi peccati». Gli scribi e i farisei cominciarono a discutere, dicendo: «Chi è costui che dice bestemmie? Chi può perdonare i peccati, se non Dio soltanto?». Ma Gesù, conosciuti i loro ragionamenti, rispose: «Perché pensate così nel vostro cuore? Che cosa è più facile: dire "Ti sono perdonati i tuoi peccati", oppure dire "Àlzati e cammina"? Ora, perché sappiate che il Figlio dell'uomo ha il potere sulla terra di perdonare i peccati, dico a te – disse al paralitico –: àlzati, prendi il tuo lettuccio e torna a casa tua». Subito egli si alzò davanti a loro, prese il lettuccio su cui era disteso e andò a casa sua, glorificando Dio. Tutti furono colti da stupore e davano gloria a Dio; pieni di timore dicevano: «Oggi abbiamo visto cose prodigiose». **Parola del Signore.**

Sulle offerte - Accogli, Signore, il pane e il vino, dono della tua benevolenza, e fa' che l'umile espressione della nostra fede sia per noi pegno di salvezza eterna. Per Cristo nostro Signore.

Oppure: Guarda, Signore, questa tua famiglia raccolta intorno all'altare, e custodiscila sempre nella tua carità, perché sia degna di offrirti il sacrificio di lode. Per Cristo nostro Signore.

COMUNIONE - Vieni, Signore, a visitarci con la tua pace: la tua presenza ci riempirà di gioia *(Cfr. Sal 105,4-5; Is 38,3).*
Oppure: Tutti pieni di stupore lodavano Dio dicendo: Oggi abbiamo visto i prodigi del Signore *(Cfr. Lc 5,26).*

DOPO LA COMUNIONE - La partecipazione a questo sacramento, che a noi pellegrini sulla terra rivela il senso cristiano della vita, ci sostenga, Signore, nel nostro cammino e ci guidi ai beni eterni. Per Cristo nostro Signore.
Oppure: Il pane eucaristico, che abbiamo ricevuto, fortifichi e rinnovi la tua famiglia, Signore, perché custodisca sempre il dono della fede e cammini fiduciosa sulla via segnata dai tuoi comandamenti. Per Cristo nostro Signore.

Commenti

1ª LETTURA - In questa piccola "apocalisse" siamo avvolti dalla gioia che viene descritta; siamo davanti a un continuo rimando simbolico all'azione di salvezza di Dio, che non ci lascia indifferenti. Nel contesto della distruzione di Edom e della liberazione di Sion, le parole rassicuranti donate agli esuli d'Israele invitano a porre l'attenzione sull'intervento di Dio, capace di fare davvero grandi meraviglie. La simbologia del deserto che fiorisce, della gloria del Signore che è visibile, delle guarigioni dei malati, dello scorrere dell'acqua, dell'assenza di bestie feroci descrive un ambiente quasi paradisiaco, portando il lettore a immergersi in quella meravigliosa atmosfera di speranza. L'azione di Dio è qui descritta da Isaìa con un linguaggio profetico, possibile anche nelle nostre vite. Il Signore, infatti, può irrigare le nostre aridità, può guarire le nostre infermità, può togliere di mezzo le bestie feroci, ma solo se lo lasciamo entrare nelle nostre vite affinché agisca con la stessa potenza con la quale ha guidato, attraverso secoli travagliati, il popolo d'Israele.

Vangelo - Nella vita pubblica di Gesù, più e più volte, alcuni gruppi religiosi presenti in Israele al suo tempo, hanno utilizzato qualsiasi pretesto per contraddire le sue parole e contestare le sue opere. Ma il Signore, che sa tirare fuori il bene da ogni circostanza, ha sempre approfittato di queste situazioni per insegnare il Vangelo della vita e compiere le opere del Padre. Come in questa occasione, nella quale sembra quasi che si prenda gioco di loro; infatti i farisei e gli scribi, sentito del perdono dei peccati, scandalizzati protestano, e allora Gesù non solo parla del perdono dei peccati, ma dà la possibilità al paralitico di alzarsi nuovamente in piedi. In questo contesto spiccano alcune figure delle quali è descritta in poche parole solo la fede che le muove: infatti, il paralitico è portato da alcuni uomini non identificati con precisione, ma è proprio la loro fede che permette all'uomo di ricevere il perdono dei peccati. L'evangelista è chiaro: Gesù, vedendo la fede di queste persone, perdona e poi guarisce il povero paralitico. Il grande insegnamento che noi cristiani riceviamo da questo brano evangelico è suggerito proprio da questi uomini che, nonostante la difficoltà, sono spinti dalla loro fede affinché l'opera di Dio si compia.

CHIEDETE E VI SARÀ DATO — Lc 11,9

1. Per il Papa, i vescovi, i sacerdoti e i diaconi, perché in comunione con lo Spirito Santo, guidino i fratelli con l'esempio e con la parola verso la casa del Padre.

2. Per i giovani e per i pellegrini alla Santa Casa di Loreto, per gli aviatori e per quanti sono in viaggio, perché la Vergine di Loreto li custodisca, li protegga e li aiuti ad accogliere il Signore Gesù nella loro vita come ella lo accolse nel grembo.

3. Per noi, perché il Signore, infondendo nei nostri cuori lo spirito di obbedienza alla Parola e di adesione alla sua volontà, realizzi la fecondità che ebbe compimento nella Vergine Maria.

FATE QUELLO CHE VI DIRÀ Gv 2,5

C PER VIVERE DA DISCEPOLO DI GESÙ... Vado in chiesa e mi fermo in adorazione di Gesù sacramentato per lasciare che sia lui a rinvigorire le mie «ginocchia vacillanti» (Is 35,3).

M SULL'ESEMPIO DI MARIA... Compro una piantina che possa fiorire a Natale e la pongo davanti all'immagine della Vergine. Mi ricorderà che anch'io sono chiamato a rifiorire interiormente.

Santi del giorno:
Beata Vergine Maria di Loreto (vedi pagg. 705-707) • Santa Eulalia • San Mauro • San Gregorio III • Beato Marco Antonio Durando • Beato Gonsalvo Viñes Masip

11 DICEMBRE

MARTEDÌ

2ª settimana di Avvento

viola (bianco se si celebra la memoria)

2ª sett. salt.

S. Damaso I, papa (mf)

SAN DAMASO I: custode della fede.

Spagnolo di origine, probabilmente nacque a Roma verso l'anno 305, in una famiglia molto devota. Divenne diacono molto giovane e fu al fianco di papa Liberio, cui succedette non senza contrasti, nel 366. A Damaso si deve il calendario liturgico romano. Custode vigilante della fede ortodossa, convocò molti sinodi per difenderla contro gli scismi e le eresie. Con la pace costantiniana i cristiani poterono svolgere liberamente il loro culto e non si nascosero più nelle catacombe che, vuotate delle reliquie dei santi, sembravano destinate a cadere in rovina. Papa Damaso fece eseguire lavori di ristrutturazione e, man mano che rintracciava le tombe dei martiri, le ornava di poetiche epigrafi di sua composizione, per non perderne la memoria. Insigne cultore della latinità cristiana, affidò a san Girolamo la traduzione latina e la revisione della Bibbia per l'uso liturgico. Nella cosiddetta "Cripta dei papi" presso le catacombe di San Callisto, egli scrisse: «Qui io, Damaso, desidererei far seppellire i miei resti, ma temo di turbare le pie ceneri dei santi». Si preparò infatti la sepoltura, con umiltà e discrezione, in un luogo solitario, lungo la via Ardeatina. Morì nel 384.

ANTIFONA D'INGRESSO - Il Signore verrà, e tutti i santi con lui: in quel giorno splenderà una grande luce *(Cfr. Zc 14,5.7)*.

COLLETTA - O Dio, che hai fatto giungere ai confini della terra il lieto annunzio del Salvatore, fa' che tutti gli uomini accolgano con sincera esultanza la gloria del suo Natale. Per il nostro Signore…

PRIMA LETTURA Is 40,1-11

Dal libro del profeta Isaìa

«Consolate, consolate il mio popolo – dice il vostro Dio. Parlate al cuore di Gerusalemme e gridatele che la sua tribolazione è compiuta, la sua colpa è scontata, perché ha ricevuto dalla mano del Signore il doppio per tutti i suoi peccati». Una voce grida: «Nel deserto preparate la via al Signore, spianate nella steppa la strada per il nostro Dio. Ogni valle sia innalzata, ogni monte e ogni colle siano abbassati; il terreno accidentato si trasformi in piano e quello scosceso in vallata. Allora si rivelerà la gloria del Signore e tutti gli uomini insieme la vedranno, perché la bocca del Signore ha parlato». Una voce dice: «Grida», e io rispondo: «Che cosa dovrò gridare?». **Ogni uomo è come l'erba** e tutta la sua

grazia è come un fiore del campo. Secca l'erba, il fiore appassisce quando soffia su di essi il vento del Signore. Veramente il popolo è come l'erba. Secca l'erba, appassisce il fiore, ma la parola del nostro Dio dura per sempre. Sali su un alto monte, tu che annunci liete notizie a Sion! Alza la tua voce con forza, tu che annunci liete notizie a Gerusalemme. Alza la voce, non temere; annuncia alle città di Giuda: «Ecco il vostro Dio! Ecco, il Signore Dio viene con potenza, il suo braccio esercita il dominio. Ecco, egli ha con sé il premio e la sua ricompensa lo precede. Come un pastore egli fa pascolare il gregge e con il suo braccio lo raduna; porta gli agnellini sul petto e conduce dolcemente le pecore madri».
Parola di Dio.

SALMO RESPONSORIALE — Dal Salmo 95 (96)

℟. **Ecco, il nostro Dio viene con potenza.**

Cantate al Signore un canto nuovo,
cantate al Signore, uomini di tutta la terra.
Cantate al Signore, benedite il suo nome,
annunciate di giorno in giorno la sua salvezza. ℟.

In mezzo alle genti narrate la sua gloria,

a tutti i popoli dite le sue meraviglie.
Dite tra le genti: «Il Signore regna!».
Egli giudica i popoli con rettitudine. ℟.

Gioiscano i cieli, esulti la terra,
risuoni il mare e quanto racchiude;
sia in festa la campagna e quanto contiene,
acclamino tutti gli alberi della foresta. ℟.

Esultino davanti al Signore che viene:
sì, egli viene a giudicare la terra;
giudicherà il mondo con giustizia
e nella sua fedeltà i popoli. ℟.

CANTO AL VANGELO

Alleluia, alleluia.
Il giorno del Signore è vicino:
egli viene a salvarci.
Alleluia.

VANGELO Mt 18,12-14

✠ *Dal Vangelo secondo Matteo*

In quel tempo, Gesù disse ai suoi discepoli: «Che cosa vi pare? Se un uomo ha cento pecore e una di loro si smarrisce, non lascerà le novantanove sui

monti e andrà a cercare quella che si è smarrita? In verità io vi dico: se riesce a trovarla, si rallegrerà per quella più che per le novantanove che non si erano smarrite. Così è volontà del Padre vostro che è nei cieli, che neanche uno di questi piccoli si perda».
Parola del Signore.

SULLE OFFERTE - Ti siano gradite, Signore, le nostre umili offerte e preghiere; all'estrema povertà dei nostri meriti supplisca l'aiuto della tua misericordia. Per Cristo nostro Signore.
Oppure: Accogli, o Padre, il nostro sacrificio; donaci di esprimere nelle opere il mistero che celebriamo nella fede. Per Cristo nostro Signore.

COMUNIONE - Il Signore, giusto giudice, darà la corona di giustizia a coloro che attendono con amore la sua venuta *(Cfr. 2Tm 4,8)*.
Oppure: «Il Padre vostro che è nei cieli non vuole che perda uno solo di questi piccoli» *(Mt 18,14)*.

DOPO LA COMUNIONE - O Dio, che in questo sacramento ci hai nutriti con il pane della vita, insegnaci a valutare con sapienza i beni della terra, nella continua ricerca dei beni del cielo. Per Cristo nostro Signore.

Oppure: O Signore, il pegno della redenzione che abbiamo ricevuto in questo sacramento, ci sostenga nel cammino della vita terrena e ci guidi alla gloria futura. Per Cristo nostro Signore.

Commenti

1ª LETTURA - Il 28 agosto 1963, Martin Luther King, pastore protestante e attivista politico, tenne un discorso dal titolo *I have a dream* a Washington, per la difesa dei diritti degli afroamericani. Nel lungo e commovente discorso venne citata anche parte del brano che oggi proclamiamo nella liturgia, infatti si confaceva perfettamente all'occasione. Il testo biblico si apre con la parola "consolate", che dà la nota giusta a tutte le parole che Dio ha voluto pronunciare su Israele, oltre che dare la chiave di lettura a tutta la seconda parte del libro del profeta Isaìa. In un popolo sconsolato, e quasi rassegnato, la voce di Dio si rende presente con forza per risvegliare gli animi, esortando il popolo a preparare una via al Signore. Se da un lato notiamo che il Signore interviene tra le vicende della storia, per proclamare l'unica roccia certa alla quale l'uomo può aggrapparsi, dall'altro egli richiama ogni cristiano a essere nel mondo annunciatore e preparatore delle vie del Signore. Il brano ci invita a fare della nostra esperienza provvidenziale di Dio un annuncio a tutti i fratelli e sorelle che incontriamo nel nostro cammino.

Vangelo - La parabola della pecora perduta è uno di quei passi evangelici che meglio ricordiamo, non solo perché tante volte l'abbiamo ascoltata o ce ne hanno parlato, ma sopratutto perché in essa si vede tutta la differenza che c'è tra la logica umana e la logica di Dio. Infatti chi di noi, avendo cento pecore e perdendone una, lascerebbe le novantanove per andare a recuperare quella dispersa? La perduta vale forse più delle altre novantanove? Tutti avremmo fatto il contrario di ciò che ha fatto il pastore del racconto. Infatti, rispetto a un intero gregge, economicamente più fruttuoso, quale valore ha una sola pecora? Ma per Dio sembra che non sia affatto così! Siamo di fronte a una di quelle parole che davvero colpiscono al cuore, perché sottolineano tutto l'amore che Dio ha per ogni sua creatura. Questo stesso amore è testimoniato nel Salmo 124 (123), in cui Israele narra l'esperienza di essere scampato dal pericolo per intervento divino, perché il Signore non lo ha abbandonato in preda ai denti del nemico. Quando ci troviamo di fronte a momenti bui, fa tanto bene ricordarsi delle opere che Dio ha compiuto nella nostra storia, per evitare che si insinui in noi l'idea che egli ci abbia abbandonato; infatti, come il brano di oggi e il salmo ci ricordano, il Signore ha dato la vita per ognuno e per non abbandonare nessuno.

CHIEDETE E VI SARÀ DATO

Lc 11,9

1. Per la Chiesa: l'esempio di san Damaso I le insegni la passione per la Parola, l'arte della comunione, la cura dell'unità, ed essa diventi sempre più icona del Corpo di Cristo, dove ogni membro è congiunto all'altro nell'ardore della carità.

2. Per i popoli dell'Europa: le radici cristiane non siano sentite come un peso del passato, ma come ricchezza di pensiero e di cultura che, come fu per san Damaso I, possono illuminare le scelte del presente e del futuro.

3. Per noi: il Signore, che ha scelto l'incarnazione e l'umanità come abito di salvezza, renda compassionevole e sensibile il nostro cuore, perché sappiamo cercare e trovare ogni fratello smarrito per rallegrarci con lui della rinnovata comunione.

FATE QUELLO CHE VI DIRÀ Gv 2,5

C PER VIVERE DA DISCEPOLO DI GESÙ... Partecipo alle prove di canto della mia parrocchia in preparazione della Messa di Natale, per dare il mio contributo alla festa dell'incarnazione.

M SULL'ESEMPIO DI MARIA... Ripeto questa parola di Dio e vivo la giornata senza dare nulla per scontato; la Vergine mi aiuti ad avere un atteggiamento di serena gratitudine che sia di stimolo anche a tutti gli sfiduciati che incontro.

Altri santi del giorno:
Santi Vittoríco e Fusciano • San Daniele, detto Stilita • Santa Mirabilia di Gesù Pidal y Chico de Guzmán • Beata Maria del Pilar Villalonga Villalba

12 DICEMBRE

MERCOLEDÌ

2ª settimana di Avvento

viola (bianco se si celebra la memoria)

2ª sett. salt.

Beata Vergine Maria di Guadalupe (mf)

BEATA VERGINE MARIA DI GUADALUPE:
i fiori di Castiglia sulla Tilma.

La Madonna appare per la prima volta a Juan Diego su un colle, nel dicembre del 1531, chiedendogli di far erigere ai piedi di esso un santuario in suo onore. Così Juan Diego si reca dal vescovo Juan de Zummarràga e gli riferisce l'evento, ma il Vescovo non gli crede. Tornando a casa, incontra nuovamente Maria che gli chiede di tornare dal Vescovo il giorno seguente. Questi lo ascolta, ma gli chiede un segno. La Vergine promette di darglielo l'indomani. Il giorno seguente, però, Juan Diego non può tornare: suo zio è moribondo per cui deve cercare un sacerdote; così decide di cambiare strada per evitare l'incontro con Maria. Ma la Signora è là, davanti a lui: Juan Diego si prostra ai suoi piedi e le chiede perdono, perché non può compiere l'incarico affidatogli, a causa della malattia dello zio. La Madonna lo rassicura, suo zio è guarito, e lo invita a salire sul colle per cogliere dei fiori. Lì Juan Diego trova inspiegabilmente dei "fiori di Castiglia": è il 12 dicembre e né la stagione né il luogo sono adatti alla crescita di fiori del genere. Ne raccoglie un po' e li mette nel suo mantello per portarli al Vescovo come prova. Quando Juan Diego apre la tilma per mostrare i fiori, ecco che su di essa rimane impressa l'immagine della Madonna, visibile da tutti ancora oggi. Di fronte a tale prodigio, il Vescovo cade in ginocchio e, con lui, tutti i presenti. La mattina dopo, Juan Diego lo accompagna sul luogo in cui la Madonna ha chiesto che le sia innalzato un santuario, divenuto ai giorni nostri uno dei più importanti dell'America Latina.

ANTIFONA D'INGRESSO - Il Signore viene, non tarderà: svelerà i segreti delle tenebre, si farà conoscere a tutti i popoli *(Cfr. Ab 2,3; 1 Cor 4,5).*

COLLETTA - Dio onnipotente, che ci chiami a preparare la via al Cristo Signore, fa' che per la debolezza della nostra fede non ci stanchiamo di attendere la consolante presenza del medico celeste. Per il nostro Signore...

PRIMA LETTURA Is 40,25-31

Dal libro del profeta Isaìa

«A chi potreste paragonarmi, quasi che io gli sia pari?» dice il Santo. Levate in alto i vostri occhi e guardate: chi ha creato tali cose? Egli fa uscire in numero preciso il loro esercito e le chiama tutte per nome; per la sua onnipotenza e il vigore della sua forza non ne manca alcuna. Perché dici, Giacobbe, e tu, Israele, ripeti: «La mia via è nascosta al Signore e il mio diritto è trascurato dal mio Dio»? Non lo sai forse? Non l'hai udito? Dio eterno è il Signore, che ha creato i confini della terra. Egli non si affatica né si stanca, la sua intelligenza è inscrutabile. Egli dà forza allo stanco e moltiplica il vigore allo spossato. Anche i giovani faticano e si stancano, gli adulti inciampano e cadono; ma quanti sperano nel Signore riacquistano forza, mettono ali come aquile, corrono senza affannarsi, camminano senza stancarsi. **Parola di Dio.**

SALMO RESPONSORIALE Dal Salmo 102 (103)

℟. **Benedici il Signore, anima mia.**

Benedici il Signore, anima mia,
quanto è in me benedica il suo santo nome.
Benedici il Signore, anima mia,
non dimenticare tutti i suoi benefici. ℟.

Egli perdona tutte le tue colpe,
guarisce tutte le tue infermità,
salva dalla fossa la tua vita,
ti circonda di bontà e misericordia. ℟.

Misericordioso e pietoso è il Signore,

lento all'ira e grande nell'amore.
Non ci tratta secondo i nostri peccati
e non ci ripaga secondo le nostre colpe.

℟. **Benedici il Signore, anima mia.**

CANTO AL VANGELO

Alleluia, alleluia.
Ecco, viene il Signore a salvare il suo popolo:
beati coloro che sono preparati all'incontro.
Alleluia.

VANGELO Mt 11,28-30

✠ *Dal Vangelo secondo Matteo*

In quel tempo, Gesù disse: «**Venite a me, voi tutti che siete stanchi e oppressi**, e io vi darò ristoro. Prendete il mio giogo sopra di voi e imparate da me, che sono mite e umile di cuore, e troverete ristoro per la vostra vita. Il mio giogo infatti è dolce e il mio peso leggero». **Parola del Signore.**

Sulle offerte - Sempre si rinnovi, Signore, l'offerta di questo sacrificio, che attua il santo mistero da te istituito, e con la sua divina potenza renda efficace in noi l'opera della salvezza. Per Cristo nostro Signore.

Oppure: L'umile offerta che ti presentiamo sia gradita al tuo nome, Signore, e ci ottenga ciò che giova al nostro vero bene. Per Cristo nostro Signore.

COMUNIONE - Il Signore nostro Dio verrà con potenza e riempirà di luce i suoi fedeli *(Is 40,10; 34,5).*
Oppure: «Venite a me, voi tutti che siete affaticati e oppressi: io vi ristorerò», dice il Signore *(Mt 11,28).*

DOPO LA COMUNIONE - O Dio, nostro Padre, la forza di questo sacramento ci liberi dal peccato e ci prepari alle feste del Natale. Per Cristo nostro Signore.
Oppure: La comunione al tuo sacramento ci santifichi e ci rinnovi, Signore, e ci aiuti a progredire ogni giorno nella dedizione al tuo servizio. Per Cristo nostro Signore.

Commenti

1ª LETTURA - L'idea errata di un Dio lontano e disinteressato alla nostra vita, ci fa aggrappare a tanti idoli, nella falsa convinzione che essi possano salvarci. Tutti noi abbiamo, chi più chi meno, degli idoli surrogati di Dio, dai quali siamo quasi persuasi che possa giungere il bene. Eppure proprio oggi il Signore ci invita a guardare la sua vera natura per scoprire se c'è qualcuno o qualcosa che possa essergli pari. Il brano si apre con questa domanda provocatoria da parte di Dio per introdurci subito nel paragone dal quale chiaramente ogni idolo esce sconfitto, perché nessuno è come il Signore. Infatti, anche quando la domanda che sorge nei nostri cuori è quella che troviamo a metà brano, «la mia via è nascosta al Signore e il mio diritto è trascurato dal mio Dio?», in tante vicende della nostra vita, non possiamo dimenticare che il Signore è colui che ha creato tutto ciò che esiste, che dà forza allo stanco e vigore allo spossato. Non c'è metro di paragone con nessun altro idolo da noi costruito, perché solo il Dio d'Israele può risollevarci dalle nostre cadute, può compiere il bene nella nostra vita, può ridarci la forza, può davvero salvarci!

Vangelo - Riprendendo il tema della fatica dell'uomo e della forza donata da Dio, Gesù in queste poche parole sottolinea di nuovo ciò che abbiamo già visto nel profeta Isaìa. Il Signore, infatti, è l'unico capace di donare nuova forza all'uomo, per risollevarlo dalle cadute e liberarlo dalle tempeste.

Non solo, il ristoro promesso da Dio sembra essere conseguenza della sequela: coloro che portano il suo giogo e imparano da lui, possono trovare il vero ristoro. Il giogo, strumento agricolo che permetteva di far trainare al bestiame gli attrezzi per lavorare la terra, nella tradizione giudaica può simboleggiare i precetti della legge. Allora a quale legge Gesù richiama i suoi discepoli? Rispondendo alla domanda postagli da alcuni, su quale sia il comandamento più grande, Gesù risponde: «Amare il Signore e amare il prossimo». In questa prospettiva allora, il giogo risulta essere la legge dell'amore. Infatti il peso che Gesù porta sulle spalle è la croce, segno supremo dell'amore verso l'umanità. Quindi i discepoli che si vogliono mettere alla sequela di Gesù, e da lui vogliono trovare ristoro nelle fatiche, sono chiamati a portare sulle spalle la legge dell'amore.

CHIEDETE E VI SARÀ DATO — Lc 11,9

1. Padre, tu hai reso Maria madre dei credenti, perché ha creduto: dona il tuo Spirito ai battezzati, in particolare alle comunità dell'America Latina perché, proclamando con gioia le tue meraviglie, risplendano nel mondo per la fedeltà a Cristo.

2. Padre, tu realizzi con fedeltà le tue promesse: infondi il tuo Spirito Santo nei cuori e nelle menti dei governanti, perché sappiano promuovere e custodire la vita come un valore intangibile e una benedizione di Dio.

3. Padre, tu hai compiuto meraviglie: guida tutti noi affinché troviamo nella beata Vergine Maria di Guadalupe il modello dell'ascolto della tua Parola e dell'accoglienza del tuo disegno salvifico.

FATE QUELLO CHE VI DIRÀ Gv 2,5

C PER VIVERE DA DISCEPOLO DI GESÙ... Durante il giorno scrivo su un foglio quali sono le mie stanchezze e da cosa mi sento oppresso; la sera, prima del riposo notturno, consegno tutto al mio angelo custode perché sia lui a presentare tutto al trono di Dio.

M SULL'ESEMPIO DI MARIA... Cerco informazioni sulle apparizioni della Vergine a Guadalupe, per non dimenticare che il Signore elargisce in ogni tempo i suoi benefici.

Santi del giorno:
San Spiridone • San Finniano • San Corentino • San Vicelíno • Beato Pio Bartosik

13 DICEMBRE

GIOVEDÌ

2ª settimana di Avvento

rosso **2ª sett. salt.**

S. Lucia, vergine e martire (m)

SANTA LUCIA:
la vita è fatta per essere donata.

Martirizzata a Siracusa sotto Diocleziano, Lucia fa parte delle sette donne menzionate nel Canone Romano. Il suo culto, universalmente diffuso, è già testimoniato all'inizio del V secolo. Un'antifona, tratta dal racconto della sua passione, la saluta come "sponsa Christi". La giovane, orfana di padre, apparteneva a una ricca famiglia siracusana ed era promessa sposa a un giovane pagano. Essendosi ammalata la madre, Lucia decise di accompagnarla in pellegrinaggio a Catania, per chiedere la sua guarigione a sant'Agata, patrona della città. Le due donne toccarono il suo sepolcro e, mentre erano in preghiera, Lucia ebbe una visione della Santa che le annunciava la guarigione della madre e il suo futuro martirio.

Di ritorno a Siracusa, constatata la guarigione della madre, decise di consacrarsi al Signore. Distribuì, perciò, i beni ai poveri e rinunciò al matrimonio. Il fidanzato, sconvolto, la denunciò come cristiana al governatore, che la fece arrestare e sottoporre a diverse torture. Minacciata di essere esposta tra le prostitute, Lucia rispose: «Il corpo si contamina solo se l'anima acconsente». Dopo aver sopportato feroci torture per rimanere fedele a

Cristo, le vennero persino strappati gli occhi: per questo è invocata nelle patologie oculari. Morì per un colpo di spada alla gola. Nonostante la gola tagliata, Lucia continuò a esortare i presenti a seguire senza paura Cristo; la sua coraggiosa testimonianza terminò solo quando i compagni di fede che la circondavano pronunciarono la parola: «Amen». Era il 13 dicembre del 304. La tomba primitiva è a Siracusa; in seguito, il suo corpo fu trasferito a Venezia, dove oggi si venera nella chiesa parrocchiale di San Geremia. È invocata non solo come protettrice della vista materiale, ma anche di quella spirituale.
La figura di Lucia ispirò Dante Alighieri. Egli nel *Convivio* afferma di aver subito in gioventù una lunga e pericolosa alterazione agli occhi a causa delle prolungate letture (*Convivio*, III-IX, 15) e di aver ottenuto la guarigione per intercessione della Santa. Il sommo poeta le attribuì un ruolo fondamentale anche nella *Divina Commedia*, dove divenne il simbolo della grazia illuminante, per la sua adesione al Vangelo sino al sacrificio di sé.

ANTIFONA D'INGRESSO - Questa è una vergine martire della fede, che sparse per Cristo il suo sangue; non temette le minacce dei giudici e raggiunse il regno del cielo.

COLLETTA - Riempi di gioia e di luce il tuo popolo, Signore, per l'intercessione gloriosa della santa vergine e martire Lucia, perché noi, che festeggiamo la sua nascita al cielo, possiamo contemplare con i nostri occhi la tua gloria. Per il nostro Signore…

PRIMA LETTURA Is 41,13-20

Dal libro del profeta Isaìa

Io sono il Signore, tuo Dio, che ti tengo per la destra e ti dico: «Non temere, io ti vengo in aiuto». Non temere, vermiciattolo di Giacobbe, larva d'Israele; io vengo in tuo aiuto – oràcolo del Signore –, tuo redentore è il Santo d'Israele. Ecco, ti rendo come una trebbia acuminata, nuova, munita di molte punte; tu trebbierai i monti e li stritolerai, ridurrai i colli in pula. Li vaglierai e il vento li porterà via, il turbine li disperderà. Tu, invece, gioirai nel Signore, ti vanterai del Santo d'Israele. I miseri e i poveri cercano acqua ma non c'è; la loro lingua è riarsa per la sete. Io, il Signore, risponderò loro, io, Dio d'Israele, non li abbandonerò. Farò scaturire fiumi su brulle colline, fontane in mezzo alle valli; cambierò il deserto in un lago d'acqua, la terra arida in zona di sorgenti. Nel deserto pianterò cedri, acacie, mirti e ulivi; nella steppa porrò cipressi, olmi e abeti; perché vedano e sappiano, considerino e comprendano a un tempo che questo ha fatto la mano del Signore, lo ha creato il Santo d'Israele. **Parola di Dio.**

SALMO RESPONSORIALE Dal Salmo 144 (145)

℟. **Il Signore è misericordioso**
e grande nell'amore.

O Dio, mio re, voglio esaltarti
e benedire il tuo nome in eterno e per sempre.
Buono è il Signore verso tutti,
la sua tenerezza si espande su tutte le creature. ℟.

Ti lodino, Signore, tutte le tue opere
e ti benedicano i tuoi fedeli.
Dicano la gloria del tuo regno
e parlino della tua potenza. ℟.

Facciano conoscere agli uomini le tue imprese
e la splendida gloria del tuo regno.
Il tuo regno è un regno eterno,
il tuo dominio si estende per tutte le generazioni. ℟.

CANTO AL VANGELO Cfr. Is 45,8

Alleluia, alleluia.
Stillate, cieli, dall'alto
e le nubi facciano piovere il Giusto;
si apra la terra
e germogli il Salvatore.
Alleluia.

VANGELO

Mt 11,11-15

✠ *Dal Vangelo secondo Matteo*

In quel tempo, Gesù disse alle folle: «In verità io vi dico: fra i nati da donna non è sorto alcuno più grande di Giovanni il Battista; ma il più piccolo nel regno dei cieli è più grande di lui. Dai giorni di Giovanni il Battista fino ad ora, **il regno dei cieli subisce violenza e i violenti se ne impadroniscono**. Tutti i Profeti e la Legge infatti hanno profetato fino a Giovanni. E, se volete comprendere, è lui quell'Elìa che deve venire. Chi ha orecchi, ascolti!». **Parola del Signore.**

SULLE OFFERTE - I doni che ti presentiamo nel glorioso ricordo della santa martire Lucia ti siano graditi, Signore, come fu preziosa ai tuoi occhi l'offerta della sua vita. Per Cristo nostro Signore.

COMUNIONE - «Chi vuol venire dietro a me, rinneghi se stesso, prenda la sua croce e mi segua», dice il Signore *(Mt 16,24)*.

DOPO LA COMUNIONE - Signore, che hai glorificato santa Lucia con la corona della verginità e del martirio, per la comunione a questo sacro convito donaci energia nuova, perché superiamo la forza del male e raggiungiamo la gloria del cielo. Per Cristo nostro Signore.

Commenti

1ª LETTURA - Non so se vi è mai capitato di visitare un luogo desertico, arido, con il suolo riarso dai raggi del sole. Questo luogo senza vita, quasi morto, viene utilizzato simbolicamente per descrivere tutta la potenza vivificatrice di Dio. Infatti, come descrive il profeta Isaìa, il deserto si trasformerà in lago d'acqua. In questo scenario, in cui la natura riacquista vita, viene descritta la sorte d'Israele che può tornare a vivere se resta fedele a colui che solo può donare la vita. Nell'oracolo di salvezza per il popolo d'Israele, Dio stesso rassicura gli uomini della sua presenza e della risposta al grido di aiuto di ognuno. Come ascoltò il grido del popolo schiavo in Egitto, il Signore continua ad ascoltare il grido di ogni uomo e di ogni donna per donare il suo aiuto. Alla scelta libera di Dio siamo chiamati a corrispondere per trovare la vita, quella vera. Ognuno di noi desidera essere felice, ognuno di noi desidera essere vivo, e allora accogliamo la mano tesa di Dio che non si stanca mai di venire in nostro soccorso.

Vangelo - Giovanni Battista, prigioniero nel palazzo reale di Macheronte a causa della sua predicazione, mandò alcuni dei suoi a chiedere se era proprio Gesù colui che doveva venire, il Messia. In questa occasione Gesù stesso coglie il momento per esaltare il Precursore, indicandolo come uno dei più grandi profeti, con la missione di preparare la via al Figlio dell'uomo. La breve descrizione che Gesù dà di Giovanni ci invita a porre l'attenzione su quest'uomo, modello di ogni cristiano. Infatti, il Battista ci insegna quale sia la nostra missione, ossia quella di indicare il Signore e non di sostituirci a lui. Ognuno di noi corre il rischio di accaparrarsi la prerogativa di salvare qualcuno, dimenticando che siamo semplici strumenti. Tante volte la nostra superbia ci fa sostituire Dio con la nostra persona, invece Giovanni ci insegna proprio il contrario. «Sono come una piccola matita nelle Sue mani, nient'altro. È Lui che pensa. È Lui che scrive», così santa Teresa di Calcutta parlava di sé; è così che ogni cristiano dovrebbe pensare di sé. Non siamo noi la sorgente, ma siamo il letto che conduce le acque ai terreni da irrigare. Non siamo noi a dare vita, ma siamo noi a dire e a testimoniare chi può davvero donarla.

CHIEDETE E VI SARÀ DATO Lc 11,9

1. Perché la Chiesa viva sempre in atteggiamento di conversione e sia segno tra gli uomini di un amore fedele e incondizionato a Gesù Cristo, suo Signore.

2. Perché i consacrati, che spendono la vita per il Regno imparino da santa Lucia la radicalità del "sì" per rinnovare quotidianamente la loro adesione al progetto del Padre.

3. Perché il rischio e la radicalità della fede vissuti da santa Lucia, in piena libertà e coraggio, ci spingano a scelte coerenti e la sua intercessione ci doni occhi per riconoscere la presenza di Cristo nella nostra vita.

FATE QUELLO CHE VI DIRÀ Gv 2,5

C PER VIVERE DA DISCEPOLO DI GESÙ... Mi impegno a non vergognarmi di compiere gesti di tenerezza nei confronti dei miei familiari.

M SULL'ESEMPIO DI MARIA... Prego la Vergine perché mi accompagni nel cammino di conversione e mi dia la forza di non farmi sconti quando si tratta del sì al Signore.

Altri santi del giorno:

Sant'Aristone • Santa Giovanna Francesca Frémiot de Chantal • Santi Eustrazio, Aussenzio, Eugenio, Mardario e Oreste • Beato Antonio Grassi

14 DICEMBRE

VENERDÌ

2ª settimana di Avvento

bianco **2ª sett. salt.**

S. Giovanni della Croce, sacerdote e dottore della Chiesa (m)

SAN GIOVANNI DELLA CROCE: alla sera della vita ciò che conta è aver amato.

Giovanni de Yepes nacque in Spagna nel 1542, nel villaggio di Fontiveros. Il padre, di nobile famiglia, venne diseredato perché aveva sposato una borghese e fu costretto a fare il tessitore. L'uomo morì in giovane età e Giovanni, a 9 anni, si trasferì, con la madre e il fratello, a Medina del Campo. Qui fu ammesso al collegio dei Gesuiti e svolse anche alcuni lavori umili per pagarsi gli studi. Dopo averli terminati brillantemente, nel 1563 decise di entrare nel noviziato dei Carmelitani. Arrivò al sacerdozio a 24 anni, ma scoprì dentro di sé il desiderio di una vita rigorosamente consacrata al silenzio e alla contemplazione, un desiderio che neppure i brillanti studi teologici nella prestigiosa università di Salamanca riuscirono a sopire. Santa Teresa gli offrì una soluzione, invitandolo a partecipare alla Riforma dell'Ordine Carmelitano. L'amore per il sacrificio estremo di Cristo lo spinse a denominarsi Giovanni della Croce. Nella sua cella aveva solo un crocifisso: trascorreva notti intere in preghiera con le braccia aperte come quel legno. Pur nella più frenetica attività di riformatore dell'Ordine e di direttore spirituale, non rinunciava alla prolungata contemplazione e alla meditazione della Sacra Scrittura. Unì all'intenso spirito di preghiera una rigida ascesi: digiuni, estrema povertà, flagellazioni, cilicio; e arrivò persino a dormire su di un duro tavolaccio. Aveva una grande fiducia nella provvidenza, che era sempre precisa e puntuale nell'assisterlo al momento del bisogno. Maestro dei novizi, attirò tanti giovani che desideravano condurre una vita simile alla sua. La sua perfezione ascetica, la sua vita d'orazione, la sua elevatezza di spirito e d'ingegno, l'esperienza mistica personale, la vasta dottrina e soprattutto la viva fiamma d'amore che lo vivificava e lo consumava gli permisero di scrivere opere illustri. Affrontò, con esemplare serenità e con pazienza, enormi sofferenze e umiliazioni. Nell'ultimo periodo della vita fu abbandonato dalla maggior parte dei suoi sostenitori. Nel 1591 gli vennero tolti gli incarichi direttivi dell'Ordine e fu trasferito a Úbeda, dove trascorse gli ultimi mesi della sua esistenza. Morì nella notte tra il 13 e il 14 dicembre 1591. Si congedò dai confratelli dicendo: «Oggi vado a cantare l'Ufficio in cielo».

Antifona d'ingresso - Non ci sia per me altra gloria che nella croce di nostro Signore Gesù Cristo: per mezzo suo il mondo è stato crocifisso per me, e io lo sono per il mondo *(Gal 6,14)*.

Colletta - O Dio, che hai guidato san Giovanni della Croce alla santa montagna che è Cristo, attraverso la notte oscura della rinuncia e l'amore ardente della croce, concedi a noi di seguirlo come maestro di vita spirituale, per giungere alla contemplazione della tua gloria. Per il nostro Signore...

PRIMA LETTURA Is 48,17-19

Dal libro del profeta Isaìa

Così dice il Signore, tuo redentore, il Santo d'Israele: «**Io sono il Signore, tuo Dio**, che ti insegno per il tuo bene, che ti guido per la strada su cui devi andare. Se avessi prestato attenzione ai miei comandi, il tuo benessere sarebbe come un fiume, la tua giustizia come le onde del mare. La tua discendenza sarebbe come la sabbia e i nati dalle tue viscere come i granelli d'arena. Non sarebbe mai radiato né cancellato il suo nome davanti a me». **Parola di Dio.**

SALMO RESPONSORIALE Dal Salmo 1

℟. **Chi ti segue, Signore, avrà la luce della vita.**

Beato l'uomo che non entra nel consiglio dei malvagi,
non resta nella via dei peccatori
e non siede in compagnia degli arroganti,
ma nella legge del Signore trova la sua gioia,
la sua legge medita giorno e notte. ℟.

È come albero piantato lungo corsi d'acqua,
che dà frutto a suo tempo:
le sue foglie non appassiscono
e tutto quello che fa, riesce bene. ℟.

Non così, non così i malvagi,
ma come pula che il vento disperde;
poiché il Signore veglia sul cammino dei giusti,
mentre la via dei malvagi va in rovina.

℟. **Chi ti segue, Signore, avrà la luce della vita.**

CANTO AL VANGELO

Alleluia, alleluia.
Il Signore viene, andiamogli incontro:
egli è il principe della pace.
Alleluia.

VANGELO

Mt 11,16-19

✠ *Dal Vangelo secondo Matteo*

In quel tempo, Gesù disse alle folle: «A chi posso paragonare questa generazione? È simile a bambini che stanno seduti in piazza e, rivolti ai compagni, gridano: "Vi abbiamo suonato il flauto e non avete ballato, abbiamo cantato un lamento e non vi siete battuti il petto!". È venuto Giovanni, che non mangia e non beve, e dicono: "È indemoniato". È venuto il Figlio dell'uomo, che mangia e beve, e dicono: "Ecco, è un mangione e un beone, un amico di pubblicani e di peccatori". Ma la sapienza è stata riconosciuta giusta per le opere che essa compie». **Parola del Signore.**

SULLE OFFERTE - Accogli, o Padre, le nostre offerte nel ricordo di san Giovanni della Croce, e fa' che testimoniamo nella santità della vita la passione di Gesù che celebriamo nel mistero. Per Cristo nostro Signore.

COMUNIONE - «Chi vuol venire dietro a me, rinneghi se stesso, prenda la sua croce e mi segua», dice il Signore *(Mt 16,24)*.

DOPO LA COMUNIONE - La comunione a questo sacrificio, o Padre, ci doni la sapienza della croce che ha illuminato il tuo sacerdote san Giovanni, perché aderiamo pienamente a Cristo e collaboriamo, nella Chiesa, alla redenzione del mondo. Per Cristo nostro Signore.

Commenti

1ª LETTURA - Ognuno di noi fa esperienza dell'errore; ciascuno ha commesso e commette errori. E, talvolta, ci capita di accusare qualcun altro, se non addirittura Dio. Questo è successo da sempre; infatti, se si leggono i primi capitoli della Gènesi, dopo l'errore commesso da Adamo ed Eva, vediamo i due, interrogati da Dio, indicarsi a vicenda come causa della disobbedienza. Le parole che Dio, attraverso il profeta Isaìa, pronuncia verso il popolo, invece, ci dicono che la causa dell'errore non risiede in qualcun altro né tantomeno in Dio, ma nelle nostre opere. Infatti, se anche Israele avesse ascoltato gli insegnamenti del Signore, dice il profeta, avrebbe vissuto nel benessere e nella giustizia, con una discendenza innumerevole. Quello che suona ai nostri orecchi come una punizione inferta da Dio per le azioni d'Israele è in realtà la conseguenza dell'errore del popolo: non aver ascoltato e applicato i suoi insegnamenti. Spesso può capitare anche a noi di considerare i comandamenti o le beatitudini, o tutta la predicazione di Gesù, come un qualcosa di restrittivo, e invece sono parole di vita, che ci indicano la strada da percorrere per avere la vita e averla in abbondanza.

VANGELO - Ciò che Gesù affermava duemila anni fa, sembra calzare a pennello anche ai giorni nostri. Il mondo che ci circonda, la società di cui anche noi facciamo parte, sembra non voler ascoltare il messaggio rivoluzionario del Vangelo, che indica la logica dell'amore come legge suprema. Giovanni Battista ha parlato e non lo hanno ascoltato; Gesù ha parlato e il suo popolo non lo ha accolto. Questo rischio lo corriamo anche noi: ci capita di non accogliere Gesù perché la sua logica e il suo messaggio sono lontani dal nostro modo di pensare. Lo stesso accade al resto della società: dato che il messaggio evangelico è diverso dalle logiche e dalle ideologie del mondo, non viene accolto, oggi come allora. Qual è, allora, la testimonianza veritiera che possiamo dare? Il Vangelo di oggi, sul finale, afferma che la sapienza è stata riconosciuta dalle opere che ha compiuto. Lo stesso vale per noi: la nostra testimonianza sarà accolta attraverso le nostre opere. Infatti, se esse rispecchieranno la logica dell'amore, il Vangelo diventerà davvero vita. Un abbraccio, una carezza, un gesto di carità, una parola buona possono ancora testimoniare in maniera credibile il Vangelo dell'amore.

CHIEDETE E VI SARÀ DATO — Lc 11,9

1. Per la Chiesa di Dio, perché sull'esempio di san Giovanni della Croce, sia serva docile del Signore, testimoniandolo e annunciandolo come colui che viene.

2. Per i religiosi dell'Ordine Carmelitano, perché spinti dallo Spirito che animò Giovanni della Croce, sappiano intraprendere un cammino di conversione e riscoprendo la bellezza della loro vocazione alla solitudine e alla preghiera, divengano veri adoratori del Padre.

3. Per noi, perché questo Tempo di Avvento ci insegni a "contare i nostri giorni", a invocare il dono di un cuore vigilante e fiducioso, a chiedere perdono per tutte le nostre tiepidezze, negligenze e lentezze nell'amare.

FATE QUELLO CHE VI DIRÀ — Gv 2,5

C PER VIVERE DA DISCEPOLO DI GESÙ... Per concretizzare l'imminente venuta del Signore inizio a preparare il presepe insieme ai miei cari.

M SULL'ESEMPIO DI MARIA... Ripeto i dieci comandamenti, chiedendo alla Mamma celeste di aiutarmi a viverli.

Altri santi del giorno:
Santa Dróside • Santi Ares, Promo ed Elia • San Pompeo • San Venanzio Fortunato • Beato Protasio (Antonio) Cubells Minguell

15 DICEMBRE

SABATO

2ª settimana di Avvento

viola **2ª sett. salt.**

Antifona d'ingresso - Vieni, e fa' risplendere il tuo volto su di noi, o Signore, che siedi nei cieli, e saremo salvi *(Cfr. Sal 79,4.2)*.

Colletta - Sorga in noi, Dio onnipotente, lo splendore della tua gloria, Cristo tuo unico Figlio; la sua venuta vinca le tenebre del male e ci riveli al mondo come figli della luce. Per il nostro Signore...

PRIMA LETTURA Sir 48,1-4.9-11

Dal libro del Siràcide

In quei giorni, sorse Elìa profeta, come un fuoco; **la sua parola bruciava come fiaccola**. Egli fece venire su di loro la carestia e con zelo li ridusse a pochi. Per la parola del Signore chiuse il cielo e così fece scendere per tre volte il fuoco. Come ti rendesti glorioso, Elìa, con i tuoi prodigi! E chi può vantarsi di esserti uguale? Tu sei stato assunto in un turbine di fuoco, su un carro di cavalli di fuoco; tu sei stato designato a rimproverare i tempi futuri, per placare l'ira prima che divampi, per ricondurre il cuore del padre verso il figlio e ristabilire le tribù di Giacobbe. Beati coloro che ti hanno visto e si sono addormentati nell'amore. **Parola di Dio.**

SALMO RESPONSORIALE Dal Salmo 79 (80)

℟. **Fa' splendere il tuo volto, Signore,**
e noi saremo salvi.

Tu, pastore d'Israele, ascolta.
Seduto sui cherubini, risplendi.
Risveglia la tua potenza
e vieni a salvarci. ℟.

Dio degli eserciti, ritorna!
Guarda dal cielo e vedi
e visita questa vigna,
proteggi quello che la tua destra ha piantato,
il figlio dell'uomo che per te hai reso forte. ℟.

Sia la tua mano sull'uomo della tua destra,
sul figlio dell'uomo che per te hai reso forte.

Da te mai più ci allontaneremo,
facci rivivere e noi invocheremo il tuo nome. ℟.

CANTO AL VANGELO Lc 3,4.6

Alleluia, alleluia.
Preparate la via del Signore,
raddrizzate i suoi sentieri!
Ogni uomo vedrà la salvezza di Dio.
Alleluia.

VANGELO Mt 17,10-13

✠ *Dal Vangelo secondo Matteo*
Mentre scendevano dal monte, i discepoli domandarono a Gesù: «Perché dunque gli scribi dicono che prima deve venire Elìa?». Ed egli rispose: «Sì, verrà Elìa e ristabilirà ogni cosa. Ma io vi dico: Elìa è già venuto e non l'hanno riconosciuto; anzi, hanno fatto di lui quello che hanno voluto. Così anche il Figlio dell'uomo dovrà soffrire per opera loro». Allora i discepoli compresero che egli parlava loro di Giovanni il Battista. **Parola del Signore.**

SULLE OFFERTE - Sempre si rinnovi, Signore, l'offerta di questo sacrificio, che attua il santo mistero da te istituito, e con la sua divina potenza renda efficace in noi l'opera della salvezza. Per Cristo nostro Signore.

Oppure: Accogli, Signore, i doni che ti offriamo, perché dall'altare del sacrificio salga a te la lode perfetta e venga a noi la pienezza della tua misericordia. Per Cristo nostro Signore.

COMUNIONE - Ecco io verrò presto, dice il Signore, e porterò con me la ricompensa, per rendere a ciascuno secondo le sue opere *(Ap 22,12)*.

Oppure: «Elìa è già venuto e non l'hanno riconosciuto. Così anche il Figlio dell'uomo» *(Mt 17,12)*.

DOPO LA COMUNIONE - O Dio, nostro Padre, la forza di questo sacramento ci liberi dal peccato e ci prepari alle feste del Natale. Per Cristo nostro Signore.

Oppure: Custodisci in noi il tuo dono, Signore, e il pane eucaristico che abbiamo ricevuto diventi per noi sorgente di salvezza e di pace. Per Cristo nostro Signore.

Commenti

1ª LETTURA - Il libro del Siràcide presenta, nel suo quarantottesimo capitolo, Elìa ed Eliseo come i due grandi profeti nella storia di Israele. Nel testo che oggi proclamiamo, l'esaltazione di Elìa per le opere da lui compiute per conto di Dio ci mostra in poche righe il compito di ogni profeta. Il giorno del nostro Battesimo anche noi siamo stati insigniti di questo titolo, ma sopratutto ci è stata consegnata la missione dei profeti. Per questo è utile sapere che cosa un profeta è chiamato a fare. Anzitutto ogni profeta è un uomo che appartiene a Dio; scelto non per propria volontà, ma per desiderio di Dio, chiamato a uno specifico compito, quello di annunciare la parola del Signore. Il contenuto della sua predicazione non è costituito dai pensieri dell'uomo, ma è la parola di Dio; ecco perché egli risulta un portavoce autorevole del Signore. Per fare ciò, chiaramente, ogni uomo chiamato a essere profeta deve anzitutto porsi al seguito del Signore, stare con lui, ascoltare la sua parola, fare di lui esperienza, per evitare che la sua testimonianza sia vana, come vano è il messaggio di una pura invenzione. La parola di chi è profeta deve rispecchiarsi nella sua vita.

VANGELO - Elìa è il profeta dalla morte misteriosa, infatti viene rapito in cielo. Per questo l'antica tradizione ebraica vuole il suo ritorno alla fine dei tempi, cioè al tempo del Messia e per questo Gesù indica Giovanni il Battista come il profeta ritornato dal cielo, la cui predicazione non è stata accolta e di cui hanno fatto ciò che hanno voluto. Giovanni, come testimoniato dal Vangelo, fu decapitato da Erode su richiesta di Erodiade, perché scomodo. Lo stesso avverrà di Gesù, come profetizza lui stesso in questo breve brano, mettendo in guardia i discepoli sugli eventi futuri. La parola di Dio ci pone nella verità di noi stessi, scruta i cuori e mostra ciò che realmente siamo. Per questo tanto spesso cerchiamo di sopprimere la verità, invece di ascoltarla. Al contrario, la parola di Dio, il suo ascolto, la sua lettura costante, la meditazione che possiamo fare di essa ci aiutano a scoprire ciò che siamo, e ciò che dovremmo essere: figli amati spinti ad amare a nostra volta.

CHIEDETE E VI SARÀ DATO — Lc 11,9

1. Fa', o Padre, che le nostre comunità aprano il loro cuore a chi ha bisogno di accoglienza: siano il segno del Corpo del tuo Figlio diletto che abbraccia i poveri, gli scartati, i peccatori.

2. Assisti, o Signore, con la tua grazia gli afflitti, i perseguitati, i senzatetto e i senzaterra; quanti soffrono a causa del freddo, i profughi, gli esuli e i migranti: aiuta l'umanità intera a riconoscere che tua è tutta la terra e che deve essere condivisa tra tutti i tuoi figli.

3. Illumina i nostri occhi, Signore: rinnova in noi la fede nella vita eterna, ravviva la forza della speranza, affinché possiamo agire per l'amore, la giustizia e la libertà.

FATE QUELLO CHE VI DIRÀ Gv 2,5

C PER VIVERE DA DISCEPOLO DI GESÙ... Penso a un piccolo dono da preparare con le mie mani e da regalare alle persone a cui desidero augurare buon Natale, che possa ricordare che il vero e unico dono è il Figlio incarnato.

M SULL'ESEMPIO DI MARIA... Oggi, guidato dall'amore di Maria, pronuncio solo parole che possano illuminare chi mi ascolta e far ardere il fuoco dell'amore.

Santi del giorno:
San Valeriano • San Massimino • Santa Virginia Centurione Bracelli • Santa Maria Crocifissa Di Rosa • Beate Maria Giulia Ivanišević e quattro compagnev

16 DICEMBRE

DOMENICA

3ª domenica di Avvento (C)
"Gaudete"
rosaceo o viola **3ª sett. salt.**

ACCENDIAMO LA TERZA CANDELA DELLA CORONA DELL'AVVENTO

Dopo il saluto iniziale, il sacerdote recita l'orazione e poi accende la terza candela, color rosa, chiamata "dei pastori", perché la sua fiamma simboleggia la gioia per la venuta del Salvatore.

Nelle tenebre si è accesa una luce, nel deserto si è levata una voce. È annunciata la buona notizia: il Signore viene! Preparate le sue vie, perché ormai è vicino. Ornate la vostra anima come una sposa si adorna nel giorno delle nozze. È arrivato il messaggero. Giovanni Battista non è la luce, ma uno che annuncia la luce. Mentre accendiamo la terza candela ognuno di noi vuole essere tua torcia che brilla, fiamma che riscalda. Vieni, Signore, a salvarci, avvolgici nella tua luce, riscaldaci nel tuo amore!

ANTIFONA D'INGRESSO - Rallegratevi sempre nel Signore: ve lo ripeto, rallegratevi, il Signore è vicino *(Fil 4,4.5).*

Non si dice il Gloria.

COLLETTA - **Preghiamo:** Guarda, o Padre, il tuo popolo, che attende con fede il Natale del Signore, e fa' che giunga a celebrare con rinnovata esultanza il grande mistero della salvezza. Per il nostro Signore... **Amen.**

Oppure: O Dio, fonte della vita e della gioia, rinnovaci con la potenza del tuo Spirito, perché corriamo sulla via dei tuoi comandamenti, e portiamo a tutti gli uomini il lieto annunzio del Salvatore, Gesù Cristo tuo Figlio. Egli è Dio... **Amen.**

(seduti)

PRIMA LETTURA Sof 3,14-17

Dal libro del profeta Sofonìa

Rallègrati, figlia di Sion, grida di gioia, Israele, esulta e acclama con tutto il cuore, figlia di Gerusalemme! Il Signore ha revocato la tua condanna, ha disperso il tuo nemico. Re d'Israele è il Signore in mezzo a te, tu non temerai più alcuna sventura. In quel giorno si dirà a Gerusalemme: «Non temere, Sion, non lasciarti cadere le braccia! Il Signore, tuo Dio, in mezzo a te è un salvatore potente. Gioirà per te, ti rinnoverà con il suo amore, esulterà per te con grida di gioia». - Parola di Dio.

℟. **Rendiamo grazie a Dio.**

SALMO RESPONSORIALE Da Is 12,2-6

℟. **Canta ed esulta, perché grande in mezzo a te è il Santo d'Israele.**

Ecco, Dio è la mia salvezza;
io avrò fiducia, non avrò timore,
perché mia forza e mio canto è il Signore;
egli è stato la mia salvezza. ℟.

Attingerete acqua con gioia
alle sorgenti della salvezza.
Rendete grazie al Signore e invocate il suo nome,
proclamate fra i popoli le sue opere,
fate ricordare che il suo nome è sublime. ℟.

Cantate inni al Signore, perché ha fatto cose eccelse,
le conosca tutta la terra.
Canta ed esulta, tu che abiti in Sion,
perché grande in mezzo a te è il Santo d'Israele. ℟.

SECONDA LETTURA Fil 4,4-7

Dalla lettera di san Paolo apostolo ai Filippési

Fratelli, siate sempre lieti nel Signore, ve lo ripeto: siate lieti. La vostra amabilità sia nota a tutti. Il Signore è vicino! Non angustiatevi per nulla, ma in ogni circostanza fate presenti a Dio le vostre richieste con preghiere, suppliche e ringraziamenti. E la pace di Dio, che supera ogni intelligenza, custodirà i vostri cuori e le vostre menti in Cristo Gesù. - Parola di Dio. ℟. **Rendiamo grazie a Dio.**

(in piedi)

CANTO AL VANGELO Is 61,1 (cit. in Lc 4,18)

Alleluia, alleluia.

Lo Spirito del Signore è sopra di me,
mi ha mandato a portare ai poveri il lieto annuncio.
Alleluia.

VANGELO Lc 3,10-18

Il Signore sia con voi.
℟. **E con il tuo spirito.**

✠ *Dal Vangelo secondo Luca*
℟. **Gloria a te, o Signore.**

In quel tempo, le folle interrogavano Giovanni, dicendo: **«Che cosa dobbiamo fare?»**. Rispondeva loro: «Chi ha due tuniche, ne dia a chi non ne ha, e chi ha da mangiare, faccia altrettanto». Vennero anche dei pubblicani a farsi battezzare e gli chiesero: «Maestro, che cosa dobbiamo fare?». Ed egli disse loro: «Non esigete nulla di più di quanto vi è stato fissato». Lo interrogavano anche alcuni soldati: «E noi, che cosa dobbiamo fare?». Rispose loro: «Non maltrattate e non estorcete niente a nessuno; accontentatevi delle vostre paghe». Poiché il popolo era in attesa e tutti, riguardo a Giovanni, si domandavano in cuor loro se non fosse lui il Cristo, Giovanni rispose a tutti dicendo: «Io vi battezzo con acqua; ma viene colui che è più forte di me, a cui non sono degno di slegare i lacci dei sandali. Egli vi battezzerà in Spirito Santo e fuoco. Tiene in mano la pala per pulire la sua aia e per raccogliere il frumento nel suo granaio; ma brucerà la paglia con un fuoco inestinguibile». Con molte altre esortazioni Giovanni evangelizzava il popolo. - Parola del Signore. ℟. **Lode a te o Cristo.**

Credo (vedi pagg. 19-22).

(in piedi)

SULLE OFFERTE - Sempre si rinnovi, Signore, l'offerta di questo sacrificio, che attua il santo mistero da te istituito, e con la sua divina potenza renda efficace in noi l'opera della salvezza. Per Cristo nostro Signore. **Amen.**

COMUNIONE - Dite agli sfiduciati: «Coraggio, non abbiate timore: ecco, il nostro Dio viene a salvarci» *(Is 35,4).*

Oppure: «Egli ha in mano il ventilàbro per ripulire la sua aia e per raccogliere il buon frumento nel suo granaio» *(Lc 3,17).*

DOPO LA COMUNIONE - Preghiamo: O Dio, nostro Padre, la forza di questo sacramento ci liberi dal peccato e ci prepari alle feste ormai vicine. Per Cristo nostro Signore. **Amen.**

Commenti

1ª LETTURA - Il filo conduttore della terza domenica di Avvento è il tema della gioia. Infatti ci stiamo avvicinando al Natale, al giorno in cui Dio ha preso su di sé la condizione dell'uomo per essere simile a lui. La prima lettura ci fa ascoltare un brano tratto dal profeta Sofonìa: è una chiamata al rallegramento, all'esultanza che apre questa domenica detta tradizionalmente "Gaudete". Nella «figlia di Sion» è simboleggiato tutto il popolo d'Israele, così come ogni uomo di ogni tempo, invitato a gioire per la presenza del Signore. Della presenza del Signore, chiaramente, Israele non ha fatto un'esperienza astratta, perché l'Onnipotente sta in mezzo al suo popolo come salvatore potente. L'incarnazione, che celebreremo il giorno di Natale, è la conferma di quanto profetizzato in passato; conferma che fa sperimentare anche a noi la presenza redentrice di Dio. Come Israele anche noi, per bontà divina, possiamo fare esperienza di un Dio che si fa prossimo all'uomo in Gesù Cristo, che non desidera altro che la salvezza di suo figlio.

2ª LETTURA - Paolo invita tutti noi a essere lieti per la vicinanza del Signore. Pur facendo esperienza sia di eventi gioiosi che di eventi dolorosi, il cristiano si contraddistingue per la gioia. In un mondo immerso nel grigiore, l'uomo di fede è chiamato a dare la sua testimonianza gioiosa di Gesù. Come è possibile dare colore al mondo se anche noi cristiani siamo immersi nel grigiore? Il cristiano non può permettersi di vivere senza la gioia che proviene dal Vangelo. Gesù è venuto perché noi abbiamo la vita e l'abbiamo in abbondanza. E da qui scaturisce la gioia di tutto il Vangelo. Il Figlio di Dio, infatti, non è venuto per toglierci qualcosa, ma per darci la pienezza della vita e della gioia e molto di più. Il mondo ha bisogno di testimoni che si impegnino a testimoniare proprio questo. La gioia nasce dalla certezza che non siamo soli ad affrontare la vita; dalla speranza di un regno futuro; dall'esperienza quotidiana della vicinanza di Dio. Perché essere tristi se abbiamo fatto esperienza di tutto questo? Chiediamoci: come e quanto riusciamo a essere testimoni gioiosi di Cristo?

VANGELO - Il Battista, dalle testimonianze evangeliche, si dimostra un grande predicatore, capace di attirare il popolo e di richiamarlo alla conversione per prepararlo all'incontro con il Messia. Talmente famoso che molti si chiedono se sia lui l'atteso. Tuttavia Giovanni, con l'autenticità che lo contraddistingue, si toglie da centro, indicando il vero Messia. La differenza tra Giovanni e Gesù la notiamo dalla sua predicazione riportata in questo brano; infatti, se la rileggiamo, risulta che Giovanni non chiede altro che applicare la giustizia: dare la tunica a chi non la possiede; non estorcere denaro, ma accontentarsi del proprio salario; dare da mangiare a chi non ne ha. Gesù, invece, nella sua predicazione fa un passo ulteriore, non si ferma alla giustizia, ma insegna la misericordia: se uno ti dà uno schiaffo, porgi l'altra guancia; se uno ti chiede una tunica, dagli anche il mantello; se uno ti chiede di fare un miglio con lui, tu fanne due. Il Vangelo esige dal cristiano non solo la giustizia, ma la misericordia; non basta essere giusti, che già sarebbe una grande cosa, ma bisogna anche essere misericordiosi, come il Signore lo è con noi.

CHIEDETE E VI SARÀ DATO Lc 11,9

1. La tua presenza nella Chiesa, Signore Gesù, è segno di

speranza. Fa' che i tuoi pastori, come Giovanni il precursore, preparino la strada alla tua venuta nella storia.

2. La tua venuta nel mondo, Signore Gesù, è dono per l'umanità. Aiuta coloro che sono nella prova ad attraversare ogni difficoltà con la forza della tua presenza.

3. Il dono del Battesimo, Signore Gesù, ci ha resi Figli del Padre. Ravviva in noi la fedeltà al tuo amore e il desiderio di essere testimoni di te con la coerenza della nostra vita.

FATE QUELLO CHE VI DIRÀ Gv 2,5

C PER VIVERE DA DISCEPOLO DI GESÙ... Sono cosciente che c'è da cambiare qualcosa nella mia vita per vivere la vera gioia? Che cosa?

M SULL'ESEMPIO DI MARIA... Durante la giornata prego la Sequenza allo Spirito Santo, affinché come ha illuminato Maria, illumini anche me per vivere al meglio la preparazione al santo Natale.

Inizio novena di Natale *(vedi pagg. 697-703)*

Santi del giorno:

Sant'Aggeo • Sant'Adelaide • San Macario da Collesano • Sant'Everardo • Beato Filippo Siphong Onphitak

17 DICEMBRE

LUNEDÌ

Ferie di Avvento 17-24 dicembre
viola **3ª sett. salt.**

Antifona d'ingresso - Si allietino i cieli ed esulti la terra: viene il nostro Dio, e avrà pietà dei poveri *(Cfr. Is 49,13).*

Colletta - Dio creatore e redentore, che hai rinnovato il mondo nel tuo Verbo, fatto uomo nel grembo di una Madre sempre vergine, concedi che il tuo unico Figlio, primogenito di una moltitudine di fratelli, ci unisca a sé in comunione di vita. Per il nostro Signore…

PRIMA LETTURA Gen 49,2.8-10

Dal libro della Gènesi

In quei giorni, Giacobbe chiamò i figli e disse: «Radunatevi e ascoltate, figli di Giacobbe, ascoltate Israele, vostro padre! Giuda, ti loderanno i tuoi fratelli; la tua mano sarà sulla cervìce dei tuoi nemici;

davanti a te si prostreranno i figli di tuo padre. Un giovane leone è Giuda: dalla preda, figlio mio, sei tornato; si è sdraiato, si è accovacciato come un leone e come una leonessa; chi lo farà alzare? Non sarà tolto lo scettro da Giuda né il bastone del comando tra i suoi piedi, finché verrà colui al quale esso appartiene e a cui è dovuta l'obbedienza dei popoli».
Parola di Dio.

SALMO RESPONSORIALE Dal Salmo 71 (72)

℟. Venga il tuo regno di giustizia e di pace.

O Dio, affida al re il tuo diritto,
al figlio di re la tua giustizia;
egli giudichi il tuo popolo secondo giustizia
e i tuoi poveri secondo il diritto. ℟.

Le montagne portino pace al popolo
e le colline giustizia.
Ai poveri del popolo renda giustizia,
salvi i figli del misero. ℟.

Nei suoi giorni fiorisca il giusto
e abbondi la pace,
finché non si spenga la luna.

E dòmini da mare a mare,
dal fiume sino ai confini della terra.

℟. **Venga il tuo regno di giustizia e di pace.**

Il suo nome duri in eterno,
davanti al sole germogli il suo nome.
In lui siano benedette tutte le stirpi della terra
e tutte le genti lo dicano beato. ℟.

CANTO AL VANGELO

Alleluia, alleluia.
O Sapienza dell'Altissimo,
che tutto disponi con forza e dolcezza:
vieni ad insegnarci la via della saggezza.
Alleluia.

VANGELO Mt 1,1-17

✠ *Dal Vangelo secondo Matteo*

Genealogia di Gesù Cristo figlio di Davide, figlio di Abramo. Abramo generò Isacco, Isacco generò Giacobbe, Giacobbe generò Giuda e i suoi fratelli, Giuda generò Fares e Zara da Tamar, Fares generò Esrom, Esrom generò Aram, Aram generò Aminadàb, Aminadàb generò Naassòn, Naassòn generò Salmon,

Salmon generò Booz da Racab, Booz generò Obed da Rut, Obed generò Iesse, Iesse generò il re Davide. Davide generò Salomone da quella che era stata la moglie di Urìa, Salomone generò Roboamo, Roboamo generò Abìa, Abìa generò Asaf, Asaf generò Giòsafat, Giòsafat generò Ioram, Ioram generò Ozìa, Ozìa generò Ioatàm, Ioatàm generò Àcaz, Àcaz generò Ezechìa, Ezechìa generò Manasse, Manasse generò Amos, Amos generò Giosìa, Giosìa generò Ieconìa e i suoi fratelli, al tempo della deportazione in Babilonia. Dopo la deportazione in Babilonia, Ieconìa generò Salatièl, Salatièl generò Zorobabele, Zorobabele generò Abiùd, Abiùd generò Eliachìm, Eliachìm generò Azor, Azor generò Sadoc, Sadoc generò Achim, Achim generò Eliùd, Eliùd generò Eleàzar, Eleàzar generò Mattan, Mattan generò Giacobbe, Giacobbe generò Giuseppe, lo sposo di Maria, dalla quale è nato Gesù, chiamato Cristo. In tal modo, tutte le generazioni da Abramo a Davide sono quattordici, da Davide fino alla deportazione in Babilonia quattordici, dalla deportazione in Babilonia a Cristo quattordici. **Parola del Signore.**

SULLE OFFERTE - Santifica, o Dio, i doni della tua Chiesa, e nella partecipazione a questo grande mistero nutrici con il pane della vita eterna. Per Cristo nostro Signore.

Comunione - Ecco, viene l'atteso da tutti i popoli, la casa del Signore sarà piena di gloria *(Cfr. Ag 2,8)*. *Oppure:* Giacobbe generò Giuseppe, lo sposo di Maria, dalla quale è nato Gesù, chiamato il Cristo *(Mt 1,16)*.

Dopo la Comunione - Dio onnipotente, che ci hai fatto tuoi commensali, esaudisci i nostri desideri e fa' che ardenti del tuo Spirito splendiamo come lampade davanti al Cristo che viene. Egli vive e regna nei secoli dei secoli.

Commenti

1ª lettura - Siamo quasi al termine del libro della Gènesi e Giacobbe, contornato dai suoi figli, inizia a profetizzare. Queste benedizioni e oracoli sono stati letti in chiave messianica, infatti aprono il primo giorno delle Ferie di Avvento; anche per noi è facile intravedere nella profezia su Giuda la venuta del Messia. Giuda, descritto come il più potente tra i suoi fratelli, avrà la gioia di dare la vita al Messia atteso in Israele, al quale verrà dato il bastone del comando. Ma il regno del Messia, il suo potere e il suo comando non sono paragonabili ad altri regni della terra. Infatti, se noi osserviamo cosa ha fatto Gesù nella sua vita, non possiamo certo paragonarlo a qualsiasi altro re. Non è stato un legislatore, non è stato un dittatore, non è stato un despota, ma un giovane uomo disposto a sacrificare tutto se stesso per amore. Il regno di Gesù, quindi, non è come ogni altro regno; si distingue dagli altri per il fatto di avere come legge quella dell'amore che si trasforma in continuo servizio verso il prossimo, verso il vicino, verso l'ultimo.

Vangelo - Quando ci troviamo a dover proclamare e ascoltare la genealogia di Gesù, siamo quasi sempre persuasi a non ascoltarla, perché la consideriamo inutile o difficilmente meditabile. Invece, questa geneologia, nonostante la lunga e interminabile lista di nomi, può dirci qualcosa, perché la Sacra Scrittura parla sempre al cuore dell'uomo. Il testo, oltre ad avere l'intento di affermare che Gesù è il Messia, proprio grazie alla discendenza alla quale appartiene, avverando le profezie messianiche, ci dà la possibilità anzitutto di vedere come il Signore entri nella storia umana per portarla a compimento;

prenda la nostra carne per ristabilire quell'immagine e somiglianza perduta. Non solo, nella lunga lista sono citate quattro donne, straniere o peccatrici, questo per dirci che il Figlio è venuto nel mondo per risolvere le sorti del mondo; è entrato nelle tenebre per portare la sua luce. È venuto nel mondo non per condannarlo, ma per salvarlo; non per punire l'uomo, ma per riportarlo sulla strada giusta. Tutta la storia della salvezza, a partire da Adamo, è un continuo annuncio della salvezza, operata da Dio per mezzo di Cristo, e noi facciamo parte di questa storia d'amore, nella quale il Figlio ha preso le nostre sembianze per ristabilire l'amicizia con il Padre suo, al di là di ogni merito.

CHIEDETE E VI SARÀ DATO Lc 11,9

1. La celebrazione della tua nascita, Signore Gesù, è vicina e già illumina di gioia il nostro cammino. Ricolma di gratitudine il cuore dei credenti per questo dono inestimabile che conforta la nostra debolezza.

2. Il tuo amore, Signore Gesù, è fonte della vera gioia. Concedi a ogni uomo di trovare in questo amore il senso profondo della vita.

3. Il tuo Vangelo, Signore Gesù, è luce per i giovani che cercano il tuo volto. Dona loro di lasciarsi toccare dalla tua grazia e di diventare sentinelle di speranza e dispensatori di gioia.

FATE QUELLO CHE VI DIRÀ Gv 2,5

C PER VIVERE DA DISCEPOLO DI GESÙ... Iniziano oggi le ferie di Avvento: ogni giorno, durante la mia preghiera, ripeterò il versetto dell'Alleluia che mi fa conoscere un aspetto della persona del Figlio di Dio che viene.

M SULL'ESEMPIO DI MARIA... Ogni volta che il mio animo si inasprirà e si preparerà a lottare con il prossimo, mi ripeterò questa parola, chiedendo la grazia di un cuore pacificato come quello di Maria.

Santi del giorno:

San Modesto • San Giudicaele • San Sturmio • Santa Vivinna • Beata Matilde del Sacro Cuore Téllez Robles

18 DICEMBRE

MARTEDÌ

Ferie di Avvento 17-24 dicembre

viola 3ª sett. salt.

ANTIFONA D'INGRESSO - Verrà il Cristo, nostro Re, l'Agnello preannunziato da Giovanni.

COLLETTA - Oppressi a lungo sotto il giogo del peccato, aspettiamo, o Padre, la nostra redenzione; la nuova nascita del tuo unico Figlio ci liberi dalla schiavitù antica. Per il nostro Signore…

PRIMA LETTURA Ger 23,5-8

Dal libro del profeta Geremìa

«Ecco, verranno giorni – oracolo del Signore – nei quali susciterò a Davide un germoglio giusto, che regnerà da vero re e sarà saggio ed eserciterà il diritto e la giustizia sulla terra. Nei suoi giorni Giuda sarà salvato e Israele vivrà tranquillo, e lo chiameranno con questo nome: Signore-nostra-giustizia. Pertanto, ecco, verranno giorni – oracolo del Signore – nei quali non si dirà più: "Per la vita del Signore che ha fatto uscire gli Israeliti dalla terra d'Egitto!", ma piuttosto: "Per la vita del Signore che ha fatto uscire e ha ricondotto la discendenza della casa d'Israele dalla terra del settentrione e da tutte le regioni dove li aveva dispersi!"; costoro dimoreranno nella propria terra». **Parola di Dio.**

SALMO RESPONSORIALE Dal Salmo 71 (72)

℟. **Nei suoi giorni fioriranno giustizia e pace.**

O Dio, affida al re il tuo diritto,
al figlio di re la tua giustizia;
egli giudichi il tuo popolo secondo giustizia
e i tuoi poveri secondo il diritto. ℟.

Perché egli libererà il misero che invoca
e **il povero che non trova aiuto**.
Abbia pietà del debole e del misero
e salvi la vita dei miseri. ℟.

Benedetto il Signore, Dio d'Israele:
egli solo compie meraviglie.
E benedetto il suo nome glorioso per sempre:
della sua gloria sia piena tutta la terra.
Amen, amen. ℟.

CANTO AL VANGELO

Alleluia, alleluia.
O Signore, guida della casa d'Israele,
che hai dato la Legge a Mosè sul monte Sinai:
vieni a liberarci con braccio potente.
Alleluia.

VANGELO

Mt 1,18-24

✠ *Dal Vangelo secondo Matteo*

Così fu generato Gesù Cristo: sua madre Maria, essendo promessa sposa di Giuseppe, **prima che andassero a vivere insieme** si trovò incinta per opera dello Spirito Santo. Giuseppe suo sposo, poiché era uomo giusto e non voleva accusarla pubblicamente, pensò di ripudiarla in segreto. Mentre però stava considerando queste cose, ecco, gli apparve in sogno un angelo del Signore e gli disse: «Giuseppe, figlio di Davide, non temere di prendere con te Maria, tua sposa. Infatti il bambino che è generato in lei viene dallo Spirito Santo; ella darà alla luce un figlio e tu lo chiamerai Gesù: egli infatti salverà il suo popolo dai suoi peccati». Tutto questo è avvenuto perché si compisse ciò che era stato detto dal Signore per mezzo del profeta: «Ecco, la vergine concepirà e darà alla luce un figlio: a lui sarà dato il nome di Emmanuele», che significa «Dio con noi». Quando si destò dal sonno, Giuseppe fece come gli aveva ordinato l'angelo del Signore e prese con sé la sua sposa. **Parola del Signore.**

SULLE OFFERTE - Ci renda a te graditi, o Padre, il sacrificio che celebriamo, perché possiamo aver parte all'eterna vita del tuo Figlio, che con la sua morte ci ha resi immortali. Per Cristo nostro Signore.

COMUNIONE - Gli sarà dato il nome di Emmanuele, che significa Dio con noi *(Mt 1,23)*.

DOPO LA COMUNIONE - Disponi, o Padre, i nostri cuori a ricevere nel tempio vivo della Chiesa la tua misericordia, perché possiamo prepararci con devota esultanza alla festa ormai vicina del nostro Salvatore. Egli vive e regna nei secoli dei secoli.

Commenti

1ª LETTURA - Noi conosciamo Geremìa per lo più come profeta di sventura che accompagna la travagliata vita d'Israele. Eppure questo brano riporta un oracolo di speranza che fa trasparire la figura del

Messia. Oltre a proclamare la fine delle dure vicende vissute dal popolo d'Israele, Geremìa orienta il nostro sguardo verso il Messia: colui il cui regno è regno di giustizia e di pace. Infatti, ciò che vediamo nella vicenda storica di Gesù, così come nella testimonianza della Chiesa, è che la missione del cristiano è quella di fare in modo che si costruisca questo Regno, attraverso le proprie azioni e la propria testimonianza. Se noi ne facciamo parte, allora non possiamo esimerci dal mantenere fede alla "politica del sovrano". La profezia proclamata, però, non ci dà indicazioni solo per la vita presente, ma suggerisce nelle ultime righe una visione più ampia. Infatti, l'ultima liberazione, l'ultimo esodo sarà quello che ci condurrà al cielo. Il cristiano, dunque, con i piedi fissi per terra, camminando in questo mondo, deve avere lo sguardo fisso all'ultima meta, perché a quella siamo destinati e ad essa ci prepariamo con questa vita terrena.

Vangelo - In prossimità del Natale, la liturgia della Parola poco a poco ci fa assaporare i Vangeli dell'infanzia. Tra questi troviamo il racconto della vocazione di Giuseppe. Siamo di fronte a una vera e propria chiamata da parte di Dio, affinché venga compiuta una missione. Da quest'uomo, che spesso rimane nell'ombra, possiamo trarre grande ispirazione per la nostra vita. L'evangelista Matteo, narrando come il messaggio di Dio sia giunto allo sposo di Maria, descrive Giuseppe come un uomo giusto. Il giusto, nella tradizione giudaica, è colui che compie la Legge, che la segue irreprensibilmente; eppure, negli ultimi versetti del brano, vediamo quest'uomo disattendere le prescrizioni di Deuteronomio 22, prendendo con sé Maria. E allora di quale giustizia si parla? Secondo la tradizione israelitica avremmo qui un errore di descrizione, e invece Giuseppe è un uomo giusto perché il suo desiderio è quello di compiere la volontà del suo Signore. Egli è figura di colui che di fronte a una volontà superiore, accetta in obbedienza di fede, il disegno salvifico di Dio. L'Onnipotente, nel suo progetto di salvezza, si è servito di uomini obbedienti alla sua volontà; perché non essere anche noi strumenti di questo disegno?

CHIEDETE E VI SARÀ DATO — Lc 11,9

1. Per la Chiesa, perché abbia il coraggio di uscire dalle proprie comodità per andare incontro a Cristo e ai fratelli, tenendo accesa la lampada della carità con l'olio della speranza e la fiamma della fede, nell'attesa operosa e vigilante.

2. Per tutte le persone che nel mondo sono oggetto di sfruttamento e di violenza da parte dell'uomo, perché trovino nei cristiani solidarietà e carità fraterna.

3. Per i giovani, perché non si accontentino del benessere materiale, ma restino aperti ad accogliere l'annuncio del Regno che viene.

FATE QUELLO CHE VI DIRÀ Gv 2,5

C PER VIVERE DA DISCEPOLO DI GESÙ... Offro la mia preghiera quotidiana per tutti i fidanzati che si preparano a ricevere il sacramento del Matrimonio, perché siano seme fecondo di piccole chiese domestiche.

M SULL'ESEMPIO DI MARIA... Imitando l'esempio di Maria porterò soccorso a un povero per aiutarlo a superare le sue difficoltà.

Santi del giorno:
Santi Namfamone, Míggine, Sanámis e Lucítas • San Gaziano • San Flannano • Beata Nemesia (Giulia) Valle

19 DICEMBRE

MERCOLEDÌ

Ferie di Avvento 17-24 dicembre

viola **3ª sett. salt.**

ANTIFONA D'INGRESSO - L'atteso dei popoli verrà senza tardare; non ci sarà più timore sulla nostra terra: egli è il nostro Salvatore *(Cfr. Eb 10,37).*

COLLETTA - O Dio, che hai rivelato al mondo con il parto della Vergine lo splendore della tua gloria, concedi al tuo popolo di venerare con fede viva e di celebrare con sincero amore il grande mistero dell'incarnazione. Per il nostro Signore…

PRIMA LETTURA Gdc 13,2-7.24-25a

Dal libro dei Giudici

In quei giorni, c'era un uomo di Sorèa, della tribù dei Danìti, chiamato Manòach; sua moglie era sterile e non aveva avuto figli. L'angelo del Signore apparve a questa donna e le disse: «Ecco, tu sei sterile e non hai avuto figli, ma concepirai e partorirai un figlio. Ora guardati dal bere vino o bevanda inebriante e non mangiare nulla d'impuro. Poiché, ecco, tu concepirai e partorirai un figlio sulla cui testa non passerà rasoio, perché il fanciullo sarà un nazireo di Dio fin dal seno materno; egli comincerà a salvare Israele dalle mani dei Filistei». La donna andò a dire al marito: «Un uomo di Dio è venuto da me; aveva l'aspetto di un angelo di Dio, un aspetto maestoso. Io non gli ho domandato da dove veniva ed egli non mi ha rivelato il suo nome, ma mi ha detto: "Ecco, tu **concepirai** e partorirai un figlio; ora non bere vino né bevanda inebriante e non mangiare nulla d'impuro, perché il fanciullo sarà un nazireo di Dio dal seno materno fino al giorno della sua morte"». E la donna partorì un figlio che chiamò Sansone. Il bambino crebbe e il Signore lo benedisse. Lo spirito del Signore cominciò ad agire su di lui. **Parola di Dio.**

SALMO RESPONSORIALE Dal Salmo 70 (71)

℟. **Canterò senza fine la tua gloria, Signore.**

Sii tu la mia roccia,
una dimora sempre accessibile;
hai deciso di darmi salvezza:

davvero mia rupe e mia fortezza tu sei!
Mio Dio, liberami dalle mani del malvagio. ℟.

Sei tu, mio Signore, la mia speranza,
la mia fiducia, Signore, fin dalla mia giovinezza.
Su di te mi appoggiai fin dal grembo materno,
dal seno di mia madre sei tu il mio sostegno. ℟.

Verrò a cantare le imprese del Signore Dio:
farò memoria della tua giustizia, di te solo.
Fin dalla giovinezza, o Dio, mi hai istruito
e oggi ancora proclamo le tue meraviglie. ℟.

CANTO AL VANGELO

Alleluia, alleluia.
O Radice di Iesse,
che t'innalzi come segno per i popoli:
vieni a liberarci, non tardare.
Alleluia.

VANGELO

Lc 1,5-25

✠ *Dal Vangelo secondo Luca*

Al tempo di Erode, re della Giudea, vi era un sacerdote di nome Zaccarìa, della classe di Abìa, che aveva in moglie una discendente di Aronne, di nome

Elisabetta. Ambedue erano giusti davanti a Dio e osservavano irreprensibili tutte le leggi e le prescrizioni del Signore. Essi non avevano figli, perché Elisabetta era sterile e tutti e due erano avanti negli anni. Avvenne che, mentre Zaccarìa svolgeva le sue funzioni sacerdotali davanti al Signore durante il turno della sua classe, gli toccò in sorte, secondo l'usanza del servizio sacerdotale, di entrare nel tempio del Signore per fare l'offerta dell'incenso. Fuori, tutta l'assemblea del popolo stava pregando nell'ora dell'incenso. Apparve a lui un angelo del Signore, ritto alla destra dell'altare dell'incenso. Quando lo vide, Zaccarìa si turbò e fu preso da timore. Ma l'angelo gli disse: «Non temere, Zaccarìa, la tua preghiera è stata esaudita e tua moglie Elisabetta ti darà un figlio, e tu lo chiamerai Giovanni. Avrai gioia ed esultanza, e molti si rallegreranno della sua nascita, perché egli sarà grande davanti al Signore; non berrà vino né bevande inebrianti, sarà colmato di Spirito Santo fin dal seno di sua madre e ricondurrà molti figli d'Israele al Signore loro Dio. Egli camminerà innanzi a lui con lo spirito e la potenza di Elìa, per ricondurre i cuori dei padri verso i figli e i ribelli alla saggezza dei giusti e preparare al Signore un popolo ben disposto». Zaccarìa disse all'angelo: «Come potrò mai conoscere questo? Io sono vecchio e mia moglie è avanti negli anni». L'angelo gli rispose: «Io sono Gabriele, che sto dinanzi a Dio e sono stato mandato a parlarti e a portarti questo lieto annuncio. Ed ecco, tu sarai muto e non potrai parlare fino al giorno in cui queste cose avverranno, perché non hai creduto alle mie parole, che si compiranno a loro tempo». Intanto il popolo stava in attesa di Zaccarìa, e si meravigliava per il suo indugiare nel tempio. Quando poi uscì e non poteva parlare loro, capirono che nel tempio aveva avuto una visione. Faceva loro dei cenni e restava muto. Compiuti i giorni del suo servizio, tornò a casa. Dopo quei giorni Elisabetta, sua moglie, concepì e si tenne nascosta per cinque mesi e diceva: «Ecco che cosa ha fatto per me il Signore, nei giorni in cui si è degnato di togliere la mia vergogna fra gli uomini». **Parola del Signore.**

Sulle offerte - Guarda benigno, o Padre, questi doni, che la nostra povertà depone sul tuo altare, e consacrali con la potenza del tuo Spirito. Per Cristo nostro Signore.

Comunione - Verrà a visitarci dall'alto un sole che sorge, Cristo Signore, per dirigere i nostri passi sulla via della pace *(Lc 1,78-79)*.

Oppure: Egli ricondurrà i cuori dei padri verso i figli e preparerà al Signore un popolo ben disposto *(Lc 1,17)*.

Dopo la Comunione - Ti ringraziamo, Dio onnipotente, per i doni che ci hai dato; suscita in noi il desiderio dei beni promessi, perché con spirito rinnovato possiamo celebrare la nascita del nostro Salvatore. Egli vive e regna nei secoli dei secoli.

Commenti

1ª lettura - Oggi sono messi a confronto due concepimenti miracolosi: quello di Sansone nella prima lettura e quello di Giovanni il Battista nel Vangelo. Entrambi sono figli di persone anziane o sterili, alle quali il Signore dona un figlio, affinché svolga una missione importante. Per attuare il suo disegno, l'Onnipotente sceglie coloro che vivono la difficoltà; così è per questa donna e così sarà per Zaccarìa ed Elisabetta. Ma in questo caso il messaggero non solo annuncia il dono del figlio e rivela la sua futura missione, ma dà anche indicazioni su come accettare il disegno di Dio da parte della donna. Infatti, se la missione di Sansone sarà quella di salvare Israele dai Filistei, quella della madre sarà di portare il bambino nel grembo senza bere bevanda inebriante o cibo impuro. Ciò sottolinea come coloro che aderiscono al progetto d'amore di Dio, come noi, sono chiamati a essere fedeli al disegno divino attraverso la quotidianità della vita.

Vangelo - Anche nel Vangelo, come nella prima lettura, siamo di fronte a una nascita prodigiosa, della quale l'evangelista Luca ci dà una descrizione molto dettagliata. Un uomo, sacerdote del tempio, che fa parte del popolo della promessa, ormai avanti negli anni e con una moglie sterile, avrà la possibilità di vedere il compimento della promessa insieme alla sua sposa. Zaccarìa, così come Elisabetta, è descritto come un uomo giusto e timorato di Dio eppure, di fronte all'annuncio, viene colto da incredulità. Anche noi, di fronte a Gesù e al suo Vangelo, ci sentiamo inadeguati, tanto da opporre alla sua chiamata alcune giustificazioni, come Zaccarìa che si aggrappa alla sua anzianità. Ma è proprio quando le cose sono impossibili che si prova la nostra fede! Infatti la fede, che è anzitutto fiducia, la si misura e la si sperimenta proprio quando sembra che siamo chiamati a fare un salto nel vuoto. Avere fede in Dio è fidarsi anche quando sembra impossibile farlo, o quando lui sembra addirittura assente. Sta a noi decidere se fidarci o rimanere muti come Zaccarìa, il quale più che subire una punizione, ha vissuto le conseguenze della sua incredulità: l'essere inespressivo perché incredulo. Quale testimonianza credibile si può dare senza fede?

CHIEDETE E VI SARÀ DATO Lc 11,9

1. O Signore, che nell'Eucaristia continui a donarci il tuo Figlio, l'Emmanuele, dona alla tua Chiesa di sperimentare e testimoniare ancora i prodigi del tuo amore.

2. O Signore, che vieni a redimerci con la forza della debolezza e della povertà, insegna a tutti i credenti ad affidarsi a te anche quando il tuo modo di operare sembra misterioso e incomprensibile.

3. O Signore, che nel corso della storia hai guidato il tuo popolo attraverso uomini infiammati di Spirito Santo, fa' che illuminati dalla Parola, facciamo nostra l'invocazione dei profeti e ci uniamo al grido di quanti sono in attesa di salvezza.

FATE QUELLO CHE VI DIRÀ Gv 2,5

C PER VIVERE DA DISCEPOLO DI GESÙ... Se nella mia famiglia, nel mio palazzo, nel mio quartiere... ci sono persone anziane, offro il mio aiuto per addobbare la casa e far sentire loro l'atmosfera natalizia.

M SULL'ESEMPIO DI MARIA... Mi rivolgo a Maria che scioglie i nodi per tutte le donne che desiderano il dono di un figlio, perché questo possa essere il regalo che ricevono da Gesù bambino.

Santi del giorno:

San Gregorio • Sant'Anastasio I • Beate Maria Eva della Provvidenza Noiszewska e Maria Marta di Gesù Wołowsk • Beato Urbano V

20 DICEMBRE

GIOVEDÌ

Ferie di Avvento 17-24 dicembre

viola **3ª sett. salt.**

ANTIFONA D'INGRESSO - Dalla radice di Iesse spunterà un germoglio, tutta la terra sarà piena della gloria del Signore, e ogni uomo vedrà la salvezza di Dio *(Cfr. Is 11,1;40,5; Lc 3,6).*

COLLETTA - Tu hai voluto, o Padre, che all'annunzio dell'angelo la Vergine immacolata concepisse il tuo Verbo eterno, e avvolta dalla luce dello Spirito Santo divenisse tempio della nuova alleanza: fa' che aderiamo umilmente al tuo volere, come la Vergine si affidò alla tua parola. Per il nostro Signore...

PRIMA LETTURA Is 7,10-14

Dal libro del profeta Isaìa

In quei giorni, il Signore parlò ad Àcaz: «Chiedi per te un segno dal Signore, tuo Dio, dal profondo degli inferi oppure dall'alto». Ma Àcaz rispose: «Non lo chiederò, non voglio tentare il Signore». Allora Isaìa disse: «Ascoltate, casa di Davide! Non vi basta stancare gli uomini, perché ora vogliate stancare anche il mio Dio? Pertanto il Signore stesso vi darà un segno. Ecco: la vergine concepirà e partorirà un figlio, che chiamerà Emmanuele». **Parola di Dio.**

SALMO RESPONSORIALE Dal Salmo 23 (24)

℟. **Ecco, viene il Signore, re della gloria.**

Del Signore è la terra e quanto contiene:
il mondo, con i suoi abitanti.
È lui che l'ha fondato sui mari
e sui fiumi l'ha stabilito. ℟.

Chi potrà salire il monte del Signore?
Chi potrà stare nel suo luogo santo?
Chi ha mani innocenti e cuore puro,
chi **non si rivolge agli idoli**. ℟.

Egli otterrà benedizione dal Signore,
giustizia da Dio sua salvezza.
Ecco la generazione che lo cerca,
che cerca il tuo volto, Dio di Giacobbe. ℟.

CANTO AL VANGELO

Alleluia, alleluia.
O Chiave di Davide,
che apri le porte del Regno dei cieli: vieni,
e **libera l'uomo prigioniero** che giace nelle tenebre.
Alleluia.

VANGELO

Lc 1,26-38

✠ *Dal Vangelo secondo Luca*

Al sesto mese, l'angelo Gabriele fu mandato da Dio in una città della Galilea, chiamata Nàzaret, a una vergine, promessa sposa di un uomo della casa di Davide, di nome Giuseppe. La vergine si chiamava Maria. Entrando da lei, disse: «Rallégrati, piena di grazia: il Signore è con te». A queste parole ella fu molto turbata e si domandava che senso avesse un saluto come questo. L'angelo le disse: «Non temere, Maria, perché hai trovato grazia presso Dio. Ed ecco, concepirai un figlio, lo darai alla luce e lo chiamerai Gesù. Sarà grande e verrà chiamato Figlio dell'Altissimo; il Signore Dio gli darà il trono di Davide suo padre e regnerà per sempre sulla casa di Giacobbe e il suo regno non avrà fine». Allora Maria disse all'angelo: «Come avverrà questo, poiché non conosco uomo?». Le rispose l'angelo: «Lo Spirito Santo scenderà su di te e la potenza dell'Altissimo ti coprirà con la sua ombra. Perciò colui che nascerà sarà santo e sarà chiamato Figlio di Dio. Ed ecco, Elisabetta, tua parente, nella sua vecchiaia ha concepito anch'essa un figlio e questo è il sesto mese per lei, che era detta sterile: nulla è impossibile a Dio». Allora Maria disse: «Ecco la serva del Signore: avvenga per me secondo la tua parola». E l'angelo si allontanò da lei. **Parola del Signore.**

SULLE OFFERTE - Guarda, Signore, quest'unico mirabile sacrificio, e concedi che nella partecipazione al santo mistero riceviamo i beni che la fede ci fa sperare. Per Cristo nostro Signore.

COMUNIONE - L'angelo disse a Maria: «Ecco, concepirai e darai alla luce un figlio e gli porrai nome Gesù» *(Lc 1,31).*

DOPO LA COMUNIONE - Proteggi questa tua famiglia, Signore, che hai nutrito con il pane del cielo, e con la forza di questo sacramento raccoglila nella verità e nella pace. Per Cristo nostro Signore.

Commenti

1ª LETTURA - Siamo alle ultime profezie messianiche che la liturgia ci fa ascoltare in questo Tempo di Avvento, e in quella odierna di Isaìa si parla chiaramente della nascita del Messia, il cui nome sarà Emmanuele, che significa "Dio è con noi"; egli sarà concepito e partorito da una vergine. L'orizzonte in cui si inquadra la profezia è questo: il giovane re Àcaz si trova insidiato dai nemici, per questo Isaìa suggerisce di chiedere un segno a Dio, ma il re, in nome di una certa religiosità effimera, rifiuta il suggerimento del profeta. Nonostante il disaccordo, Isaìa annuncia che il segno arriverà lo stesso per opera della bontà di Dio, e questo segno sarà proprio l'Emmanuele. Se Àcaz vedrà in questo segno l'intervento imminente di Dio a salvezza del popolo di Giuda, la Chiesa vi vedrà Gesù, il Messia, quale re salvatore, e nella vergine la figura di Maria. Il brano, oltre a introdurre l'avvento del Messia, ci dà la possibilità di contemplare la bontà di Dio; infatti, nonostante il diniego di Àcaz, il Signore darà comunque un segno. La misericordia e il favore di Dio vanno al di là di ogni nostra aspettativa: nonostante la nostra povera fede, l'Altissimo saprà darci ciò di cui abbiamo bisogno e molto di più.

Vangelo - Proprio ieri abbiamo ascoltato il Vangelo in cui viene annunciata la nascita prodigiosa del

Battista, e oggi ci troviamo di fronte a un altro altrettanto prodigioso concepimento. Infatti la vergine, come profetizzato nel passato, concepirà il Messia. Rispetto a questo concepimento potremmo contemplare il mistero: come può una vergine concepire un bambino? Siamo chiamati ad accettare questo per fede, senza riserve, senza domande, perché l'intervento potente di Dio può ribaltare anche le leggi della natura; possiamo poi anche contemplare questo evento nella dimensione del dono. Infatti, con il concepimento verginale, sin dall'inizio dell'incarnazione, Dio ha voluto dimostrare come tutto avvenga per grazia. Maria non fa nulla, il protagonista è Dio che compie la sua opera. L'unica cosa che le è richiesta è l'accoglienza del dono, l'obbedienza alla parola del Signore. Quindi, se da una parte notiamo che Dio agisce per sua libera scelta, dall'altra vediamo che la ragazza di Nàzaret corrisponde con il suo libero "sì". Nella vita del credente vengono messe in gioco sempre due libertà, quella di Dio e quella dell'uomo: l'una dona tutto, l'altra può accogliere il tutto.

CHIEDETE E VI SARÀ DATO — Lc 11,9

1. La tua Chiesa riconosce nella celebrazione eucaristica la fonte e il culmine della sua vita: fa' che i credenti imparino sempre più a riconoscere nel Pane di salvezza il Figlio di Dio.

2. Il tuo Figlio è riflesso della bellezza del tuo volto: fa' gustare ai giovani la gioia di rispondere, come Maria, alla tua chiamata.

3. La nostra storia e la nostra vita trovano in te radici e nutrimento: fa' che ognuno di noi viva radicato e fondato nella tua Parola.

FATE QUELLO CHE VI DIRÀ — Gv 2,5

C PER VIVERE DA DISCEPOLO DI GESÙ... Mi prendo del tempo per ricevere il sacramento della Riconciliazione che mi libera dalla prigionia del peccato.

M SULL'ESEMPIO DI MARIA... Prego la Vergine che mi aiuti a eliminare i falsi idoli: non leggerò più l'oroscopo, anche se non ci credo resta un comportamento superstizioso che desidero eliminare.

Santi del giorno:

San Zefirino • San Filogonio • Sant'Ursicino • San Vincenzo Romano • Beato Michele Piaszczyński

21 DICEMBRE

VENERDÌ

Ferie di Avvento 17-24 dicembre

viola **3ª sett. salt.**

S. Pietro Canisio, sacerdote e dottore della Chiesa (comm)

SAN PIETRO CANISIO:
l'amicizia con Gesù nutrita di preghiera.

Pietro Canisio nasce l'8 maggio 1521 a Nimega, in Olanda. Mentre è studente all'Università di Colonia, frequenta i monaci Certosini. Dopo aver seguito un corso di esercizi spirituali sotto la guida di uno dei primi compagni di sant'Ignazio di Loyola, entra nella Compagnia di Gesù. Ordinato sacerdote nel 1546, già l'anno seguente è presente al Concilio di Trento, come teologo del vescovo di Augusta. A Roma, nel 1548, completa la sua formazione spirituale; poi sant'Ignazio lo invia nel collegio di Messina per farlo esercitare in umili servizi domestici. Conseguito il dottorato in teologia nel 1549 a Bologna, è destinato da sant'Ignazio all'apostolato in Germania, dove resta per trent'anni, con l'incarico di rivitalizzare la fede cattolica nel Paese in cui dilaga la riforma luterana. Qui riesce mirabilmente ad armonizzare una profonda vita interiore e uno studio intenso con una straordinaria attività apostolica. Oltre che in Germania, svolge la sua attività missionaria e pastorale anche in Svizzera, Austria e Italia. Fa il voto di non fare mai quello che preferisce, ma di obbedire prontamente al superiore, che è il vero rappresentante di Dio. Papa Pio V gli offre il cardinalato, ma Pietro Canisio lo prega di lasciarlo al servizio della comunità. Nel 1580 si ritira a Friburgo (Svizzera). Undici anni più tardi è colpito da una paralisi progressiva. Costretto sempre più a fare una vita ritirata, si dedica alla preghiera e alla penitenza. Muore a causa dell'idropisia il 21 dicembre 1597. Viene sepolto nella chiesa di San Michele a Friburgo. È caratteristica della sua spiritualità una profonda amicizia personale con Gesù. Perciò, insiste sull'importanza della santa Messa e degli altri sacramenti e sulla necessità della preghiera personale quotidiana.

ANTIFONA D'INGRESSO - Ecco viene il Signore onnipotente: sarà chiamato Emmanuele, Dio con noi *(Cfr. Is 7,14; 8,10).*

COLLETTA - Ascolta, o Padre, le preghiere del tuo popolo in attesa del tuo Figlio che viene nell'umiltà della condizione umana: la nostra gioia si compia alla fine dei tempi quando egli verrà nella gloria. Per il nostro Signore…

PRIMA LETTURA Ct 2,8-14

Dal Cantico dei Cantici

Una voce! L'amato mio! Eccolo, viene saltando per i monti, balzando per le colline. L'amato mio somiglia a una gazzella o ad un cerbiatto. Eccolo, egli sta dietro il nostro muro; guarda dalla finestra, spia dalle inferriate. Ora l'amato mio prende a dirmi: «Àlzati, amica mia, mia bella, e vieni, presto! Perché, ecco, l'inverno è passato, è cessata la pioggia, se n'è andata; i fiori sono apparsi nei campi, il tempo del canto è tornato e la voce della tortora ancora si fa sentire nella nostra campagna. Il fico sta maturando i primi frutti e le viti in fiore spandono profumo. Àlzati, amica mia, mia bella, e vieni, presto! O mia colomba, che stai nelle fenditure della roccia, nei nascondigli dei dirupi, mostrami il tuo viso, fammi sentire la tua voce, perché la tua voce è soave, **il tuo viso è incantevole**». **Parola di Dio.**

Oppure: Sof 3,14-17

Dal libro del profeta Sofonìa

Rallégrati, figlia di Sion, grida di gioia, Israele, esulta e acclama con tutto il cuore, figlia di Gerusalemme! Il Signore ha revocato la tua condanna, ha disperso il tuo nemico. Re d'Israele è il Signore in mezzo a te, tu non temerai più alcuna sventura. In quel giorno si dirà a Gerusalemme: «Non temere, Sion, non lasciarti cadere le braccia! Il Signore, tuo Dio, in mezzo a te è un salvatore potente. Gioirà per te, ti rinnoverà con il suo amore, esulterà per te con grida di gioia». **Parola di Dio.**

SALMO RESPONSORIALE Dal Salmo 32 (33)

℟. **Esultate, o giusti, nel Signore;**
cantate a lui un canto nuovo.

Oppure:

℟. **Cantiamo al Signore un canto nuovo.**

Lodate il Signore con la cetra,
con l'arpa a dieci corde a lui cantate.
Cantate al Signore un canto nuovo,
con arte suonate la cetra e acclamate. ℟.

Il disegno del Signore sussiste per sempre,
i progetti del suo cuore per tutte le generazioni.
Beata la nazione che ha il Signore come Dio,
il popolo che egli ha scelto come sua eredità. ℟.

L'anima nostra attende il Signore:
egli è nostro aiuto e nostro scudo.
È in lui che gioisce il nostro cuore,
nel suo santo nome noi confidiamo. ℟.

CANTO AL VANGELO

Alleluia, alleluia.
O Emmanuele, nostro re e legislatore:
vieni a salvarci, Signore, nostro Dio.
Alleluia.

VANGELO Lc 1,39-45

✠ *Dal Vangelo secondo Luca*

In quei giorni Maria si alzò e andò in fretta verso la regione montuosa, in una città di Giuda. Entrata nella casa di Zaccarìa, salutò Elisabetta. Appena Elisabetta ebbe udito il saluto di Maria, il bambino sussultò nel suo grembo. Elisabetta fu colmata di Spirito Santo ed esclamò a gran voce: «Benedetta tu fra le donne e benedetto il frutto del tuo grembo! A che cosa devo che la madre del mio Signore venga da me? Ecco, appena il tuo saluto è giunto ai miei orecchi, il bambino ha sussultato di gioia nel mio grembo. E beata colei che ha creduto nell'adempimento di ciò che il Signore le ha detto». **Parola del Signore.**

SULLE OFFERTE - Accetta con bontà, Signore, le offerte della tua Chiesa; tu che le hai poste nelle nostre mani, con la tua potenza trasformale per noi in sacramento di salvezza. Per Cristo nostro Signore.

COMUNIONE - Beata sei tu, Vergine Maria, perché hai creduto al compimento delle parole del Signore *(Cfr. Lc 1,45).*

DOPO LA COMUNIONE - Per la comunione a questo sacramento, proteggi sempre il tuo popolo, Signore, perché, nella piena obbedienza a te nostro Padre, raggiunga la salvezza dell'anima e del corpo. Per Cristo nostro Signore.

Commenti

1ª LETTURA - Il brano proposto oggi è preso dall'inizio del IV canto contenuto nel bellissimo libro del Cantico dei cantici. Solitamente, si legge nella celebrazione del Matrimonio, mentre l'Avvento ce lo consegna a ridosso del Natale. Perché? Il testo narra la storia di due amanti: il desiderio di vedersi, di parlarsi, di cantare il proprio amore l'uno per l'altra, facendo trasparire un ricerca reciproca tra i due, nei quali si possono scorgere Dio e il suo popolo, Cristo e la sua Chiesa, il Signore e ogni uomo, ciascuno in una continua ricerca dell'altro per il solo desiderio di amare. Con l'avvicinarsi del Natale il brano, dunque, ci suggerisce che il Signore vuole andare verso l'uomo per dimostrargli tutto il suo amore e che l'uomo può corrispondere a questo amore incondizionato. La storia della salvezza altro non è che la storia dell'amore che Dio ha nei confronti dell'uomo, per questo ogni amato può accogliere nella sua casa l'amante, affinché la sua vita venga ricreata come una nuova primavera.

VANGELO - Potremmo leggere nell'atteggiamento di Maria, che corre verso la parente Elisabetta, semplice curiosità o addirittura incredulità rispetto alle parole dell'angelo. La fretta della Vergine, invece, prende origine dal desiderio di condividere la gioia vissuta nel vedere la promessa di Dio compiuta attraverso il suo umile "sì". Dovremmo chiederci se la nostra testimonianza è spinta dall'urgenza di annunciare al mondo ciò che Dio ha fatto per noi, o se invece siamo tiepidi nell'annuncio. Nella vita di tutti i giorni, quando ci capita qualcosa di bello o ci raggiunge una notizia bella, siamo spinti a correre per condividerla con qualcuno. Lo stesso dovrebbe accadere per il Vangelo. Infatti, quale altra notizia migliore di questa, quale altra esperienza migliore di questa? Maria ci suggerisce di non restare fermi, di muoverci verso i fratelli e le sorelle, di annunciare al mondo le meraviglie di Dio. Il calo della partecipazione alla vita della comunità cristiana, il venire meno della fede di tanti, l'aumento dei cristiani solo per tradizione ci fanno supporre che qualcosa è mancato all'annuncio, ma che cosa? La gioia!

CHIEDETE E VI SARÀ DATO — Lc 11,9

1. Signore, tu ci doni di diventare tua dimora: la Chiesa

testimoni la gioia di credere all'adempimento della tua Parola.

2. Signore, tu vieni per essere la luce che rischiara il cammino degli uomini: l'umanità tutta ti invochi con fiducia per non perdersi nel buio delle incertezze e degli sbandamenti.

3. Signore, tu nella sollecitudine di Maria verso Elisabetta ci offri un esempio di attenzione premurosa verso i fratelli, donaci nuovo slancio interiore, per condividere con gli altri tutto ciò che siamo e abbiamo.

FATE QUELLO CHE VI DIRÀ Gv 2,5

C PER VIVERE DA DISCEPOLO DI GESÙ... Nella mia vita un volto, poco o tanto tempo fa, mi ha fatto innamorare. Da quanto tempo non gli dico: «Il tuo viso è incantevole»? Oggi glielo dico con amore.

M SULL'ESEMPIO DI MARIA... Scorro la corona del Rosario ripetendo questo versetto con la mia famiglia, per prepararci insieme ad accogliere nella nostra casa il Dio che si fa bambino per noi.

Inizio novena alla santa Famiglia

Altri santi del giorno:

San Michea • San Temistocle • Beato Domenico Spadafora • Beato Pietro Friedhofen

22 DICEMBRE

SABATO

Ferie di Avvento 17-24 dicembre

viola **3ª sett. salt.**

ANTIFONA D'INGRESSO - Sollevate, o porte, i vostri frontàli, alzatevi, porte antiche: deve entrare il Re della gloria *(Sal 23,7).*

COLLETTA - O Dio, che nella venuta del tuo Figlio hai risollevato l'uomo dal dominio del peccato e della morte, concedi a noi, che professiamo la fede nella sua incarnazione, di partecipare alla sua vita immortale. Egli è Dio…

PRIMA LETTURA 1Sam 1,24-28

Dal primo libro di Samuèle

In quei giorni, Anna portò con sé Samuèle, con un giovenco di tre anni, un'efa di farina e un otre di vino, e lo introdusse nel tempio del Signore a Silo: era ancora un fanciullo. Immolato il giovenco, presentarono il fanciullo a Eli e lei disse: «Perdona, mio signore. Per la tua vita, mio signore, io sono quella donna che era stata qui presso di te a pregare il Signore. Per questo fanciullo ho pregato e **il Signore mi ha concesso la grazia che gli ho richiesto**. Anch'io lascio che il Signore lo richieda: per tutti i giorni della sua vita egli è richiesto per il Signore». E si prostrarono là davanti al Signore. **Parola di Dio.**

SALMO RESPONSORIALE 1Sam 2,1.4-8

℟. Il mio cuore esulta nel Signore, mio Salvatore.

Il mio cuore esulta nel Signore,
la mia forza s'innalza grazie al mio Dio.
Si apre la mia bocca contro i miei nemici,
perché io gioisco per la tua salvezza. ℟.

L'arco dei forti s'è spezzato,
ma i deboli si sono rivestiti di vigore.
I sazi si sono venduti per un pane,
hanno smesso di farlo gli affamati.
La sterile ha partorito sette volte
e la ricca di figli è sfiorita. ℟.

Il Signore fa morire e fa vivere,
scendere agli inferi e risalire.

Il Signore rende povero e arricchisce,
abbassa ed esalta. R.

Solleva dalla polvere il debole,
dall'immondizia **rialza il povero**,
per farli sedere con i nobili
e assegnare loro un trono di gloria. R.

CANTO AL VANGELO

Alleluia, alleluia.
O Re delle genti e pietra angolare della Chiesa:
vieni, e salva l'uomo che hai formato dalla terra.
Alleluia.

VANGELO

Lc 1,46-55

✠ *Dal Vangelo secondo Luca*

In quel tempo, Maria disse: «L'anima mia magnifica il Signore e il mio spirito esulta in Dio, mio salvatore, perché ha guardato l'umiltà della sua serva. D'ora in poi tutte le generazioni mi chiameranno beata. Grandi cose ha fatto per me l'Onnipotente e Santo è il suo nome; di generazione in generazione la sua misericordia per quelli che lo temono. Ha spiegato la potenza del suo braccio, ha disperso i superbi nei pensieri del loro cuore; ha rovesciato i potenti dai

troni, ha innalzato gli umili; ha ricolmato di beni gli affamati, ha rimandato i ricchi a mani vuote. Ha soccorso Israele, suo servo, ricordandosi della sua misericordia, come aveva detto ai nostri padri, per Abramo e la sua discendenza, per sempre».
Parola del Signore.

SULLE OFFERTE - Fiduciosi nella tua misericordia, o Padre, veniamo con doni al tuo santo altare; questo sacramento che ci unisce al tuo Figlio sia per noi principio di vita nuova. Per Cristo nostro Signore.

COMUNIONE - L'anima mia magnifica il Signore, perché cose grandi ha fatto in me l'Onnipotente *(Lc 1,46.49)*.

DOPO LA COMUNIONE - Ci rafforzi il tuo sacramento, Signore, perché possiamo incontrare sulla via della giustizia il Salvatore che viene, e ottenere il dono della felicità senza fine. Per Cristo nostro Signore.

Commenti

1ª LETTURA - Ci troviamo agli inizi del primo libro di Samuèle, nel quale viene descritta la sua nascita.

La madre Anna, non avendo ancora un primogenito maschio, fece voto presso il santuario di Silo per averlo in dono, come poi avvenne. Una volta partorito, questa donna dalla grande fede, come si legge nel testo, portò il figlio al santuario di Silo per offrirlo a Dio. Samuèle arrivò nella vita di Anna come un dono da parte di Dio e come esaudimento delle sue preghiere. Talvolta, siamo portati a credere che ciò che abbiamo sia solo frutto delle nostre conquiste e che solo attraverso il nostro impegno possiamo avere molto di più; ma gli inizi della storia di Samuèle ci inseriscono nella logica del dono. Quando ci troviamo di fronte a Dio non dobbiamo pensare di doverci guadagnare qualcosa, tutto è grazia al di là di ogni pretesa. I doni che ci vengono offerti da lui non sono conseguenza delle nostre capacità, ma sono elargiti per amore. L'unica cosa che, come Anna, siamo chiamati a fare è accogliere quanto Dio vuole donare.

VANGELO - In questa feria di Avvento ci viene proposto, come Vangelo, il Magnificat, il canto della Vergine. Questo bellissimo testo, che la Chiesa ha accolto nella sua liturgia vespertina, fa una sintesi di tutta la storia della salvezza, a partire dalla promessa fatta ad Abramo, sino al suo compimento che stava crescendo nel grembo di Maria. Questo canto, oltre a offrirci l'immagine del Dio di Israele che, prediligendo i poveri e gli ultimi, con braccio potente è sempre intervenuto nella storia umana, ci dà la possibilità di prendere Maria come esempio. Infatti il Magnificat ci sprona a ricordare, nelle nostre vite, le grandi opere che il Signore ha compiuto, facendo sgorgare anche dalle nostre labbra la preghiera di ringraziamento. Ci risulta molto più facile chiedere, come lo stesso Gesù più volte ci ha insegnato, ma ogni avvenimento, ogni momento può essere pretesto e occasione per ringraziare Dio. Non diamo nulla per scontato, viviamo nella consapevolezza che tutto è opera della provvidenza del Padre e ringraziamolo per i tanti doni che ci ha fatto e ci fa. Ricordare significa portare nuovamente al cuore le cose passate, e allora il nostro compito è quello di riportare al cuore ciò che Dio ha compiuto nella, e per la, nostra vita.

CHIEDETE E VI SARÀ DATO — Lc 11,9

1. Per la Chiesa, perché facendo propria l'invocazione a Dio Padre onnipotente per la venuta del Salvatore, sia mediatrice di grazia per veder rifiorire in ogni popolo giustizia, pace e bontà.

2. Per i giovani, perché come Samuèle sappiano accogliere il progetto di Dio nella loro vita e dedicarsi al servizio del Regno e dei fratelli.

3. Per noi, perché le preghiere che innalziamo al Padre, in unione con Maria, preparino la venuta del Figlio tra noi e ci ottengano di vivere questi giorni di attesa grata e gioiosa come ritorno alle sorgenti della nostra speranza.

FATE QUELLO CHE VI DIRÀ Gv 2,5

C PER VIVERE DA DISCEPOLO DI GESÙ... Partecipo alla Messa mattutina e ringrazio Dio perché mi ha soccorso, concedendomi una grazia che avevo implorato con fiducia.

M SULL'ESEMPIO DI MARIA... Propongo alle persone care di utilizzare i soldi che spenderemmo per scambiarci i regali, per una donazione a favore dei poveri.

Santi del giorno:
Sant'Ischirione • Sant'Ungéro • Santa Francesca Saverio Cabrini • Beato Tommaso Holland

23 DICEMBRE

DOMENICA

4ª domenica di Avvento (C)

viola **4ª sett. salt.**

ACCENDIAMO LA QUARTA CANDELA DELLA CORONA DELL'AVVENTO

Dopo il saluto iniziale, il sacerdote recita l'orazione e poi accende la quarta candela, di colore viola, chiamata "degli angeli", per onorare gli spiriti celesti che annunciano la nascita del Salvatore!

Accendendo questa quarta candela, nell'ultima domenica, pensiamo a lei, la Vergine, tua e nostra madre. Nessuno ti attese con maggiore ansia, con maggiore tenerezza, con più amore. Nessuno ti accolse con più gioia. Tu sbocciasti in lei, come il chicco di grano germoglia nel solco. Nelle sue braccia trovasti la culla più bella. Anche noi vogliamo prepararci così: nella fede, nell'amore, nel lavoro di ogni giorno. Vieni presto, Signore!
Vieni a salvarci!

ANTIFONA D'INGRESSO - Stillate dall'alto, o cieli, la vostra rugiada e dalle nubi scenda a noi il Giusto; si apra la terra e germogli il Salvatore *(Is 45,8)*.

Non si dice il Gloria.

COLLETTA - Preghiamo: Infondi nel nostro spirito la tua grazia, o Padre, tu, che nell'annunzio dell'angelo ci hai rivelato l'incarnazione del tuo Figlio, per la sua passione e la sua croce guidaci alla gloria della risurrezione. Per il nostro Signore... **Amen.**

Oppure: O Dio, che hai scelto l'umile figlia di Israele per farne la tua dimora, dona alla Chiesa una totale adesione al tuo volere, perché imitando l'obbedienza del Verbo, venuto nel mondo per servire, esulti con Maria per la tua salvezza e si offra a te in perenne cantico di lode. Per il nostro Signore... **Amen.**

(seduti)

PRIMA LETTURA Mi 5,1-4a

Dal libro del profeta Michèa

Così dice il Signore: «E tu, Betlemme di Efrata, così piccola per essere fra i villaggi di Giuda, da te uscirà per me colui che deve essere il dominatore in Israele; le sue origini sono dall'antichità, dai giorni più remoti. Perciò Dio li metterà in potere altrui, fino a quando partorirà colei che deve partorire; e il resto dei tuoi fratelli ritornerà ai figli d'Israele. Egli si leverà e pascerà con la forza del Signore, con la maestà del nome del Signore, suo Dio. Abiteranno sicuri, perché egli allora sarà grande fino agli estremi confini della terra. Egli stesso sarà la pace!». - Parola di Dio. ℟. **Rendiamo grazie a Dio.**

SALMO RESPONSORIALE Dal Salmo 79 (80)

℟. **Signore, fa' splendere il tuo volto**
e noi saremo salvi.

Tu, pastore d'Israele, ascolta,
seduto sui cherubini, risplendi.
Risveglia la tua potenza
e vieni a salvarci. ℟.

Dio degli eserciti, ritorna!
Guarda dal cielo e vedi
e visita questa vigna,
proteggi quello che la tua destra ha piantato,
il figlio dell'uomo che per te hai reso forte. ℟.

Sia la tua mano sull'uomo della tua destra,
sul figlio dell'uomo che per te hai reso forte.
Da te mai più ci allontaneremo,
facci rivivere e noi invocheremo il tuo nome. ℟.

SECONDA LETTURA Eb 10,5-10

Dalla lettera agli Ebrei

Fratelli, entrando nel mondo, Cristo dice: «Tu non hai

voluto né sacrificio né offerta, **un corpo invece mi hai preparato**. Non hai gradito né olocausti né sacrifici per il peccato. Allora ho detto: "Ecco, io vengo – poiché di me sta scritto nel rotolo del libro – per fare, o Dio, la tua volontà"». Dopo aver detto: «Tu non hai voluto e non hai gradito né sacrifici né offerte, né olocausti né sacrifici per il peccato», cose che vengono offerte secondo la Legge, soggiunge: «Ecco, io vengo per fare la tua volontà». Così egli abolisce il primo sacrificio per costituire quello nuovo. Mediante quella volontà siamo stati santificati per mezzo dell'offerta del corpo di Gesù Cristo, una volta per sempre. - Parola di Dio. ℟. **Rendiamo grazie a Dio.**

(in piedi)

CANTO AL VANGELO — Lc 1,38

Alleluia, alleluia.
Ecco la serva del Signore:
avvenga per me secondo la tua parola.
Alleluia.

VANGELO — Lc 1,39-45

Il Signore sia con voi.
℟. **E con il tuo spirito.**
✠ *Dal Vangelo secondo Luca*
℟. **Gloria a te, o Signore.**

In quei giorni Maria si alzò e andò in fretta verso la regione montuosa, in una città di Giuda. Entrata nella casa di Zaccarìa, salutò Elisabetta. Appena Elisabetta ebbe udito il saluto di Maria, il bambino sussultò nel suo grembo. Elisabetta fu colmata di Spirito Santo ed esclamò a gran voce: «Benedetta tu fra le donne e benedetto il frutto del tuo grembo! A che cosa devo che la madre del mio Signore venga da me? Ecco, appena il tuo saluto è giunto ai miei orecchi, il bambino ha sussultato di gioia nel mio grembo. E beata colei che ha creduto nell'adempimento di ciò che il Signore le ha detto». -
Parola del Signore. ℟. **Lode a te o Cristo.**

Credo (vedi pagg. 19-22).

(in piedi)

SULLE OFFERTE - Accogli, o Dio, i doni che presentiamo all'altare, e consacrali con la potenza del tuo Spirito, che santificò il grembo della Vergine Maria. Per Cristo nostro Signore. **Amen.**

COMUNIONE - Ecco, la Vergine concepirà e darà alla luce un Figlio: sarà chiamato Emmanuele, Dio con noi *(Is 7,14).*

Oppure: Beata sei tu, Vergine Maria, perché hai creduto al compimento delle parole del Signore *(Cfr. Lc 1,45).*

DOPO LA COMUNIONE - Preghiamo: O Dio, che ci hai dato il pegno della vita eterna, ascolta la nostra preghiera: quanto più si avvicina il gran giorno della nostra salvezza, tanto più cresca il nostro fervore, per celebrare degnamente il Natale del tuo Figlio. Egli vive e regna nei secoli dei secoli. **Amen.**

Commenti

1ª LETTURA - La profezia di Michèa è stata letta in chiave messianica dall'evangelista Matteo; infatti il Messia atteso dalla casa di Davide, ha trovato il luogo della sua nascita a Betlemme. La profezia ci introduce nella logica di Dio che agisce nel silenzio, nella piccolezza, nella vita degli ultimi e dei poveri. Il re Davide era il più piccolo tra i suoi fratelli, ma proprio lui fu unto per volontà di Dio; Betlemme era un piccolo villaggio a confronto della grande Gerusalemme; Dio infine si è incarnato prendendo vita dal grembo di una donna umile e piccola. Tutto ci parla di piccolezza e di come Dio la esalti. Ciò che di fronte agli uomini è piccolo e insignificante, di fronte a Dio è occasione per manifestarsi; egli, infatti, si serve del piccolo per manifestare tutta la sua grandezza.

2ª LETTURA - La lettera agli Ebrei, in polemica con il culto ufficiale d'Israele, afferma che il solo sacrificio capace di santificare l'uomo, non è dato dal rituale che coinvolge gli animali, ma dall'unico ed eterno sacrificio di Cristo. Infatti Cristo, obbediente fino alla morte di croce, ha fatto del suo corpo il luogo della riconciliazione con Dio, del ristabilimento dell'alleanza perduta; del suo corpo ha fatto il sacrificio perfetto, donandosi senza riverve. In questo breve passo della lettera troviamo la nostra speranza e la nostra certezza: siamo stati salvati per mezzo di Cristo. D'altra parte, però, questo brano ci richiama anche al nostro personale sacrificio, in linea con la predicazione dei profeti. Infatti, aboliti i sacrifici antichi, i cristiani oggi sono chiamati a fare della propria vita un sacrificio a Dio. Il Signore non ha bisogno dell'offerta di buoi o di agnelli, ma del nostro cuore, della nostra vita, della nostra esistenza. Questo è il sacrificio a lui gradito.

VANGELO - Nell'incontro tra Maria e la parente Elisabetta il tema principale è quello della gioia: Elisabetta gioisce per aver visto la promessa compiersi, Giovanni il Battista sussulta nel grembo per la presenza del Messia, Maria gioisce per l'opera di Dio. Nell'accoglienza di Gesù si trova la vera gioia, come ci dimostrano questi personaggi. Ogni uomo desidera la felicità, tanto da essere portato, spesso, a ricercarla con tutte le forze, anche per vie sbagliate. La Vergine, Elisabetta e il Battista ci fanno scoprire, però, che la vera gioia nasce dall'incontro con il Signore. Per questo, nei nostri esami di coscienza possiamo considerare anzitutto dove andiamo a cercare la gioia, per poter poi affermare in cuor nostro che la vera felicità la si trova solo in Dio. Le nostre vite, spesso, sono ingarbugliate, perché la ricerca ci conduce per vie impervie, nella convinzione che tanti idoli, tante cose, tante esperienze, tante distrazioni possano renderci felici. Questa, però, è una felicità effimera e non duratura! Solo l'esperienza di Dio, l'incontrarlo, lo stare con lui, il servirlo possono donarci la vera felicità.

CHIEDETE E VI SARÀ DATO — Lc 11,9

1. Per la Chiesa, perché sia comunità docile nell'ascolto della parola di Dio e lieta nell'obbedienza della fede.

2. Per le famiglie, perché sull'esempio di Maria e Giuseppe siano unite nel compiere la volontà del Signore.

3. Per ciascuno di noi, perché ci prepariamo ad accogliere il Signore che viene con la fiducia di Maria e Giuseppe.

FATE QUELLO CHE VI DIRÀ Gv 2,5

C PER VIVERE DA DISCEPOLO DI GESÙ... Prima di sedersi a tavola ciascuno esprime un'occasione nella quale, durante l'Avvento, si è allontanato dal Signore e chiede alla famiglia di pregare perché possa correggersi. Tutti ripetono: «Da te mai più ci allontaneremo».

M SULL'ESEMPIO DI MARIA... Tratto male il mio corpo fumando, mangiando troppo, dormendo troppo poco...? Mi propongo, con l'aiuto di Maria, di inziare a onorarlo rispettandolo e avendone maggiore cura.

Santi del giorno:
San Giovanni da Kęty • San Sérvulo • Sant'Ivo • San Giovanni Stone • Beato Nicola, detto il Fattore • Beato Paolo Meléndez Gonzalo

24 DICEMBRE

LUNEDÌ

Ferie di Avvento 17-24 dicembre

viola **4ª sett. salt.**

ANTIFONA D'INGRESSO - Ecco è giunta la pienezza dei tempi: Dio ha mandato il suo Figlio nel mondo *(Cfr. Gal 4,4).*

COLLETTA - Affréttati, non tardare, Signore Gesù: la tua venuta dia conforto e speranza a coloro che confidano nel tuo amore misericordioso. Tu sei Dio…

PRIMA LETTURA 2Sam 7,1-5.8b-12.14a.16

Dal secondo libro di Samuèle

Il re Davide, quando si fu stabilito nella sua casa, e **il Signore gli ebbe dato riposo** da tutti i suoi nemici all'intorno, disse al profeta Natan: «Vedi, io abito in una casa di cedro, mentre l'arca di Dio sta sotto i teli di una tenda». Natan rispose al re: «Va', fa' quanto hai in cuor tuo, perché il Signore è con te». Ma quella stessa notte fu rivolta a Natan questa parola del Signore: «Va', e di' al mio servo Davide: "Così dice il Signore: Forse tu mi costruirai una casa, perché io vi abiti? Io ti ho preso dal pascolo, mentre seguivi il gregge, perché tu fossi capo del mio popolo Israele. Sono stato con te dovunque sei andato, ho distrutto tutti i tuoi nemici davanti a te e renderò il tuo nome grande come quello dei grandi che sono sulla terra. Fisserò un luogo per Israele, mio popolo, e ve lo pianterò perché vi abiti e non tremi più e i malfattori non lo opprimano come in passato e come dal giorno in cui avevo stabilito dei giudici sul mio popolo Israele. Ti darò riposo da tutti i tuoi nemici. Il Signore ti annuncia che farà a te una casa. Quando i tuoi giorni saranno compiuti e tu dormirai con i tuoi padri, io susciterò un tuo discendente dopo di te, uscito dalle tue viscere, e renderò stabile il suo regno. Io sarò per lui padre ed egli sarà per me figlio. La tua casa e il tuo regno saranno saldi per sempre davanti a te, il tuo trono sarà reso stabile per sempre"». **Parola di Dio.**

SALMO RESPONSORIALE Dal Salmo 88 (89)

℟. **Canterò per sempre l'amore del Signore.**

Canterò in eterno l'amore del Signore,
di generazione in generazione

farò conoscere con la mia bocca la tua fedeltà,
perché ho detto: «È un amore edificato per sempre;
nel cielo rendi stabile la tua fedeltà».

℟. **Canterò per sempre l'amore del Signore.**

«Ho stretto un'alleanza con il mio eletto,
ho giurato a Davide, mio servo.
Stabilirò per sempre la tua discendenza,
di generazione in generazione
edificherò il tuo trono». ℟.

«Egli mi invocherà: "Tu sei mio padre,
mio Dio e roccia della mia salvezza".
Gli conserverò sempre il mio amore,
la mia alleanza gli sarà fedele». ℟.

CANTO AL VANGELO

Alleluia, alleluia.
O Astro che sorgi,
splendore della luce eterna, sole di giustizia:
vieni, illumina chi giace nelle tenebre
e nell'ombra di morte.
Alleluia.

VANGELO Lc 1,67-79

✠ *Dal Vangelo secondo Luca*

In quel tempo, Zaccarìa, padre di Giovanni, fu **colmato di Spirito Santo** e profetò dicendo: «Benedetto il Signore, Dio d'Israele, perché ha visitato e redento il suo popolo, e ha suscitato per noi un Salvatore potente nella casa di Davide, suo servo, come aveva detto per bocca dei suoi santi profeti d'un tempo: salvezza dai nostri nemici, e dalle mani di quanti ci odiano. Così egli ha concesso misericordia ai nostri padri e si è ricordato della sua santa alleanza, del giuramento fatto ad Abramo, nostro padre, di concederci, liberati dalle mani dei nemici, di servirlo senza timore, in santità e giustizia al suo cospetto, per tutti i nostri giorni. E tu, bambino, sarai chiamato profeta dell'Altissimo perché andrai innanzi al Signore a preparargli le strade, per dare al suo popolo la conoscenza della salvezza nella remissione dei suoi peccati. Grazie alla tenerezza e misericordia del nostro Dio, ci visiterà un sole che sorge dall'alto, per risplendere su quelli che stanno nelle tenebre e nell'ombra di morte, e dirigere i nostri passi sulla via della pace». **Parola del Signore.**

SULLE OFFERTE - Accetta, o Dio, i doni per il sacrificio e trasformali nel corpo e sangue del tuo Figlio, perché noi tuoi fedeli, liberi da ogni colpa, possiamo accogliere con cuore puro la gloria del Cristo che viene. Egli vive e regna nei secoli dei secoli.

COMUNIONE - Benedetto il Signore, Dio di Israele, perché ha visitato e redento il suo popolo *(Lc 1,68)*.

DOPO LA COMUNIONE - Rinnovàti dal tuo sacramento, o Padre, anticipiamo nella fede l'adorabile natività del tuo Figlio: ci riempia di gioia il mistero della sua venuta e ci renda partecipi della vita immortale. Per Cristo nostro Signore.

Commenti

1ª LETTURA - In un periodo di tranquillità e prosperità per il regno di Giuda, Davide decide di costruire una casa per il Signore ma Dio, per bocca del profeta Natan, come vediamo dal racconto, glielo impedisce. Questo perché Dio non ha bisogno di una casa di pietra, ma di un casa di carne: la discendenza di Davide. Anche se non possiamo sottovalutare l'importanza di un luogo dedicato alla preghiera della comunità e all'incontro rituale con il Signore, come le nostre chiese che vanno custodite e curate, allo stesso tempo, non possiamo non accorgerci di come l'accento nel brano sia posto su ciò che Dio compie e compirà. Il luogo della sua presenza, anzitutto, è l'alleanza stipulata con il suo popolo e rinnovata da Cristo; per questo la nostra prima preoccupazione è il restare nell'amicizia con Dio, attraverso la preghiera, i sacramenti, le opere buone. Proprio per questa alleanza e per questa amicizia, il Signore prenderà dimora presso di noi: non solo nelle nostre chiese, segno della comunità cristiana, ma nei nostri cuori.

VANGELO - Come Maria, anche Zaccarìa si lascia coinvolgere dalla gioia esprimendola con un canto, il Benedictus, che la Chiesa ha adottato nella recita delle lodi mattutine. Nella prima parte, il padre di Giovanni benedice Dio per l'adempimento della promessa fatta ad Abramo, attraverso la venuta del Messia. Nella seconda parte profetizza su Giovanni il Battista, quale precursore e messaggero che ha il compito di preparare la via al Signore che viene. Nonostante l'infedeltà del popolo e il suo venir meno all'alleanza, Dio nella sua infinita misericordia ha mantenuto fede alla promessa. Quanto è consolante vivere nella consapevolezza di un Dio che nonostante tutto ci ama! Certo, questo non deve essere giustificazione al nostro errore, ma anzi deve essere motivo di conversione. I cantici riportati dall'evangelista Luca tratteggiano questo volto fedele di Dio: in tutti viene cantata la sua misericordia, il suo amore per l'uomo, la sua fedeltà alla parola data ai padri. Una delle preghiere eucaristiche recita così: «E quando, per la sua disobbedienza, l'uomo perse la tua amicizia, tu non l'hai abbandonato in potere della morte, ma nella tua misericordia a tutti sei venuto incontro»: che bello sapere che Dio ci cerca al di là dei nostri meriti.

CHIEDETE E VI SARÀ DATO Lc 11,9

1. Benedetto sei tu, Salvatore nostro che vieni a donare speranza alle genti: sostieni la tua Chiesa che, dopo aver atteso con gioia il mistero della tua nascita, è ormai giunta al termine del periodo di Avvento, e rendila capace di testimoniare la tua presenza di Salvatore.

2. Benedetto sei tu, Redentore di ogni uomo che vieni a farti carico della sofferenza umana: dona forza e pazienza

a quanti chiami, attraverso la malattia e il dolore, a collaborare alla tua opera di redenzione.

3. Benedetto sei tu, Sole di giustizia, che vieni a rischiarare quelli che stanno nelle tenebre: illumina noi tutti che cerchiamo la verità e la via della vita.

FATE QUELLO CHE VI DIRÀ Gv 2,5

C PER VIVERE DA DISCEPOLO DI GESÙ... Colmo di Spirito Santo, dopo aver ricevuto il dono di un Avvento ricco di Dio, vivo questo giorno nella serenità di chi non si fa prendere dall'ansia per i preparativi esteriori.

M SULL'ESEMPIO DI MARIA... Organizzo con cura la giornata per ritagliarmi un piccolo tempo di riposo, in modo da arrivare alla Messa della notte di Natale con le giuste disposizioni fisiche e interiori.

Santi del giorno:
San Delfino • Santa Tarsilla • Santa Irmina • Santa Paola Elisabetta (Costanza) Cerioli • Beato Bartolomeo Maria Dal Monte

TEMPO DI NATALE

Dio si fa uomo,
perché noi possiamo diventare Dio.

La **nascita** *di Gesù è presentata sotto due aspetti diversi:*

- *Gesù, il Salvatore, dono del Padre (Natale).*
- *La sua salvezza che viene donata a tutti i popoli della terra, rappresentati dai Magi (Epifania).*

Celebrare il Natale significa riconoscere che il Figlio di Dio si è fatto uomo (si è incarnato), perché l'uomo diventasse Dio.

Perché facciamo festa a Natale? A Natale facciamo festa perché Dio Padre ha tanto amato gli uomini da donare per loro il suo Figlio Gesù.

Gesù, il Salvatore.

In questo semplice nome, voluto dal cielo (Mt 1,21), è racchiuso tutto il progetto di Dio, ciò che si può dire di più profondo dell'uomo e di Dio.

Il nome di Gesù ***parla prima di tutto dell'uomo.*** *Quando noi pronunciamo «Gesù», riveliamo noi stessi, la nostra necessità di essere salvati, la nostra incapacità di arrivare a Dio.*

Il nome di Gesù ***ci parla di Dio****, del suo amore e della sua azione:* ***«Dio, nessuno lo ha mai visto: il Figlio unigenito, che è Dio, ed è nel seno del Padre, è lui che lo ha rivelato» (Gv 1,18).***

Quando noi pronunciamo il nome di Gesù non ci rivolgiamo a uno dei più grandi personaggi del mondo, ma al Figlio di Dio: ***«Egli è irradiazione della sua gloria e impronta della sua sostanza» (Eb 1,3).***

Il Tempo di Natale inizia con i primi vespri del Natale del Signore e termina con la festa del Battesimo del Signore, la domenica dopo l'Epifania.
L'ottava di Natale in questo anno è ordinata nel modo seguente:

- *il 26 dicembre si celebra la festa di Santo Stefano;*
- *il 27 dicembre si celebra la festa di San Giovanni apostolo ed evangelista;*
- *il 28 dicembre si celebra la festa dei Santi Innocenti martiri;*
- *il 30 dicembre si celebra la festa della Santa Famiglia;*
- *il 1º gennaio si celebra la solennità di Maria Madre di Dio;*
- *il 6 gennaio si celebra la solennità dell'Epifania del Signore.*

Il colore liturgico di questo Tempo è il bianco: è il colore della luce, della vita e della festa.

Valori da vivere

Accogliere Gesù Cristo, luce che illumina il cammino della vita.

25 DICEMBRE

MARTEDÌ

Natale del Signore (s)

bianco **propria**

UN BAMBINO È NATO PER NOI

È sempre una grande gioia celebrare il Natale, perché il «Verbo si fa carne e viene ad abitare tra noi» (cfr. Gv 1,14), Dio si fa bambino come noi e per noi. Dio si abbassa, si umilia, viene ad abitare tra noi, diviene uomo come noi. Questo fatto ci tocca profondamente, apre uno squarcio di luce nelle nostre tenebre, nel pessimismo generale, nell'abitudine a lamentarci. Sì, oggi nel buio di tante giornate, nel buio della paura, delle difficoltà della vita, dell'egoismo che ci fa chiudere in noi stessi, si inserisce uno squarcio di luce: «Un bambino è nato per noi, ci è stato dato un figlio». È Gesù, l'Emmanuele, il Dio con noi. Egli non viene a risolvere magicamente i nostri problemi, ma viene ad abitare con noi perché noi abbiamo la forza di credere alla nostra vita, alle nostre potenzialità, alle nostre forze. Egli viene perché il limite umano non sia più un freno all'amore. Ognuno oggi può cominciare una vita nuova, avere un cuore nuovo; dal Natale può rinascere a nuovi sentimenti, a una gioia duratura, a una serenità del cuore che rende migliori. È all'amore di questo Dio-bambino che dobbiamo pienamente affidarci, con umiltà e fiducia: lui si apre a noi e ci accoglie, e noi apriamoci a lui e accogliamolo. In questo vicendevole abbraccio sta tutta la bellezza e la gioia del Natale cristiano.

MESSA VESPERTINA NELLA VIGILIA

ANTIFONA D'INGRESSO - Oggi sapete che il Signore viene a salvarci: domani vedrete la sua gloria *(Cfr. Es 16,6-7).*

Si dice il Gloria (vedi pag. 17).

COLLETTA - **Preghiamo:** O Padre, che ogni anno ci fai vivere nella gioia questa vigilia del Natale, concedi che possiamo guardare senza timore, quando verrà come giudice, il Cristo tuo Figlio che accogliamo in festa come Redentore. Egli è Dio… **Amen.**

(seduti)

PRIMA LETTURA Is 62,1-5

Dal libro del profeta Isaìa

Per amore di Sion non tacerò, per amore di Gerusalemme non mi concederò riposo, finché non sorga come aurora la sua giustizia e la sua salvezza non risplenda come lampada. Allora le genti vedranno la tua giustizia, tutti i re la tua gloria; sarai chiamata con un nome nuovo, che la bocca del Signore indicherà. Sarai una magnifica corona nella mano del Signore, un diadema regale nella palma del tuo Dio. Nessuno ti chiamerà più Abbandonata, né la

tua terra sarà più detta Devastata, ma sarai chiamata Mia Gioia e la tua terra Sposata, perché il Signore troverà in te la sua delizia e la tua terra avrà uno sposo. Sì, come un giovane sposa una vergine, così ti sposeranno i tuoi figli; come gioisce lo sposo per la sposa, così il tuo Dio gioirà per te. -
Parola di Dio. ℟. **Rendiamo grazie a Dio.**

SALMO RESPONSORIALE Dal Salmo 88 (89)

℟. **Canterò per sempre l'amore del Signore.**

«Ho stretto un'alleanza con il mio eletto,
ho giurato a Davide, mio servo.
Stabilirò per sempre la tua discendenza,
di generazione in generazione
edificherò il tuo trono». ℟.

Beato il popolo che ti sa acclamare:
camminerà, Signore, alla luce del tuo volto;
esulta tutto il giorno nel tuo nome,
si esalta nella tua giustizia. ℟.

«Egli mi invocherà: "Tu sei mio padre,
mio Dio e roccia della mia salvezza".
Gli conserverò sempre il mio amore,
la mia alleanza gli sarà fedele». ℟.

SECONDA LETTURA At 13,16-17.22-25

Dagli Atti degli Apostoli

Paolo, [giunto ad Antiòchia di Pisìdia, nella sinagoga,] si alzò e, fatto cenno con la mano, disse: «Uomini d'Israele e voi timorati di Dio, ascoltate. Il Dio di questo popolo d'Israele scelse i nostri padri e rialzò il popolo durante il suo esilio in terra d'Egitto, e con braccio potente li condusse via di là. Poi suscitò per loro Davide come re, al quale rese questa testimonianza: "Ho trovato Davide, figlio di Iesse, uomo secondo il mio cuore; egli adempirà tutti i miei voleri". Dalla discendenza di lui, secondo la promessa, Dio inviò, come salvatore per Israele, Gesù. Giovanni aveva preparato la sua venuta predicando un battesimo di conversione a tutto il popolo d'Israele. Diceva Giovanni sul finire della sua missione: "Io non sono quello che voi pensate! Ma ecco, viene dopo di me uno, al quale io non sono degno di slacciare i sandali"». -

Parola di Dio. ℟. **Rendiamo grazie a Dio.**

(in piedi)

CANTO AL VANGELO

Alleluia, alleluia.

Domani sarà distrutto il peccato della terra
e regnerà su di noi il Salvatore del mondo.
Alleluia.

VANGELO

Mt 1,1-25

Forma breve: [ ] Mt 1,18-25

Il Signore sia con voi.

℟. **E con il tuo spirito.**

✠ *Dal Vangelo secondo Matteo*

℟. **Gloria a te, o Signore.**

Genealogia di Gesù Cristo figlio di Davide, figlio di Abramo. Abramo generò Isacco, Isacco generò Giacobbe, Giacobbe generò Giuda e i suoi fratelli, Giuda generò Fares e Zara da Tamar, Fares generò Esrom, Esrom generò Aram, Aram generò Aminadàb, Aminadàb generò Naassòn, Naassòn generò Salmon, Salmon generò Booz da Racab, Booz generò Obed da Rut, Obed generò Iesse, Iesse generò il re Davide. Davide generò Salomone da quella che era stata la moglie di Urìa, Salomone generò Roboamo, Roboamo generò Abìa, Abìa generò Asaf, Asaf generò Giòsafat, Giòsafat generò Ioram, Ioram generò Ozìa, Ozìa generò Ioatàm, Ioatàm generò Àcaz, Àcaz generò Ezechìa, Ezechìa generò Manasse, Manasse generò Amos, Amos generò Giosìa, Giosìa generò Ieconìa e i suoi fratelli, al tempo della deportazione in Babilonia. Dopo la deportazione in Babilonia, Ieconìa generò Salatièl, Salatièl generò Zorobabele, Zorobabele generò Abiùd, Abiùd generò Eliachìm,

Eliachìm generò Azor, Azor generò Sadoc, Sadoc generò Achim, Achim generò Eliùd, Eliùd generò Eleàzar, Eleàzar generò Mattan, Mattan generò Giacobbe, Giacobbe generò Giuseppe, lo sposo di Maria, dalla quale è nato Gesù, chiamato Cristo. In tal modo, tutte le generazioni da Abramo a Davide sono quattordici, da Davide fino alla deportazione in Babilonia quattordici, dalla deportazione in Babilonia a Cristo quattordici. [Così fu generato Gesù Cristo: sua madre Maria, essendo promessa sposa di Giuseppe, prima che andassero a vivere insieme si trovò incinta per opera dello Spirito Santo. Giuseppe suo sposo, poiché era uomo giusto e non voleva accusarla pubblicamente, pensò di ripudiarla in segreto. Mentre però stava considerando queste cose, ecco, gli apparve in sogno un angelo del Signore e gli disse: «Giuseppe, figlio di Davide, non temere di prendere con te Maria, tua sposa. Infatti il bambino che è generato in lei viene dallo Spirito Santo; ella darà alla luce un figlio e tu lo chiamerai Gesù: egli infatti salverà il suo popolo dai suoi peccati». Tutto questo è avvenuto perché si compisse ciò che era stato detto dal Signore per mezzo del profeta: «Ecco, la vergine concepirà e darà alla luce un figlio: a lui sarà dato il nome di Emmanuele», che significa «Dio con noi». Quando si

destò dal sonno, Giuseppe fece come gli aveva ordinato l'angelo del Signore e prese con sé la sua sposa; senza che egli la conoscesse, ella diede alla luce un figlio ed egli lo chiamò Gesù.] - Parola del Signore.
℟. **Lode a te o Cristo.**

Credo (vedi pagg. 19-22).

(in piedi)

SULLE OFFERTE - Concedi al tuo popolo, Signore, di celebrare con rinnovato fervore questo sacrificio, nella vigilia del grande giorno che ha dato inizio alla nostra redenzione. Per Cristo nostro Signore. **Amen.**

COMUNIONE - Domani si rivelerà la gloria del Signore, e ogni uomo vedrà la salvezza del nostro Dio *(Cfr. Is 40,5).*
Oppure: «Giuseppe non temere: Maria partorirà un Figlio e tu lo chiamerai Gesù. Egli salverà il suo popolo» *(Mt 1,20.21).*

DOPO LA COMUNIONE - **Preghiamo:** Concedi ai tuoi fedeli, o Padre, di attingere nuova forza da quest'annuale celebrazione della nascita del tuo unico Figlio, che si fa nostro cibo e bevanda nel sacramento di salvezza. Per Cristo nostro Signore. **Amen.**

MESSA DELLA NOTTE

ANTIFONA D'INGRESSO - Il Signore mi ha detto: «Tu sei mio Figlio, io oggi ti ho generato» *(Sal 2,7)*. *Oppure:* Rallegriamoci tutti nel Signore, perché è nato nel mondo il Salvatore. Oggi la vera pace è scesa a noi dal cielo.

Si dice il Gloria (vedi pag. 17).

COLLETTA - **Preghiamo:** O Dio, che hai illuminato questa santissima notte con lo splendore di Cristo, vera luce del mondo, concedi a noi, che sulla terra lo contempliamo nei suoi misteri, di partecipare alla sua gloria nel cielo. Per il nostro Signore... **Amen.**

(seduti)

PRIMA LETTURA — Is 9,1-6

Dal libro del profeta Isaìa

Il popolo che camminava nelle tenebre ha visto una grande luce; su coloro che abitavano in terra tenebrosa una luce rifulse. Hai moltiplicato la gioia, hai aumentato la letizia. Gioiscono davanti a te come si gioisce quando si miete e come si esulta quando si divide la preda. Perché tu hai spezzato il giogo che

l'opprimeva, la sbarra sulle sue spalle, e il bastone del suo aguzzino, come nel giorno di Màdian. Perché ogni calzatura di soldato che marciava rimbombando e ogni mantello intriso di sangue saranno bruciati, dati in pasto al fuoco. Perché un bambino è nato per noi, ci è stato dato un figlio. Sulle sue spalle è il potere e il suo nome sarà: Consigliere mirabile, Dio potente, Padre per sempre, Principe della pace. Grande sarà il suo potere e la pace non avrà fine sul trono di Davide e sul suo regno, che egli viene a consolidare e rafforzare con il diritto e la giustizia, ora e per sempre. Questo farà lo zelo del Signore degli eserciti. - Parola di Dio.
℟. **Rendiamo grazie a Dio.**

SALMO RESPONSORIALE Dal Salmo 95 (96)

℟. **Oggi è nato per noi il Salvatore.**

Cantate al Signore un canto nuovo,
cantate al Signore, uomini di tutta la terra.
Cantate al Signore, benedite il suo nome. ℟.

Annunciate di giorno in giorno la sua salvezza.
In mezzo alle genti narrate la sua gloria,
a tutti i popoli dite le sue meraviglie. ℟.

Gioiscano i cieli, esulti la terra,
risuoni il mare e quanto racchiude;
sia in festa la campagna e quanto contiene,
acclamino tutti gli alberi della foresta. R.

Davanti al Signore che viene:
sì, egli viene a giudicare la terra;
giudicherà il mondo con giustizia
e nella sua fedeltà i popoli. R.

SECONDA LETTURA Tt 2,11-14

Dalla lettera di san Paolo Apostolo a Tito

Figlio mio, è apparsa la grazia di Dio, che porta salvezza a tutti gli uomini e ci insegna a rinnegare l'empietà e i desideri mondani e a vivere in questo mondo con sobrietà, con giustizia e con pietà, nell'attesa della beata speranza e della manifestazione della gloria del nostro grande Dio e salvatore Gesù Cristo. Egli ha dato se stesso per noi, per riscattarci da ogni iniquità e formare per sé un popolo puro che gli appartenga, pieno di zelo per le opere buone. - Parola di Dio.

R. **Rendiamo grazie a Dio.**

(in piedi)

CANTO AL VANGELO Lc 2,10-11

Alleluia, alleluia.

Vi annuncio una grande gioia:
oggi è nato per voi un Salvatore, Cristo Signore.
Alleluia.

VANGELO Lc 2,1-14

Il Signore sia con voi.
℟. **E con il tuo spirito.**
✠ *Dal Vangelo secondo Luca*
℟. **Gloria a te, o Signore.**

In quei giorni un decreto di Cesare Augusto ordinò che si facesse il censimento di tutta la terra. Questo primo censimento fu fatto quando Quirinio era governatore della Siria. Tutti andavano a farsi censire, ciascuno nella propria città. Anche Giuseppe, dalla Galilea, dalla città di Nàzaret, salì in Giudea alla città di Davide chiamata Betlemme: egli apparteneva infatti alla casa e alla famiglia di Davide. Doveva farsi censire insieme a Maria, sua sposa, che era incinta. Mentre si trovavano in quel luogo, si compirono per lei i giorni del parto. Diede alla luce il suo figlio primogenito, lo avvolse in fasce e lo pose in una mangiatoia, perché per loro non c'era posto nell'alloggio. C'erano in quella regione alcuni pastori che, pernottando all'aperto, vegliavano tutta la notte facendo la guardia al loro gregge. Un angelo del Signore si presentò a loro e la gloria del Signore li avvolse di luce. Essi furono presi da grande timore, ma l'angelo disse loro: «Non temete: ecco, vi annuncio una grande gioia, che sarà di tutto il popolo: oggi, nella città di Davide, è nato per voi un Salvatore, che è Cristo Signore. Questo per voi il segno: troverete un bambino avvolto in fasce, adagiato in una mangiatoia». E subito apparve con l'angelo una moltitudine dell'esercito celeste, che lodava Dio e diceva: «Gloria a Dio nel più alto dei cieli e sulla terra pace agli uomini, che egli ama». - Parola del Signore. R. **Lode a te o Cristo.**

Credo *(vedi pagg. 19-22).*

(in piedi)

SULLE OFFERTE - Accetta, o Padre, la nostra offerta in questa notte di luce, e per questo misterioso scambio di doni trasformaci nel Cristo tuo Figlio, che ha innalzato l'uomo accanto a te nella gloria. Per Cristo nostro Signore. **Amen.**

COMUNIONE - Il Verbo si è fatto carne e noi abbiamo visto la sua gloria *(Gv 1,14).*

Oppure: Oggi è nato nella città di Davide un salvatore, che è il Cristo Signore *(Lc 2,11)*.

Dopo la Comunione - **Preghiamo:** O Dio, che ci hai convocati a celebrare nella gioia la nascita del Redentore, fa' che testimoniamo nella vita l'annunzio della salvezza, per giungere alla gloria del cielo. Per Cristo nostro Signore. **Amen.**

MESSA DELL'AURORA

Antifona d'ingresso - Oggi su di noi splenderà la luce, perché è nato per noi il Signore; Dio onnipotente sarà il suo nome, Principe della pace, Padre dell'eternità: il suo regno non avrà fine *(Cfr. Is 9,2.6; Lc 1,33)*.

Si dice il Gloria (vedi pag. 17).

Colletta - **Preghiamo:** Signore, Dio onnipotente, che ci avvolgi della nuova luce del tuo Verbo fatto uomo, fa' che risplenda nelle nostre opere il mistero della fede che rifulge nel nostro spirito. Per il nostro Signore... **Amen.**

(seduti)

PRIMA LETTURA Is 62,11-12

Dal libro del profeta Isaìa

Ecco ciò che il Signore fa sentire all'estremità della terra: «Dite alla figlia di Sion: Ecco, arriva il tuo salvatore; ecco, egli ha con sé il premio e la sua ricompensa lo precede. Li chiameranno Popolo santo, Redenti del Signore. E tu sarai chiamata Ricercata, Città non abbandonata». - Parola di Dio.

℟. **Rendiamo grazie a Dio.**

SALMO RESPONSORIALE Dal Salmo 96 (97)

℟. **Oggi la luce risplende su di noi.**

Il Signore regna: esulti la terra,
gioiscano le isole tutte.
Annunciano i cieli la sua giustizia
e tutti i popoli vedono la sua gloria. ℟.

Una luce è spuntata per il giusto,
una gioia per i retti di cuore.
Gioite, giusti, nel Signore,
della sua santità celebrate il ricordo. ℟.

SECONDA LETTURA Tt 3,4-7

Dalla lettera di san Paolo apostolo a Tito

Figlio mio, quando apparvero la bontà di Dio, salvatore nostro, e il suo amore per gli uomini, egli ci ha salvati, non per opere giuste da noi compiute, ma per la sua misericordia, con un'acqua che rigenera e rinnova nello Spirito Santo, che Dio ha effuso su di noi in abbondanza per mezzo di Gesù Cristo, salvatore nostro, affinché, giustificati per la sua grazia, diventassimo, nella speranza, eredi della vita eterna. - Parola di Dio. ℟. **Rendiamo grazie a Dio.**

(in piedi)

CANTO AL VANGELO Lc 2,14

Alleluia, alleluia.
Gloria a Dio nel più alto dei cieli
e sulla terra pace agli uomini, che egli ama.
Alleluia.

VANGELO Lc 2,15-20

Il Signore sia con voi.
℟. **E con il tuo spirito.**
✠ *Dal Vangelo secondo Luca*
℟. **Gloria a te, o Signore.**

Appena gli angeli si furono allontanati da loro, verso il cielo, i pastori dicevano l'un l'altro: «Andiamo dunque fino a Betlemme, vediamo questo avvenimento che il Signore ci ha fatto conoscere». Andarono, senza indugio, e trovarono Maria e Giuseppe e il bambino, adagiato nella mangiatoia. E dopo averlo visto, riferirono ciò che del bambino era stato detto loro. Tutti quelli che udivano si stupirono delle cose dette loro dai pastori. Maria, da parte sua, custodiva tutte queste cose, meditandole nel suo cuore. I pastori se ne tornarono, glorificando e lodando Dio per tutto quello che avevano udito e visto, com'era stato detto loro. - Parola del Signore. ℟. **Lode a te o Cristo.**

Credo (vedi pagg. 19-22).

(in piedi)

SULLE OFFERTE - Le nostre offerte, o Padre, siano degne del mistero che oggi celebriamo; tu che nel Natale ci hai rivelato il Cristo uomo e Dio, fa' che nel pane e vino da te consacrati partecipiamo alla sua vita immortale. Per Cristo nostro Signore. **Amen.**

COMUNIONE - Esulta, figlia di Sion, innalza la tua lode, figlia di Gerusalemme: ecco, a te viene il tuo Re, il Santo, il Salvatore del mondo *(Cfr. Zc 9,9).*
Oppure: I pastori se ne tornarono, glorificando e lodando Dio per tutto quello che avevano udito e visto *(Lc 2,20).*

DOPO LA COMUNIONE - **Preghiamo:** O Dio, che ci hai radunato a celebrare in devota letizia la nascita del tuo Figlio, concedi alla tua Chiesa di conoscere con la fede le profondità del tuo mistero, e di viverlo con amore intenso e generoso. Per Cristo nostro Signore. **Amen.**

MESSA DEL GIORNO

ANTIFONA D'INGRESSO - È nato per noi un bambino, un figlio ci è stato donato: egli avrà sulle spalle il dominio, consigliere ammirabile sarà il suo nome *(Cfr. Is 9,5).*

Si dice il Gloria (vedi pag. 17).

COLLETTA - **Preghiamo:** O Dio, che in modo mirabile ci hai creati a tua immagine, e in modo più mirabile ci hai rinnovati e redenti, fa' che possiamo condividere la vita divina del tuo Figlio, che oggi ha voluto assumere la nostra natura umana. Egli è Dio... **Amen.**

(seduti)

PRIMA LETTURA Is 52,7-10

Dal libro del profeta Isaìa

Come sono belli sui monti i piedi del messaggero che annuncia la pace, del messaggero di buone notizie

che annuncia la salvezza, che dice a Sion: «Regna il tuo Dio». Una voce! Le tue sentinelle alzano la voce, insieme esultano, poiché vedono con gli occhi il ritorno del Signore a Sion. Prorompete insieme in canti di gioia, rovine di Gerusalemme, perché il Signore ha consolato il suo popolo, ha riscattato Gerusalemme. Il Signore ha snudato il suo santo braccio davanti a tutte le nazioni; tutti i confini della terra vedranno la salvezza del nostro Dio. - Parola di Dio.
℟. **Rendiamo grazie a Dio.**

SALMO RESPONSORIALE Dal Salmo 97 (98)

℟. **Tutta la terra ha veduto**
la salvezza del nostro Dio.

Cantate al Signore un canto nuovo,
perché **ha compiuto meraviglie**.
Gli ha dato vittoria la sua destra
e il suo braccio santo. ℟.

Il Signore ha fatto conoscere la sua salvezza,
agli occhi delle genti ha rivelato la sua giustizia.
Egli si è ricordato del suo amore,
della sua fedeltà alla casa d'Israele. ℟.

Tutti i confini della terra hanno veduto
lavittoria del nostro Dio.
Acclami il Signore tutta la terra,
gridate, esultate, cantate inni!

℟. **Tutta la terra ha veduto**
la salvezza del nostro Dio.

Cantate inni al Signore con la cetra,
con la cetra e al suono di strumenti a corde;
con le trombe e al suono del corno
acclamate davanti al re, il Signore. ℟.

SECONDA LETTURA Eb 1,1-6

Dalla lettera agli Ebrei

Dio, che molte volte e in diversi modi nei tempi antichi aveva parlato ai padri per mezzo dei profeti, ultimamente, in questi giorni, ha parlato a noi per mezzo del Figlio, che ha stabilito erede di tutte le cose e mediante il quale ha fatto anche il mondo. Egli è irradiazione della sua gloria e impronta della sua sostanza, e tutto sostiene con la sua parola potente. Dopo aver compiuto la purificazione dei peccati, sedette alla destra della maestà nell'alto dei cieli, divenuto tanto superiore agli angeli quanto più eccellente del loro è il nome che ha ereditato. Infatti, a quale degli angeli Dio ha mai detto: «Tu sei mio figlio, oggi ti ho generato»? E ancora: «Io sarò per lui padre ed egli sarà per me figlio»? Quando invece introduce il primogenito nel mondo, dice: «Lo adorino tutti gli angeli di Dio». - Parola di Dio.

℟. **Rendiamo grazie a Dio.**

(in piedi)

CANTO AL VANGELO

Alleluia, alleluia.

Un giorno santo è spuntato per noi:
venite tutti ad adorare il Signore;
oggi una splendida luce è discesa sulla terra.
Alleluia.

VANGELO

Gv 1,1-18
Forma breve: [ ] Gv 1,1-5.9-14

Il Signore sia con voi.

℟. **E con il tuo spirito.**

✠ *Dal Vangelo secondo Giovanni*

℟. **Gloria a te, o Signore.**

[In principio era il Verbo, e il Verbo era presso Dio e il Verbo era Dio. Egli era, in principio, presso Dio: tutto è stato fatto per mezzo di lui e senza di lui nulla è stato fatto di ciò che esiste. In lui era la vita e la vita era la luce degli uomini; la luce splende nelle tenebre e le tenebre non l'hanno vinta.] Venne un uomo mandato da Dio: il suo nome era Giovanni. Egli venne come testimone per dare testimonianza alla luce, perché tutti credessero per mezzo di lui. Non era lui la luce, ma doveva dare testimonianza alla luce. [Veniva nel mondo la luce vera, quella che illumina ogni uomo. Era nel mondo e il mondo è stato fatto per mezzo di lui; eppure il mondo non lo ha riconosciuto. Venne fra i suoi, e i suoi non lo hanno accolto. A quanti però lo hanno accolto ha dato potere di diventare figli di Dio: a quelli che credono nel suo nome, i quali, non da sangue né da volere di carne né da volere di uomo, ma da Dio sono stati generati. E il Verbo si fece carne e venne ad abitare in mezzo a noi; e noi abbiamo contemplato la sua gloria, gloria come del Figlio unigenito che viene dal Padre, pieno di grazia e di verità.] Giovanni gli dà testimonianza e proclama: «Era di lui che io dissi: Colui che viene dopo di me è avanti a me, perché era prima di me». Dalla sua pienezza noi tutti abbiamo ricevuto: grazia su grazia. Perché la Legge fu data per mezzo di Mosè, la grazia e la verità vennero per mezzo di Gesù Cristo. Dio, nessuno lo ha mai visto: il Figlio unigenito, che è Dio ed è nel seno del

Padre, è lui che lo ha rivelato. - Parola del Signore.
℟. **Lode a te o Cristo.**

Credo (vedi pagg. 19-22).

(in piedi)

SULLE OFFERTE - Ti sia gradito, Signore, questo sacrificio, espressione perfetta della nostra fede, e ottenga a tutti gli uomini il dono natalizio della pace. Per Cristo nostro Signore. **Amen.**

COMUNIONE - Tutti i popoli hanno veduto la salvezza del nostro Dio *(Sal 97,3).*
Oppure: Il Verbo si è fatto carne e noi abbiamo visto la sua gloria *(Gv 1,14).*

DOPO LA COMUNIONE - **Preghiamo:** Padre santo e misericordioso, il Salvatore del mondo, che oggi è nato e ci ha rigenerati come tuoi figli, ci comunichi il dono della sua vita immortale. Per Cristo nostro Signore. **Amen.**

Commenti

1ª LETTURA - (MESSA DELL'AURORA) Dopo la notte, il giorno di Natale si apre con la Messa dell'aurora, nella quale ascoltiamo l'annuncio gioioso della venuta del Salvatore per bocca di Isaìa. Il profeta, in soli due versetti, riesce a esprimere tutta la gioia del Natale, che scalda il cuore di ogni uomo. Da una parte abbiamo il Signore, che entra nella città senza lasciare dietro a sé distruzione, come fosse un condottiero, ma riporta con sé gli esuli. Dall'altra abbiamo la città che non verrà più detta abbandonata, non perché vivrà in uno stato di grande benessere, ma perché avrà come re il Signore, avrà come fondamenta la relazione con lui. Il mistero dell'incarnazione apre agli uomini di ogni tempo questa possibilità: far parte del popolo santo di Dio, il quale non prospera materialmente, ma trova la sua forza, la sua gioia, la sua felicità nella relazione con lui. Dopo il primo passo compiuto da Dio, sta a noi uomini e donne coltivare questa relazione; lui il passo verso l'uomo lo ha fatto, ora tocca a noi fare un passo verso il Signore.

2ª LETTURA - (MESSA DELLA NOTTE) Paolo, annunciando al fratello Tito il mistero di Cristo, descrive due movimenti: quello di Dio e quello conseguente degli uomini. Da una parte abbiamo la grazia di Dio che è apparsa, non per nostro volere, ma per volere di colui che ci ha salvati. Proprio attraverso questa grazia che è Cristo, tutti gli uomini sono stati salvati, nessuno escluso, come più volte l'apostolo Paolo scrive nelle sue lettere. La grazia che si è manifestata cerca dall'uomo una risposta esistenziale, nell'attesa della beata speranza e della manifestazione gloriosa di Cristo. Tra l'apparizione e la manifestazione ultima, c'è un tempo da sfruttare, un'attesa da vivere, e san Paolo specifica sinteticamente la modalità. Infatti, ogni cristiano è invitato a vivere con sobrietà, giustizia e pace, rigettando il male. La notte del Natale, illuminata dal sole nascente, che è Cristo, può dare luce a tutta la nostra vita, se ci impegniamo a vivere il Vangelo. La grazia è apparsa per non lasciarci nelle tenebre, ma poi entra in gioco la nostra volontà di uscire dalla notte.

VANGELO - (MESSA DELLA NOTTE) Luca dipinge, di fronte ai nostri occhi, un bellissimo quadro da contemplare: la natività. In un insignificante villaggio dell'impero romano, Dio ha preso forma umana, per essere prossimo all'uomo, per camminare con lui, per soffrire con lui, per morire con lui. Il Signore si è incarnato in una mangiatoia, in un piccolo villaggio della Giudea, per dare a noi la vita. Solo nella sua accoglienza possiamo vivere una vita non mediocre. Come fare? I primi a ricevere l'annuncio della nascita e ad adorare il Bambino di Betlemme sono i pastori, come ci viene raccontato dal Vangelo. Dio nasce nell'umiltà e dall'umile può essere riconosciuto! La virtù dell'umiltà porta a decentrarsi per lasciare spazio al Dio che viene. Come può trovare posto nella nostra vita il Signore, se al centro di essa ci siamo noi? Il Natale ci spinge a fare un passo indietro, per lasciare libera la mangiatoia che è il nostro cuore. Gesù non aspetta altro che essere accolto nelle nostre vite, per farne una capolavoro. Perché non approfittare di questo? Possiamo decidere di vivere il Natale come tutti gli altri giorni, o scegliere di accogliere colui che è venuto a risollevare le nostre sorti, per donarci la vita, quella piena.

CHIEDETE E VI SARÀ DATO — Lc 11,9

1. Signore Gesù, tu nasci a Betlemme "casa del pane", rinnova nella tua Chiesa la disponibilità all'accoglienza, che costruisce ogni giorno la vera comunione.

2. Signore Gesù, tu sei rivelazione dell'amore di Dio, dona a coloro che sono nella sofferenza di essere illuminati dalla luce del Natale, che riveste di speranza ogni dolore umano.

3. Signore Gesù, tu sei la luce del mondo: aiuta noi tutti a vivere autenticamente la nostra fede e fa' che siamo testimoni di speranza per quanti cercano la vera luce.

FATE QUELLO CHE VI DIRÀ Gv 2,5

C PER VIVERE DA DISCEPOLO DI GESÙ... Voglio essere le mani e i piedi di Dio: porto un dono che viene dalla mia tavola imbandita a chi so essere solo, in difficoltà, triste, preoccupato...

M SULL'ESEMPIO DI MARIA... Oggi non permetterò a nessuna malinconia, a nessuna parola infelice, a nessuna tensione... di rovinare l'esultanza del mio cuore per la gioia della nascita del Salvatore.

Santi del giorno:
Santa Eugenia • Santi Giovíno e Basiléo • Sant'Alberto (Adamo) Chmielowski • Beato Michele Nakashima • Beata Antonia Maria Verna

26 DICEMBRE

MERCOLEDÌ

Ottava di Natale
Santo Stefano, primo martire (f)

rosso **propria**

SANTO STEFANO: «Signore Gesù, accogli il mio spirito».

Stefano è il primo martire della cristianità: proprio per questo motivo è chiamato "Protomartire". La sua festa viene celebrata subito dopo la nascita di Gesù per evidenziare il profondo legame che esiste tra l'incarnazione e il martirio. La storia di Stefano ha una fonte assolutamente credibile: gli Atti degli Apostoli. Il giovane Stefano apparteneva alla prima comunità cristiana, che applicò in modo radicale la "carità fraterna"; infatti chi ne faceva parte metteva i propri beni in comune con gli altri, e a ognuno veniva distribuito equamente quanto bastava per il sostentamento giornaliero.

Quando la comunità crebbe, gli apostoli affidarono i servizi di assistenza giornaliera a sette ministri della carità, detti "diaconi". Tra questi spiccava Stefano che, oltre a occuparsi dell'amministrazione dei beni comuni, si prodigava nell'annuncio della Buona Novella. Di lui è scritto che era «pieno di fede e di Spirito Santo» (6,5); era un valido predicatore e, come testimoniano gli Atti, «faceva grandi prodigi e segni tra il popolo» (6,8). Si impegnava quotidianamente a diffondere, con successo, la Buona Novella; i Giudei lo ritenevano troppo pericoloso, così «gli piombarono addosso, lo catturarono e lo condussero davanti al sinedrio» (6,12) con l'accusa di parlare contro la legge ebraica. Al sinedrio Stefano parlò a lungo e con coraggio, chiamò i suoi ascoltatori, perché opponevano resistenza allo Spirito Santo e, come i loro padri, «testardi e incirconcisi nel cuore» (7,51) hanno perseguitato i profeti, loro hanno ucciso il Cristo, di cui i profeti hanno preannunciato la venuta. Tra i suoi accusatori c'era Saulo che custodiva i mantelli dei testimoni presenti durante la lapidazione (7,58). Stupendo il discorso di Stefano riportato negli Atti degli Apostoli e la sua professione di fede in Gesù Cristo: «Ecco, contemplo i cieli aperti e il Figlio dell'uomo che sta alla destra di Dio» (7,56). Il modello del martirio di Stefano è la passione di Gesù: venne portato fuori dalla città per essere lapidato. Gli ebrei approfittarono della momentanea assenza del governatore romano per giustiziarlo. In ginocchio, Stefano pregava: «Signore Gesù, accogli il mio spirito. [...] Signore, non imputare loro questo peccato» (7,60). Si comportò come Gesù, che in croce pregava e chiedeva perdono per i suoi carnefici. Col perdono Stefano insegnò che il vero martire non va contro nessuno, ma dona la vita perché tutti, compresi i suoi carnefici, possano aderire al messaggio di Cristo. Riferiscono gli Atti degli Apostoli: «Uomini pii seppellirono Stefano e fecero un grande lutto per lui» (8,2). Si pensa sia stato sepolto da Gamaliele. Saulo ne raccolse l'eredità spirituale, diventando l'apostolo delle genti. Il sangue del martirio per la fedeltà a Cristo iniziò, con Stefano, a essere il fecondo seme dei cristiani. Dopo la sua uccisione, tra la Chiesa nascente e la sinagoga ebraica il distacco si fece sempre più grande, fino alla definitiva separazione. Nel 415 le sue reliquie vennero ritrovate e, diffuse in vari ambienti, contribuirono a diffondere ulteriormente il suo culto, già molto presente.

Antifona d'ingresso - Si aprirono le porte del cielo per santo Stefano; egli è il primo nella schiera dei martiri e ha ricevuto in cielo la corona di gloria.

Si dice il Gloria (vedi pag. 17).

Colletta - Donaci, o Padre, di esprimere con la vita il mistero che celebriamo nel giorno natalizio di santo Stefano primo martire e insegnaci ad amare anche i nostri nemici sull'esempio di lui che morendo pregò per i suoi persecutori. Per il nostro Signore…

PRIMA LETTURA — At 6,8-10.12;7,54-60

Dagli Atti degli Apostoli

In quei giorni, Stefano, pieno di grazia e di potenza, faceva grandi prodigi e segni tra il popolo. Allora alcuni della sinagoga detta dei Liberti, dei Cirenei, degli Alessandrini e di quelli della Cilìcia e dell'Asia, si alzarono a discutere con Stefano, ma non riuscivano a resistere alla sapienza e allo Spirito con cui egli parlava. E così sollevarono il popolo, gli anziani e gli scribi, gli piombarono addosso, lo catturarono e lo condussero davanti al Sinedrio. Tutti quelli che sedevano nel Sinedrio, [udendo le sue parole,] erano furibondi in cuor loro e digrignavano i denti contro Stefano. Ma egli, pieno di Spirito Santo, fissando il cielo, vide la gloria di Dio e Gesù che stava alla destra di Dio e disse: «Ecco, contemplo i cieli aperti e il Figlio dell'uomo che sta alla destra di Dio». Allora, gridando a gran voce, si turarono gli orecchi e si scagliarono tutti insieme contro di lui, lo trascinarono fuori della città e si misero a lapidarlo. E i testimoni deposero i loro mantelli ai piedi di un giovane, chiamato Saulo. E lapidavano Stefano, che pregava e diceva: «Signore Gesù, accogli il mio spirito». Poi piegò le ginocchia e gridò a gran voce: «**Signore, non imputare loro questo peccato**». Detto questo, morì. **Parola di Dio.**

SALMO RESPONSORIALE — Dal Salmo 30 (31)

℟. Alle tue mani, Signore, affido il mio spirito.

Sii per me una roccia di rifugio,
un luogo fortificato che mi salva.
Perché mia rupe e mia fortezza tu sei,
per il tuo nome guidami e conducimi. ℟.

Alle tue mani affido il mio spirito;
tu mi hai riscattato, Signore, Dio fedele.
Esulterò e gioirò per la tua grazia,
perché hai guardato alla mia miseria. ℟.

Liberami dalla mano dei miei nemici
e dai miei persecutori:
sul tuo servo fa' splendere il tuo volto,
salvami per la tua misericordia.

℟. **Alle tue mani, Signore, affido il mio spirito.**

CANTO AL VANGELO Salmo 117 (118),26a.27a

Alleluia, alleluia.
Benedetto colui che viene nel nome del Signore;
il Signore è Dio, egli ci illumina.
Alleluia.

VANGELO Mt 10,17-22

✠ *Dal Vangelo secondo Matteo*

In quel tempo, Gesù disse ai suoi apostoli: «Guardatevi dagli uomini, perché vi consegneranno ai tribunali e vi flagelleranno nelle loro sinagoghe; e sarete condotti davanti a governatori e re per causa mia, per dare testimonianza a loro e ai pagani. Ma, quando vi consegneranno, non preoccupatevi di come o di che cosa direte, perché vi sarà dato in quell'ora ciò che dovrete dire: infatti non siete voi a parlare, ma è lo Spirito del Padre vostro che parla in voi. Il fratello farà morire il fratello e il padre il figlio, e i figli si alzeranno ad accusare i genitori e li uccideranno. Sarete odiati da tutti a causa del mio nome. Ma chi avrà perseverato fino alla fine sarà salvato». **Parola del Signore.**

SULLE OFFERTE - Accogli, Signore, i doni che ti offriamo nel glorioso ricordo di santo Stefano e confermaci nella fede che egli testimoniò col suo martirio. Per Cristo nostro Signore.

COMUNIONE - Lapidavano Stefano, mentre pregava e diceva: Signore Gesù, accogli il mio spirito *(At 7,59).*

DOPO LA COMUNIONE - O Dio, che nella celebrazione di santo Stefano prolunghi la gioia del Natale, conferma in noi l'opera della tua misericordia e trasforma la nostra vita in perenne rendimento di grazie. Per Cristo nostro Signore.

Commenti

1ª LETTURA - Subito dopo il 25 dicembre, la liturgia ci offre la festa di Santo Stefano, primo martire della Chiesa. Questa ricorrenza ci introduce ancor di più al mistero dell'incarnazione, anche se la celebrazione si apre con il racconto della lapidazione del protomartire. Infatti, c'è un intimo nesso tra il mistero che abbiamo celebrato ieri e il martirio. Una volta incontrato il Cristo, una volta accolto nella propria vita, non si può far altro che testimoniarlo sino al dono della vita, come ha fatto santo Stefano. L'unica colpa del giovane discepolo di Gesù è stata quella di rimanere fedele a lui, nonostante il rifiuto da parte dei sapienti del popolo. Quando si annuncia il Vangelo, in un mondo che lo rifiuta, non ci si può esimere dalle ingiurie, perché l'annuncio evangelico agli occhi di molti è scomodo. Ma la fede ci permette di continuare ad andare avanti nella testimonianza, percorrendo la strada tracciata da Gesù, imitandolo anche nel momento della morte. L'esperienza dell'amore di Cristo è talmente viscerale che non fa sperimentare la paura di fronte al rifiuto, perché l'amore è più forte della morte.

VANGELO - Gesù, in questo Vangelo, parla ai suoi discepoli: non avranno vita facile, perché subiranno in certa misura la stessa sorte del Maestro. Infatti, lungi da noi il pensare che portare l'annuncio evangelico sia facile: il mondo non starà lì ad applaudirci, a renderci gloria, a farci i complimenti, come ci insegna la vicenda del protomartire Stefano. Il Vangelo porta alla verità e la verità agli occhi di molti è scomoda; infatti, solitamente ci si accontenta di vivere nelle proprie convinzioni comode. Coloro che si pongono alla sequela di Gesù, però, non hanno di che preoccuparsi perché nella testimonianza non saranno mai soli; il Maestro stesso ha promesso l'ausilio dello Spirito del Padre, che non abbandona mai il cristiano. Inoltre, la testimonianza sarà resa anche dalla nostra sofferenza per il Vangelo, dal dono della vita, qualora ci fosse chiesta. Sarà come un seme gettato nel terreno che certamente produrrà un frutto inaspettato, come lo è stato il martirio di Stefano per l'apostolo Paolo, presente durante la lapidazione.

CHIEDETE E VI SARÀ DATO — Lc 11,9

1. Signore, che ti sei fatto servo per amore, dona ai diaconi di annunciare al mondo che nella morte persiste la vita, nella menzogna la verità e nelle tenebre la luce.

2. Signore, che chiami alla salvezza tutti gli uomini, illumina i popoli che non hanno riconosciuto la tua venuta e apri un varco in tutti i cuori chiusi alla tua luce.

3. Signore, che in santo Stefano primo martire della Chiesa, ci offri una testimonianza di fedeltà a te e di perdono verso i nemici, donaci una capacità di amare che ci renda forti nelle prove e perseveranti nella fede.

FATE QUELLO CHE VI DIRÀ Gv 2,5

C PER VIVERE DA DISCEPOLO DI GESÙ... Il Natale mi aiuti a fare un passo verso chi ho escluso dalla mia vita e a perdonare eventuali mancanze nei miei confronti: il mio cuore non si chiuda nel rancore che paralizza.

M SULL'ESEMPIO DI MARIA... Affido alla Madre del Bambino divino tutti gli agonizzanti di questo giorno, affinché ciascuno possa consegnare lo spirito al Padre con la fiducia di un figlio.

Altri santi del giorno:
San Dionigi • San Zenone • Sant'Eutimio • Santa Vincenza Maria López Vicuña • Beato Secondo Pollo

27 DICEMBRE

GIOVEDÌ

San Giovanni apostolo ed evangelista (f)

bianco **propria**

SAN GIOVANNI: «Quello che Gesù amava».
Figlio di Zebedèo (pescatore di Betsàida) e di Salomè (una delle donne al servizio di Gesù), fratello di Giacomo il Maggiore e discepolo di Giovanni il Battista, Giovanni è fra i primi a passare alla sequela di Gesù. Nella lista degli Apostoli viene subito dopo Pietro ed è il più giovane. Nello scrivere il quarto Vangelo non si nomina mai e si definisce «quello che Gesù amava».
Gesù dà a lui e al fratello Giacomo il titolo di "figli del tuono" per il loro carattere impulsivo e ardente, che manifestano quando a Gesù, che sta andando a Gerusalemme, viene negata ospitalità in un villaggio della Samaria. I due fratelli si affrettano a dire al Maestro: «Signore, vuoi che diciamo che scenda un fuoco dal cielo e li consumi?». Gesù risponde loro: «Il Figlio dell'uomo è venuto non per perdere le anime degli uomini, ma per salvarle».
È l'Apostolo che, nell'ultima Cena, posa il capo sul petto di Gesù e ascolta i battiti del suo cuore traboccante di amore per tutti gli uomini. In quell'occasione, Gesù pronuncia il suo testamento: «Questo è il mio comandamento: che vi amiate gli uni gli altri come io ho amato voi». Giovanni è testimone di tutti i momenti più significativi della vita di Gesù, compreso

quello della sua morte. Anche lui fugge insieme agli altri apostoli durante la cattura di Gesù ma, tornato indietro, è l'unico a seguire il divino Maestro sulla via del Calvario e ad assistere alla crocifissione. Gesù gli dona la propria Madre e a lei affida Giovanni come figlio. All'annunzio della risurrezione di Gesù, il Santo corre insieme a Pietro fino al sepolcro; pur arrivando per primo, non entra per rispetto al Principe degli apostoli. Quando Gesù appare sul lago di Galilea, è il primo a riconoscerlo, esclamando: «È il Signore!». Paolo lo colloca tra le "colonne" della Chiesa madre di Gerusalemme, insieme con Pietro e Giacomo. Secondo la tradizione, Giovanni vive per vari anni con la Madonna a Èfeso. Oltre a scrivere il quarto Vangelo, compone anche tre Lettere e il Libro dell'Apocalisse.
Evangelista e teologo, penetra profondamente il mistero del Verbo fatto uomo, pieno di grazia e di verità. Nella prima lettera, vertice di tutta la teologia sapienziale, ci dà la più alta definizione della divinità: «Dio è amore» (1Gv 4,8). Negli ultimi anni di vita viene portato nelle riunioni dei cristiani per raccontare loro gli insegnamenti del Maestro: ricorda a tutti il comandamento dell'amore e, a chi gli chiede di parlare di altro, è solito ripetere che se si pratica l'amore questo basta.
Secondo la tradizione, da anziano subisce a Roma, sulla via Latina, il martirio della caldaia con l'olio bollente. Tuttavia l'olio si trasforma in un liquido rinfrescante, tanto che Giovanni ne esce corroborato. Questo miracolo spaventa l'imperatore Domiziano, che si limita a esiliarlo nell'isola greca di Patmos. Qui viene rapito in estasi nel giorno del Signore e ha le visioni che descrive nell'Apocalisse, ultimo libro del Nuovo Testamento. È l'ultimo apostolo a morire ed è anche l'unico a perire di una morte naturale. Alla morte di Domiziano torna a

Èfeso, dove muore sotto Traiano verso il 101, ultracentenario, e ivi è sepolto. Sulla sua tomba viene costruita una basilica nel VI secolo.

ANTIFONA D'INGRESSO - Questi è Giovanni, che nella cena posò il capo sul petto del Signore: Apostolo beato, che conobbe i segreti del cielo, e diffuse nel mondo intero le parole della vita.

Oppure: Il Signore gli ha aperto la bocca in mezzo alla sua Chiesa; lo ha colmato dello Spirito di sapienza e d'intelletto; lo ha rivestito di un manto di gloria *(Cfr. Sir 15,5).*

Si dice il Gloria (vedi pag. 17).

COLLETTA - O Dio, che per mezzo dell'apostolo Giovanni ci hai rivelato le misteriose profondità del tuo Verbo: donaci l'intelligenza penetrante della Parola di vita, che egli ha fatto risuonare nella tua Chiesa. Per il nostro Signore…

PRIMA LETTURA 1Gv 1,1-4

Dalla prima lettera di san Giovanni apostolo

Figlioli miei, quello che era da principio, quello che noi abbiamo udito, quello che abbiamo veduto con i nostri occhi, quello che contemplammo e che le nostre mani toccarono del Verbo della vita – la vita infatti si manifestò, noi l'abbiamo veduta e di ciò diamo testimonianza e vi annunciamo la vita eterna, che era presso il Padre e che si manifestò a noi –, quello che abbiamo veduto e udito, noi lo annunciamo anche a voi, perché anche voi siate in comunione con noi. E la nostra comunione è con il Padre e con il Figlio suo, Gesù Cristo. Queste cose vi scriviamo, perché la nostra gioia sia piena. **Parola di Dio.**

SALMO RESPONSORIALE Dal Salmo 96 (97)

℟. **Gioite, giusti, nel Signore.**

Il Signore regna: esulti la terra,
gioiscano le isole tutte.
Nubi e tenebre lo avvolgono,
giustizia e diritto sostengono il suo trono. ℟.

I monti fondono come cera davanti al Signore,
davanti al Signore di tutta la terra.
Annunciano i cieli la sua giustizia,
e tutti i popoli vedono la sua gloria. ℟.

Una luce è spuntata per il giusto,
una gioia per i retti di cuore.

Gioite, giusti, nel Signore,
della sua santità celebrate il ricordo. R.

CANTO AL VANGELO

Alleluia, alleluia.
Noi ti lodiamo, Dio, ti proclamiamo Signore;
ti acclama il coro degli apostoli.
Alleluia.

VANGELO

Gv 20,2-8

✠ *Dal Vangelo secondo Giovanni*

Il primo giorno della settimana, Maria di Màgdala corse e andò da Simon Pietro e dall'altro discepolo, quello che Gesù amava, e disse loro: «**Hanno portato via il Signore** dal sepolcro e non sappiamo dove l'hanno posto!». Pietro allora uscì insieme all'altro discepolo e si recarono al sepolcro. Correvano insieme tutti e due, ma l'altro discepolo corse più veloce di Pietro e giunse per primo al sepolcro. Si chinò, vide i teli posati là, ma non entrò. Giunse intanto anche Simon Pietro, che lo seguiva, ed entrò nel sepolcro e osservò i teli posati là, e **il sudario** – che era stato sul suo capo – non posato là con i teli, ma avvolto in un luogo a parte. Allora entrò anche l'altro discepolo, che era giunto per primo al sepolcro, e vide e credette. **Parola del Signore.**

SULLE OFFERTE - Santifica, o Padre, i doni che ti offriamo e fa' che attingiamo da questa mensa la conoscenza viva del mistero del tuo Verbo, che rivelasti a Giovanni apostolo ed evangelista. Per Cristo nostro Signore.

COMUNIONE - Il Verbo si è fatto carne, ed è venuto ad abitare in mezzo a noi. Dalla sua pienezza noi tutti abbiamo ricevuto *(Gv 1,14.16)*.

DOPO LA COMUNIONE - Dio onnipotente, per la forza misteriosa di questo sacramento, il tuo Verbo fatto carne, che l'apostolo Giovanni ha visto e annunziato, dimori sempre in noi. Per Cristo nostro Signore.

Commenti

1ª LETTURA - Gregorio Nazianzeno scriveva così del mistero dell'incarnazione: «Colui che è senza carne si incarna; il Verbo prende un corpo; l'invisibile si mostra ai nostri occhi; l'impalpabile si lascia toccare; colui che non conosce tempo prende principio; il Figlio di Dio è diventato Figlio dell'uomo». L'esperienza di san Gregorio è la stessa di san Giovanni, che oggi celebriamo, anche se i due sono di epoche diverse e solo il secondo è testimone oculare di Gesù. Le parole del primo, però, ricalcano quelle del secondo, come se il tempo non fosse passato, come se anche Gregorio fosse stato lì insieme al gruppo dei Dodici. Questo confronto ci permette di vedere che non si cessa mai di fare la stessa esperienza che san Giovanni ha fatto, pur essendo nati duemila anni dopo. Infatti, ancora oggi è possibile fare esperienza in carne e ossa del Signore Gesù nella sua Chiesa. Cristo è presente, e si può incontrare, in special modo nella liturgia, una liturgia che non si conclude tra le mura di una chiesa, ma che si apre al mondo con l'annuncio dell'incontro che ognuno di noi ha fatto.

Vangelo - Bellissima la corsa dei due apostoli verso il sepolcro! Giovanni ha urgenza di vedere il Signore risorto, non per curiosità, ma perché così acquistano senso tutte le parole dette dal Maestro. L'ultima frase del Vangelo di san Giovanni è particolare, perché afferma che credette vedendo la tomba vuota, ancor prima di vedere il Risorto. È interessante scoprire che la fede ti permette di credere alle cose non logiche umanamente; di credere alla presenza e alla potenza del Signore anche nei segni di morte. Giovanni, il discepolo amato, ci suggerisce come l'amore di Gesù possa trasformare il nostro cuore, possa incoraggiarlo a fidarsi del Maestro, anche se agli occhi di tutti pare che la sua storia conduca al fallimento. Questa è la nostra fede: uscire dalle logiche del mondo e credere all'impossibile, perché proprio nell'impossibilità entra la possibilità di Dio. La fede, che ha condotto Giovanni nella corsa, è la fede in un Maestro che agli occhi del mondo ha fallito, ma agli occhi del discepolo ha vinto, perché non c'è cosa più certa che la vittoria dell'amore.

CHIEDETE E VI SARÀ DATO Lc 11,9

1. O Dio, che in san Giovanni, apostolo dell'amore, ci hai dato un segno della tua misericordia, trasforma la vita della tua Chiesa, perché possa essere nel mondo costruttrice di fraternità e di pace.

2. O Dio, che hai affidato al discepolo Giovanni la Madre del tuo Figlio, rendi forti i sofferenti e dona loro di trovare, ai piedi della croce, consolazione, pace e speranza.

3. O Dio, che ai piccoli riveli le profondità del tuo mistero, concedi a noi l'umiltà del cuore e la sapienza del tuo Spirito.

FATE QUELLO CHE VI DIRÀ Gv 2,5

C PER VIVERE DA DISCEPOLO DI GESÙ... Mi impegno a dare testimonianza della mia fede nei luoghi in cui si cerca di portare via il Signore.

M SULL'ESEMPIO DI MARIA... Cerco un libro sulla Sindone e mi riprometto di leggerlo per scoprire qualcosa del mistero d'amore che l'avvolge.

Altri santi del giorno:
Santa Fabíola • San Teodoro • Beato Alfredo Parte • Beata Sara Salkaházi • Beato Francesco Spoto • Beato Odoardo Focherini

28 DICEMBRE

VENERDÌ

Ottava di Natale
Santi Innocenti martiri (f)
rosso **propria**

SANTI INNOCENTI MARTIRI:
il corteo del re messianico.

La Chiesa onora come martiri i bambini, sotto i 2 anni, che Erode, ossessionato dalla paura di perdere il trono, fa uccidere nella regione di Betlemme, per essere sicuro di eliminare tra loro anche Gesù, che egli considera come un re suo concorrente. Per quanto riguarda il numero delle vittime, i dati sono molto contrastanti. Secondo Giuseppe Ricciotti, storico biblista, il numero dei bambini nati a Betlemme in quel periodo, essendo circa mille gli abitanti, poteva aggirarsi intorno ai sessanta (da due anni in giù). Poiché Erode voleva uccidere solo i bambini maschi il numero di quelli caduti potrebbe essere di circa trenta e, considerando che la mortalità infantile era molto alta, il numero si restringe a circa venti. Gli innocenti sono i primi martiri che hanno testimoniato Cristo non con le parole, ma con il sangue. La Chiesa li celebra tre giorni dopo il Natale, per sottolineare che la loro vicenda tragica ha un legame con la promessa di salvezza entrata nel mondo con la nascita di Gesù. Cristo, principe della pace, è venuto a riconciliare il mondo con Dio, a portare il perdono ai peccatori e a farci partecipare alla sua vita divina. Le vittime immolate dalla ferocia di Erode appartengono al corteo del Re messianico e ricordano la realtà dell'amore di Dio che non trova ospitalità a Betlemme, che non trova ospitalità nel cuore di un potente. Vivere il Natale è accettare la sfida di Dio di vivere controcorrente. È concretezza. È vivere il primato della coscienza illuminata dalla parola di Dio.

ANTIFONA D'INGRESSO - I santi Innocenti furono uccisi per Cristo, e in cielo lo seguono, Agnello senza macchia, cantando sempre: «Gloria a te, o Signore».

Si dice il Gloria (vedi pag. 17).

COLLETTA - Signore nostro Dio, che oggi nei santi Innocenti sei stato glorificato non a parole, ma col sangue, concedi anche a noi di esprimere nella vita la fede che professiamo con le labbra. Per il nostro Signore…

PRIMA LETTURA 1Gv 1,5 – 2,2

Dalla prima lettera di san Giovanni apostolo

Figlioli miei, questo è il messaggio che abbiamo udito da lui e che noi vi annunciamo: Dio è luce e in lui non c'è tenebra alcuna. Se diciamo di essere in comunione con lui e camminiamo nelle tenebre, siamo bugiardi e non mettiamo in pratica la verità. Ma se camminiamo nella luce, come egli è nella luce, siamo in comunione gli uni con gli altri, e il sangue di Gesù, il Figlio suo, ci purifica da ogni peccato. Se diciamo di essere senza peccato, inganniamo noi stessi e la verità non è in noi. Se confessiamo i nostri peccati, egli è fedele e giusto tanto da perdonarci i peccati e purificarci da ogni iniquità. Se diciamo di non avere peccato, facciamo di lui un bugiardo e la sua parola non è in noi. Figlioli miei, vi scrivo queste cose perché non pecchiate; ma se qualcuno ha peccato, abbiamo un Paràclito presso il Padre: Gesù Cristo, il giusto. È lui la vittima di espiazione per i nostri peccati; non soltanto per i nostri, ma anche per quelli di tutto il mondo. **Parola di Dio.**

SALMO RESPONSORIALE Dal Salmo 123 (124)

℟. **Chi dona la sua vita risorge nel Signore.**

Oppure:

℟. **A te grida, Signore, il dolore innocente.**

Se il Signore non fosse stato per noi,
quando eravamo assaliti,
allora ci avrebbero inghiottiti vivi,
quando divampò contro di noi la loro collera. ℟.

Allora le acque ci avrebbero travolti,
un torrente ci avrebbe sommersi;

allora ci avrebbero sommersi
acque impetuose. ℟.

Siamo stati liberati come un passero
dal laccio dei cacciatori.
Il nostro aiuto è nel nome del Signore:
egli ha fatto cielo e terra. ℟.

CANTO AL VANGELO

Alleluia, alleluia.
Noi ti lodiamo, Dio, ti proclamiamo Signore;
ti acclama la candida schiera dei martiri.
Alleluia.

VANGELO

Mt 2,13-18

✠ *Dal Vangelo secondo Matteo*

I Magi erano appena partiti, quando un angelo del Signore apparve in sogno a Giuseppe e gli disse: «Àlzati, prendi con te il bambino e sua madre, fuggi in Egitto e resta là finché non ti avvertirò: Erode infatti vuole cercare il bambino per ucciderlo». Egli si alzò, nella notte, prese il bambino e sua madre e si rifugiò in Egitto, dove rimase fino alla morte di Erode, perché si compisse ciò che era stato detto dal Signore per mezzo del profeta: «Dall'Egitto ho chiamato mio figlio». Quando Erode si accorse che i Magi si erano presi gioco di lui, si infuriò e **mandò a uccidere tutti i bambini** che stavano a Betlemme e in tutto il suo territorio e che avevano da due anni in giù, secondo il tempo che aveva appreso con esattezza dai Magi. Allora si compì ciò che era stato detto per mezzo del profeta Geremìa: «Un grido è stato udito in Rama, un pianto e un lamento grande: Rachele piange i suoi figli e non vuole essere consolata, perché non sono più». **Parola del Signore.**

Sulle offerte - O Dio, che fai dono della tua santità anche ai bambini che ne sono ignari, accetta questa offerta per il sacrificio, e da' un cuore semplice e puro a noi che celebriamo i tuoi misteri. Per Cristo nostro Signore.

Comunione - Sono stati redenti tra gli uomini, primizie a Dio e all'Agnello; essi seguono l'Agnello dovunque vada *(Ap 14,4)*.

Dopo la Comunione - Padre misericordioso, che ci hai nutriti alla tua mensa, apri ai tuoi fedeli i tesori della redenzione nella festa dei santi Innocenti, che senza parlare confessarono col sangue il tuo Figlio, Salvatore del mondo. Per Cristo nostro Signore.

Commenti

1ª LETTURA - La lettera di san Giovanni apostolo ci dà la nota iniziale per muovere i primi passi nella sequela di Cristo. Come possiamo, infatti, essere discepoli se anzitutto non ci poniamo nella verità di noi stessi? L'Apostolo ci sprona, dunque, a uscire dalle tenebre, rigettandone le opere, per rivestirci della luce del Signore. Il giorno del Battesimo ci è stata data una candela alle parole: «Ricevete la luce di Cristo», perché noi siamo figli della luce e i figli della luce non compiono opere malvagie, ma vivono secondo il Vangelo. Non possiamo nemmeno illuderci di essere senza peccato, saremo sempre peccatori, commetteremo sempre errori, ma la consapevolezza di essere stati redenti dai nostri peccati, attraverso il sacrificio di Cristo, ci permette di non arrenderci, di guardare verso colui che ci ama nonostante il peccato, e può cambiare il nostro cuore di pietra. Se non ammettiamo di errare, se non accogliamo la misericordia infinita di Dio, l'amore di Dio come può raggiungerci? Riconosciamo, allora, ciò che siamo realmente, per scoprire ciò che realmente Dio fa per noi.

VANGELO - Oggi celebriamo la festa dei Santi Innocenti, cioè di quei bambini maschi sotto i 2 anni, che per ordine di Erode vennero uccisi a Betlemme, nella speranza di eliminare anche Gesù. In questo contesto l'evangelista Matteo dà subito la chiave di lettura con la quale interpretare tutta la vita del Messia, costretto a fuggire perché preda della follia omicida di un sovrano spaventato. Fin dai suoi primi giorni, Gesù ha subìto il rifiuto del mondo e i Santi Innocenti ne hanno dato testimonianza con il martirio. La vita del discepolo non è certo facile, perché è chiamato a discernere la giustizia in mezzo all'ingiustizia (e questo per alcuni è scomodo), ma è invitato a percorrere la stessa via del Signore, fatta di fughe, rifiuti, persecuzioni, martirio. La scelta si pone tra l'essere di Cristo o l'essere del mondo, tra il vivere realmente o il sopravvivere. Infatti, solo accogliendo Gesù possiamo vivere davvero, anche se dovessimo essere chiamati a testimoniare il nostro essere cristiani fino al martirio.

CHIEDETE E VI SARÀ DATO — Lc 11,9

1. Ti sei manifestato a noi nella debolezza del Bambino deposto nella mangiatoia di Betlemme: la tua Chiesa sappia sempre accogliere fra le sue braccia di madre tutti gli innocenti del mondo, le vittime dell'odio, i perseguitati e gli oppressi.

2. Hai vissuto i primi anni nella precarietà dell'esilio: dona a tutti coloro che abbandonano la loro patria di ritrovare sicurezza e dignità di vita nei Paesi che li accolgono.

3. Tu riconosci come tuoi discepoli coloro che vivono con rettitudine e purezza di cuore: la tua grazia ci aiuti a testimoniare con la vita la nostra fede.

FATE QUELLO CHE VI DIRÀ Gv 2,5

C PER VIVERE DA DISCEPOLO DI GESÙ... Faccio una donazione, secondo le mie possibilità, ai bambini che abitano in una regione del mondo dove i loro diritti fondamentali vengono calpestati.

M SULL'ESEMPIO DI MARIA... Recito il Rosario per tutti i bambini vittime della follia omicida degli adulti.

Altri santi del giorno:
San Teone • San Gaspare del Bufalo • Santa Caterina Volpicelli • Beata Mattia Nazzareni • Beato Gregorio Khomyšyn

29 DICEMBRE

SABATO

5° giorno fra l'ottava di Natale

bianco **propria**

S. Tommaso Becket,
vescovo e martire (comm)

SAN TOMMASO BECKET:
«Accetto la morte in nome di Gesù e della Chiesa».

Tommaso nacque a Londra attorno al 1120 da un ricco mercante. Terminati gli studi, entrò a far parte dei collaboratori dell'arcivescovo di Canterbury. Nel 1155 il re Enrico II lo nominò cancelliere del regno. Molto stimato dal sovrano per la sua intelligenza e le sue capacità, spesso appoggiò il re contro gli interessi della Chiesa. I due erano legati da sincera amicizia e da una stretta collaborazione. Nel 1161, alla morte dell'arcivescovo, il re fece eleggere al suo posto il suo fidato cancelliere. Tommaso predisse a Enrico che, una volta nominato arcivescovo di Canterbury, la loro grande amicizia sarebbe finita. Infatti, mentre da cancelliere curò solo gli affari del re, da vescovo si occupò soprattutto degli interessi della Chiesa. La delusione verso Tommaso, da parte del re, con il tempo si trasformò in rabbia e odio. Dalla sua elezione Tommaso condusse quasi una vita monastica: sobrietà nel mangiare e vestire, preghiera e meditazione della Sacra Scrittura ogni giorno, distribuzione ai poveri delle elemosine, visite agli ammalati e agli ospedali. Riscattò inoltre la sua vita mondana e scapestrata con una vita di austera penitenza: veglie, cilici, discipline e digiuni.

Ben presto iniziarono i conflitti con il re, fino al punto che questi tentò di imprigionare Tommaso, ma egli si rifugiò in Francia. Tornato in patria, come primo atto sconfessò i vescovi che erano scesi a patti col re, il quale, arrivò a esclamare: «Chi mi toglierà di mezzo questo prete intrigante?». Fu così che quattro cavalieri armati partirono alla volta di Canterbury.
Pur sapendo della congiura nei suoi riguardi, affrontò con coraggio il pericolo, dicendo: «La paura della morte non deve farci perdere di vista la giustizia». Pur potendo fuggire, decise di non farlo. Davanti all'altare, vestito dei suoi paramenti episcopali, mentre si accingeva a celebrare la Messa in ricordo dei Santi Innocenti, senza difendersi, si lasciò pugnalare dai sicari e, morendo, disse: «Accetto la morte in nome di Gesù e della Chiesa». Era il 29 dicembre 1170. È difficile dire se Enrico II abbia dato l'incarico di uccidere il vescovo o se i quattro sicari abbiano agito di loro iniziativa, pensando di fare, in tal modo, cosa gradita al loro re. Subito dopo la morte di Tommaso, il popolo lo venerò come santo e iniziarono i pellegrinaggi alla sua tomba nella cattedrale di Canterbury. Fu canonizzato, dopo soli tre anni dalla morte, da papa Alessandro III nel 1173. L'anno dopo la canonizzazione, Enrico II fece pubblica penitenza sulla tomba dell'amico. Nel 1538, Enrico VIII fece distruggere il sarcofago con le reliquie di Tommaso e cercò in ogni modo di cancellare la venerazione verso quel grande Santo cattolico, ancora oggi molto presente.

ANTIFONA D'INGRESSO - Dio ha tanto amato il mondo da donare il suo unico Figlio, perché chiunque crede in lui non perisca, ma abbia la vita eterna *(Gv 3,16)*.

Si dice il Gloria (vedi pag. 17).

COLLETTA - Dio invisibile ed eterno, che nella venuta del Cristo vera luce hai rischiarato le nostre tenebre, guarda con bontà questa tua famiglia, perché possa celebrare con lode unanime la nascita gloriosa del tuo unico Figlio. Egli è Dio…

PRIMA LETTURA 1Gv 2,3-11

Dalla prima lettera di san Giovanni apostolo

Figlioli miei, da questo sappiamo di avere conosciuto Gesù: se osserviamo i suoi comandamenti. Chi dice: «Lo conosco», e non osserva i suoi comandamenti, è bugiardo e in lui non c'è la verità. Chi invece osserva la sua parola, in lui l'amore di Dio è veramente perfetto. Da questo conosciamo di essere in lui. **Chi dice di rimanere in lui, deve anch'egli comportarsi come lui si è comportato.** Carissimi, non vi scrivo un nuovo comandamento, ma un comandamento antico, che avete ricevuto da principio. Il comandamento antico è la Parola che avete udito. Eppure vi scrivo un comandamento nuovo, e ciò è vero in lui e in voi, perché le tenebre stanno diradandosi e già appare la luce vera. Chi dice di essere nella luce e odia suo fratello, è ancora nelle tenebre. Chi ama suo fratello, **rimane nella luce** e non vi è in lui occasione di inciampo. Ma chi odia suo fratello, è nelle tenebre, cammina nelle tenebre e non sa dove va, perché le tenebre hanno accecato i suoi occhi. **Parola di Dio.**

SALMO RESPONSORIALE Dal Salmo 95 (96)

℟. **Gloria nei cieli e gioia sulla terra.**

Cantate al Signore un canto nuovo,
cantate al Signore, uomini di tutta la terra.
Cantate al Signore, benedite il suo nome. ℟.

Annunciate di giorno in giorno la sua salvezza.
In mezzo alle genti narrate la sua gloria,
a tutti i popoli dite le sue meraviglie. ℟.

Il Signore ha fatto i cieli;
maestà e onore sono davanti a lui,
forza e splendore nel suo santuario. ℟.

CANTO AL VANGELO Lc 2,32

Alleluia, alleluia.
Luce per rivelarti alle genti
e gloria del tuo popolo, Israele.
Alleluia.

VANGELO Lc 2,22-35

✠ *Dal Vangelo secondo Luca*

Quando furono compiuti i giorni della loro purificazione rituale, secondo la legge di Mosè, [Maria e Giuseppe] portarono il bambino [Gesù] a Gerusalemme per presentarlo al Signore – come è scritto nella legge del Signore: «Ogni maschio primogenito sarà sacro al Signore» – e per offrire in sacrificio una coppia di tortore o due giovani colombi, come prescrive la legge del Signore. Ora a Gerusalemme c'era un uomo di nome Simeone, uomo giusto e pio, che aspettava la consolazione d'Israele, e lo Spirito Santo era su di lui. Lo Spirito Santo gli aveva preannunciato che non avrebbe visto la morte senza prima aver veduto il Cristo del Signore. Mosso dallo Spirito, si recò al tempio e, mentre i genitori vi portavano il bambino Gesù per fare ciò che la Legge prescriveva a suo riguardo, anch'egli lo accolse tra le braccia e benedisse Dio, dicendo: «Ora puoi lasciare, o Signore, che il tuo servo vada in pace, secondo la tua parola, perché i miei occhi hanno visto la tua salvezza, preparata da te davanti a tutti i popoli: luce per rivelarti alle genti e gloria del tuo popolo, Israele». Il padre e la madre di Gesù si stupivano delle cose che si dicevano di lui. Simeone li benedisse e a Maria, sua madre, disse: «Ecco, egli è qui per la caduta e la risurrezione di molti in Israele e come segno di contraddizione – e anche a te una spada trafiggerà l'anima –, affinché siano svelati i pensieri di molti cuori». **Parola del Signore.**

Sulle offerte - Accogli, Signore, i nostri doni in questo misterioso incontro tra la nostra povertà e la tua grandezza: noi ti offriamo le cose che ci hai dato, e tu donaci in cambio te stesso. Per Cristo nostro Signore.

Comunione - Nella bontà misericordiosa del nostro Dio ci ha visitato dall'alto un sole che sorge, Cristo Signore *(Cfr. Lc 1,78).*

Oppure: Il Messia del Signore è segno di contraddizione, perché in lui sono svelati i pensieri di molti cuori *(Cfr. Lc 2,34-35).*

Dopo la Comunione - Dio onnipotente e misericordioso, fa' che la forza inesauribile di questi santi misteri ci sostenga in ogni momento della nostra vita. Per Cristo nostro Signore.

Commenti

1ª LETTURA - Molte persone, non credenti o credenti non praticanti, hanno la difficoltà di riconoscere la credibilità della nostra testimonianza. Infatti, ci fregiamo del nome di cristiani, ma poi lo siamo realmente? Credo che questa sia la prima domanda che dobbiamo porci quando facciamo un buon esame di coscienza prima di ogni Confessione. Ogni volta che ci accostiamo al sacramento della Riconciliazione abbiamo l'opportunità di guardare indietro e vedere cosa ha funzionato o meno nella nostra testimonianza. Un mondo che stenta a credere in ciò che non può verificare con certezza scientifica, come può essere persuaso dal nostro annuncio se esso è vuoto? L'apostolo Giovanni parla senza mezzi termini: se dici di aver conosciuto il Signore devi vivere i suoi comandamenti, senza "ma" e senza "però". E il comandamento grande, dato da Gesù e ripetuto da Giovanni, è quello dell'amore. Nessun cristiano, se davvero lo è, può tirarsi indietro di fronte a questo: o ama il fratello o non è di Cristo! La sua testimonianza sarà vera solo se le sue opere dimostrano la bellezza di essere figli della luce.

Vangelo - Da buoni ebrei, anche Giuseppe e Maria si recano al tempio di Gerusalemme con il bambino Gesù, per assolvere i precetti della Legge e per offrirlo al Signore. In questo contesto spicca la figura di Simeone, uomo giusto e pio che attendeva la realizzazione della promessa dell'arrivo del Messia, che con sguardo di fede riconosce in quel bambino la salvezza di Israele. Una salvezza portata non certo con facilità; infatti, Simeone, mosso dallo Spirito Santo, profetizza un spaccatura che causerà anche sofferenza. Queste parole profetiche le vedremo realizzate nella vicenda di Cristo. La sua opera infatti dividerà il popolo in due: coloro che lo seguono e coloro che lo rifiutano, un rifiuto talmente aspro da portarlo sulla croce. Il Vangelo, che pone l'uomo nella verità di se stesso, non ha facile accesso nel mondo; in tutta la storia della Chiesa, come anche ai nostri giorni, vediamo questo rifiuto costante. Ma se i nostri occhi hanno visto la salvezza come Simeone, non possiamo esimerci dall'annunciarla nonostante tutto. Il Signore ha voluto che il dono fatto all'umanità passi attraverso la nostra povera bocca, le nostre deboli braccia, il nostro cuore timoroso; ma se questa è la sua volontà cosa abbiamo da temere?

CHIEDETE E VI SARÀ DATO Lc 11,9

1. O Dio, libera la tua Chiesa da ogni forma di compromesso con il potere, affinché come san Tommaso Becket sia disposta e preparata a perdere anche la vita, piuttosto che mancare ai propri doveri.

2. O Dio, dona a tutti i popoli della terra di superare le divisioni razziali, culturali e religiose, affinché tutti vivano come fratelli nella giustizia, nella pace e nell'amore.

3. O Dio, fa' che le nostre comunità facciano risuonare ogni giorno la lode del vecchio Simeone e, benedicendo il Dio della vita, rivelino Cristo come luce delle genti.

FATE QUELLO CHE VI DIRÀ Gv 2,5

C PER VIVERE DA DISCEPOLO DI GESÙ... Vivo questo giorno cercando di essere il più coerente possibile con il mio essere cristiano, sia nei pensieri che nei comportamenti.

M SULL'ESEMPIO DI MARIA... Accendo tutte le candele della corona dell'Avvento: la mia fede, come questa luce, sia capace di diradare le tenebre che vivono dentro di me e intorno a me.

Altri santi del giorno:

San Davide • San Trófino • San Libóso • Beato Gerardo Cagnoli • Beato Guglielmo Howard

30 DICEMBRE

DOMENICA

Ottava di Natale
Santa Famiglia di Gesù, Maria e Giuseppe (f) (C)
bianco **propria**

UN'AUTENTICA SCUOLA DI VANGELO

La vicinanza del Natale accende sul mistero della santa Famiglia una grande luce. L'incarnazione del Figlio di Dio apre un nuovo inizio nella storia universale dell'uomo e della donna. E questo nuovo inizio accade in seno a una famiglia, a Nàzaret. Dio ha scelto di nascere in una famiglia umana, che ha formato lui stesso. L'ha formata in uno sperduto villaggio della periferia dell'Impero Romano, in cui ha vissuto per trent'anni, conducendo una vita nascosta. Gesù ha coltivato in quei trent'anni la vocazione per la quale il Padre lo ha inviato; e in quel tempo, non si è mai scoraggiato, ma è cresciuto in coraggio per andare avanti con la sua missione. Ciascuna famiglia cristiana – come hanno fatto Maria e Giuseppe – può accogliere Gesù, ascoltarlo, parlare con lui, custodirlo, proteggerlo, crescere con lui; e così migliorare il mondo. Facciamo spazio nel nostro cuore e nelle nostre giornate al Signore. Così hanno fatto anche Maria e Giuseppe, e non è stato facile: quante difficoltà hanno dovuto superare! La famiglia di Nàzaret non è stata una famiglia finta, irreale e, nella sua assoluta concretezza, ci invita a riscoprire la vocazione e la missione della famiglia, di ogni famiglia. *(Vedi pagg. 707-709)*.

Antifona d'ingresso - I pastori si avviarono in fretta e trovarono Maria e Giuseppe, e il Bambino deposto nella mangiatoia *(Lc 2,16).*

Si dice il Gloria (vedi pag. 17).

Colletta - **Preghiamo:** O Dio, nostro Padre, che nella santa Famiglia ci hai dato un vero modello di vita, fa' che nelle nostre famiglie fioriscano le stesse virtù e lo stesso amore, perché, riuniti insieme nella tua casa, possiamo godere la gioia senza fine. Per il nostro Signore… **Amen.**

Oppure: O Dio, nostro creatore e Padre, tu hai voluto che il tuo Figlio, generato prima dell'aurora del mondo, divenisse membro dell'umana famiglia; ravviva in noi la venerazione per il dono e il mistero della vita, perché i genitori si sentano partecipi della fecondità del tuo amore, e i figli crescano in sapienza, età e grazia, rendendo lode al tuo santo nome. Per il nostro Signore… **Amen.**

(seduti)

PRIMA LETTURA 1Sam 1,20-22.24-28

Dal primo libro di Samuèle

Al finir dell'anno Anna concepì e partorì un figlio e

lo chiamò Samuèle, «perché – diceva – al Signore l'ho richiesto». Quando poi Elkanà andò con tutta la famiglia a offrire il sacrificio di ogni anno al Signore e a soddisfare il suo voto, Anna non andò, perché disse al marito: «Non verrò, finché il bambino non sia svezzato e io possa condurlo a vedere il volto del Signore; poi resterà là per sempre». Dopo averlo svezzato, lo portò con sé, con un giovenco di tre anni, un'efa di farina e un otre di vino, e lo introdusse nel tempio del Signore a Silo: era ancora un fanciullo. Immolato il giovenco, presentarono il fanciullo a Eli e lei disse: «Perdona, mio signore. Per la tua vita, mio signore, io sono quella donna che era stata qui presso di te a pregare il Signore. Per questo fanciullo ho pregato e il Signore mi ha concesso la grazia che gli ho richiesto. Anch'io lascio che il Signore lo richieda: per tutti i giorni della sua vita egli è richiesto per il Signore». E si prostrarono là davanti al Signore. - Parola di Dio. R. **Rendiamo grazie a Dio.**

SALMO RESPONSORIALE Dal Salmo 83 (84)

R. **Beato chi abita nella tua casa, Signore.**

Quanto sono amabili le tue dimore,
Signore degli eserciti!

L'anima mia anela
e desidera gli atri del Signore.
Il mio cuore e la mia carne
esultano nel Dio vivente. ℟.

Beato chi abita nella tua casa:
senza fine canta le tue lodi.
Beato l'uomo che trova in te il suo rifugio
e ha le tue vie nel suo cuore. ℟.

Signore, Dio degli eserciti, ascolta la mia preghiera,
porgi l'orecchio, Dio di Giacobbe.
Guarda, o Dio, colui che è il nostro scudo,
guarda il volto del tuo consacrato. ℟.

SECONDA LETTURA 1Gv 3,1-2.21-24

Dalla prima lettera di san Giovanni apostolo

Carissimi, vedete quale grande amore ci ha dato il Padre per essere chiamati figli di Dio, e lo siamo realmente! Per questo il mondo non ci conosce: perché non ha conosciuto lui. Carissimi, noi fin d'ora siamo figli di Dio, ma ciò che saremo non è stato ancora rivelato. Sappiamo però che quando egli si sarà manifestato, noi saremo simili a lui, perché lo vedremo così come egli è. Carissimi, se il nostro cuore non ci rimprovera nulla, abbiamo fiducia in Dio, e qualunque cosa chiediamo, la riceviamo da lui, perché osserviamo i suoi comandamenti e facciamo quello che gli è gradito. Questo è il suo comandamento: che crediamo nel nome del Figlio suo Gesù Cristo e **ci amiamo gli uni gli altri**, secondo il precetto che ci ha dato. Chi osserva i suoi comandamenti rimane in Dio e Dio in lui. In questo conosciamo che egli rimane in noi: dallo Spirito che ci ha dato. - Parola di Dio. R. **Rendiamo grazie a Dio.**

(in piedi)

CANTO AL VANGELO Cfr. At 16,14b

Alleluia, alleluia.
Apri, Signore, il nostro cuore
e accoglieremo le parole del Figlio tuo.
Alleluia.

VANGELO Lc 2,41-52

Il Signore sia con voi.
R. **E con il tuo spirito.**
✠ *Dal Vangelo secondo Luca*
R. **Gloria a te, o Signore.**
I genitori di Gesù **si recavano ogni anno a Gerusalemme** per la festa di Pasqua. Quando egli ebbe do-

dici anni, vi salirono secondo la consuetudine della festa. Ma, trascorsi i giorni, mentre riprendevano la via del ritorno, il fanciullo Gesù rimase a Gerusalemme, senza che i genitori se ne accorgessero. Credendo che egli fosse nella comitiva, fecero una giornata di viaggio, e poi si misero a cercarlo tra i parenti e i conoscenti; non avendolo trovato, tornarono in cerca di lui a Gerusalemme. Dopo tre giorni lo trovarono nel tempio, seduto in mezzo ai maestri, mentre li ascoltava e li interrogava. E tutti quelli che l'udivano erano pieni di stupore per la sua intelligenza e le sue risposte. Al vederlo restarono stupiti, e sua madre gli disse: «Figlio, perché ci hai fatto questo? Ecco, tuo padre e io, angosciati, ti cercavamo». Ed egli rispose loro: «Perché mi cercavate? Non sapevate che io devo occuparmi delle cose del Padre mio?». Ma essi non compresero ciò che aveva detto loro. Scese dunque con loro e venne a Nàzaret e stava loro sottomesso. Sua madre custodiva tutte queste cose nel suo cuore. E Gesù cresceva in sapienza, età e grazia davanti a Dio e agli uomini. - Parola del Signore. R. **Lode a te o Cristo.**

Credo (vedi pagg. 19-22).

(in piedi)

SULLE OFFERTE - Accogli, Signore, questo sacrificio di salvezza, e per intercessione della Vergine Madre e di san Giuseppe, fa' che le nostre famiglie vivano nella tua amicizia e nella tua pace. Per Cristo nostro Signore. **Amen.**

COMUNIONE - Il nostro Dio è apparso sulla terra, e ha dimorato in mezzo a noi *(Bar 3,38).*
Oppure: «Figlio, perché ci hai fatto così? Ecco, tuo padre e io, angosciati, ti cercavamo». Gesù rispose: «Non sapevate che io debbo occuparmi delle cose del Padre mio?» *(Lc 2,48-49).*

DOPO LA COMUNIONE - **Preghiamo:** Padre misericordioso, che ci hai nutriti alla tua mensa, donaci di seguire gli esempi della santa Famiglia, perché dopo le prove di questa vita siamo associati alla sua gloria in cielo. Per Cristo nostro Signore. **Amen.**

Commenti

1ª LETTURA - Anna, vista esaudita la sua preghiera, si diresse verso il tempio del Signore in Silo, per offrire non solo gli animali per il sacrificio, ma lo stesso Samuèle, perché le era stato donato dalla provvidenza divina, che non aveva lasciato la sua preghiera inascoltata. Anche noi possiamo fare la stessa esperienza di questa donna. La preghiera, infatti, è continua esperienza della provvidenza di Dio. Lo stesso Gesù nella sua predicazione ci invita a pregare incessantemente e a chiedere al Padre ciò di cui abbiamo bisogno. Per noi cristiani la preghiera è essenziale, è parte integrante della nostra vita di fede, non ne possiamo fare a meno, perché denota quanta cura abbiamo della nostra relazione personale con il Signore. Uno si potrebbe chiedere: «Ma se Dio sa tutto, per quale motivo devo pregare?». Anzitutto la preghiera non è solo richiesta, ma anche ringraziamento e lode. Ma anche se pregassimo con l'intento di chiedere, bisogna farlo con la consapevolezza che Dio non va convinto di nulla, dato che sa tutto, mentre siamo noi che abbiamo bisogno di lui, di parlare con lui, di lasciarci plasmare dalla sua volontà, di lasciarci avvolgere dal suo amore.

2ª LETTURA - Non è la prima volta che l'apostolo Giovanni utilizza il verbo "rimanere" per specificare il compito dei discepoli di Cristo; infatti, se ricordiamo bene, nel suo Vangelo al capitolo 15 questo verbo ricorre molte volte in poche righe. Primo compito del cristiano, dalle parole dell'evangelista Giovanni, sembra essere quello di prendere dimora presso Dio; infatti, potremmo parafrasare "rimanere" con "abitare". Solo quando si abita con qualcuno si prendono le abitudini e si imitano, anche inconsapevolmente, gli atteggiamenti. Nella chiamata dei Dodici, riportata dai Vangeli, la prima azione che gli apostoli sono chiamati a compiere è quella di stare con Gesù, e poi di predicare, scacciare i demòni, guarire gli infermi. Solo dallo stare con lui scaturisce la nostra testimonianza; chi ci incontra, infatti, potrà dire che siamo cristiani, se Dio traspare nella nostra vita, e questo è possibile se stiamo con lui. Gli apostoli prima di portare in tutto il mondo il Vangelo, sono stati per tre anni insieme al Maestro, senza fare nulla, ma solo guardando le sue opere e ascoltando la sue parole. Se anche noi vogliamo entrare a far parte dei discepoli di Gesù, allora, siamo chiamati a dedicare del tempo all'ascolto della sua Parola e alla contemplazione della sua opera.

VANGELO - La festa della Sacra Famiglia ci offre il Vangelo del ritrovamento di Gesù al tempio. Dopo il racconto dell'infanzia e prima dell'inizio della vita pubblica, l'evangelista Luca inserisce questo episodio per concludere la prima parte e anticipare la seconda. Infatti, colui che è stato riconosciuto come compimento della promessa da Zaccarìa, Elisabetta, Simeone, Anna e dagli stessi genitori di Gesù, ha ora l'urgenza di iniziare la sua missione. Ancora giovane Gesù, che poco a poco sta crescendo nella sua famiglia, ha necessità di occuparsi delle cose del Padre. È la prima volta nel Vangelo che il Cristo si rivolge a Dio con l'appellativo di Padre, e sarà la sua ultima parola sulla croce: «Padre, nelle tue mani consegno il mio spirito». L'appellativo con cui Gesù indica Dio sembra fare da cornice al Vangelo di Luca ed è l'orizzonte entro il quale possiamo riconoscerci. Infatti, le parole di Gesù, sin dall'episodio nel tempio, ci inseriscono nella consapevolezza che siamo figli del Padre. La festa della Sacra Famiglia non ci offre quindi solo un modello per ogni famiglia, ma ci aiuta a prendere coscienza della nostra più intima natura.

CHIEDETE E VI SARÀ DATO — Lc 11,9

1. Fa', o Signore, che mediante il tuo Figlio Gesù Cristo, la tua Chiesa diventi un vero santuario della vita e dell'amore per le generazioni di figli che sempre affidi alla sua tenera cura.

2. Fa', o Signore, che tutte le famiglie diventino luogo di crescita in sapienza e grazia, sperimentando che l'amore consacrato dal vincolo del matrimonio è più forte di ogni debolezza e di ogni crisi.

3. Fa', o Signore, che ognuno di noi fortificato dal Corpo e Sangue di Cristo, cresca nell'amore e nel servizio fraterno, rendendo lode al tuo santo nome.

FATE QUELLO CHE VI DIRÀ Gv 2,5

C PER VIVERE DA DISCEPOLO DI GESÙ... Al termine di questo 2018 rinnovo il mio desiderio di fare un pellegrinaggio in Terra Santa e dispongo un piccolo salvadanaio dove porre i risparmi per pagare il viaggio.

M SULL'ESEMPIO DI MARIA... Nessuna parola esca oggi dalla mia bocca che possa far capire che sono cristiano: parlino solo i miei gesti d'amore gratuito per ogni persona che incontro.

Altri santi del giorno:
San Felice I • Sant'Erméte • San Ruggero • San Lorenzo • Beato Giovanni Maria Boccardo • Beata Eugenia Ravasco

31 DICEMBRE

LUNEDÌ

7° giorno fra l'ottava di Natale

bianco **propria**

S. Silvestro I, papa (comm)

SAN SILVESTRO I: il primo papa di una Chiesa non più perseguitata.

Nell'ultimo giorno dell'anno, la liturgia ci presenta la figura di Silvestro, il primo papa di una Chiesa non più minacciata dalle terribili persecuzioni dei primi secoli. Nel 313, infatti, gli imperatori Costantino e Licinio danno piena libertà di culto ai cristiani, durante il pontificato di Milziade, che muore l'anno dopo. Gli succede Silvestro eletto papa nel 314, al tempo in cui Costantino porta l'affermazione della fede cristiana in tutto l'Impero Romano. Durante il suo lungo pontificato, durato ben ventuno anni (314-335), vengono edificate alcune tra le basiliche più importanti di Roma: San Pietro, San Paolo e San Giovanni. Costantino, inoltre, dona a Silvestro il palazzo del Laterano, come sua residenza. Sotto il suo pontificato si celebra il grande Concilio Ecumenico di Nicea (325), dove si approva il *Credo* che, contro le dottrine di Ario, riafferma la divinità di Gesù Cristo, Verbo consustanziale al Padre. Silvestro vive oscurato dalla personalità molto forte di Costantino che, non rinunciando al titolo di pontefice massimo, interviene nelle questioni della Chiesa indicendo Sinodi e Concili. Tuttavia con umiltà, dà spazio all'imperatore, che in quel periodo ha anche potere sulla Chiesa. Alcuni studiosi sosten-

gono che il comportamento dominante di Costantino, anche nelle controversie religiose, non si manifesta per sovrastare l'autorità di Silvestro, ma per dare tranquillità e pace all'impero. L'assenza di rivalità tra i due dona, infatti, alla Chiesa un periodo di grande pace e prosperità.
Silvestro contribuisce a dare a Roma un aspetto cristiano, riducendo quello pagano; contrasta, inoltre, efficacemente lo scisma dei donatisti e l'eresia ariana, molto pericolosi per il cristianesimo. È tra i primi a essere onorato come "confessore", titolo attribuito dal IV secolo in poi a chi, pur senza martirio, ha trascorso una vita offerta a Cristo.

ANTIFONA D'INGRESSO - È nato per noi un bambino, un figlio ci è stato donato: egli avrà sulle spalle il dominio, consigliere ammirabile sarà il suo nome *(Cfr. Is 9,5).*

Si dice il Gloria (vedi pag. 17).

COLLETTA - Dio onnipotente ed eterno, che nella nascita del tuo Figlio hai stabilito l'inizio e la pienezza della vera fede, accogli anche noi come membra del Cristo, che compendia in sé la salvezza del mondo. Per il nostro Signore…

PRIMA LETTURA 1Gv 2,18-21

Dalla prima lettera di san Giovanni apostolo

Figlioli, è giunta l'ultima ora. Come avete sentito

dire che l'anticristo deve venire, di fatto molti anticristi sono già venuti. Da questo conosciamo che è l'ultima ora. Sono usciti da noi, ma non erano dei nostri; se fossero stati dei nostri, sarebbero rimasti con noi; sono usciti perché fosse manifesto che non tutti sono dei nostri. Ora voi avete ricevuto l'unzione dal Santo, e tutti avete la conoscenza. Non vi ho scritto perché non conoscete la verità, ma perché la conoscete e perché **nessuna menzogna viene dalla verità**. **Parola di Dio.**

SALMO RESPONSORIALE Dal Salmo 95 (96)

℟. **Gloria nei cieli e gioia sulla terra.**

Oppure:

℟. **Tutti i confini della terra hanno visto**
la salvezza del nostro Dio.

Cantate al Signore un canto nuovo,
cantate al Signore, uomini di tutta la terra.
Cantate al Signore, benedite il suo nome,
annunciate di giorno in giorno la sua salvezza. ℟.

Gioiscano i cieli, esulti la terra,
risuoni il mare e quanto racchiude;
sia in festa la campagna e quanto contiene,
acclamino tutti gli alberi della foresta. ℟.

Davanti al Signore che viene:
sì, egli viene a giudicare la terra;
giudicherà il mondo con giustizia
e nella sua fedeltà i popoli.

℟. **Gloria nei cieli e gioia sulla terra.**

Oppure:

℟. **Tutti i confini della terra hanno visto
la salvezza del nostro Dio.**

CANTO AL VANGELO Gv 1,14a.12a

Alleluia, alleluia.
Il Verbo si fece carne
e venne ad abitare in mezzo a noi.
A quanti lo hanno accolto
ha dato il potere di diventare figli di Dio.
Alleluia.

VANGELO Gv 1,1-18

✠ *Dal Vangelo secondo Giovanni*

In principio era il Verbo, e il Verbo era presso Dio e il Verbo era Dio. Egli era, in principio, presso Dio: tutto è stato fatto per mezzo di lui e senza di lui nulla è stato fatto di ciò che esiste. In lui era la vita e la vita era la luce degli uomini; la luce splende nelle tenebre e le tenebre non l'hanno vinta. Venne un uomo mandato da Dio: il suo nome era Giovanni. Egli venne come testimone per dare testimonianza alla luce, perché tutti credessero per mezzo di lui. Non era lui la luce, ma doveva dare testimonianza alla luce. Veniva nel mondo la luce vera, quella che illumina ogni uomo. Era nel mondo e il mondo è stato fatto per mezzo di lui; eppure il mondo non lo ha riconosciuto. Venne fra i suoi, e i suoi non lo hanno accolto. A quanti però lo hanno accolto ha dato potere di diventare figli di Dio: a quelli che credono nel suo nome, i quali, non da sangue né da volere di carne né da volere di uomo, ma da Dio sono stati generati. E il Verbo si fece carne e venne ad abitare in mezzo a noi; e noi abbiamo contemplato la sua gloria, gloria come del Figlio unigenito che viene dal Padre, pieno di grazia e di verità. Giovanni gli dà testimonianza e proclama: «Era di lui che io dissi: Colui che viene dopo di me è avanti a me, perché era prima di me». **Dalla sua pienezza noi tutti abbiamo ricevuto: grazia su grazia.** Perché la Legge fu data per mezzo di Mosè, la grazia e la verità vennero per mezzo di Gesù Cristo. Dio, nessuno lo ha mai visto: il Figlio unigenito, che è Dio ed è nel seno del Padre, è lui che lo ha rivelato. **Parola del Signore.**

SULLE OFFERTE - O Dio, sorgente della vera pietà e della pace, salga a te nella celebrazione di questi misteri la giusta adorazione per la tua grandezza, e si rafforzi la fedeltà e la concordia dei tuoi figli. Per Cristo nostro Signore.

COMUNIONE - Dio ha mandato nel mondo il suo unico Figlio, perché noi abbiamo la vita per mezzo di lui *(1Gv 4,9)*.
Oppure: Dalla sua pienezza noi tutti abbiamo ricevuto e grazia su grazia *(Gv 1,16)*.

DOPO LA COMUNIONE - Sostieni, Signore, con la tua provvidenza questo popolo nel presente e nel futuro, perché con le semplici gioie che disponi sul suo cammino aspiri con serena fiducia alla gioia che non ha fine. Per Cristo nostro Signore.

Commenti

1ª LETTURA - L'apostolo Giovanni mette in guardia la comunità cristiana, alla quale è indirizzata la sua prima lettera, da coloro che negano o alterano la persona e l'opera di Cristo. È un monito anche per noi oggi: tanti falsi profeti, che vogliono ammaliarci con le loro lusinghe, sono sempre in agguato. Noi però, che abbiamo ricevuto l'unzione dello Spirito Santo, che profumiamo del buon profumo di Cristo, che siamo consacrati a Dio e che conosciamo la verità del Vangelo, non possiamo lasciarci traviare da strane dottrine, dalle tentazioni, dalle parole apparentemente dolci di coloro che in realtà desiderano solo la nostra rovina. Per valutare ciò che incontriamo, per discernere rettamente, abbiamo bisogno di una sorta di griglia di valutazione, di alcuni punti fermi dai quali partire; per il cristiano questa è la funzione del Vangelo. In un mondo e in una società nella quale i punti di riferimento sono stati scardinati, perché scomodi, e nella quale l'uomo sembra vivere in una certa fluidità, il credente può continuare a discernere attraverso il Vangelo la bontà o la negatività delle cose, dimostrando, inoltre, agli altri che è possibile farlo.

VANGELO - Con questo inno si apre il Vangelo di Giovanni. Un inno che ci rapisce per condurci alla contemplazione del mistero di Dio fatto uomo, del Verbo eterno del Padre che si incarna assumendo la nostra natura umana. Il Cristo viene descritto come la luce che rischiara le tenebre del mondo, e non c'è paragone più adatto per descrivere il mistero di Gesù; la luce, infatti, permette di vedere. Accoglierla o non accoglierla, lasciare entrare il Cristo nella nostra vita o lasciarlo fuori significa scoprire o meno la nostra natura di figli; infatti, attraverso il Figlio, siamo divenuti anche noi figli del Padre. Inoltre, la luce è fonte di vita, nessuna creatura può vivere senza di essa: nell'accoglienza o meno del Verbo fatto carne, è in gioco la nostra vita; solo attraverso Cristo la nostra natura umana può essere elevata, perché la nostra debolezza è stata assunta dal Verbo e noi, uniti in comunione con lui, condivideremo un giorno la sua stessa vita immortale.

CHIEDETE E VI SARÀ DATO — Lc 11,9

1. Perché la Chiesa di Cristo, alla luce del Vangelo, sappia farsi interpellare dalle vicende dell'anno che si conclude, per rinnovare il suo impegno al servizio dell'uomo e del regno di Dio.

2. Perché i bambini nati in quest'anno sperimentino amore e cura; i fratelli e le sorelle che ci hanno lasciato, incontrino Dio Padre e ricevano la ricompensa delle loro fatiche; le coppie che si sono sposate camminino nella gioia della fedeltà.

3. Perché ognuno di noi sappia riconoscere questo anno come tempo di grazia, benedire e rendere grazie a Dio per i segni della sua provvidente presenza,conservare nel cuore la gratitudine per benefici ricevuti.

FATE QUELLO CHEVI DIRÀ Gv 2,5

C PER VIVERE DA DISCEPOLO DI GESÙ... Nell'ultimo giorno dell'anno partecipo al Te Deum di ringraziamento in parrocchia e ringrazio per dodici eventi importanti che mi sono stati donati di vivere in quest'anno.

M SULL'ESEMPIO DI MARIA... Sono una persona autentica? Alla fine dell'anno faccio un esame di coscienza e se il mio cuore ha qualcosa da rimproverarmi, chiedo perdono a Dio pregando il salmo 50.

Ringraziamento di fine anno e Te Deum

(vedi pagg. 710-715)

Altri santi del giorno:

Santa Colomba • Santa Melania la Giovane • San Mario • San Giovanni Francesco Régis • Beato Alano di Solminihac

PREGHIERE PRIMA E DOPO LA COMUNIONE

PREGHIERE PRIMA DELLA COMUNIONE

Fra pochi istanti Gesù sarà dentro di te. È questo il momento più bello e più grande della tua giornata. Preparati bene. Presenta a Gesù un cuore ardente di amore e di desiderio. Sentiti indegno di tanta predilezione e non accostarti a lui con l'anima macchiata dal peccato mortale. Ricorda che la Comunione fervorosa:
1. conserva e aumenta in te la grazia;
2. ti rimette i peccati veniali;
3. ti preserva dai mortali;
4. ti dà consolazione e conforto, accrescendo la carità e la speranza della vita eterna.
Per dilatare il nostro desiderio di ricevere Gesù nel nostro cuore, abbiamo un mezzo semplice a disposizione: la preghiera.

Per chiedere la fede

Signore, sono debole nella fede: ti prego, vieni presto in mio aiuto! Insegnami a vedere oltre le cose, gli eventi e le persone. Tu ci hai detto che se avessimo tanta fede quanto un granello di senape sposteremmo le montagne. Donami almeno un granello di fede, quanto basta per compiere il tuo volere con coraggio, costanza e fiducia. Aiutami a capire che nulla è a caso, che io esisto per amore, che gli altri esistono per amore e che sono sul mio cammino, come io sono sul loro, affinché possiamo lodare Dio. Che la mia poca fede si tramuti in opere, affinché io possa essere una testimonianza vivente del tuo amore. La fede che mi doni mi aiuti a superare le tentazioni, le sofferenze e ogni genere di difficoltà. Fa' che non chiuda il mio cuore alla verità e che la cerchi sinceramente. Aiutami a capire che tu operi continuamente nella mia vita per aiutarmi a convertirmi. Come tu hai donato la vista ai ciechi, dona anche a me la vista interiore, affinché possa riceverti nella Comunione in un cuore puro. **Amen.**

A Maria, madre di Gesù

Maria, madre di Gesù, dammi il tuo cuore, così bello, così puro, così immacolato, così pieno di amore e di umiltà: rendimi capace di ricevere Gesù nel pane della vita, amarlo come lo amasti tu e servirlo sotto le povere spoglie del più povero tra i poveri. **Amen.**

A san Giuseppe

O Dio, come san Giuseppe ha meritato di toccare il tuo Figlio unigenito, nato dalla Vergine Maria, così concedi anche a me di potermi accostare al tuo altare con cuore puro e mani innocenti affinché, nutrendomi degnamente ancora oggi del Corpo e Sangue del tuo Figlio, meriti di ottenere i beni da te promessi nella vita eterna. Per Cristo nostro Signore. **Amen.**

PREGHIERE DOPO LA COMUNIONE

Ora che Gesù è dentro di te, sei un tabernacolo vivente. Raccogliti interiormente e adora il tuo Signore; esprimigli tutta la gioia di averlo ricevuto. Apri a lui il tuo cuore e parlagli con grande confidenza, almeno per un quarto d'ora.

Preghiera di libertà

Padre celeste, tu sei il mio rifugio e la mia roccia di salvezza. Tu sei saldamente in controllo di tutto ciò che accade nella mia vita. Io sono il tuo servo, e porto il tuo nome. Grazie, per avermi donato l'elmo della salvezza; la mia identità nel tuo Figlio Gesù è sicura. Niente potrà mai separarmi dal tuo amore. Grazie, perché perdoni i miei peccati e cancelli la mia colpa. Io indosso ora la tua corazza della giustizia.
Spirito Santo, ricerca dentro di me e porta alla luce

ogni strategia delle tenebre che sia diretta contro di me. Io imbraccio lo scudo della fede per stare ben saldo nella parola di Dio, che mi assicura che «il Figlio di Dio è apparso per distruggere le opere del diavolo» (cfr. 1Gv 3,8). Perciò, Padre santo, nel nome glorioso del tuo Figlio unigenito, Gesù Cristo, per l'autorità che mi proviene dal mio Battesimo,

IO RINUNCIO

a ogni opera del maligno, di qualsiasi origine essa sia, occulta, medianica o di stregoneria, e con la fede che tu, Padre, mi hai donato, imploro che ogni sua opera nella mia vita sia distrutta.
Gesù, mio Signore e Salvatore, tu hai trionfato su di lui nel deserto, sulla croce e nel sepolcro e con la tua gloriosa risurrezione lo hai vinto per sempre sigillando così la sua fine e il suo destino.
In te, anch'io trionfo su di lui, con la potenza del tuo santo nome, davanti al quale «ogni ginocchio si pieghi nei cieli, sulla terra e sotto terra» (Fil 2,10).
Con la forza che mi proviene da te, o Signore, io resisto e mi oppongo a tutti gli sforzi del maligno di opprimermi, affliggermi o ingannarmi, e voglio lottare energicamente contro il suo sforzo di rubarmi la gioia e il frutto della mia salvezza.

Con la potenza del tuo preziosissimo sangue versato per me sul Calvario, io ti chiedo di allontanare da me tutte le potenze delle tenebre, che mi attaccano, o che mi circondano, e di ordinare loro di andarsene adesso da me, dove tu, o Signore, vorrai, affinché non tornino mai più. Grazie, Signore Gesù!

Preghiera per essere trasformati dal Santissimo Sacramento

O cuore di Gesù, grazie per il dono che ci hai fatto del tuo Corpo e del tuo Sangue nella santa Eucaristia.
O cuore di Gesù, ti chiedo di avere pietà di me perché sono stato superficiale nella vita e, pur desiderando ardentemente il bene, cado sempre nei compromessi con il male, compromettendo così tante tue grazie.
O Gesù, che tanto mi ami, fa' che aspiri solo a te, unica vera pace.
Gesù, accendi il mio cuore di amore per te.
Grazie, Signore, per la pazienza che tu hai con me, soprattutto in certi momenti della mia vita.
Gesù, grazie per la misericordia infinita del tuo cuore.
O Gesù misericordioso, aiuta la mia incapacità e debolezza e trasformami.
Aiutami a combattere il male che è in me, che è nel

mondo, per la tua gloria e per la mia salvezza.
Signore Gesù, che entrando nel mondo hai detto al Padre: «Ecco, io vengo a fare la tua volontà» (Eb 10,9), anch'io voglio dirti: «Ecco io sono qui, davanti a te, perché tu mi aiuti a fare la tua volontà».
Lode e gloria a te Signore Gesù.

LA COMUNIONE SPIRITUALE

La comunione spirituale è un desiderio ardente di partecipare realmente al banchetto del Corpo e del Sangue di Gesù Cristo quando, per qualche legittimo motivo, si è impediti di comunicarsi sacramentalmente. È vero che la comunione spirituale non è un sacramento che operi la grazia santificante, ma si potrebbe quasi chiamarla un'utile estensione del sacramento dell'Eucaristia, che produce e aumenta la grazia secondo le disposizioni e i gradi di ardore e carità nei nostri desideri. Si può considerarla come una lodevole e antica pratica, autorizzata dai santi Padri e dal Concilio di Trento, il quale volle consigliarla a tutti i fedeli.

Preghiera per la comunione spirituale

Gesù mio, credo che tu sei nel Santissimo Sacramento, ti amo sopra ogni cosa e ti desidero nell'anima mia. Giacché ora non posso riceverti sacramentalmente, vieni almeno spiritualmente nel mio cuore.

(Pausa di raccoglimento)

Come già venuto ti abbraccio e tutto mi unisco a te; non permettere che abbia mai a separarmi da te.
Gesù, mio bene, dolce amore, ferisci, infiamma questo mio cuore sicché tutto arda sempre per te.
Ti adoro ogni momento, o vivo Pane del cielo, gran Sacramento.
Gesù, cuor di Maria, vi prego benedite l'anima mia.
A te dono il mio cuore, santissimo Gesù, mio Salvatore.

IL SANTO ROSARIO

Il Rosario non solo rappresenta un naturale complemento alla meditazione della parola di Dio e alla preghiera liturgica, ma anche una valida preparazione alla celebrazione eucaristica o un ringraziamento per essa. Il Cristo incontrato nel Vangelo e nel Sacramento lo contempliamo con Maria nei vari momenti della sua vita, grazie ai misteri gioiosi, luminosi, dolorosi e gloriosi. Alla scuola della Madre, impariamo così a conformarci al suo Figlio e ad annunciarlo con la nostra stessa vita. Se l'Eucaristia è per il cristiano il centro della giornata, il Rosario contribuisce in modo privilegiato a dilatare la comunione con Cristo ed educa a vivere tenendo fisso su di lui lo sguardo del cuore, per irradiare su tutti e su tutto il suo amore misericordioso.

COME SI PREGA IL ROSARIO

Fai il segno della croce:

Nel nome del Padre e del Figlio e dello Spirito Santo.

Amen.

Prendi in mano la corona del santo Rosario e prega così:

Crocifisso: Credo apostolico *(vedi pagg. 21-22)*

Sui cinque grani che uniscono il crocifisso alla crociera della corona:

1° grano: Padre nostro.
2° grano: Ave Maria per la fede.
3° grano: Ave Maria per la speranza.
4° grano: Ave Maria per la carità.
5° grano: Gloria al Padre.

STRUTTURA DI OGNI DECINA

1. **Per ciascuno dei cinque misteri, prega così:**
   Enuncia il mistero e leggi il versetto biblico appropriato, seguito da una breve pausa di riflessione.
   Fermati qualche attimo a meditare il mistero che stai celebrando. Apri il tuo cuore alla Vergine Maria e chiedi al Signore di farti dono della grazia o della virtù di cui hai particolarmente bisogno.

2. **Prega ogni decina nel seguente modo:**
   Padre nostro • 10 Ave Maria • Gloria al Padre

3. **Puoi concludere la preghiera di ogni decina con canti o con alcune invocazioni secondo gli usi locali, ad esempio:**
   O Gesù, perdona le nostre colpe, preservaci dal fuoco dell'Inferno, porta in cielo tutte le anime, specialmente

le più bisognose della tua misericordia *(La Madonna a Fatima, 13.7.1917)*.

Angelo di Dio • L'eterno riposo

4. Quando avrai percorso tutte le cinque decine e quindi avrai meditato i cinque misteri, per concludere la preghiera del santo Rosario, recita il Salve Regina e le Litanie alla beata Vergine Maria *(vedi pagg. 662-666)*.

MISTERI DELLA GIOIA

Lunedì e sabato

1. L'annunciazione dell'Angelo a Maria Vergine

[L'angelo Gabriele] entrando da lei, disse: «Rallégrati, piena di grazia: il Signore è con te. Ed ecco, concepirai un figlio, lo darai alla luce e lo chiamerai Gesù» (Lc 1,28.31).

Maria, Madre della gioia, donaci la fiducia di ascoltare e rispondere prontamente e in ogni momento alla chiamata di Dio.

2. La visita di Maria Vergine a santa Elisabetta

Appena Elisabetta ebbe udito il saluto di Maria, il bambino sussultò nel suo grembo. Elisabetta fu colmata di Spirito Santo ed esclamò a gran voce:

«Benedetta tu fra le donne e benedetto il frutto del tuo grembo!» (Lc 1,41-42).

Maria, donna della gioia e del servizio, aiutaci ad essere servitori dei fratelli, portando a tutti l'annuncio dell'amore di Dio.

3. La nascita di Gesù nella grotta di Betlemme

[Maria] diede alla luce il suo figlio primogenito, lo avvolse in fasce e lo pose in una mangiatoia, perché per loro non c'era posto nell'alloggio (Lc 2,7).

Maria, donna feconda nella grazia, aiutaci a far nascere Gesù nella nostra vita, nei nostri gesti, nelle nostre scelte, per essere trasparenza dell'amore premuroso di Dio Padre.

4. La presentazione di Gesù al tempio

Quando furono compiuti i giorni della loro purificazione rituale, secondo la legge di Mosè, portarono il bambino a Gerusalemme per presentarlo al Signore (Lc 2,22).

Maria, donna umile e mite, aiutaci a riconoscere la potenza di Dio che, anche misteriosamente, opera grandi cose nella nostra vita.

5. Il ritrovamento di Gesù fra i dottori

«Non sapevate che io devo occuparmi delle cose del

Padre mio?». Sua madre custodiva tutte queste cose nel suo cuore (Lc 2,49.51b).

Maria, donna obbediente e docile, aiutaci ad accogliere il progetto di Dio nella nostra vita. Senza la pretesa di capire o di gestire tutto da soli, fa' che rimaniamo sempre nella sua volontà.

MISTERI DELLA LUCE

Giovedì

1. Il battesimo di Gesù al Giordano

Ed ecco, in quei giorni, Gesù venne da Nàzaret di Galilea e fu battezzato nel Giordano da Giovanni. E subito, uscendo dall'acqua, vide squarciarsi i cieli e lo Spirito discendere verso di lui come una colomba (Mc 1,9-10).

Maria, Madre di ogni battezzato, prega per noi affinché la nostra fede sia pura e riconoscente, apri il nostro cuore al lieto annuncio del Vangelo e guidaci nel cammino della santità quotidiana.

2. Le nozze di Cana

Vi fu una festa di nozze a Cana di Galilea. Venuto a mancare il vino, la madre di Gesù gli disse: «Non hanno vino». E Gesù le rispose: «Donna, che vuoi da me? Non è ancora giunta la mia ora». Sua madre disse ai servitori: «Qualsiasi cosa vi dica, fatela» (Gv 2,1a.3-5).

Maria, Madre di ogni famiglia, prega per noi: custodisci nell'amore e nella concordia tutte le famiglie, le nostre case siano abitate da rispetto e fiducia reciproca.

3. L'annuncio del regno di Dio

«Il tempo è compiuto e il regno di Dio è vicino; convertitevi e credete nel Vangelo» (Mc 1,15).

Maria, Madre dell'ascolto, prega per noi, le nostre parole siano sempre cariche di bontà e misericordia.

4. La trasfigurazione di Gesù sul Monte Tabor

Gesù prese con sé Pietro, Giovanni e Giacomo e salì sul monte a pregare. Mentre pregava, il suo volto cambiò d'aspetto e la sua veste divenne candida e sfolgorante (Lc 9,28-29).

Maria, Madre di Cristo luce del mondo, prega per noi: il nostro tempo sia scandito dal dialogo interiore con Cristo; accendi nel cuore di ogni uomo il desiderio di Dio.

5. L'istituzione dell'Eucaristia

«Prendete, mangiate: questo è il mio corpo». Poi prese il calice, rese grazie e lo diede loro, dicendo: «Bevetene tutti, perché questo è il mio sangue dell'alleanza, che è versato per molti per il perdono dei peccati» (Mt 26,26-28).

Maria, Madre dell'Eucaristia, concedi alle nostre famiglie la concordia e la pace.

MISTERI DEL DOLORE

Martedì e venerdì

1. L'agonia di Gesù nell'orto degli Ulivi

Entrato nella lotta, pregava più intensamente, e il suo sudore diventò come gocce di sangue che cadono a terra (Lc 22,44).

Maria, Madre della luce, aiuta tutte le persone che in questo momento vivono una profonda solitudine e dona loro la certezza di essere figli di un Padre misericordioso.

2. La flagellazione di Gesù

Allora Pilato fece prendere Gesù e lo fece flagellare (Gv 19,1).

Maria, Madre del coraggio, ti affidiamo tutti gli

uomini che vivono delle ingiustizie: dona loro la forza di sperare in un mondo giusto e fraterno.

3. La coronazione di spine

[I soldati] intrecciarono una corona di spine, gliela posero sul capo e gli misero una canna nella mano destra. Poi, inginocchiandosi davanti a lui, lo deridevano: «Salve, re dei Giudei!» (Mt 27,29).

Maria, Madre di misericordia, preghiamo per tutte le madri che sono nella sofferenza per la malattia o la mancanza del proprio figlio: dona loro il coraggio dell'amore che non ha fine.

4. Gesù sale il Calvario, caricato della croce

Allora lo consegnò loro perché fosse crocifisso. Essi presero Gesù ed egli, portando la croce, si avviò verso il luogo detto del Cranio, in ebraico Gòlgota (Gv 19,16-17).

Maria, che sai comprendere e consolare il cuore dell'uomo, aiutaci a portare la croce con amore e a non chiuderci nella sfiducia o nel compromesso, ma rendici disponibili alla rettitudine e alla solidarietà.

5. La crocifissione

Uno dei soldati con una lancia gli colpì il fianco, e

subito ne uscì sangue e acqua (Gv 19,34).

Maria, infondi nella tua Chiesa la coerenza della fede per vivere l'oggi e guardare con speranza al domani.

MISTERI DELLA GLORIA

Mercoledì e domenica

1. La risurrezione di Gesù

L'angelo disse alle donne: «Voi non abbiate paura! So che cercate Gesù, il crocifisso. Non è qui. È risorto» (Mt 28,5-6).

Maria, Madre della gioia, donaci di essere testimoni della buona notizia, sempre gioiosi nella speranza di partecipare al banchetto della vita.

2. L'ascensione di Gesù

Il Signore Gesù, dopo aver parlato con loro, fu elevato in cielo e sedette alla destra di Dio (Mc 16,19).

Maria, Madre della speranza, offrici la certezza di poter essere santi, cristiani autentici, per partecipare un giorno a tutta la pienezza dell'amore di Cristo.

3. La discesa dello Spirito Santo

Apparvero loro lingue come di fuoco, che si divi-

devano, e si posarono su ciascuno di loro, e tutti furono colmati di Spirito Santo (At 2,3-4a).

Maria, Madre della Chiesa, insegnaci a essere una cosa sola con Gesù, per estendere ai nostri fratelli, in forza dello Spirito, il dono della comunione vera.

4. L'assunzione di Maria al cielo

«Grandi cose ha fatto per me l'Onnipotente e Santo è il suo nome» (Lc 1,49).

Maria, donaci di riscoprire la gioia in ogni frammento della vita, per avere un cuore pieno della tua luce e costruire come te, nell'umiltà, un mondo più santo.

5. L'incoronazione di Maria

Un segno grandioso apparve nel cielo: una donna vestita di sole, con la luna sotto i suoi piedi e, sul capo, una corona di dodici stelle (Ap 12,1).

Maria, aiutaci a vivere con coerenza il nostro "sì" a Dio e a lasciarci coinvolgere fino alla fine nell'opera che egli ha iniziato in noi.

Salve Regina

Salve Regina, madre di misericordia, vita, dolcezza, speranza nostra, salve. A te ricorriamo, esuli figli di

Eva; a te sospiriamo, gementi e piangenti in questa valle di lacrime. Orsù, dunque, avvocata nostra: rivolgi a noi gli occhi tuoi misericordiosi e mostraci, dopo questo esilio, Gesù, il frutto benedetto del tuo seno. O clemente, o pia, o dolce Vergine Maria.

Litanie alla beata Vergine Maria

Signore, pietà	**Signore, pietà**
Cristo, pietà	**Cristo, pietà**
Signore, pietà	**Signore, pietà**
Cristo, ascoltaci	**Cristo, ascoltaci**
Cristo, esaudiscici	**Cristo, esaudiscici**
Padre del cielo, che sei Dio	**abbi pietà di noi**
Figlio, Redentore del mondo, che sei Dio	”
Spirito Santo, che sei Dio	”
Santa Trinità, unico Dio	”
Santa Maria	**prega per noi**
Santa Madre di Dio	”
Santa Vergine delle vergini	”
Santa Sposa del giusto Giuseppe	”
Madre di Cristo	”
Madre della Chiesa	”
Madre della divina grazia	”
Madre purissima	”
Madre castissima	”

Madre sempre vergine **prega per noi**
Madre immacolata ”
Madre degna d’amore ”
Madre ammirabile ”
Madre del buon consiglio ”
Madre del Creatore ”
Madre del Salvatore ”
Vergine prudente ”
Vergine degna di onore ”
Vergine degna di lode ”
Vergine potente ”
Vergine clemente ”
Vergine fedele ”
Specchio di perfezione ”
Sede della sapienza ”
Fonte della nostra gioia ”
Tempio dello Spirito Santo ”
Tabernacolo dell’eterna gloria ”
Dimora consacrata a Dio ”
Rosa mistica ”
Torre della santa città di Davide ”
Fortezza inespugnabile ”
Santuario della divina presenza ”
Arca dell’alleanza ”
Porta del cielo ”

Stella del mattino **prega per noi**
Salute degli infermi ”
Rifugio dei peccatori ”
Consolatrice degli afflitti ”
Aiuto dei cristiani ”
Regina degli angeli ”
Regina dei patriarchi ”
Regina dei profeti ”
Regina degli apostoli ”
Regina dei martiri ”
Regina dei confessori della fede ”
Regina delle vergini ”
Regina di tutti i santi ”
Regina concepita senza peccato ”
Regina assunta in cielo ”
Regina del Rosario ”
Regina della famiglia ”
Regina della pace ”

Agnello di Dio, che togli i peccati del mondo,
perdonaci, o Signore.

Agnello di Dio, che togli i peccati del mondo,
esaudiscici, o Signore.

Agnello di Dio, che togli i peccati del mondo,
abbi pietà di noi.

Prega per noi, santa Madre di Dio,
perché siamo resi degni delle promesse di Cristo.

Preghiamo
O Dio, il tuo unico Figlio ci ha procurato i beni della salvezza eterna con la sua vita, morte e risurrezione: a noi, che con il santo Rosario della beata Vergine Maria abbiamo meditato questi misteri, concedi di imitare ciò che essi contengono e di raggiungere ciò che essi promettono. Per Cristo nostro Signore. **Amen.**

San Michele arcangelo

San Michele arcangelo, difendici nella lotta: sii tu il nostro aiuto contro la malvagità e le insidie del demonio. Supplichevoli preghiamo che Dio lo domini e tu, capo della milizia celeste, con il potere che ti viene da Dio, incatena nell'Inferno Satana e gli altri spiriti maligni che si aggirano per il mondo per perdere le anime. **Amen.**

A te, o beato Giuseppe

A te, o beato Giuseppe, stretti dalla tribolazione ricorriamo e fiduciosi invochiamo il tuo patrocinio, insieme a quello della tua santissima Sposa. Per quel sacro vincolo di carità, che ti strinse all'immacolata Vergine Madre di Dio, e per l'amore paterno che portasti al fanciullo Gesù, riguarda, te ne preghiamo, con occhio benigno la cara eredità che Gesù Cristo acquistò col suo sangue, e col tuo potere e aiuto soccorri ai nostri bisogni. Proteggi, o provvido custode della divina Famiglia, l'eletta prole di Gesù Cristo; allontana da noi, o padre amantissimo, la peste di errori e di vizi che ammorba il mondo; assistici propizio dal cielo in questa lotta contro il potere delle tenebre, o nostro fortissimo protettore; e come un tempo salvasti dalla morte la minacciata vita del bambino Gesù, così ora difendi la santa Chiesa di Dio dalle ostili insidie e da ogni avversità; e copri ciascuno di noi con il tuo patrocinio, affinché col tuo esempio e con il tuo soccorso possiamo virtuosamente vivere, piamente morire e conseguire l'eterna beatitudine in cielo. **Amen.**

PREGHIERE PER OGNI GIORNO

Preghiera per implorare la grazia di custodire la castità

Signore Gesù Cristo, sposo della mia anima, delizia del mio cuore, anzi cuore mio e anima mia, mi inginocchio davanti a te e ti prego con tutto il fervore di cui sono capace di concedermi la grazia di perseverare e crescere ogni giorno nella vita di fede. Per questo, Gesù dolcissimo, fa' che io respinga ogni tentazione, ponga un freno ai desideri della carne e ai desideri delle ricchezze che si agitano nella mia anima. Concedimi, con il tuo aiuto, di custodire la castità e la purezza del cuore.

O santissima e immacolata Vergine Maria, Vergine delle vergini e Madre nostra amantissima, purifica ogni giorno il mio cuore e la mia anima, chiedi per me il santo timore del Signore e la grazia della temperanza.

San Giuseppe, custode della verginità di Maria, custodisci la mia anima da ogni peccato.

Gloriosi arcangeli Michele, Gabriele e Raffaele, specchi di umiltà e di purezza, con la potenza divina donatemi forza e coraggio nelle prove della vita,

difendetemi da tutte le tentazioni del maligno, custoditemi nella pace.
Voi tutte, vergini sante che seguite ovunque l'Agnello divino, intercedete per me affinché non pecchi in pensieri, parole, opere e omissioni e mai mi allontani dal cuore purissimo di Gesù. **Amen.**

Atto di affidamento a san Michele arcangelo

Principe nobilissimo delle gerarchie angeliche, valoroso guerriero dell'Altissimo, amatore zelante della gloria del Signore, terrore degli angeli ribelli, amore e delizia di tutti gli angeli giusti, arcangelo san Michele, desiderando essere annoverato tra i tuoi devoti, oggi a te mi offro e mi dono.
Pongo me stesso, la mia famiglia, il mio lavoro, gli amici e quanto mi appartiene sotto la tua vigile protezione.
Assistimi in tutte le mie necessità e ottienimi il perdono dei peccati, la grazia di amare con tutto il cuore il mio Dio, il Salvatore Gesù, la mia dolce madre Maria, e tutti gli uomini, miei fratelli, che incontro sul mio cammino.
Difendimi dal male, proteggimi nei pericoli, illuminami nelle scelte, affinché possa compiere sempre

la volontà del Padre che è nei cieli per l'avvento del suo Regno. Assistimi specialmente nell'ultimo istante della mia vita. Vieni in quell'ora, o glorioso Arcangelo, e difendimi da quell'angelo prevaricatore e superbo che hai prostrato nel combattimento in cielo.
Presentami al trono dell'Altissimo per cantare con te, arcangelo san Michele, e con tutti gli angeli: lode, onore e gloria a Colui che regna nei secoli eterni. **Amen.**

Preghiera per chiedere a Dio la divina sapienza

(San Luigi Maria Grignion di Montfort)

Dio dei Padri, Signore misericordioso, Spirito di verità! Io, povera creatura, prostrata dinanzi alla tua divina maestà, sono consapevole di trovarmi in estremo bisogno della tua divina sapienza, che ho perduto con i miei peccati. Fiducioso che manterrai fedelmente la promessa di dare la sapienza a quanti te la domanderanno, senza esitare, te la chiedo oggi con viva insistenza e profonda umiltà.
Manda a noi, Signore, questa sapienza, che è sempre presente dinanzi al tuo trono e racchiude tutti i tuoi beni. Essa sostenga la nostra debolezza, illumi-

ni le nostre menti, infiammi i nostri cuori, ci insegni a parlare e agire, a lavorare e soffrire con te. Diriga i nostri passi e colmi le nostre anime delle virtù di Gesù Cristo e dei doni dello Spirito Santo.
Padre misericordioso, Dio di ogni consolazione! Per la bontà materna di Maria, per il sangue prezioso del tuo diletto Figlio, per il tuo immenso desiderio di comunicare i tuoi beni alle creature, ti chiediamo il tesoro infinito della tua sapienza. Ascolta ed esaudisci questa mia preghiera. **Amen.**

Preghiera alla santa Famiglia

Gesù, Maria e Giuseppe, in voi contempliamo lo splendore dell'amore vero, a voi con fiducia ci rivolgiamo.
Santa Famiglia di Nàzaret, custode fedele del mistero della salvezza, insegnaci a imitare le tue virtù, donaci uno sguardo limpido che sappia riconoscere l'opera della provvidenza nelle realtà quotidiane della vita.
Fa' rinascere in noi la stima del silenzio, rendi le nostre famiglie cenacoli di preghiera e trasformale in piccole Chiese domestiche, rinnova il desiderio della santità, sostieni la nobile fatica del lavoro, dell'educazione, dell'ascolto, della reciproca comprensione e del perdono.
Santa Famiglia di Nàzaret, mai più nelle famiglie

si faccia esperienza di violenza, chiusura e divisione: chiunque è stato ferito o scandalizzato conosca presto consolazione e guarigione. Ogni famiglia sia dimora accogliente di bontà e di pace per i bambini e per gli anziani, per chi è malato e solo, per chi è povero e bisognoso. Ridesta nella nostra società la consapevolezza del carattere sacro e inviolabile della famiglia, la sua bellezza nel progetto di Dio.
Gesù, Maria e Giuseppe, voi con fiducia preghiamo, a voi con gioia ci affidiamo. **Amen.**

Preghiera dell'angelo ai pastorelli di Fatima

Mio Dio, credo, adoro, spero e ti amo. Domando perdono per tutti quelli che non credono, non adorano, non sperano e non ti amano.
Santissima Trinità, Padre, Figlio, Spirito Santo, ti adoro profondamente e ti offro il preziosissimo corpo, sangue, anima e divinità di Gesù Cristo, presente in tutti i tabernacoli del mondo, in riparazione degli oltraggi, sacrilegi, indifferenze con cui egli è offeso. E per i meriti infiniti del suo sacratissimo cuore e del cuore immacolato di Maria ti domando la conversione dei poveri peccatori. **Amen.**

O Maria, aurora del mondo nuovo

(San Giovanni Paolo II)

O Maria, aurora del mondo nuovo, madre dei viventi, affidiamo a te la causa della vita: guarda, o Madre, al numero sconfinato di bimbi cui viene impedito di nascere, di poveri cui è reso difficile vivere, di uomini e donne vittime di disumana violenza, di anziani e malati uccisi dall'indifferenza o da una presunta pietà. Fa' che quanti credono nel tuo Figlio sappiano annunciare con franchezza e amore agli uomini del nostro tempo il Vangelo della vita. Ottieni loro la grazia di accoglierlo come dono sempre nuovo, la gioia di celebrarlo con gratitudine in tutta la loro esistenza e il coraggio di testimoniarlo con tenacia operosa, per costruire, insieme con tutti gli uomini di buona volontà, la civiltà della verità e dell'amore a lode e gloria di Dio creatore e amante della vita. **Amen.**

Custodiscimi, Signore

Signore, resta con me in questo giorno e anima le mie azioni, le mie parole e i miei pensieri.
Custodisci i miei piedi perché non passeggino oziosi, ma vadano incontro alle necessità degli altri.
Custodisci le mie mani perché non si allunghino per

fare il male, ma sempre per abbracciare e aiutare.
Custodisci la mia bocca perché non dica cose false o vane e non parli male del prossimo, ma sempre sia pronta a incoraggiare tutti e benedire te, Signore della vita.
Custodisci il mio udito perché non perda tempo ad ascoltare parole vuote e falsità, ma sia sempre pronto ad accogliere il tuo misterioso messaggio per compiere, anche oggi, la tua volontà. **Amen.**

ALCUNE PREGHIERE PER NOVEMBRE

A tutti i santi

(1° novembre)

O Dio, Padre buono e misericordioso, ti ringraziamo perché in ogni tempo tu rinnovi e vivifichi la tua Chiesa, suscitando nel suo seno i santi: attraverso di essi tu fai risplendere la varietà e la ricchezza dei doni del tuo Spirito di amore. Noi sappiamo che i santi, deboli e fragili come noi, hanno capito il vero senso della vita, sono vissuti nell'eroismo della fede, della speranza e della carità, hanno imitato perfettamente il Figlio tuo e ora, vicini a Gesù nella gloria, sono nostri modelli e intercessori.
Ti ringraziamo perché hai voluto che continuasse tra noi e i santi la comunione di vita nell'unità dello stesso corpo mistico di Cristo. Ti chiediamo, o Signore, la grazia e la forza di poter seguire il cammino che essi ci hanno tracciato, affinché alla fine della nostra esistenza terrena possiamo giungere con loro al beatificante possesso della luce e della tua gloria. **Amen.**

Per i nostri defunti

(2 novembre)

Ti preghiamo, Signore, per tutti i parenti, amici, conoscenti che nel corso di questi anni ci hanno lasciato. Per coloro che in vita hanno avuto fede in te, che in te hanno riposto ogni speranza, che ti hanno amato; ma anche per coloro che di te non hanno capito nulla o che ti hanno cercato in modo sbagliato e ai quali infine ti sei svelato come veramente sei: misericordia e amore senza limiti. Fa', o Signore, che veniamo un giorno tutti insieme a fare festa con te in Paradiso. **Amen.**

Per le anime del Purgatorio

(2 novembre)

Gesù amabilissimo, oggi ti presentiamo le necessità delle anime del Purgatorio. Esse soffrono tanto e desiderano ardentemente venire a te, loro Creatore e Salvatore, per restare con te in eterno. Ti raccomandiamo tutte le anime del Purgatorio, ma specialmente quelle che sono morte improvvisamente per incidenti, infortuni o malattie, senza poter preparare la loro anima e ricevere i sacramenti.

Ti preghiamo anche per le anime più abbandonate e per quelle che sono più vicine alla gloria. Ti scongiuriamo in modo particolare di aver pietà delle anime dei nostri parenti, amici, conoscenti e anche dei nostri nemici. Per tutti intendiamo applicare le indulgenze che ci sarà possibile acquistare. Accogli, o Gesù, queste nostre umili preghiere. Te le presentiamo per le mani di Maria, tua madre immacolata, del glorioso patriarca san Giuseppe, tuo padre davidico, e di tutti i santi del Paradiso. **Amen.**

3 Ave Maria • 3 L'eterno riposo

Atto di consacrazione del genere umano a Cristo Re

(25 novembre)

Si acquista l'indulgenza plenaria, se si prega pubblicamente nella solennità di Cristo Re; parziale, invece, se si prega privatamente (Manuale delle indulgenze).

O Gesù dolcissimo, redentore del genere umano, guarda a noi umilmente prostràti dinanzi al tuo altare. Noi siamo tuoi e tuoi vogliamo essere; e per poter vivere a te più strettamente congiunti, ecco che ognuno di noi oggi spontaneamente si consacra al tuo sacratissimo cuore. Molti purtroppo non ti conobbero mai; molti, disprezzando i tuoi comandamenti, ti ripudiarono. O benignissimo Gesù, abbi misericordia degli uni e degli altri e attira tutti al tuo cuore santissimo. O Signore, sii il re non solo dei fedeli che non si allontanarono mai da te, ma anche dei figli prodighi che ti abbandonarono; fa' che questi quanto prima ritornino alla casa paterna. Sii re di coloro che vivono nell'inganno dell'errore o per discordia da te separati; richiamali al porto della verità e all'unità della fede, affinché in breve si faccia un solo ovile sotto un solo Pastore. Largisci, o Signore, incolumità e libertà sicura alla tua Chiesa, largisci a tutti i popoli la tranquillità dell'ordine; fa' che da un capo all'altro della terra risuoni quest'unica voce: sia lode a quel cuore divino, da cui venne la nostra salvezza; a lui si canti gloria e onore nei secoli. **Amen.**

Atto di riparazione

Si prega dopo la consacrazione, nella solennità di Cristo Re.

O Gesù dolcissimo, il tuo immenso amore per gli uomini viene ripagato con tanta ingratitudine; per questo, prostràti davanti a te, intendiamo riparare la freddezza e l'indifferenza con cui viene ferito il tuo sacro cuore. Anche noi, a volte, ci siamo macchiati degli stessi peccati e con profondo pentimento e vergogna imploriamo la tua misericordia anzitutto per noi, impegnandoci a espiare volontariamente le nostre e le altrui infedeltà, per estendere a tutti i frutti della tua misericordia. Promettiamo di voler riparare i nostri e gli altrui peccati, come di cercare di impedire, con tutte le nostre forze, le offese contro di te, avvicinandoti il maggior numero possibile di anime. Accogli, o Gesù, per intercessione di Maria, questa volontaria offerta di riparazione e conservaci fedeli nella tua obbedienza e nel tuo servizio fino alla morte, affinché possiamo tutti, un giorno, giungere in Paradiso, dove tu col Padre e con lo Spirito Santo vivi e regni, per tutti i secoli dei secoli. **Amen.**

Preghiera alla Santissima Trinità del beato Giacomo Alberione

(26 novembre)

O Trinità divina, Padre, Figlio e Spirito Santo, presente e operante nella Chiesa e nella profondità della mia anima, io ti adoro, ti ringrazio, ti amo! E, per le mani di Maria santissima, madre mia, offro, dono e consacro a te tutto me stesso, per la vita e per l'eternità.
A te, Padre celeste, mi offro, dono e consacro come figlio. A te, Gesù Maestro, mi offro, dono e consacro come fratello e discepolo. A te, Spirito Santo, mi offro, dono e consacro come tempio vivo, per essere consacrato e santificato.
O Maria, madre della Chiesa e madre mia, che vivi alla presenza della divina Trinità, insegnami a vivere, per mezzo della liturgia, in intima comunione con le tre divine Persone, affinché tutta la mia vita sia un gloria al Padre, al Figlio e allo Spirito Santo. **Amen.**

Supplica alla Vergine della Medaglia Miracolosa

(Da pregarsi alle 17:00 del 27 novembre, festa della Medaglia Miracolosa, in ogni 27 del mese e in ogni urgente necessità)

O Vergine immacolata, noi sappiamo che sempre e ovunque sei disposta a esaudire le preghiere dei tuoi figli esuli in questa valle di pianto, ma sappiamo pure che vi sono giorni e ore in cui ti compiaci di spargere più abbondantemente i tesori delle tue grazie. Ebbene, o Maria, eccoci qui prostràti davanti a te, proprio in quello stesso giorno e ora benedetti, da te prescelti per la manifestazione della tua Medaglia.

Noi veniamo a te, ripieni di immensa gratitudine e illimitata fiducia, in quest'ora a te sì cara, per ringraziarti del gran dono che ci hai fatto dandoci la tua immagine, affinché fosse per noi attestato d'affetto e pegno di protezione. Noi dunque ti promettiamo che, secondo il tuo desiderio, la santa Medaglia sarà il segno della tua presenza presso di noi, sarà il nostro libro su cui impareremo a conoscere, seguendo il tuo consiglio, quanto ci hai amato e ciò che noi dobbiamo fare, perché non siano inutili tanti sacrifici tuoi e del tuo divin Figlio. Sì, il tuo cuore trafitto, rappresentato sulla Medaglia, poggerà sempre sul nostro e lo farà palpitare all'unisono col tuo. Lo accenderà d'amore per Gesù e lo fortificherà per portare ogni giorno la propria croce dietro a lui. Questa è l'ora tua, o Maria, l'ora della tua bontà inesauribile, della tua misericordia trionfante, l'ora in cui facesti sgorgare, per mezzo della tua Medaglia, quel torrente di grazie e di prodigi che inondò la terra. Fa', o Madre, che quest'ora che ricorda la dolce commozione del tuo cuore, la quale ti spinse a venirci a visitare e a portarci il rimedio di tanti mali, sia anche l'ora nostra: l'ora della nostra sincera conversione e l'ora del pieno esaudimento dei nostri voti.

Tu che hai promesso, proprio in quest'ora fortunata, che grandi sarebbero state le grazie per chi le avesse domandate con fiducia, volgi benigna i tuoi sguardi alle nostre suppliche. Confessiamo di non meritare le tue grazie, ma a chi ricorreremo, o Maria, se non a te, che sei la madre nostra, nelle cui mani Dio ha posto tutte le sue grazie? Abbi dunque pietà di noi. Te lo domandiamo per la tua immacolata concezione e per l'amore che ti spinse a darci la tua preziosa Medaglia.

O Consolatrice degli afflitti, che già ti inteneristi

sulle nostre miserie, guarda ai mali da cui siamo oppressi. Fa' che la tua Medaglia sparga su di noi e su tutti i nostri cari i tuoi raggi benefici: guarisca i nostri ammalati, dia la pace alle nostre famiglie, ci scampi da ogni pericolo. Porti la tua Medaglia conforto a chi soffre, consolazione a chi piange, luce e forza a tutti. Ma specialmente permetti, o Maria, che in quest'ora solenne ti domandiamo la conversione dei peccatori, particolarmente di quelli che sono più bisognosi della tua misericordia. Ricordati che anch'essi sono tuoi figli, che per essi hai sofferto, pregato e pianto. Salvali, o Rifugio dei peccatori, affinché dopo averti tutti amata, invocata e servita sulla terra, possiamo venirti a ringraziare e lodare eternamente in cielo. **Amen.**

Salve Regina *(vedi pagg. 662-663)*

NOVENE

Introduzione

Che cos'è la novena

La novena è una preghiera insistente, fatta con fede, determinazione e costanza, che si ripete per nove giorni consecutivi, senza interruzione. Si prega anche ricorrendo all'intercessione della Vergine Maria e dei santi, ogni volta che si vuole chiedere a Dio un aiuto particolare per una necessità spirituale o materiale, in preparazione a una ricorrenza o in ringraziamento per le grazie già ricevute.

Alcuni suggerimenti

Come insegna la santa madre Chiesa, la vita spirituale, gli esercizi di pietà e le devozioni sono strettamente legati alla vita sacramentale e sono tanto più efficaci e fruttuosi quanto più si corrisponde alla grazia del Signore. Pertanto, durante la novena è consigliabile accostarsi al sacramento della ***Riconciliazione*** *per chiedere perdono a Dio dei propri peccati, partecipare alla* ***santa Messa*** *quotidiana (quando è possibile) e ricevere la santa Eucaristia, fonte e culmine di tutta la vita cristiana.*
Inoltre, ogni giorno della novena è opportuno:

1. ***Lodare, benedire e ringraziare la Santissima Trinità:*** *Dio Padre per il dono della creazione; Dio Figlio per*

il dono della redenzione; Dio Spirito Santo per quello della santificazione.

2. ***Perdonare** sempre e chiunque.*
3. *Vivere con impegno e costanza la **preghiera personale, familiare e comunitaria.***
4. ***Compiere opere di carità.***
5. ***Abbandonarsi alla volontà di Dio.***

*Seguendo questi suggerimenti e impegnandosi quotidianamente in un **cammino di conversione**, che operi un reale cambiamento di vita, si vedranno realizzate le meraviglie che Dio ha in serbo per ciascuno dei suoi figli, secondo i suoi tempi e la sua volontà.*

Le novene, infatti, sono molto efficaci, se si crede fermamente, per superare periodi di sofferenza, di malattia, di angoscia, di rovina morale, di problemi familiari, matrimonio in crisi, mancanza di lavoro, per essere illuminati nelle scelte più difficili da prendere, per essere guariti, consolati e per chiedere qualsiasi aiuto nelle piccole e grandi difficoltà di ogni giorno; ma anche per ringraziare delle immense grazie che continuamente riceviamo dal Signore.

NOVENA ALL'IMMACOLATA

La seguente novena si prega per nove giorni consecutivi, senza interruzione, dal 29 novembre al 7 dicembre in preparazione alla solennità dell'Immacolata Concezione.

Preghiere iniziali

Nel nome del Padre e del Figlio e dello Spirito Santo. Amen.

Sequenza allo Spirito Santo

Vieni, Santo Spirito,
manda a noi dal cielo
un raggio della tua luce.

**Vieni, padre dei poveri,
vieni, datore dei doni,
vieni, luce dei cuori.**

Consolatore perfetto,
ospite dolce dell'anima,
dolcissimo sollievo.

**Nella fatica, riposo,
nella calura, riparo,
nel pianto, conforto.**

O luce beatissima,
invadi nell'intimo
il cuore dei tuoi fedeli.

**Senza la tua forza,
nulla è nell'uomo,
nulla senza colpa.**

Lava ciò che è sordido,
bagna ciò che è arido,
sana ciò che sanguina.

**Piega ciò che è rigido,
scalda ciò che è gelido,
drizza ciò che è sviato.**

Dona ai tuoi fedeli,
che solo in te confidano,
i tuoi santi doni.

**Dona virtù e premio,
dona morte santa,
dona gioia eterna.** Amen.

Credo apostolico *(vedi pagg. 21-22)*

PRIMO GIORNO

Preghiere iniziali *(vedi pagg. 689-690)*

O Dio, Padre buono, che in Maria, primogenita della redenzione, ci hai dato una madre d'immensa tenerezza, apri i nostri cuori alla gioia dello Spirito, e fa' che a imitazione della Vergine impariamo a magnificarti per l'opera stupenda compiuta nel Cristo tuo Figlio.

Padre nostro • Ave Maria • Gloria al Padre

**Immacolata Concezione,
prega per noi.**

SECONDO GIORNO

Preghiere iniziali *(vedi pagg. 689-690)*

Dio grande e misericordioso, che tra gli umili scegli i tuoi servi per portare a compimento il disegno di salvezza, concedi alla tua Chiesa la fecondità dello Spirito, perché sull'esempio di Maria, accolga il

Verbo della vita e si rallegri come madre di una stirpe santa e incorruttibile.

Padre nostro • Ave Maria • Gloria al Padre
Immacolata Concezione,
prega per noi.

TERZO GIORNO

Preghiere iniziali *(vedi pagg. 689-690)*

O Dio, nostro Padre, come da radice in terra fertile, tu hai fatto sbocciare dalla Vergine Maria il santo germoglio, Cristo tuo Figlio; fa' che ogni cristiano, innestato in lui per mezzo del Battesimo nello Spirito, possa rinnovare la sua giovinezza e dare frutti di grazia a lode della tua gloria.

Padre nostro • Ave Maria • Gloria al Padre
Immacolata Concezione,
prega per noi.

QUARTO GIORNO

Preghiere iniziali *(vedi pagg. 689-690)*

Tu hai voluto, o Padre, che all'annunzio dell'angelo la Vergine immacolata concepisse il tuo Verbo eterno e, avvolta dalla luce dello Spirito Santo, divenisse tempio della nuova alleanza, portatrice di speranza nel mondo intero; fa' che aderiamo umilmente al tuo volere, come la Vergine si affidò alla tua parola.

Padre nostro • Ave Maria • Gloria al Padre
Immacolata Concezione,
prega per noi.

QUINTO GIORNO

Preghiere iniziali *(vedi pagg. 689-690)*

Padre buono, che in Maria Vergine e Madre, benedetta fra tutte le donne, hai stabilito la dimora del tuo Verbo fatto uomo tra noi, donaci il tuo Spirito, perché tutta la nostra vita, nel segno della tua benedizione, si renda disponibile ad accogliere il tuo dono.

Padre nostro • Ave Maria • Gloria al Padre
Immacolata Concezione,
prega per noi.

SESTO GIORNO

Preghiere iniziali *(vedi pagg. 689-690)*

Padre misericordioso, che nella potenza del tuo Spirito hai glorificato il tuo Figlio consegnato alla morte per noi, guarda la tua Chiesa raccolta come i discepoli con Maria nel Cenacolo, e fa' che nella gioia dello stesso Spirito gustiamo la beatitudine di chi crede e vive come Maria la parola del tuo Figlio.

Padre nostro • Ave Maria • Gloria al Padre
Immacolata Concezione,
prega per noi.

SETTIMO GIORNO

Preghiere iniziali *(vedi pagg. 689-690)*

O Dio, che hai fatto di Maria Vergine, sposa del tuo Spirito, la cooperatrice generosa del Redentore, ascolta in nostro favore la voce di colei che ti ha obbedito con libera fede, e concedi anche a noi di aderire a Cristo tuo Verbo vivente, per collaborare alla salvezza del mondo.

Padre nostro • Ave Maria • Gloria al Padre
Immacolata Concezione,
prega per noi.

OTTAVO GIORNO

Preghiere iniziali *(vedi pagg. 689-690)*

Padre santo, che nel cammino della Chiesa, pellegrina sulla terra, hai posto quale segno luminoso la beata Vergine Maria, per sua intercessione sostieni la nostra fede e ravviva la nostra speranza, perché nessun ostacolo ci faccia deviare dalla strada che porta alla salvezza.

Padre nostro • Ave Maria • Gloria al Padre
Immacolata Concezione,
prega per noi.

NONO GIORNO

Preghiere iniziali *(vedi pagg. 689-690)*

O Dio, che ci chiami a celebrare nella fede il mistero del tuo Figlio, rendici attenti alla voce del tuo Spirito, come è stata la Vergine Maria, perché la Parola di salvezza ascoltata diventi nutrimento di vita, luce e viatico per noi e per tutta la Chiesa nel cammino verso il Regno.

Padre nostro • Ave Maria • Gloria al Padre
Immacolata Concezione
prega per noi.

Consacrazione alla Vergine immacolata

Immacolata Madre di Dio, eccomi ai tuoi piedi per offrire al tuo cuore tutta la mia vita, i miei pensieri, le mie azioni, la mia famiglia.
Mi consacro a te, Vergine immacolata: ti consacro tutta la mia vita, tutto ciò che ho, tutto ciò che amo, tutto ciò che sono.
A te il mio corpo, il mio cuore, la mia famiglia, la patria.
Affido a te, o Madre cara, il mio passato, il mio presente, il mio futuro, tutte le mie capacità e i miei doni.
Voglio che tutto in me, che tutto attorno a me ti appartenga e partecipi ai benefici delle tue materne benedizioni.
Accoglimi tra le tue braccia materne.
Voglio amare Gesù come l'hai amato tu; con te voglio imparare ad ascoltare la parola del Padre e compiere la sua volontà.
Oggi mi consacro a te perché la mia preghiera sia preghiera del cuore, nella quale possa trovare pace, amore e forza di riconciliazione. **Amen.**

ΜΡ ΘΥ
ΙC ΧC

NOVENA DI NATALE

Introduzione *(vedi pagg. 687-688)*

La seguente novena si prega per nove giorni consecutivi, senza interruzione dal 16 dicembre al 24 dicembre in preparazione alla solennità del santo Natale.

PRIMO GIORNO

Preghiere iniziali *(vedi pagg. 689-690)*

«Ecco: la Vergine concepirà e partorirà un figlio, che chiamerà Emmanuele [Dio-con-noi]» (Is 7,14b).

Padre, anche noi siamo in attesa del Salvatore. Manda lo Spirito perché possiamo riconoscere in Gesù colui che tu invii tra noi per renderci tuoi figli; si sciolga il gelo delle nostre mediocrità e delle nostre piccolezze. Lui stesso ci consacri perché, ora e sempre, possiamo davvero amarti e invocarti come Padre e ripartire dall'inizio, dalla forza immortale della vita: l'amore.

Padre nostro • Ave Maria • Gloria al Padre

SECONDO GIORNO

Preghiere iniziali *(vedi pagg. 689-690)*

«Preparate la via del Signore, raddrizzate i suoi sentieri! Ogni uomo vedrà la salvezza di Dio!» (Lc 3,4b.6).

I disegni di Dio hanno i propri percorsi, si insinuano nelle vicende degli uomini, sembra talvolta ne risultino sconvolti e distorti, ma alla fine quello che il Signore vuole, egli lo compie. Dio è Signore della storia e a ogni Natale tale realtà rifulge con particolare evidenza. Quando le nostre storie sembrano calare a precipizio negli abissi del male, dovremmo ricordarci del Dio che salva, che interviene, che redime le nostre vicende, anche le peggiori.

Padre nostro • Ave Maria • Gloria al Padre

TERZO GIORNO

Preghiere iniziali *(vedi pagg. 689-690)*

«Non temere, Maria, perché hai trovato grazia presso Dio. Ed ecco, concepirai un figlio, lo darai alla luce e lo chiamerai Gesù» (Lc 1,30-31).

Il nostro Dio non disdegna di camminare per le strade misteriose della nostra storia umana. San Bernardo parla di tre venute di Dio: la terza è la venuta nei cuori dei credenti; Dio ci accompagna per la strada della vita, in tutte le nostre vicissitudini. Oggi, apro il mio cuore alla meraviglia per il fatto che Dio si è legato in modo inscindibile alla mia, alla nostra storia.

Padre nostro • Ave Maria • Gloria al Padre

QUARTO GIORNO

Preghiere iniziali *(vedi pagg. 689-690)*

«Ecco la serva del Signore: avvenga per me secondo la tua parola» (Lc 1,38).

La gente è solita dire, a mo' di proverbio: «L'uomo propone e Dio dispone», oppure: «Non si muove foglia che Dio non voglia»; ciò è verissimo se sappiamo leggere la nostra vita personale e quella del mondo alla luce della salvezza e della redenzione. Noi credenti in Cristo non possiamo neanche minimamente pensare che il mondo rimanga esclusivamente in balìa degli uomini o che Dio ne perda il controllo. Solo lui è in grado di coniugare, con l'infinita sua sapienza, la libertà degli uomini, anche di quelli che si rendono responsabili delle peggiori malvagità, e il suo progetto universale di salvezza.

La venuta del Figlio suo Gesù Cristo, ormai prossima, serva a ripeterci questa indispensabile garanzia che la storia, anche quella dei nostri giorni, è nelle mani di Dio.

Padre nostro • Ave Maria • Gloria al Padre

QUINTO GIORNO

Preghiere iniziali *(vedi pagg. 689-690)*

«Benedetta tu fra le donne e benedetto il frutto del tuo grembo!» (Lc 1,42).

Il Messia è stato atteso con struggente desiderio da Israele e con altrettanta cecità e ostinazione è stato rifiutato. Ma noi, il nuovo popolo, come prepariamo l'accoglienza del Dio fatto uomo? Fra tante voci di distrazione, e fra tanti impegni "imposti" dal clima di festa, troveremo un po' di tempo per riflettere sul grande mistero dell'amore di Dio?

Padre nostro • Ave Maria • Gloria al Padre

SESTO GIORNO

Preghiere iniziali *(vedi pagg. 689-690)*

«Giuseppe, figlio di Davide, non temere di prendere con

te Maria, tua sposa. Infatti il bambino che è generato in lei viene dallo Spirito Santo» (Mt 1,20).

Chissà che notte insonne ha vissuto Giuseppe! Ma Dio interviene e in sogno lo rassicura: si trova nel mezzo di una straordinaria storia d'amore, quella di Dio. Lascerò risuonare dentro di me queste parole: «Non temere» e ringrazierò il Signore per tutti i suoi amorosi interventi nella mia vita.

Padre nostro • Ave Maria • Gloria al Padre

SETTIMO GIORNO

Preghiere iniziali *(vedi pagg. 689-690)*

[Maria] diede alla luce il suo figlio primogenito, lo avvolse in fasce e lo pose in una mangiatoia (Lc 2,7).

Questo Bambino è davvero il Signore del mondo che può cambiare la vita. La nostra salvezza non sta nel successo, nel denaro, nell'avere tutto, nell'essere tranquilli… La nostra salvezza è solo in lui. Questo è il Natale che ci deve toccare il cuore. Lasciamoci aiutare, lasciamoci amare, non ritiriamoci per paura, non chiudiamo le nostre porte per paura di essere amati da questo Bambino.

Padre nostro • Ave Maria • Gloria al Padre

OTTAVO GIORNO

Preghiere iniziali *(vedi pagg. 689-690)*

«Abbiamo visto spuntare la sua stella e siamo venuti ad adorarlo» (Mt 2,2b).

Dio si fa uomo per mettersi al nostro livello, per rivolgersi a noi con parole e comportamenti che scardinano tutte le certezze. Il Dio Bambino abbatte gli steccati, ribalta le convinzioni: chi crede di essere nel giusto, chi non si mette in discussione, alla fine, non lo incontra. Lo fa, invece, chi accetta di interrogarsi con onestà, chi cerca la verità, chi segue la stella che indica un mistero che ci viene incontro. La tua luce, o Dio, ci accompagni sempre e in ogni luogo, perché contempliamo con fede e gustiamo con amore il mistero di cui ci hai fatti partecipi.

Padre nostro • Ave Maria • Gloria al Padre

NONO GIORNO

Preghiere iniziali *(vedi pagg. 689-690)*

[I pastori] andarono, senza indugio, e trovarono Maria e Giuseppe e il bambino, adagiato nella mangiatoia (Lc 2,16).

Il mistero del Natale oltrepassa ogni possibile immaginazione e ogni aspirazione più audace. Quel Bambino, il Figlio di Dio, è tra noi per sempre, è ormai definitivamente nostro, e noi siamo suoi. È un mistero che dà le vertigini: la fede cristiana ci comunica l'appartenenza incrociata di Dio che si fa Figlio dell'uomo e dell'uomo che diventa con il Battesimo figlio di Dio. Ormai niente e nessuno può separare ciò che Dio ha congiunto. E mai più saremo condannati a disperarci di essere di carne, se la carne è diventata la casa dell'Emmanuele, il Dio-con-noi. Che il Bambino di Betlemme ci dia pace!

Padre nostro • Ave Maria • Gloria al Padre

ALCUNE PREGHIERE PER DICEMBRE

Supplica alla Madonna di Loreto

(Si prega a mezzogiorno del 10 dicembre, del 25 marzo, del 15 agosto e dell'8 settembre)

O Maria loretana, Vergine gloriosa, noi ci accostiamo fiduciosi a te, accogli oggi la nostra umile preghiera. L'umanità è sconvolta da gravi mali dai quali vorrebbe liberarsi da sola. Essa ha bisogno di pace, di giustizia, di verità, di amore e si illude di poter trovare queste divine realtà lontano da tuo Figlio.

O Madre, tu portasti il Salvatore divino nel tuo seno purissimo e vivesti con lui nella santa Casa che noi veneriamo su questo colle loretano, ottienici la grazia di cercare lui e di imitare i suoi esempi che conducono alla salvezza.

Con fede e amore filiale, ci portiamo spiritualmente alla tua Casa benedetta. Per la presenza della tua Famiglia essa è la Casa santa per eccellenza, alla quale vogliamo si ispirino tutte le famiglie cristiane; da Gesù ogni figlio impari l'obbedienza e il lavoro; da te, o Maria, ogni donna apprenda l'umiltà e lo spirito di sacrificio; da Giuseppe, che visse con te e per

Gesù, ogni uomo impari a credere in Dio e a vivere in famiglia e nella società con fedele rettitudine.
Molte famiglie, o Maria, non sono un santuario dove si ama e si serve Dio, per questo ti preghiamo affinché tu ci ottenga che ognuna imiti la tua, riconoscendo ogni giorno e amando sopra ogni cosa il tuo Figlio divino. Come un giorno, dopo anni di preghiera e di lavoro, egli uscì da questa Casa santa per far sentire la sua parola, che è luce e vita, così ancora, dalle sante mura che ci parlano di fede e di carità, giunga agli uomini l'eco della sua parola onnipotente che illumina e converte.
Ti preghiamo, o Maria, per il Papa, per la Chiesa universale, per l'Italia e per tutti i popoli della terra, per le istituzioni ecclesiali e civili, per i sofferenti e i peccatori, affinché tutti divengano discepoli di Dio.
O Maria, in questo giorno di grazia, uniti spiritualmente ai devoti presenti a venerare la santa Casa, ove fosti adombrata dallo Spirito Santo, con viva fede ti ripetiamo le parole dell'arcangelo Gabriele: «Ave, o piena di grazia, il Signore è con te!».
Noi ti invochiamo ancora: «Ave, o Maria, madre di Gesù e madre della Chiesa, rifugio dei peccatori, consolatrice degli afflitti, aiuto dei cristiani». Tra le difficoltà e nelle frequenti tentazioni noi siamo in

pericolo di perderci, ma guardiamo a te e ti ripetiamo: «Ave, porta del cielo! Ave, stella del mare!».
Salga a te la nostra supplica, o Maria. Essa ti dica i nostri desideri, il nostro amore a Gesù e la nostra speranza in te, o Madre nostra.
Ridiscenda la nostra preghiera sulla terra con abbondanza di grazie celesti. **Amen.**

Salve Regina *(vedi pagg. 662-663)*

Supplica alla santa Famiglia

(30 dicembre)

Noi vi amiamo profondamente, o Gesù, Maria e Giuseppe, perché la vostra vita vissuta qui in terra fu umile riflesso dell'amore trinitario. Fate che ogni famiglia cristiana, modellandosi sulla vostra, desideri unicamente la concordia e la pace reciproca.

Gloria al Padre

Noi vi invochiamo con venerazione, o nomi dolcissimi di Gesù, Maria e Giuseppe, poiché Dio vi ha intimamente uniti nella pace e nella grazia divina. Fate che tutti coloro che ricorrono a voi siano pieni di Spirito Santo e godano della vostra protezione.

Gloria al Padre

Noi ti ammiriamo, o santa Famiglia di Nàzaret, perché tu fosti la culla della famiglia cristiana, la famiglia dove ha primeggiato l'amore, il centro dell'unità perfetta, l'esempio luminoso di obbedienza filiale e di umile sottomissione. Fa' che in tutte le famiglie si effonda il tuo spirito d'amore e sui tuoi santi modelli si formino in sapienza e grazia tutti i cristiani.

Gloria al Padre

Preghiamo

O Maria e Giuseppe, insegnateci a entrare spiritualmente nella vostra umile casa. Fateci comprendere che cosa significa crescere alla scuola delle vostre virtù, vivere nel mondo, ma senza essere del mondo. Insegnateci a pregare e a lavorare con impegno, a cercare il silenzio interiore e la docile sottomissione alla volontà di Dio. Uniteci alla vostra lode nell'adorazione del Padre e del Figlio e dello Spirito Santo. **Amen.**

Atto di affidamento

Dio, dal quale proviene ogni paternità in cielo e in terra, Padre, che sei amore e vita, fa' che ogni famiglia umana sulla terra diventi, mediante il tuo Figlio

Gesù Cristo, «nato da donna», e mediante lo Spirito Santo, sorgente di divina carità, un vero santuario della vita e dell'amore per le generazioni che sempre si rinnovano.

Fa' che la tua grazia guidi i pensieri e le opere dei coniugi verso il bene delle loro famiglie e di tutte le famiglie del mondo.

Fa' che le nuove generazioni trovino nella famiglia un forte sostegno per la loro umanità e la loro crescita nella verità e nell'amore.

Fa' che l'amore, rafforzato dalla grazia del sacramento del Matrimonio, si dimostri più forte di ogni debolezza e di ogni crisi, attraverso le quali, a volte, passano le nostre famiglie.

Fa' infine, te lo chiediamo per intercessione della santa Famiglia di Nàzaret, che la Chiesa, in mezzo a tutte le nazioni della terra, possa compiere fruttuosamente la sua missione nella famiglia e mediante la famiglia. Tu che sei la vita, la verità e l'amore, nell'unità del Figlio e dello Spirito Santo. **Amen.**

Preghiere per l'ultimo giorno dell'anno

(31 dicembre)

Ringraziamento di fine anno

Nel nome del Padre e del Figlio e dello Spirito Santo. Amen.

Un anno è passato e uno si apre; stasera facciamo memoria degli avvenimenti gioiosi e dolorosi, delle conquiste e delle sconfitte, della vita donata e di quella "risparmiata". In questo anno avremmo voluto fare di più e meglio per l'edificazione del regno di Dio ma, anche se il nostro cuore ci rimprovera, tu, o Signore, sei più grande del nostro cuore e fiduciosi veniamo a te.

Atto penitenziale

Con onestà, riconosciamo davanti al Signore le colpe che hanno offuscato la storia di questo 2018 che volge al termine e chiediamo umilmente perdono a Dio.

- Ti chiediamo perdono, Signore, per la superficialità con cui molte volte abbiamo portato le nostre responsabilità. **Signore, pietà.**
- Ti chiediamo perdono, Signore, per tutte le volte che non abbiamo saputo essere strumenti di pace e di misericordia. **Signore, pietà.**

- Ti chiediamo perdono, Signore, per l'indifferenza con cui abbiamo guardato chi era nel bisogno. **Signore, pietà.**
- Ti chiediamo perdono, Signore, per non aver rispettato il creato e per non esserci esposti per farlo rispettare. **Signore, pietà.**
- Ti chiediamo perdono, Signore, per la prepotenza con cui molte volte abbiamo imposto agli altri le nostre idee e decisioni. **Signore, pietà.**
- Ti chiediamo perdono, Signore, per tutte le mancanze di amore che hanno segnato le nostre relazioni. **Signore, pietà.**
- Ti chiediamo perdono, Signore, per tutte le volte che abbiamo trascurato il rapporto con te e ci siamo vergognati del nostro essere cristiani. **Signore, pietà.**

Preghiera di ringraziamento e supplica

O Dio, Padre onnipotente, come incenso salga a te il nostro ringraziamento e la nostra lode, tu che in Gesù tuo Figlio, ci hai amati prima della creazione del mondo e nello Spirito Santo vuoi che esistiamo.

Rit. A te la lode e la gloria nei secoli.

- Ti magnifichiamo, Padre della vita: nel mistero dell'Eucaristia che confessiamo e celebriamo nella fede, riceviamo il dono della salvezza, lievito di un'umanità nuova e redenta, seme della vita senza fine. Rit. **A te la lode e la gloria nei secoli.**

- Ti ringraziamo forti nella speranza: fedele alle promesse, illumini col tuo Spirito la Chiesa che invoca e attende l'avvento dello Sposo, rinnovatore di tutte le cose, sorgente della vita senza fine. Rit.
- Ti supplichiamo, Padre misericordioso, per Gesù Cristo nato dalla Vergine Madre: dona alla Chiesa di portare il Vangelo fino ai confini della terra, di difendere e amare l'uomo nella sua regale dignità, di essere portatrice di pace e speranza nel mondo. Rit.
- Ti preghiamo, unanimi, per chi ti cerca in ogni fede e cultura, per i fratelli della discendenza d'Abramo: alimenta in tutti la passione per la verità e rinnova la certezza che sul tuo santo monte si avvererà l'unico banchetto dei popoli. Rit.
- Ti supplichiamo fiduciosi, in comunione con la Madre di Gesù e tutti i santi testimoni della fede: fa' che possiamo essere conforto per i cuori smarriti e sollievo per gli ammalati. Rit.
- Ti supplichiamo, Padre di ogni bontà: conservaci nel tuo amore e senza peccato, custodisci nell'unità e nella pace le nostre famiglie, sia sempre con noi la tua misericordia. Rit.

A Colui che siede sul trono e all'Agnello, lode, onore, gloria e potenza, nei secoli dei secoli. **Amen.**

Te Deum

Ti ringraziamo, Signore del tempo, degli anni e della storia. Il tuo amore fedele ci ha guidato fino a questo giorno che ci apre al 2019. Le nostre parole non saranno mai abbastanza per dirti il "grazie" che tu meriti. Per questo ci uniamo ai cori degli angeli per lodarti e magnificare la tua gloria infinita.

Noi ti lodiamo, Dio, *
ti proclamiamo Signore.
O eterno Padre, *
tutta la terra ti adora.

A te cantano gli angeli *
e tutte le potenze dei cieli:
Santo, Santo, Santo *
il Signore Dio dell'universo.

I cieli e la terra *
sono pieni della tua gloria.
Ti acclama il coro degli apostoli *
e la candida schiera dei martiri;

le voci dei profeti si uniscono nella tua lode; *
la santa Chiesa proclama la tua gloria,
adora il tuo unico Figlio, *
e lo Spirito Santo Paràclito.

O Cristo, re della gloria, *
eterno Figlio del Padre,
tu nascesti dalla Vergine Madre *
per la salvezza dell'uomo.

Vincitore della morte, *
hai aperto ai credenti il regno dei cieli.
Tu siedi alla destra di Dio, nella gloria del Padre. *
Verrai a giudicare il mondo alla fine dei tempi.

Soccorri i tuoi figli, Signore, *
che hai redento col tuo sangue prezioso.
Accoglici nella tua gloria *
nell'assemblea dei santi.

Quest'ultima parte dell'inno si può omettere.
Salva il tuo popolo, Signore, *
guida e proteggi i tuoi figli.
Ogni giorno ti benediciamo, *
lodiamo il tuo nome per sempre.

Degnati oggi, Signore, *
di custodirci senza peccato.
Sia sempre con noi la tua misericordia: *
in te abbiamo sperato.

Pietà di noi, Signore, *
pietà di noi.
Tu sei la nostra speranza, *
non saremo confusi in eterno.

Omaggio alla Vergine (papa Francesco)

All'inizio del nuovo anno, ci affidiamo alla Vergine Madre, perché continui a intercedere presso il Figlio suo e ci accompagni, ogni giorno, con la sua materna protezione.

Grazie, o santa Madre del Figlio di Dio, Gesù, santa Madre di Dio! Grazie per la tua umiltà che ha attirato lo sguardo di Dio; grazie per la fede con cui hai accolto la sua Parola; grazie per il coraggio con cui hai detto «Eccomi», dimentica di te, affascinata dall'Amore santo, fatta un tutt'uno con la sua speranza. Grazie, o santa Madre di Dio! Prega per noi, pellegrini nel tempo; aiutaci a camminare sulla via della pace. **Amen.**

I miracoli
eucaristici

IL MIRACOLO EUCARISTICO DI MOGORO

A Mogoro, vicino Oristano, in Sardegna, il lunedì di Pasqua del 1604, don Salvatore Spiga, parroco della chiesa di San Bernardino, stava celebrando la Messa e dopo la consacrazione cominciò a distribuire la Comunione ai fedeli. A un certo punto vide accostarsi alla Comunione anche due uomini, conosciuti da tutti per la vita dissoluta che conducevano. Il parroco diede loro la Comunione e appena questi ricevettero le particole in bocca, le sputarono a terra sulla pietra della balaustra.

I due uomini si giustificarono dicendo che le ostie erano divenute bollenti come dei carboni ardenti e avevano bruciato loro la lingua. Poi, presi dai rimorsi per non essersi confessati prima, scapparono via. Don Salvatore fece raccogliere le sacre ostie cadute e vide che nella pietra erano rimaste, come scolpite, le impronte delle due particole. Ordinò allora di lavare accuratamente la pietra, sperando che le impronte potessero essere cancellate. Ma ogni tentativo fallì miseramente. Numerosi storici, fra cui il sacerdote Pietro Cossu e il padre Casu, descrivono gli accertamenti fatti dal vescovo del tempo, monsignor Antonio Surredo, e dai suoi successori.
Tra i documenti più importanti che confermano il miracolo abbiamo l'atto pubblico rogato dal notaio Pedro Antonio Escano, il 25 maggio 1686, con cui il rettore di Mogoro stipulò un contratto per l'erezione di un tempietto di legno

dorato sulla sommità dell'altare maggiore, tempietto che alla base doveva contenere una cavità che accogliesse la «pietra del miracolo», la quale doveva essere conservata racchiusa entro una decorosa scatola e collocata in modo da poter essere vista dai fedeli. La pietra presenta ancora oggi le impronte rotonde delle due ostie.

In memoria di questo prodigioso avvenimento e in riparazione dell'atto sacrilego, ogni anno, la domenica successiva a quella di Pasqua, a Mogoro si svolge una solenne processione eucaristica.

I LUOGHI
DELLO SPIRITO

SANTUARIO SANTA MARIA MADRE DELLA CHIESA

Il santuario di Santa Maria Madre della Chiesa, meglio conosciuto come la chiesa di Jaddico, è situato a pochi chilometri a nord della città di Brindisi.

Jaddico è una bella contrada di campagna alle porte della città, che si estende fra boschetti di macchia mediterranea e filari di vigna.

Questa chiesa, costruita negli anni 1963-1965, è

stata intitolata a "Maria Madre della Chiesa" l'8 dicembre 1965, quattro ore dopo la chiusura del Concilio Vaticano II, che aveva messo in risalto questo titolo. Il Vescovo di Brindisi l'ha elevata a santuario l'8 dicembre 1990.

In questa località esisteva una chiesa, frequentata assiduamente fino al 1777, che poi andò distrutta; rimase di questo edificio sacro solo un muro fatiscente, quello che attualmente è incorporato nel santuario di Santa Maria Madre della Chiesa, con un affresco raffigurante l'immagine della beata Vergine Maria che cinge il Bambino e con la mano sinistra regge un gallo (da qui il nome alla contrada "Gallico", in dialetto "Jaddico").

Nel 1962, alla vigilia dell'Assunta, un cinquantenne vigile urbano di Brindisi, Teodoro D'Amici, spinto da un sogno, portò per la prima volta dei fiori e dei lumini davanti a questa immagine della Vergine. Aveva sognato, infatti, di trovarsi in quel luogo e, nel sogno, aveva sentito una voce femminile insistente: «Portami ceri e fiori». Altri sogni invitarono Teodoro, e con lui la gente, a venire a pregare di notte davanti a questo muro che per tredici volte si illuminò misteriosamente. Teodoro vide diverse volte il quadro animarsi e sentì la voce della Madon-

na che l'8 settembre 1962 gli apparve dietro il muro con le mani allargate dalle quali partivano dei raggi luminosi. L'evento più clamoroso avvenne il 27 maggio 1963, alle undici e mezzo di sera, quando tutta la zona, dopo un silenzio irreale, fu inondata da una luce molto intensa che dalla chiesa, appena edificata, si alzava verso il cielo. Alcuni testimoni di quell'episodio sono tuttora vivi e raccontano la loro straordinaria esperienza.
Anche oggi il viaggiatore che si ferma a pregare a Jaddico è colpito dal particolare silenzio che si respira nel santuario, mentre il libro dei pellegrini posto all'ingresso raccoglie i ringraziamenti per le tante grazie ricevute.

Teodoro D'Amici è morto il 15 luglio 1993. Poche cose si sono sapute dei suoi "incontri" con Maria. Quanti sono stati? Come sono avvenuti? È un segreto che si è portato con sé. Ha voluto costruire questa chiesa a proprie spese almeno fino alla copertura, per obbedire alla Madonna che sembra gli abbia chiesto di «coprire il muro»; ha poi cercato e trovato poco lontano dell'acqua che la Madonna avrebbe chiamato «l'acqua mia», con la quale oggi ci si può bagnare davanti a un monumento sulla destra del piazzale antistante il santuario. Ha pregato e fatto pregare soprattutto con il santo Rosario.

Dal 1986 il santuario, aperto notte e giorno, è retto

dai Carmelitani Scalzi che offrono ospitalità in questo luogo di preghiera.
È continuo l'afflusso di persone, che silenziosamente sostano con le loro auto davanti al piazzale ed entrano per affidare al Signore i segreti del proprio cuore.

Opere d'arte

All'ingresso c'è un grande crocifisso che attira subito l'attenzione. Proseguendo, si può ammirare qualcosa di originale rispetto a tutte le altre chiese. Scendendo diversi gradini, ci si trova davanti a un alto muro, un avanzo di una vecchia costruzione: si tratta di un enorme portale diroccato, massiccio e

fatiscente, al centro del quale si può ammirare un'immagine che porta i segni di un intonaco corroso dal tempo, è la Madonna di Jaddico. Questo è l'affresco, dai colori sbiaditi e poco marcati, raffigurante la Vergine santissima con in braccio Gesù, nelle fattezze di un bimbo biondo. Con una mano Maria sorregge e quasi guida il divino bambino a benedire, con l'altra tiene un gallo che sembra accarezzato dalla manina di Gesù. Maria appare come una mamma non giovanissima, intenta a fissare, con i suoi grandi occhi materni, chi le sta davanti. La sua bocca chiusa, e accorciata dal logorio del tempo, sembra invitare alla contemplazione silenziosa del Figlio. È Maria che ci porta a Gesù; è Maria che continua a offrirci Gesù e, non a caso, sullo stesso rudere, a fianco dell'immagine, è stato incassato un tabernacolo, che contiene la presenza reale di Dio nell'Eucaristia.

Il santuario è abbellito da meravigliose vetrate dipinte da artisti del luogo.

Sul piazzale, nell'artistico monumento che ci descrive il miracolo delle Nozze di Cana, l'acqua della Madonna di Jaddico è un segno della benevolenza di Maria, che continuamente intercede per noi presso Gesù, mentre ci ripete: «Qualsiasi cosa vi dica, fatela» (Gv 2,5).

Proseguendo nel giardino del santuario, ci si trova di fronte a un'artistica e suggestiva Via Crucis e i bellissimi misteri del santo Rosario accompagnano il pellegrino nella meditazione e nella preghiera.

Orari di apertura

Il santuario è aperto giorno e notte.

Orari delle sante Messe

Festivo: (giugno) 10:00-11:30-18:30-20:00
Festivo: (luglio-agosto) 11:30-18:30-20:00
Festivo: (settembre a maggio) 10:00-11:30-17:00-18:30
Feriale: ore 18:30 (sempre)

Santo Rosario

Giorni feriali e festivi: ore 18:00

Confessioni

Ogni giorno: dalle 9:30 alle 12:00
Feriale: dalle 17:00 alle 18:30
Festivo: Domenica, prima di ogni santa Messa

Iniziative

6 Gennaio

Dono, alle donne che aspettano un bimbo, di una benedizione particolare e delle scarpette benedette.

16 Luglio

Festa della Madonna del Carmine, preceduta dalla

novena. Vestizione con l'abitino della Madonna, per chi si è preparato a riceverlo.

15 Agosto
Festa dell'Assunta. Alla fine dell'ultima Messa, pioggia di fiori al canto del Salve Regina.

7 Settembre
Ricordo dell'apparizione. Dopo la santa Messa delle 18:30, supplica alla Madonna di Jaddico.

8 Dicembre
Pellegrinaggio automobilistico, con partenza da piazza Duomo a Brindisi alle ore 5:30 e, nel Santuario, santa Messa con benedizione delle auto e dei conducenti.

Il 27 di ogni mese
Si ricorda l'ultima "illuminazione" del muro avvenuta il 27 maggio 1963, con il pellegrinaggio a piedi che parte dalla casa di Teodoro D'Amici a Brindisi verso Jaddico (è garantito un servizio bus).

Contatti

Santuario Santa Maria Madre della Chiesa
Contrada Jaddico
SS 379 (km 46) - (E 55)
72100 Brindisi
Tel: 0831 45 20 76
Fax: 0831 55 58 88
Email: santuario@jaddico.it
www.jaddico.it

IN ODORE
DI SANTITÀ

BEATO GIACOMO ALBERIONE HA DATO ALLA CHIESA NUOVI STRUMENTI PER ESPRIMERSI ED EVANGELIZZARE

Giacomo nacque nei pressi di Cuneo il 4 aprile 1884 da Michele e Teresa Rosa Allocco, che accolsero con amore i loro sette figli. Destò subito preoccupazione la salute del neonato, tanto che fu subito battezzato. Nella famiglia Alberione i figli crescevano nel timore di Dio, grazie al buon esempio del capo famiglia, che iniziava la giornata con la recita delle orazioni, e della mamma, che insegnava le preghiere ai suoi piccoli e infondeva in loro la fiducia in Dio.

Mamma Teresa, **contadina di costumi semplici, sapeva solo tre cose: pregare, avere pazienza, prendersi cura dei figli**. Diede al piccolo Giacomo le prime conoscenze sulla vita di Gesù e sul sacramento dell'Eucaristia, che egli poteva contemplare nel tabernacolo della chiesetta del suo paese: quel tabernacolo sarebbe stato poi il centro e il motore di tutta la sua futura opera apostolica.

Alla madre si deve ancora la sua grande devozione alla Vergine: Teresa ogni giorno riuniva attorno a sé i figli e recitava con loro le preghiere e il santo Rosario, sotto lo sguardo del crocifisso e dei due quadri raffiguranti la Madonna e san Giuseppe. Avendo a cuore il destino dei propri figli, Teresa li affidò alla protezione della Mamma di tutte le mamme, Maria, invocata sotto il nome di Madonna dei fiori.
Giacomo, negli anni della sua fanciullezza, aveva una salute fragile e anche un problema di intolleranza verso alcuni alimenti. Quando mamma Teresa accompagnava a Messa il suo figliolo, portava con sé un po' di pane e burro per sostenere il suo fisico debole.
Nel 1890 Giacomo iniziò la scuola sotto **la guida di quella vera rosa di Dio**, come egli stesso la definì, che fu la sua maestra Rosina Cardona, tanto buona e delicata nei suoi doveri che dedicò la vita alla formazione non solo culturale, ma anche umana, dei suoi amati scolari.
A lei, dopo la madre, si deve la vocazione religiosa di Giacomo; egli, infatti, riteneva che la sua vocazione fosse frutto delle preghiere della madre, che sempre lo custodì in modo particolare; e anche di quella maestra tanto pia, che sempre chiedeva al Signore che

qualche suo scolaro divenisse sacerdote. Nel 1896 Giacomo entrò in seminario, dove si distinse per la perfetta osservanza della disciplina e la sua esemplare pietà religiosa. Era assiduo nella Comunione, a cui si accostava con frequenza quasi giornaliera, cosa poco diffusa a quei tempi. La sua intensa devozione eucaristica lo portò a stare moltissime ore in ginocchio dinanzi al tabernacolo, in adorazione di Gesù eucaristico, senza dare segno di stanchezza.
Nel 1907 Giacomo ricevette l'Ordinazione sacerdotale. Da quel momento ebbe inizio la sua missione, sotto la protezione di **Gesù sacramentato, dinanzi al quale il giovane Alberione trascorreva alcune ore della giornata e dal quale traeva forza per la sua attività pastorale**.
Fondò cinque Congregazioni religiose: la Società San Paolo, le Figlie di San Paolo, le Pie Discepole del Divin Maestro, le Suore di Gesù Buon Pastore (o Pastorelle), l'Istituto Regina degli apostoli (o Apostoline); quattro Istituti di vita secolare consacrata: l'Istituto Gesù sacerdote, l'Istituto San Gabriele Arcangelo (o Gabrielini), l'Istituto Maria Santissima Annunziata (o Annunziatine), l'Istituto Santa Famiglia; e un'associazione laicale: i Cooperatori paolini.

Don Alberione paragonò la Famiglia Paolina a una vite, dove le Congregazioni rappresentano i tralci, con le loro distinte forme di apostolato. Esse sono tra loro legate: l'opera di ciascuna è tesa allo sviluppo e alla crescita delle altre. Ma la vite, per poter vivere e dare frutti, ha bisogno di nutrimento; a questo sono chiamate le Pie Discepole del Divin Maestro, che hanno una missione essenziale: nel silenzio e nel raccoglimento, devono dedicarsi alla preghiera, al culto del Divin Maestro, all'adorazione di Gesù nel Santissimo Sacramento, alla lode perenne in riparazione dei peccati che si commettono per la stampa cattiva. Esse rappresentano la radice che, dal Santissimo Sacramento, trae la linfa necessaria ad alimentare la pianta.

Tutte le altre Congregazioni – come tralci della vite – rappresentano la componente esecutrice dell'a-

zione apostolica che, con il lavoro, consente alla pianta di produrre frutti di santità e di apostolato. Vi è, quindi, una stretta parentela tra le Congregazioni paoline, perché tutte nate dal tabernacolo. Esse sono dotate di un unico spirito: vivere Gesù Cristo Maestro, Via Verità e Vita, e servire la Chiesa.
Don Alberione, dapprima, iniziò a maturare l'idea di creare un'organizzazione cattolica costituita da laici, impegnati come scrittori, tecnici, librai, rivenditori; a essi, oltre a un lavoro, si sarebbe data una formazione secondo lo spirito dell'apostolato. Successivamente, «poiché le opere di Dio si fanno con persone di Dio», pensò a Congregazioni religiose. Nacque così la sua prima tipografia. Erano tempi difficili, tanto che don Giacomo una volta disse: «Vorrei fare una croce e scrivere sui lati quattro "S"e si leggerebbe: "**Sono Sempre Senza Soldi!**"». La povertà – intesa come distacco da ogni desiderio di ricchezza e, allo stesso tempo, come impegno nella ricerca dei fondi necessari per la diffusione della buona stampa – costituì uno degli elementi cardine dell'attività apostolica del beato Alberione e dei Paolini. Don Alberione, infatti, portava con sé solo qualche spicciolo per eventuali elemosine; quando doveva fare un viaggio andava dall'econo-

mo a chiedere il denaro necessario e al ritorno restituiva quello che gli era rimasto in tasca.

Il Beato sapeva che ogni opera non si comincia col denaro, ma con la preghiera e la totale fiducia in Dio: **prima di intraprendere un'importante iniziativa, celebrava una Messa per chiedere lumi al Signore**.

Aveva una forte esigenza di porsi in unione col Signore in ogni momento del giorno: **tutte le sue attività erano compiute all'insegna della preghiera**. Ogni mattina alle 3:30 era già in chiesa in orazione, prima della celebrazione della Messa, che avveniva alle 4:30. Spesso diceva ai suoi ragazzi: «Ogni mattina vi metto tutti nel calice». Dopo la Messa, se non doveva uscire presto per la predicazione, rimaneva in chiesa fino alle 7:00, **stando in ginocchio, quasi raggomitolato su se stesso, immobile come una statua**.

Se aveva in programma qualche viaggio o prevedeva di essere molto occupato durante il giorno, scendeva in chiesa alle 2:00 del mattino e vi restava per circa cinque ore. Nelle giornate ordinarie tornava in chiesa per un'ora alle 15:00 e per un'altra ora immediatamente prima della cena. Le altre ore della giornata, che non erano occupate dalla predicazio-

ne o dalla scuola, le trascorreva tutte in ufficio, per ascoltare quelli che andavano a parlargli o che egli stesso faceva chiamare.
Un giorno alla settimana, dopo essere stato in chiesa come al solito, si chiudeva nel suo ufficio e vi rimaneva per tutto il giorno senza prendere cibo e senza rispondere a chiunque andasse a bussare. Per le cose indispensabili, uno della comunità aveva la chiave dell'ufficio e poteva entrare senza preavviso e prendere quello che era necessario.
A volte restava chiuso nella sua stanza per svariati giorni. La prima volta che ciò accadde, le suore temettero che morisse di fame e, non sapendo come intervenire, ricorsero al canonico Chiesa, suo direttore spirituale, l'unico che aveva l'autorità di farsi ascoltare dal Beato. Il canonico venne, si fece aprire e rimase con lui un paio d'ore: quindi uscì e disse alle suore di stare tranquille, perché **don Alberione stava parlando col Signore per sapere quello che doveva fare**.
Quando era in previsione un grande progetto, per il quale occorreva una maturazione serena, dopo essersi chiuso in camera per una o due giornate, ne usciva rinfrancato, presentava al direttore spirituale i suoi progetti e metteva mano alle iniziative. Non

sempre il momento era maturo; ma il Signore faceva conoscere le cose lasciando al suo servo il lavoro, anche gli errori... e poi interveniva lui a redimere i falli, operando al suo posto.

Don Alberione esercitava un grande fascino su tutti. Fu proprio l'entusiasmo, insieme al suo sorprendente potere di persuasione, a renderlo un leader carismatico, capace di contagiare quanti gli si avvicinavano. Era un sacerdote dalle idee lungimiranti, capace di attirare le vocazioni con il suo carisma; una guida che, col suo fascino, spingeva a compiere imprese ritenute impossibili; con la sua audacia ha creato opere monumentali, che ancora oggi possiamo contemplare.

Il numero dei giovani apostoli della buona stampa con gli anni cresceva sempre più e, nel contempo, don Alberione era capace di creare un clima soprannaturale così forte che tutti avevano l'impressione di volare. Così testimoniano i suoi discepoli: «Ci veniva chiesto molto; e potrei dire che anche le cose difficili, e magari strane, per noi divenivano normalissime. Fu un periodo eccezionale». **Lo vedevano come un grande "padre" e un "capo" dietro il quale si sarebbero buttati nel fuoco.** Qualunque cosa dicesse, era importante.

Numerosi furono gli ostacoli che si frapposero alla nascita e allo sviluppo dell'opera del beato Alberione. La notte di Natale del 1918, la tipografia si incendiò. Uno dei suoi ragazzi, il giorno dopo, gli espresse tutto il suo dispiacere; ma don Alberione, con espressione serena, rispose: **«È meno grave di un peccato veniale»**. E continuò: «Il diavolo ci odia fortemente e vorrebbe ridurre tutta in polvere la nostra Casa. Quando Dio permette, si sfoga. Teniamolo come un castigo della nostra negligenza, dei nostri peccati. Ciò che mi consola di più è il pensare che **queste cose non sono mie, ma del Signore**».
Il Beato era molto amato dai suoi ragazzi. Un suo discepolo testimonia: «Don Alberione aveva un carattere forte e tenero al tempo stesso, per cui, anche quando si era rimasti male per qualcosa, si ritornava volentieri vicino a lui; perché quando aveva fatto soffrire, cercava sempre anche di rimettere le cose a posto».
Quando qualcuno sbagliava, non disdegnava di redarguirlo con forza e, a volte, **anche con qualche ceffone**: a queste forti reazioni del Fondatore, i Paolini non restavano affatto scandalizzati: **sapevano che agiva solo per il loro bene**.
Nel 1923 gli venne diagnosticata una grave tisi,

che lo avrebbe portato alla morte nel giro di poco tempo. Si recò ad Alba per incontrare i suoi Figli e Figlie. Pensava, forse, di farlo per l'ultima volta; e quindi, per incoraggiarli ad andare avanti raccontò il "sogno" in cui Gesù gli disse: «Non temete; io sono con voi. Di qui voglio illuminare. Abbiate il dolore dei peccati». Nei giorni successivi la sua salute migliorò: si parlò subito di miracolo e lo stesso don Alberione affermò che fu guarito per intercessione di san Paolo.

Il beato Alberione aveva una grande **devozione per san Giuseppe**, a cui si rivolgeva soprattutto quando aveva in mente di realizzare una grande opera che superava le possibilità economiche della Congregazione.

Quando si doveva acquistare un terreno, ad esempio, **i Paolini si recavano sul luogo e disseminavano medagliette raffiguranti il Santo**, certi che alla fine sarebbero giunti i mezzi necessari.

Si pregava quindi san Giuseppe: «San Giuseppe, pensateci voi», e non tardava il suo intervento provvidenziale. Don Alberione aveva una piccola statuina di piombo del Santo, che teneva sempre sul tavolino e sotto la quale infilava regolarmente le lettere e le fatture con un gesto e uno sguardo che voleva dire:

«Se non ci pensi tu, andiamo male». La preghiera a san Giuseppe è compresa anche nella cosiddetta ricetta finanziaria che don Alberione inviò nel 1953 a don Boano, che si trovava in missione in Portogallo col compito di aprire una Casa paolina. Egli scrisse: «Caro, per la regolarizzazione della parte economica, avere quattro anime umili e di fede, che ogni giorno recitino: una, **la coroncina a san Giuseppe**; un'altra, **la coroncina all'angelo custode**; la terza, **tre De profundis** per le anime purganti; la quarta, **il Patto o Segreto di riuscita**». Don Boano raccontò che, dopo la recita di queste quattro preghiere, avvennero cose miracolose e inspiegabili; cercava soldi da una parte ed entravano dall'altra.

Don Alberione era convinto che il peccato è il principale ostacolo alla Provvidenza. Era tale la sua convinzione che quando c'erano problemi economici invitava tutti a fare una buona Confessione.

Intorno agli anni ’60, quando ormai la Famiglia Paolina contava Case in tutto il mondo, disse: **«In cinquant’anni di vita paolina, non ho mai tralasciato la visita al Santissimo Sacramento»**. Esortava i giovani apostoli della buona stampa a porsi ai piedi del divin Maestro, per confidargli ogni dubbio, le proprie debolezze, i bisogni spirituali e materiali. **Solo dal tabernacolo avrebbero tratto la forza utile per l’esercizio della loro missione.** Aveva inoltre una tenera devozione per la Madonna e si presentava quasi sempre con la corona del Rosario in mano. Promosse tra i suoi discepoli la devozione a Maria regina degli Apostoli, componendo numerose preghiere, tra cui la coroncina. Praticava, inoltre, ogni giorno la devozione delle tre Ave Maria.
Durante gli ultimi anni di vita si intensificarono i problemi di salute di don Alberione, ma fu sorprendente il modo in cui reagì al dolore. Una volta disse: «Quante notti ho passato appoggiato con la schiena al muro a dire Rosari!». Tuttavia, quando si tentò di trovare una cura per questi dolori si oppose, perché disse: **«I dolori mi sono cominciati con l’inizio dell’opera e mi tengono compagnia»**. La sua sofferenza era una continua offerta a Dio per il suo Istituto. Soffriva spiritualmente per i peccati com-

messi dai suoi e offriva i suoi dolori in riparazione per i peccati.

Consumato dalle fatiche, compiuta l'opera che il Padre celeste gli aveva dato da fare, il 26 novembre 1971, lasciò la terra per prendere il suo posto nella casa del Padre. Di questo grande Beato, Paolo VI, nell'udienza del 28 giugno 1969 concessa ai Padri Capitolari Paolini e alla presenza dello stesso Alberione, disse: **«Eccolo: umile, silenzioso, instancabile, sempre vigile, sempre raccolto nei suoi pensieri, che corrono dalla preghiera all'opera, sempre intento a scrutare i "segni dei tempi", cioè le più geniali forme di arrivare alle anime… Il nostro don Alberione ha dato alla Chiesa nuovi strumenti per esprimersi, nuovi mezzi per dare vigore e ampiezza al suo apostolato, nuova capacità e nuova coscienza della validità e delle possibilità della sua missione nel mondo moderno e con i mezzi moderni»**.

Preghiamo la Madonna perché aiuti il nuovo superiore generale, don Valdir José De Castro, a imitare il Fondatore.

SHALOM

"La Vergine santa è il mezzo del quale nostro Signore si è servito per venire sino a noi, ed è anche il mezzo di cui noi dobbiamo servirci per andare a lui...
Se, dunque, noi stabiliamo la solida devozione della santissima Vergine, ciò è solo per stabilire più perfettamente quella di Gesù Cristo, è solo per dare un mezzo facile e sicuro per trovare Gesù Cristo. Se la devozione alla santissima Vergine allontanasse da Gesù Cristo, bisognerebbe rigettarla come un'illusione del diavolo.
È, però, esattamente il contrario: questa devozione è necessaria proprio per trovare Gesù Cristo perfettamente, amarlo teneramente e servirlo fedelmente".

San Luigi Maria Grignion di Montfort, *Trattato della vera devozione a Maria*

L'EDITRICE SHALOM stampa libri di preghiera, meditazione, conoscenza delle basi della fede che non si piega alle mode, di riflessione sulla morale cattolica e biografie dei santi. Tutti i testi sono scritti in assoluta obbedienza alla Chiesa cattolica, in un linguaggio semplice ma profondo, e offrono la possibilità di:

- **trovare Gesù Cristo perfettamente,**
- **amarlo teneramente,**
- **servirlo fedelmente.**

La Vergine santa non solo è *"il mezzo del quale nostro Signore si è servito per venire sino a noi"*, ma ella è anche *"il mezzo di cui noi dobbiamo servirci per andare a lui"*. Attraverso Maria troviamo, conosciamo, amiamo e serviamo Gesù, come solo una madre conosce, ama e serve il proprio figlio, per cui l'Editrice Shalom vuol amare e far amare teneramente Gesù:

- **riaffermando la centralità dell'Eucaristia,**
- **promuovendo la preghiera come mezzo privilegiato per trovare il Signore,**
- **diffondendo la devozione al Cuore immacolato di Maria,**
- **onorando san Giuseppe e gli arcangeli.**

Le pagine che seguono offrono una selezione di libri, attinenti per argomento al presente testo, stampato nel mese di settembre 2018 presso Canale. Sono un piccolo assaggio di una produzione molto più varia e vasta, consultabile sul Catalogo generale che può essere richiesto ai nostri recapiti oppure visitando i siti:

www.editriceshalom.it
www.shalomviaggi.it

Alla prima registrazione su uno dei siti si potrà ricevere a casa, gratuitamente, il Catalogo e un omaggio (un numero del "Messalino", un numero della liturgia delle ore quotidiana "Con acqua viva" o altro...) come nuovo cliente. Inoltre, iscrivendosi alla newsletter, periodicamente si potranno ricevere tutte le novità editoriali, le news e il calendario degli incontri di preghiera.

seguici su f You Tube

Con acqua viva

Liturgia delle ore quotidiana. Lodi, ora sesta, vespri e compieta

DIRETTORE RESPONSABILE: Adele Giordano

Formato: cm 11,5x16,5
Pagine: 720
Prezzo: **€ 4,00**
Codice d'Ordine: **VARI**

PERIODICO MENSILE

CONTENUTI
Il mensile, veramente unico e rivoluzionario, propone lodi, ora sesta, vespri e compieta ordinati giorno per giorno. Non è mai stato così facile recitare il breviario!

Che cos'è la liturgia delle ore? Vorrei recitarla, ma come e quando si prega? Ho tentato varie volte, ma è così difficile! Ma "Con acqua viva" sarà facilissimo: basta andare alla data del giorno corrente e tutto quello che devi fare ti viene indicato passo dopo passo, senza dover continuamente andare avanti e indietro per cercare gli inni, le letture brevi, l'antifona per il "Benedictus" e per il "Magnificat", l'orazione.

Custodia in similpelle con tre segnalibri e bottoncino (vari colori)	Cod.	**35143**	€	**14,15**

Abbonamento annuale ai 12 numeri di "Con acqua viva"	€	**48,00**

"Pregate, pregate, pregate"

Edizione ampliata

PREFAZIONE: Cardinale **Angelo Comastri**
REVISIONE TESTI: Padre **Serafino Tognetti**

Formato: cm 12x19
Pagine: 2160 (copertina semirigida)
Prezzo: **€ 12,00**
Codice d'Ordine: **8000**
ISBN 978-88-8404-293-4

CONTENUTI

- Verità principali della fede.
- Norme di vita cristiana.
- Preghiere per ogni giorno.
- Trinità.
- Il Padre.
- Il Figlio.
- Lo Spirito Santo.
- La beata Vergine Maria.

... e tanti altri...

IL LIBRO DI PREGHIERE PIÙ COMPLETO ESISTENTE IN COMMERCIO

Le più belle e importanti preghiere della tradizione arricchite dalle devozioni più moderne, grazie alle quali tutti possono trovare le parole adatte per manifestare la propria devozione. È impossibile non trovare la preghiera che fa per noi! Questo libro ci viene in aiuto per chiedere le grazie necessarie in ogni ambito della nostra vita. In ogni sezione troverai gli inni, le preghiere con i maestri spirituali, le preghiere per le varie necessità, le novene, le litanie e tutte le forme di devozione più usate dalla Chiesa.
Con i caratteri grandi e la grafica a colori, questo libro è adatto ai giovani e agli anziani, alle famiglie, ai sacerdoti...

Edizione ampliata, copertina cartonata	Cod. **8001**	€	**14,00**
Custodia in pelle per edizione ampliata con zip	Cod. **35108**	€	**37,09**
Custodia in pelle per edizione ampliata con bottoncino	Cod. **35109**	€	**29,04**

“Pregate, pregate, pregate”

CURATORE: Suor **Maria Gabriella Turrin dell’Annunciazione**

Formato: cm 12x19
Pagine: 528
Prezzo: **€ 7,00**
Codice d’Ordine: **8100**
ISBN 978-88-86616-00-3

CONTENUTI
Preghiere, coroncine, consacrazioni, suppliche e novene con le quali onorare, chiedere, lodare e ringraziare:

- Padre.
- Figlio.
- Spirito Santo.
- Beata Vergine Maria.
- Santa Famiglia.
- Angeli.
- Santi.

Oltre a:

- Le verità della fede.
- Le preghiere tradizionali del cristiano.
- Via Crucis e Rosario.

Chi è alle prime armi e non conosce le verità della fede e le preghiere tradizionali, chi è un po’ “arrugginito” per gli anni lontano dal Signore, chi vuole pregare usando devozioni e formule care alla tradizione o chi vuole provare nuove forme e tipi di preghiera... Ciascuno troverà nel “Pregate, pregate, pregate” quello che cerca!
Si tratta di uno strumento efficace e utilizzabile da 0 a 110 anni...

Custodia in similpelle con bottoncino per codice 8100	Cod.	**35052**	€	**12,93**
Edizione pregiata, copertina cartonata	Cod.	**8101**	€	**9,00**
Copertina in plastica trasparente per codice 8100	Cod.	**40623**	€	**0,67**

La Sacra Bibbia
La via della pace

COMMENTO-GUIDA: Padre **Tarcisio Stramare**, osj
PREFAZIONE: Cardinale **Angelo Comastri**

CARATTERI GRANDI E LEGGIBILI DA TUTTI

TESTI UFFICIALI CEI 2008

Formato: cm 14x20
Pagine: 3520
Prezzo: **€ 33,00**
Codice d'Ordine: **8642**
ISBN 978-88-8404-327-6

CONTENUTI
Antico Testamento
Nuovo Testamento
Per approfondire
- Indice dei soggetti biblici.
- Mappe.
- I miracoli di Gesù.
- Le parabole di Gesù.

... e tanti altri...

La Sacra Bibbia - "La via della pace", nella traduzione ufficiale della CEI, ha come punti di forza:
1. la grande leggibilità per l'uso di un carattere tipografico grande;
2. le introduzioni, le note e i commenti, che utilizzano un linguaggio semplice, pur assicurando qualità e spessore di contenuto;
3. l'impostazione grafica, con illustrazioni a colori e la stampa su carta bianca, che assicura facilità di consultazione e grande chiarezza;
4. il prezzo contenuto.

Queste caratteristiche rendono La Sacra Bibbia - "La via della pace" unica e adatta a tutti i credenti.

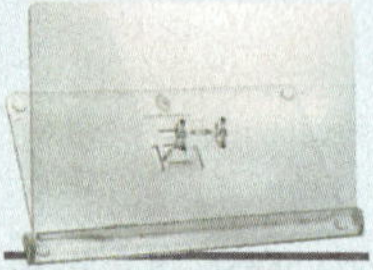

Leggio da tavolo per Bibbia ed. Shalom in plexiglass cm 35x20

Cod. **40986** **€ 16,80**

Disponibile in altri 4 colori € 33,00

Ecopelle rossa	**8832**	Ecopelle marrone	**8763**
Ecopelle tortora	**8762**	Tessuto rosso bordeaux	**8644**

Vangelo e Atti degli Apostoli

CURATORE: Dom **Mariano Grosso**, osb

Io consiglio di portare sempre con sé un piccolo Vangelo – oltretutto comprarlo costa poco – per tenerlo nella borsa, in tasca, e leggere durante la giornata un passo del Vangelo. Un consiglio pratico per trovare Gesù, perché Gesù è proprio nella sua parola, nel suo Vangelo. Ogni volta che io leggo il Vangelo trovo Gesù.

Papa Francesco

Formato: cm 10x13,5
Pagine: 768
Prezzo: **€ 2,00**
Codice d'Ordine: **8364**
ISBN 978-88-8404-217-0

Edizione con copertina illustrata *ISBN 978-88-8404-357-3*	Cod.	**8698**	€	**2,00**

Il Nuovo Testamento

COMMENTO-GUIDA: Padre **Tarcisio Stramare**, osj

Il volùme raccoglie tutti gli scritti del Nuovo Testamento. Le caratteristiche principali di questa edizione sono: il testo ufficiale della Cei; l'originale commento-guida di padre Tarcisio Stramare, osj; i caratteri tipografici grandi; la veste grafica gradevole interamente a colori; il formato pratico; l'indice di temi e soggetti biblici.

Formato: cm 12x19
Pagine: 1040
Prezzo: **€ 10,00**
Codice d'Ordine: **8451**
ISBN 978-88-8404-232-3

Edizione con copertina cartonata *ISBN 978-88-8404-233-0*	Cod.	**8525**	€	**12,00**

Le più belle preghiere della Bibbia: i Salmi

CURATORE: Suor **Maria Fabrizia dell'Agnello Immolato**

Non c'è sentimento dell'animo umano che i Salmi e i Cantici non manifestino: gioia, riconoscenza, gratitudine, amore, tenerezza, entusiasmo, intensa sofferenza, richiesta di aiuto e di giustizia...
E non ci sono situazioni della vita che essi non possano permetterci di trasformare in preghiera: gioie, lutti, malattie, affetti, odii, guerre e carestie, ricchezza e povertà.

Formato: cm 12x19
Pagine: 576
Prezzo: **€ 10,00**
Codice d'Ordine: **8107**
ISBN 978-88-86616-22-5

"Pregate sempre, senza stancarvi mai"

Lodi, ora media, vespri e compieta

CURATORE: Padre **Ferdinando Campana**, ofm

Uno strumento indispensabile, pratico e facile da usare per recitare le lodi, l'ora media, i vespri e la compieta, nella preghiera personale e comunitaria. Pensato per aiutare chi desidera pregare con la preghiera ufficiale della Chiesa, ma che si orienta con fatica tra le migliaia di pagine dei quattro volumi che compongono la liturgia delle ore.

Formato: cm 12x19
Pagine: 1200
(copertina cartonata)
Prezzo: **€ 12,00**
Codice d'Ordine: **8144**
ISBN 978-88-8404-037-4

Preghiere per le anime dei defunti in Purgatorio

Tutto ciò che può diminuire l'intensità e abbreviare la durata delle pene delle anime purganti: Preghiere, Rosari e Coroncine, Suppliche, Offerte, Novene e Meditazioni, Ufficio dei defunti, Pratiche indulgenziate.

Formato: cm 12x19
Pagine: 480
Prezzo: **€ 9,00**
Codice d'Ordine: **8147**
ISBN 978-88-86616-57-7

I Novissimi

Il destino dell'uomo dopo la morte

AUTORE: Monsignor **Alessandro Maggiolini** († 2008)

«Che ne sarà di noi dopo la morte?», così si può sintetizzare il contenuto de "I Novissimi" che, come l'Autore stesso dice, *«non è un libro saputo e intricato. Si tratta di un testo che va letto e riletto con pacatezza per gustarne il contenuto.*
Non ho voluto fare opera di teologia, ma modesta esposizione di catechesi. Semplice, semplice. Con la chiarezza di cui sono stato capace e a cui si lascia ridurre la rivelazione di Dio, senza essere tradita».

Formato: cm 11x17
Pagine: 160
Prezzo: **€ 4,00**
Codice d'Ordine: **8400**
ISBN 978-88-8404-168-5

Il meraviglioso segreto delle anime del Purgatorio

Esiste il Purgatorio? Che cosa è veramente? A cosa serve? Riguarda anche noi, oggi?
Ecco un libro completo e interessante che riassume con semplicità la dottrina cristiana del Purgatorio.

Formato: cm 11x17
Pagine: 320
Prezzo: **€ 5,00**
Codice d'Ordine: **8110**
ISBN 978-88-86616-13-3

Orazioni in suffragio delle anime del purgatorio

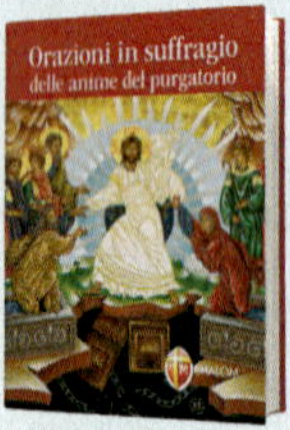

Una lacrima per i defunti evapora, un fiore sulla tomba appassisce, una preghiera, invece, arriva fino al cuore dell'Altissimo.

Sant'Agostino

Ecco una raccolta di preghiere semplici in un agile libretto da tenere in tasca o in borsa per poter pregare per i tuoi cari defunti in ogni momento della giornata. La Chiesa ha sempre onorato la memoria dei defunti e ha offerto per loro suffragi affinché, purificati, possano giungere alla visione beatifica di Dio.
Non esitiamo a soccorrere le anime del Purgatorio e a offrire per loro le nostre preghiere!

Formato: cm 10x14
Pagine: 64
Prezzo: **€ 2,00**
Codice d'Ordine: **8477**
ISBN 978-88-8404-200-2

Corona di Cento Requiem in suffragio dei defunti

La beata Anna Maria Taigi era devotissima delle anime del Purgatorio. Nella sua pietà amava suffragare le anime sante con la preghiera di Cento Requiem. Ella testimonia di aver ottenuto da Dio molti celesti favori nelle circostanze più diverse e nei bisogni più gravi, spirituali e temporali.

Sull'esempio della beata Anna Maria, anche noi possiamo praticare la devozione dei Cento Requiem per le anime del Purgatorio.

Formato: cm 10x14
Pagine: 32
Prezzo: **€ 1,50**
Codice d'Ordine: **8181**
ISBN 978-88-86616-61-4

Coroncina per le anime dei sacerdoti che soffrono in Purgatorio

AUTORE: Padre **Serafino Tognetti**

Questa pratica ottiene per chi prega grazie singolari, opera conversioni, strappa dalla tiepidezza i cristiani poco fervorosi, rende i sacerdoti apostoli zelanti, addolcisce la sofferenza e fa desiderare all'anima una perfezione più alta.

Formato: cm 10x14
Pagine: 32
Prezzo: **€ 1,50**
Codice d'Ordine: **8195**
ISBN 978-88-86616-47-8

Giorgio La Pira uomo di Dio

Tratti di spiritualità del sindaco santo

AUTORE: Valerio Torreggiani; Anna Maria Gidoni

Formato: cm 11x16,5
Pagine: 272
Prezzo: **€ 7,00**
Codice d'Ordine: **8492**
ISBN 978-88-8404-224-8

È una bellissima e preziosa raccolta che mette in rilievo la sua figura di cristiano genuino. Quanto è di attualità! Potessero i nostri uomini politici guardare a lui!

Cardinale Angelo Comastri

L'esempio di Giorgio La Pira aiuti a ridestare nella Chiesa e nella società civile una *«nuova generazione di laici impegnati»*, così come auspica Benedetto XVI. Occorre per questo che nella vita di noi cristiani, come lo è stato nella vita di La Pira, il primo posto tornino ad averlo la Parola di Dio, l'Eucaristia, la preghiera, l'amore verso il prossimo e l'impegno per una formazione morale che si radichi nel Vangelo.

Un grande nella carità

San Giuseppe Moscati

Formato: cm 11x17
Pagine: 320
Prezzo: **€ 5,00**
Codice d'Ordine: **8327**
ISBN 978-88-8404-114-2

In un tempo in cui è necessario riscoprire la bellezza dell'umanità, san Giuseppe Moscati ci può essere maestro.

Lui, il medico santo che curava il corpo e lo spirito, non ha mai trattato il malato come un numero, ma sempre per quello che era ed è: un fratello da soccorrere con la precisione della scienza e la sensibilità della fede. Leggi queste pagine e imparerai il rispetto, la delicatezza, la sensibilità e l'amore che bisogna usare nei confronti dei malati e dei sofferenti.

La Medaglia Miracolosa

AUTORE: Don **Giuseppe Brioschi**, sdb

Formato: cm 10x14
Pagine: 192
Prezzo: **€ 4,00**
Codice d'Ordine: **8332**
ISBN 978-88-8404-098-5

Fai coniare una medaglia... tutte le persone che la porteranno riceveranno grandi grazie, specialmente portandola al collo; le grazie saranno abbondanti per le persone che la porteranno con fiducia.

La Vergine
a santa Caterina Labouré

Per conoscere e amare la storia e la devozione dell'unica Medaglia ideata e voluta dalla Madonna e somigliare sempre di più alla Mamma celeste!

Un mese con la Medaglia Miracolosa

AUTORE: Maria Chiara Carulli

Formato: cm 11x16,5
Pagine: 128
Prezzo: **€ 4,00**
Codice d'Ordine: **8382**
ISBN 978-88-8404-147-0

La Medaglia Miracolosa è un dono specialissimo che la Madonna ci ha fatto: meditarne in preghiera il significato e il messaggio riempie la vita di miracoli e di grazie! Questo libro è utile non soltanto per vivere i classici mesi mariani, ma anche per rendere "mariana" ogni giornata; siamo invitati a dedicare a lei qualunque mese dell'anno, anzi, ogni giorno dell'anno! Secondo ciò che lei ci ispirerà noi potremo dedicarle il mese di maggio, quello di ottobre, quello di novembre (che è appunto "della Medaglia Miracolosa")... o scegliere un mese mariano "straordinario" secondo la nostra devozione e le nostre necessità.
Quant'è bello pregare! Quant'è bello percorrere ogni strada e vivere ogni giorno presi per mano da Maria, nostra tenera mamma!

La Medaglia Miracolosa e Caterina Labouré

Storia e prodigi

AUTORE: Suor **Palmarita Guida**

O Maria concepita senza peccato, prega per noi che ricorriamo a te!

L'autrice, suor Palmarita Guida, ci fa entrare nel mondo di santa Caterina Labouré, alla quale la Vergine apparve a Parigi nel 1830, con il preciso obiettivo di farcela conoscere approfonditamente, per poi condurci a scoprire l'origine e il messaggio della Medaglia Miracolosa e la sua azione nel quotidiano di ogni uomo.

Formato: cm 11x16,5
Pagine: 288
Prezzo: **€ 5,00**
Codice d'Ordine: **8814**
ISBN 978-88-8404-432-7

La Vergine di Guadalupe

AUTORE: Padre **Javier García**, L.C.; **TRADUTTORE: Alessandro Latini**

L'apparizione, nel 1531, della "Morenita" all'indio Juan Diego è un evento che lascia un solco profondo nella religiosità messicana. Ella si presenta come una meticcia, indossa un vestito bordato di fiori e un manto azzurro copre il suo capo. L'attenzione si concentra sulla straordinaria icona guadalupana, rimasta inspiegabilmente intatta nonostante il trascorrere dei secoli: questa immagine, che non è una pittura, né un disegno, né è fatta da mani umane, suscita la devozione dei fedeli di tutto il mondo e pone molti interrogativi alla scienza. Meditare sull'evento guadalupano significa porsi alla scuola di Maria.

Formato: cm 13x19
Pagine: 352
Prezzo: **€ 8,00**
Codice d'Ordine: **8590**
ISBN 978-88-8404-291-0

Novene all'Immacolata Concezione e al santo Natale

AUTORE: Don **Giuseppe Brioschi**, sdb

Formato: cm 12x19
Pagine: 192
Prezzo: **€ 5,00**
Codice d'Ordine: **8176**
ISBN 978-88-86616-92-8

Questo sussidio è stato realizzato pensando alle esigenze delle comunità parrocchiali, dei gruppi di preghiera e di quanti, singolarmente o collettivamente, desiderano vivere le novene dell'Avvento nella meditazione e nella preghiera, in sintonia con il cammino di preghiera liturgica che la Chiesa propone.
Ecco i tre principali obiettivi che le novene contenute in questo libro si propongono:
1. illuminare la mente;
2. riscaldare il cuore;
3. spingere alla conversione.
Grazie alla loro struttura le novene contenute in questo libro ben si prestano alla preghiera comunitaria, ma anche alla preghiera di chi è solo a casa.La completezza di due libri nella comodità di un solo volume!

Novena all'Immacolata Concezione

AUTORE: Don **Giuseppe Brioschi**, sdb

Formato: cm 10x14
Pagine: 64
Prezzo: **€ 1,50**
Codice d'Ordine: **8520**
ISBN 978-88-8404-227-9

Rendiamo l'omaggio della nostra devozione sincera all'Immacolata Concezione.
A lei rivolgiamo il nostro sguardo con più forte trepidazione, a lei ricorriamo con più insistente fiducia con questa novena, ideale sia per la preghiera comunitaria che per quella personale. In comodo formato, pratico e tascabile, da portare con sé per pregare in ogni momento della giornata!
Sarà un valido strumento per assimilare le virtù di Maria e viverle nella concretezza della nostra vita.

Novena al santo Natale

AUTORE: Don **Giuseppe Brioschi**, sdb

Formato: cm 10x14
Pagine: 64
Prezzo: **€ 2,00**
Codice d'Ordine: **8521**
ISBN 978-88-8404-228-6

Sono molte le feste precedute da una novena di preparazione. Fra tutte, la più solenne, più commovente e più cara è la novena al santo Natale. Essa è il segno dell'attesa e del cammino della comunità e dei singoli verso il Dio di Betlemme, Gesù, che nasce in una mangiatoia, nel segno della povertà.

Preparati per nove giorni, con questa stupenda novena al santo Natale, alla venuta del Bambino Gesù...
Accoglilo nell'umile culla del tuo cuore...
Questa novena è ideata per la preghiera personale, in famiglia e comunitaria.
Porta questo agile libricino sempre con te e preparati ad accogliere il Bambino che nasce...

La meraviglia del Natale

NOVITÀ

Un libro dedicato ai più piccoli per raccontare loro la nascita di Gesù.
Con bellissime illustrazioni colorate e originali, pensate appositamente per i primi approcci dei bambini ai libri.

Formato: cm 22x22
Pagine: 26
Prezzo: **€ 7,00**
Codice d'Ordine: **8893**
ISBN 978-88-8404-512-6

La Santa Famiglia di Gesù

Teologia della Santa Famiglia

AUTORE: Padre **Tarcisio Stramare**, osj

Il Figlio di Dio, venendo ad assumere la nostra condizione di uomini, volle far parte di una famiglia, scegliendo di vivere nella casa di Nàzaret. Si tratta della casa dove tra la Vergine Madre e Giuseppe regna l'amore coniugale intenso e casto; dove la vicenda di giorni operosi è accompagnata dalla concordia dei reciproci affetti.
L'Autore delinea la teologia della Santa Famiglia, alla luce della Sacra Scrittura e del Magistero, particolarmente attento alle difficoltà di tutte le famiglie, alle quali rivolge il pressante invito di guardare gli esempi della Santa Famiglia.

Formato: cm 11x17
Pagine: 128
Prezzo: **€ 3,00**
Codice d'Ordine: **8469**
ISBN 978-88-8404-222-4

Il Rosario alla santa Famiglia di Nàzaret

AUTORE: Monsignor **Luciano Paolucci Bedini**

Pregando questo Rosario entrerai nel racconto della vita di una Famiglia santa, che ha vissuto alla presenza del Signore e ha accolto nelle vicende quotidiane il progetto di Dio.
Conoscerai il sogno di un Dio che vuole farsi compagno degli uomini, entrando nelle loro case e condividendo la ferialità dei giorni.
La Santa Famiglia è la Famiglia di ogni cristiano, tutti ne facciamo parte, tutti in essa possiamo apprendere il segreto della vita accolta come dono di un Padre di cui tutti siamo figli amati.

Formato: cm 10x14
Pagine: 32
Prezzo: **€ 1,50**
Codice d'Ordine: **8187**
ISBN 978-88-86616-93-5

Preghiere a Gesù Bambino

Formato: cm 12x19
Pagine: 384
Prezzo: **€ 7,00**
Codice d'Ordine: **8318**
ISBN 978-88-8404-100-5

Gesù Bambino promette a ognuno di noi: «Più mi onorerete, più io vi favorirò!».

Il libro va pensato come una sorta di calendario liturgico/manuale del devoto a Gesù Bambino.
Alle preghiere e devozioni valide per ogni giorno dell'anno, compresi i 25 del mese e le dodici domeniche a Gesù Bambino, seguono le forme di culto e di onore delle festività promosse dai centri di diffusione della devozione a Gesù Bambino, con speciale riferimento al santuario di Arenzano.

Calendario liturgico 2019

NOVITÀ

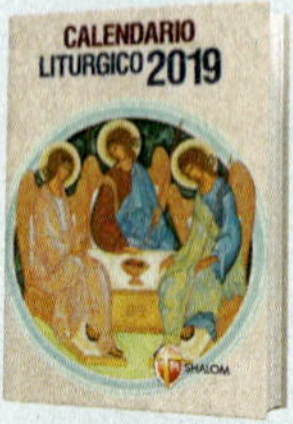

Formato: cm 9x13,5
Pagine: 64
Prezzo: **€ 0,50**
Codice d'Ordine: **8866**
ISBN 978-88-8404-545-4

Il calendario liturgico per il Rito romano riporta:
- il grado liturgico;
- la corrispondente settimana del Salterio;
- il colore liturgico;
- il ritornello del Salmo responsoriale;
- i riferimenti biblici dei testi della santa Messa;
- i santi del Calendario Romano.

Nei giorni feriali, viene indicato tra parentesi uno dei santi del Martirologio Romano o dei Calendari propri delle chiese locali.
In un libretto pratico ed economico tutti i riferimenti per vivere al meglio l'anno liturgico e immergersi nel mistero di Cristo.
Uno strumento indispensabile per essere membra attive della Chiesa, corpo mistico di Cristo!

Calendario da tavolo 2019

NOVITÀ

Bello, comodo, utile... ideale per uffici, studi e camerette, arreda scrivanie e tavoli di ogni tipo.
Agile da consultare, occupa il minimo spazio e non "buca" le pareti.
Abbellito dalle splendide immagini delle icone più significative di tutti i tempi, è dedicato a chiunque ama quest'arte sacra, considerata dall'UNESCO la più importante al mondo, o a chi ha voglia semplicemente di conoscerla!
Il formato pratico e agile e la grafica semplice e raffinata, unita a immagini di grande impatto emotivo, fanno del calendario da tavolo un prodotto davvero funzionale, facile da consultare e bello da vedere. Il supporto in cartoncino con la spirale in metallo, inoltre, ne agevola la consultazione.

Formato: cm 16,5x15,5x7
Pagine: 13
Prezzo: **€ 1,50**
Codice d'Ordine: **40770**
EAN 80-24-823-40770-1

Calendario a strappo 2019
Gesù confido in Te

NOVITÀ

768 pagine incentrate sul mistero della divina misericordia.

Sul fronte:

- le frasi più belle e significative del Diario "La misericordia divina nella mia anima" di santa Maria Faustina Kowalska.
- L'elenco di tre santi che la Chiesa ricorda in quella data.

Sul retro:

- Un vero e proprio calendario liturgico che, oltre alle indicazioni delle letture della santa Messa quotidiana, riporta il brano del Vangelo del giorno (alcune volte adattato per motivi di spazio).
- Le indicazioni per la liturgia delle ore.
- Il santo liturgico che la Chiesa festeggia.
- Il grado delle celebrazioni liturgiche: solennità, festa, memoria, memoria facoltativa.

Formato: cm 13,6x11
Pagine: 768
Prezzo: **€ 7,00**
Codice d'Ordine: **8869**
ISBN 978-88-8404-551-5

Agenda Shalom 2019

NOVITÀ

Formato: cm 14,4x19,5
Pagine: 640
Prezzo: **€ 7,00**
Codice d'Ordine: **40768**
EAN 80-24-823-40768-8

CONTENUTI

- Aspetti edificanti della vita di un santo, beato, servo di Dio o venerabile ricordato nella giornata.
- Giorno liturgico secondo il Calendario Romano.
- Colore liturgico, letture della santa Messa, indicazioni della settimana del Salterio per la Liturgia delle Ore.
- Misteri del Rosario, coroncine, novene, tridui e altre devozioni specifiche del giorno o del periodo precedente una festa o solennità.

L'Agenda Shalom 2019, oltre a lasciare ampio spazio per le note e gli appuntamenti, si presenta come un vero e proprio libro che, insieme agli approfondimenti, offre la possibilità di pregare e seguire quotidianamente lo svolgimento dell'anno liturgico, attraverso l'indicazione delle letture delle Messe feriali e festive e una breve descrizione del santo del giorno. È anche un completo "promemoria devozionale" che, giorno per giorno, indica le novene, i tridui, i nove primi venerdì, i cinque primi sabati del mese, unitamente a tante altre proposte di preghiera che saranno un fedele compagno di viaggio durante tutto l'anno. Inoltre, quest'anno propone meravigliosi approfondimenti sulla santità per vivere la vita cristiana con slancio ed entusiasmo. Sfogliandola ogni giorno riceverai una carica in più per vivere alla grande la tua giornata.
Un simpatico regalo per te e per le persone che ami!

Agenda liturgico pastorale 2019

NOVITÀ

Formato: cm 16,5x24
Pagine: 512
Prezzo: **€ 10,00**
Codice d'Ordine: **40766**
EAN 80-24-823-40766-4

È un sussidio che consente di fare della liturgia una scuola di formazione sul significato delle diverse celebrazioni e di garantire l'unità celebrativa.
A tutti i fedeli offre la possibilità di essere formati a una piena, consapevole e attiva partecipazione alle celebrazioni liturgiche.
Indispensabile strumento per i lettori, i maestri del coro, i cantori, i musicisti, i gruppi dei ministranti e loro coordinatori, i catechisti, i sacristi, le persone che preparano l'aula celebrativa e la addobbano.
Il formato grande e gli ampi spazi delle pagine consentono di segnare, al giorno corrispondente, i principali appuntamenti pastorali diocesani e parrocchiali, gli orari, le comunicazioni e tanto altro.

Agenda tascabile Shalom 2019

NOVITÀ

Formato: cm 10,5x15
Pagine: 416
Prezzo: **€ 5,00**
Codice d'Ordine: **40767**
EAN 80-24-823-40767-1

Molto allegra, giovane e colorata, l'agenda tascabile Shalom 2019 è corredata da bellissime immagini.
È un'agenda giornaliera, che presenta su ogni pagina un solo giorno, ed è per questo molto utile per coloro che hanno tanti impegni diversi o necessitano di scrivere appunti e note (come le attività di lavoro o di studio). È leggera, non occupa troppo spazio, puoi portarla sempre con te.
La copertina olandese, inoltre, la rende robusta e resistente. Un'agenda adatta non soltanto ai cattolici, ma a tutti coloro che desiderano riscoprire la via per la felicità e lo strumento che permette la conquista della vera libertà: il perdono.
Ad accompagnarti mese dopo mese nella riflessione su un tema così importante saranno le più belle frasi di tutti i tempi.

Agenda planning 2019

13 mesi

NOVITÀ

Formato: cm 21x26,5
Pagine: 192
Prezzo: **€ 12,00**
Codice d'Ordine: **40771**
EAN 80-24-823-40771-8

PUNTI DI FORZA

- Formato grande da scrivania o da tavolo che consente di gestire tutti gli appuntamenti, gli impegni di lavoro o della routine giornaliera senza problemi di spazio.
- Approfondimenti dedicati a grandi uomini di fede al servizio del nostro Paese.
- La veste editoriale sobria, la copertina rigida, la cura del dettaglio concorrono alla qualità di un prodotto attuale e moderno.
- Chiusura con elastico.
- Ottima idea regalo.

Vuoi organizzare la tua settimana e avere un quadro degli impegni dal lunedì alla domenica? Vuoi gestire al meglio il tempo a tua disposizione? L'agenda planning 2019, da tavolo o da scrivania, ti offre tanto spazio per annotare gli appuntamenti e gli impegni nell'arco della settimana.
L'agenda planning mostra, infatti, su due pagine affiancate un'intera settimana dell'anno, sulla destra un ulteriore box a righe per prendere appunti e organizzare le idee.
Un'agenda dinamica, fresca e giovane, con i giorni e i mesi nella doppia dicitura italiano-inglese, che inizia da dicembre 2018 e finisce a dicembre 2019!

Agenda planning 2019 con copertina marrone EAN 80-24-823-40774-9	Cod.	**40774**	€	**12,00**

Agenda settimanale pocket 2019

NOVITÀ

Formato: cm 9x14
Pagine: 192
Prezzo: **€ 5,00**

PUNTI DI FORZA

- Formato pratico, comodo e leggero, con nastrino segnapagina.
- Spazio per scrivere i propri impegni quotidiani.
- Prefissi, domini internet e targhe internazionali; rubrica; spazio per appunti vari.
- Design semplice e moderno, con immagini a colori.

Un'agenda settimanale dinamica, fresca e giovane, con i giorni e i mesi nella doppia dicitura italiano-inglese. Ogni settimana occupa due pagine (lunedì, martedì e mercoledì a sinistra, giovedì, venerdì, sabato e domenica a destra), con layout verticale. Un formato piccolo e pratico, per chi ama avere una panoramica delle cose e segnare solo quelle più importanti. Portala con te alle riunioni, a scuola, al lavoro per controllare velocemente gli appuntamenti, i contatti e l'elenco delle cose da fare.

Agenda con copertina azzurra *EAN 80-24-823-40769-5*	Cod.	**40769**	€	**5,00**
Agenda con copertina rossa *EAN 80-24-823-40772-5*	Cod.	**40772**	€	**5,00**
Agenda con copertina verde *EAN 80-24-823-40773-2*	Cod.	**40773**	€	**5,00**

"Sulla Tua Parola" - cedola di abbonamento

Desidero sottoscrivere dal bimestre .... nº .... abbonamento/i:

❑ Annuale in Italia spedito tramite posta **€ 24,00**

❑ Annuale in Italia spedito tramite corriere espresso **€ 45,00**
*(sul retro verifica se il servizio è disponibile nella tua città)**

❑ Biennale in Italia spedito tramite posta **€ 48,00**

❑ Annuale in Italia spedito tramite posta, con contributo per donare il Messalino a parrocchie e istituti religiosi **€ 100,00**

❑ Annuale estero Europa **€ 60,00** – Altri continenti **€ 80,00**

I miei dati *(da compilare in ogni caso)*

Cognome e Nome ____________________

Codice fiscale ____________________

Via ____________________ nº ______

CAP ________ Città ____________________ Provincia ______

Telefono ____________ E-mail ____________________

Desidero regalare un abbonamento a:

Cognome e Nome ____________________

Via ____________________ nº ______

CAP ________ Città ____________________ Provincia ______

Telefono ____________ E-mail ____________________

Ho effettuato il pagamento tramite:

❑ bollettino su c/c Postale **86067428**

❑ bonifico bancario (Italia) **Banca Monte dei Paschi di Siena - Fil. Chiaravalle**
IBAN **IT 32 E 01030 37320 000061158579**
dall'estero aggiungere all'IBAN il codice SWIFT/BIC: **PASCITM1A02**

intestati a: **Editrice Shalom srl**

Invio copia della ricevuta di pagamento insieme a questa cedola tramite:

· *WhatsApp:* **334 91 83 212** · *e-mail:* **abbonamenti@editriceshalom.it**;
· *fax:* **071 74 50 140**; · *posta ordinaria:* **Editrice Shalom – Via Galvani, 1 60020 Camerata Picena (An)**

compila la privacy sul retro della cedola

INFORMATIVA AI SENSI DELL'ART. 13 DEL D.LGS. 196/03

La informiamo che la compilazione della presente pagina autorizza l'Editrice Shalom, in qualità di Titolare del Trattamento, a dare seguito alla sua richiesta. Il trattamento sarà effettuato tramite supporti cartacei ed informatici dal titolare, dal responsabile e dagli incaricati con l'osservanza di ogni misura cautelativa, che ne garantisca la sicurezza e riservatezza. Il conferimento dei dati è facoltativo, tuttavia, in caso di rifiuto, sarà impossibile eseguire le prestazioni di cui sotto. Previo suo consenso espresso, lei autorizza l'uso dei suoi dati per: 1. finalità di marketing, attività promozionali e commerciali, consentendoci di inviarle materiale pubblicitario o effettuare attività di vendita diretta o comunicazioni commerciali interattive su prodotti, servizi ed altre attività dell'Editrice Shalom e di società terze attraverso i canali di contatto che ci ha comunicato (i.e. telefono, e-mail, fax, SMS, mms); 2. comunicare ad altre aziende operanti nel settore editoriale, largo consumo e distribuzione, vendita a distanza, arredamento, telecomunicazioni, farmaceutico, finanziario, assicurativo, automobilistico, della politica e delle organizzazioni umanitarie e benefiche per le medesime finalità di cui al punto 1; 3. utilizzare le Sue preferenze di acquisto per poter migliorare la nostra offerta ed offrirle un servizio personalizzato e di Suo gradimento. Ulteriori informazioni sulle modalità del trattamento, sui nominativi dei co-Titolari e dei Responsabili del trattamento nonché sulle modalità di esercizio dei suoi diritti ex art. 7 Dlgs. 196/03, sono disponibili collegandosi al sito *www.editriceshalom.it* o scrivendo a questo indirizzo: *Editrice Shalom - Via Galvani,1 - 60020 Camerata Picena (An).*

Acconsento che i dati personali da me volontariamente forniti siano utilizzati dall'Editore della testata prescelta (e eventuali società controllate) per le finalità promozionali specificate al punto 1 dell'informativa. ☐ Sì ☐ No

Acconsento alla comunicazione dei miei dati personali per le finalità di cui al punto 2 dell'informativa ai soggetti terzi indicati. ☐ Sì ☐ No

Acconsento al trattamento dei miei dati personali per finalità di profilazione per migliorare la qualità dei servizi erogati, come specificato al punto 3 dell'informativa. ☐ Sì ☐ No

***ATTENZIONE! Non possono essere servite dal corriere espresso le zone identificate dai seguenti CAP:**

04020	30100	30133	57034	80070	91010
04027	30121	30135	57036	80071	91017
07024	30122	30141	57037	80073	91023
07046	30123	30142	57038	80074	92010
09014	30124	57030	57039	80075	98050
22060	30125	57031	58012	80076	98055
23030	30126	57032	58019	80077	
25050	30132	57033	71040	80079	